LOM
PALABRA DE LA LENGUA
YÁMANA QUE SIGNIFICA
Sol

Pinto Vallejos, Julio Alejandro
Luis Emilio Recabarren: Una biografía histórica *[texto impreso]* / Julio Alejandro Pinto Vallejos. –1ª ed.–
Santiago: LOM ediciones, 2013. / 266 p.: 21x16 cm.-
(Colección Historia)
        ISBN: 978-956-00-0454-3
1. Recabarren, Luis Emilio 1876-1924 2. Sindicalistas –
Chile – Biografías 3. Movimiento Obrero - Chile I. Título.
II. Serie.
        DEWEY : 923.3186.-- cdd 21
        CUTTER : P659l
        FUENTE: Agencia Catalográfica Chilena

© **LOM ediciones**
Primera edición, 2013
ISBN: 978-956-00-0454-3
RPI: 231.008

Fotografía de portada: gentileza de Eduardo Devés Valdés

A cargo de esta Colección: Julio Pinto

EDICIÓN Y COMPOSICIÓN
LOM ediciones. Concha y Toro 23, Santiago
TELÉFONO: (56-2) 688 52 73 | FAX: (56-2) 696 63 88
lom@lom.cl | *www.lom.cl*

Tipografía: *Karmina*

JULIO PINTO VALLEJOS

Luis Emilio Recabarren
Una biografía histórica

¿Por qué otra biografía de Recabarren? La visibilidad simbólica del personaje, así como una relativa familiaridad pública con su legado, podrían hacer pensar que ya se dispone de información suficiente sobre el denominado "fundador del movimiento obrero nacional". Sin embargo, un examen más detenido sugiere que dicha inferencia no es tan evidente. Biografías propiamente tales solo existen cinco (incluyendo una de carácter literario publicada por Fernando Alegría en 1938), todas escritas hace más de veinte años[1]. Antes, por lo tanto, de que la abundante producción reciente en el campo de la "nueva" historia política y social contribuyese a llenar muchas de las lagunas que rodeaban la época en que se desenvolvió Recabarren, permitiendo situarlo en un contexto más matizado y complejo. Esta circunstancia, que naturalmente escapó a la voluntad de sus autores, se refleja en la orientación un tanto "estructural" de esos estudios, a menudo más atentos a las fuerzas históricas que lo rodearon (situación nacional e internacional, sistemas de dominación y formación de clases, formas de organización política y social), que a su vida misma. Incluso una obra breve publicada hace un par de años por Jaime Massardo, sin duda el principal especialista en el pensamiento político de Recabarren, se encarga de advertir ya desde el subtítulo que su propósito es más bien "incursionar en algunos aspectos de su vida, su cultura y su herencia política" que hacer una biografía en el sentido más convencional de la palabra[2]. Así las cosas, en la práctica no contamos con una versión actualizada y contextualizada sobre la trayectoria vital de Recabarren.

Hay, por cierto, innumerables referencias al célebre líder obrero en diversos estudios dedicados al período, desde aquellos más generales hasta los focalizados específicamente en los orígenes de la izquierda socialista y comunista. Entre los primeros se cuentan incluso algunos no particularmente empáticos con el personaje,

---

[1]   Aparte de la obra ya citada de Fernando Alegría, y en orden de aparición cronológica, estas son las siguientes: Julio César Jobet, *Recabarren y los orígenes del movimiento obrero y del socialismo chileno* (Santiago: Prensa Latinoamericana, 1971); Alejandro Witker Velásquez, *Los trabajos y los días de Recabarren* (La Habana: Nuestro Tiempo, 1977); Iván Ljubetic V., *Don Reca* (Santiago: ICAL, 1992); Miguel Silva, *Recabarren y el socialismo* (Santiago: Taller Artes Gráficas Apus, 1992).

[2]   Jaime Massardo, *Luis Emilio Recabarren* (Santiago: Editorial USACH, 2009).

como los de Gonzalo Vial o Peter de Shazo, pero que de todas maneras reconocen su impacto sobre los hechos que analizan[3]. Entre los segundos, desde los "clásicos" como *El origen y la formación del Partido Comunista de Chile*, de Hernán Ramírez Necochea, o *El movimiento obrero en Chile, 1891-1919*, de Fernando Ortiz Letelier, hasta los más recientes de Sergio Grez Toso o del propio autor de esta biografía, solo o en coautoría con Verónica Valdivia, la presencia y relevancia de nuestro biografiado se hace todavía más patente[4]. Hay también quienes se han ocupado de resaltar el "legado" recabarrenista sobre las prácticas políticas posteriores, como lo hace Rolando Álvarez Vallejos en sus estudios sobre la "cultura política" comunista[5]. Se trata, sin embargo, en todos los casos, de miradas más bien genéricas, en las que la figura de Recabarren se difumina entre el paisaje de fondo, lo que obviamente no permite focalizar su trayectoria específica ni dilucidar bien cómo esta interactuó con los procesos más amplios en que le tocó desenvolverse. No reemplazan, en otras palabras, el papel de una biografía histórica.

Un aspecto que en buena medida escapa a esta norma es el pensamiento político de Recabarren, circunstancia no muy extraña tratándose de alguien que consagró a dicha dimensión lo más importante de sus energías y sus años. Desde los tiempos en que Eduardo Devés lo hizo parte de sus reflexiones sobre el "pensamiento mancomunal" y la "cultura obrera ilustrada", muchos han sido quienes se han ocupado de la producción intelectual de nuestro biografiado, ya sea en estudios monográficos o en obras de más vasto alcance[6]. Entre estas últimas, no puede dejar de destacarse el macizo estudio de

---

[3]   Gonzalo Vial Correa, *Historia de Chile (1891-1973)*, vols. I-III (Santiago: Santillana, 1981-1996); Peter de Shazo, *Urban Workers and Labor Unions in Chile, 1902-1927* (Madison: University of Wisconsin Press, 1983); hay traducción castellana, con el nombre de *Trabajadores urbanos y sindicatos en Chile, 1902-1927* (Santiago: DIBAM, 2007).

[4]   Sergio Grez Toso, *Los anarquistas y el movimiento obrero. La alborada de 'la Idea' en Chile, 1893-1915* (Santiago: LOM Ediciones, 2007) e *Historia del comunismo en Chile. La era de Recabarren (1912-1924)* (Santiago: LOM: 2011); Julio Pinto Vallejos, *Desgarros y utopías en la pampa salitrera* (Santiago: LOM Ediciones, 2007); Julio Pinto y Verónica Valdivia, *¿Revolución proletaria o "querida chusma"? Socialismo y alessandrismo en la pugna por la politización pampina (1911-1932)* (Santiago: LOM Ediciones, 2001).

[5]   Rolando Álvarez Vallejos, *Arriba los pobres del mundo. Cultura e identidad política del Partido Comunista de Chile entre democracia y dictadura, 1965-1990* (Santiago: LOM Ediciones, 2011), especialmente el capítulo 2; ver también su artículo "La herencia de Recabarren en el Partido Comunista de Chile: los casos de Orlando Millas y Salvador Barra Woll", en *1912-2012. El siglo de los comunistas chilenos*, ed. Olga Ulianova, Manuel Loyola y Rolando Álvarez (Santiago: IDEA/USACH, 2012).

[6]   Solo a modo de ejemplo, pueden citarse en esta lista estudios como los de Eduardo Devés, *La visión de mundo del Movimiento Mancomunal en el norte salitrero: 1901-1907* (Santiago: CLACSO, 1981); y "La cultura obrera ilustrada chilena y algunas ideas en torno al sentido de nuestro quehacer historiográfico", *Mapocho*, núm. 30 (Santiago: DIBAM, 1991); Augusto Varas, "Ideal socialista y teoría marxista en Chile: Recabarren y el Komintern", en *El Partido Comunista en Chile*, ed. Augusto Varas (Santiago: CESOC/FLACSO, 1988); Gabriel Salazar, "Luis Emilio Recabarren y el municipio en Chile

Jaime Massardo sobre *La formación del imaginario político de Luis Emilio Recabarren*[7], un trabajo profusamente citado en las páginas que siguen y del que podría decirse, dentro de los límites en que puede darse por clausurada una discusión historiográfica, que ha establecido un "canon" ineludible sobre la materia. En su conjunto, ellas han configurado una imagen bastante exhaustiva sobre las formas en que Recabarren veía su mundo y proyectaba sobre él su propia acción política y social. Pero al estar concentradas en su pensamiento, no siempre pueden (o necesitan) discernir los nexos entre este y sus vivencias personales, ni tampoco sus desplazamientos o continuidades a través del tiempo. Dicho de otra forma, podemos saber mucho sobre las ideas de Recabarren, pero eso no se traduce automáticamente en un conocimiento sobre el conjunto de su vida, y sobre las formas en que esta se entrelazó con su marco histórico, recibiendo influencias pero a la vez aportando, más que significativamente, a su construcción.

Es un ejercicio de actualización y complementación analítica de este tipo el que se ha querido emprender en esta obra. Se ha querido, concretamente, acompañar a Recabarren a lo largo de sus casi cincuenta años de vida, señalando sus principales hitos y puntos de inflexión, e insertándolo en los procesos en que le cupo actuar y que contribuyó a reconfigurar. Se ha dispuesto para ello de su muy voluminosa obra escrita, tanto la de mayor aliento teórico volcada en folletos y libros, como la de carácter coyuntural o de combate que quedó plasmada en cientos de artículos periodísticos, proclamas y discursos parlamentarios, los cuales han sido consultados tanto en compilaciones previas como directamente desde la fuente[8]. Por la naturaleza misma de estos textos, la imagen que de allí emerge se ajusta mucho más al Recabarren "público" que al "privado", distinción por otra parte difícil de sostener en un personaje que se definió prioritariamente por su actuación pública, y que siempre se manifestó muy celoso de su intimidad.

Se dirá que este Recabarren "público" es el más conocido, y por tanto el menos propenso a sorprender a un lector del siglo xxi. Sin embargo, la concatenación cronológica de sus escritos revela ciertos patrones y rupturas que una mirada más sistémica, o más articulada en torno a criterios temáticos, tiende a hacer difíciles de

---

(1900-1925)", *Revista de Sociología*, núm. 9 (1994); Manuel Loyola, *La felicidad y la política en Luis Emilio Recabarren. Ensayo de interpretación de su pensamiento* (Santiago: Ariadna, 2007). Otros estudios de esta índole irán citándose a lo largo de esta obra.

[7]   (Santiago: LOM Ediciones, 2008).

[8]   Los primeros han sido publicados en diversas compilaciones, tales como las *Obras Selectas* reunidas por Julio César Jobet, Jorge Barría y Luis Vitale (Santiago: Quimantú, 1971); y *El pensamiento de Luis Emilio Recabarren*, 2 tomos, ed. Ximena Cruzat y Eduardo Devés (Santiago: Austral, 1971). Un número muy importante de los segundos en *Recabarren. Escritos de prensa*, 4 vols., ed. Ximena Cruzat y Eduardo Devés (Santiago: Nuestra América, 1985-1987).

discernir. Por lo demás, y para contrarrestar la tendencia a focalizarse exclusivamente en lo que el personaje dijo o escribió por sí mismo, se han considerado también referencias extraídas de escritos ajenos a su autoría, tanto de simpatizantes como de detractores, lo que ayuda a levantar una visión más multidimensional y matizada –y por cierto no siempre positiva– de sus diversas actuaciones. Se ha procurado, por último, hacer dialogar constantemente a Recabarren con su tiempo, recogiendo aquellos aspectos en que le tocó ser "receptor" de procesos más amplios, pero también enfatizando aquellos otros, que no fueron pocos, en los que le cupo asumir un papel más proactivo y protagónico. Es eso lo que autoriza a catalogar a este estudio no como una mera biografía individual, sino como una biografía "histórica".

Para su confección, he recibido y debo agradecer el estímulo y el apoyo de diversos colegas y amigos. En primer lugar, el de Sebastián Leiva, cuya ayuda en el levantamiento de las fuentes inéditas resultó inapreciable, pero que además me brindó el permanente desafío de sus agudos comentarios e interpelaciones, gracias a las cuales el resultado de este trabajo se ha visto sustantivamente beneficiado. Lo propio cabe decir de Verónica Valdivia y Sergio Grez, quienes leyeron y comentaron la versión preliminar de todos los capítulos. En el caso de Verónica, el aporte fue mucho más allá, constituyéndose en una interlocutora a la vez informada y exigente durante todo el desarrollo de esta investigación, otorgando profundidad y riqueza a un diálogo historiográfico– y por cierto personal– que ya se prolonga por más de veinte años, y que ha dado frutos tan diversos como estimulantes. Por su parte, Sergio Grez, sin duda uno de los mejores conocedores de la historia social del período, aportó un "control de calidad" que me tranquilizó (o rectificó) respecto de la validez analítica o fáctica de numerosos juicios. Debo agradecer también al personal de la Biblioteca Obrera Juan B. Justo, de Buenos Aires, donde pude consultar la versión original de *La Vanguardia*, periódico socialista con el que Recabarren colaboró asiduamente, especialmente durante sus dos estadías en dicha ciudad. Y por cierto a mi colega transandino Raúl Fradkin, quien me puso en conocimiento de la existencia de ese notable y hermoso acervo. Por último, a mis compañeros Silvia Aguilera y Paulo Slachevsky, de LOM Ediciones, cuyo infatigable entusiasmo, infinita paciencia, pero también exigente crítica, permitieron que este proyecto arribara finalmente a puerto, tras una travesía tal vez demasiado larga.

Ve así la luz esta biografía histórica de Luis Emilio Recabarren, fundador y símbolo de un movimiento obrero cuyas reivindicaciones, luchas y tragedias ocuparon buena parte de esa suerte de "siglo xx corto" chileno inaugurado con las movilizaciones y matanzas del 1900 y concluido con la experiencia de la Unidad Popular, en no poca medida heredera natural del proyecto recabarrenista. Porque fue esa impronta, a caballo entre lo político y lo social, entre la institucionalidad y la ruptura, la que, para bien o para mal, caracterizó tanto la obra de nuestro biografiado como la apuesta política finalmente encarnada en Salvador Allende y en la "vía chilena al socialismo".

De esta forma, a cien años de la fundación del Partido Obrero Socialista, y a cuarenta del golpe de Estado que sepultó esa experiencia y reorientó los destinos nacionales por sendas diametralmente opuestas a las imaginadas por Recabarren, bien vale la pena volver a recordar a este personaje a la vez tan único y tan nuestro. Vaya pues este merecido y sentido homenaje a la memoria de quien, en tiempos tan "fácticos" como los actuales, se atrevió a soñar –valga la paradoja– con una utopía que a él siempre le pareció perfectamente realizable. Y más que a soñar, a consagrarle todas sus energías, sus pensamientos y su vida. A convertirse, como tantas veces lo llamaron en su tiempo, con ironía o admiración, en un verdadero apóstol de la Causa.

Sobre los primeros años de Recabarren no se sabe prácticamente nada. A diferencia de su discípulo y compañero de militancia Elías Lafferte, quien dejó un registro autobiográfico bastante pormenorizado[9], el fundador del socialismo chileno, que tantos discursos pronunció y tantos textos escribió, era muy poco dado a hablar o escribir sobre sí mismo (aunque según algunas referencias llevaba un diario de vida, hoy extraviado[10]). En esas circunstancias, sus primeros veinte años de vida han podido reconstruirse muy precariamente a partir de retazos extraídos de sus propios escritos, de una entrevista realizada a sus hermanas durante la década de 1950 por la investigadora estadounidense Fanny Simon[11], y de una breve nota (tres páginas) redactada por el periodista obrero Osvaldo López en la primera edición de su *Diccionario Biográfico Obrero* (Concepción, 1910). López conoció a Recabarren personalmente en 1897, cuando tenía apenas veintiún años y les tocó coincidir en la redacción del periódico *El Demócrata* de Santiago. Ante la ausencia de fuentes alternativas de equivalente confiabilidad, o de confiabilidad alguna, los dichos de Osvaldo López se han constituido en una suerte de referencia obligada para todos los que se han ocupado posteriormente del tema.

Según dicha reseña biográfica, Recabarren habría nacido en Santiago en julio de 1876, tres años antes del estallido de la Guerra del Pacífico. Su padre, José Agustín

---

[9] Me refiero al libro *Vida de un comunista*, publicado originalmente en 1957 a partir de conversaciones sostenidas entre Elías Lafferte y José Miguel Varas, y reeditado en 1971 por Ediciones Austral, Santiago. Las referencias a este texto se remiten a esta segunda edición.

[10] Así lo dice Fernando Alegría en su novela *Como un árbol rojo*, escrita originalmente en 1938, y así también lo señala, en una nota a pie de página, Fanny Simon, quien lo habría visto en posesión de Teresa Flores. Según la autora estadounidense, este diario, en el que se incluían numerosos recortes de periódico, indicaría una posible voluntad por parte de Recabarren de escribir una autobiografía, o bien de "facilitarle la tarea a algún futuro biógrafo"; Fanny Simon, *Recabarren and the Labor Movement in Chile*, manuscrito inédito, sin fecha exacta de redacción, 338, nota 31. Agradezco el acceso a esta valiosa fuente a Alfonso Salgado, quien tuvo la generosidad de hacérmela llegar digitalmente tras encontrarla entre los papeles de la autora nombrada, depositados en la biblioteca de la Universidad de Nueva York. Salgado estima la fecha de finalización del manuscrito hacia 1957.

[11] Fanny Simon, *Recabarren and the Labor Movement in Chile*.

Recabarren, es identificado por López como "empleado", pero autores posteriores, al parecer siguiendo al escritor José Santos González Vera, lo clasifican junto a su esposa Juana Rosa Serrano como "pequeños comerciantes", situando su residencia en Valparaíso[12]. Lo propio afirma Fanny Simon, quien los cataloga como "gente decente" y los ubica en la "baja clase media" porteña, agregando que su padre alcanzó a realizar estudios médicos antes de contraer matrimonio[13]. Cualquiera sea la versión correcta, es interesante constatar que la familia de Recabarren, sin ser precisamente adinerada, tampoco era de neta raigambre popular. Ello explica la posibilidad que tuvo el pequeño Luis Emilio de adquirir un grado significativo de instrucción formal, factor seguramente determinante en su posterior apego a la cultura escrita y al espíritu "ilustrado" en general.

Según su biógrafo Osvaldo López, sus escuelas fueron las de Santo Tomás de Aquino y La Campana, en Santiago, y la de San Vicente de Paul en Valparaíso, todas ligadas, por decisión de sus padres, a una Iglesia Católica que posteriormente sería blanco de algunos de los más fieros ataques de su pupilo. Según otro de sus biógrafos, Alejandro Witker, habría sido en la primera de las instituciones nombradas, ligada a los Padres Salesianos, donde Recabarren aprendió el oficio de tipógrafo, pero esa referencia no aparece corroborada en otras fuentes[14]. Osvaldo López, inclinándose por una formación más práctica, lo hace ingresar a los once años como aprendiz a un taller de encuadernación, para desempeñarse posteriormente como tipógrafo en diversas imprentas, incluyendo la de *El Mercurio* en Valparaíso. Probablemente basada en testimonios orales brindados por sus hermanas, Fanny Simon atribuye este temprano ingreso al mundo laboral al abandono de la familia por parte del padre, lo que habría deteriorado sustantivamente su condición material[15]. Fue el ejercicio de la profesión tipográfica, abrazada a tan temprana edad, lo que finalmente encasilló a Recabarren en la clase social a cuya emancipación dedicaría el resto de su existencia, pero manteniendo un nexo cotidiano con esa cultura ilustrada, hasta entonces patrimonio casi exclusivo de las clases dirigentes, que siempre consideró uno de los mayores logros de la humanidad[16].

Algunas biografías asocian a Recabarren con la guerra civil de 1891, ubicándolo ya en el bando balmacedista, donde según Osvaldo López habría sido "procesado por

---

[12]   Así lo afirma Julio César Jobet en *Recabarren y los orígenes del movimiento obrero y del socialismo chileno*, 13; y también Eduardo Devés y Ximena Cruzat en la cronología elaborada para su recopilación *Recabarren. Escritos de prensa*.

[13]   Fanny Simon, *Recabarren and the Labor Movement in Chile*, 1-2.

[14]   Alejandro Witker, *Los trabajos y los días de Recabarren*, 55.

[15]   Fanny Simon, *Recabarren and the Labor Movement in Chile*, 28.

[16]   Ver a este respecto el análisis de Eduardo Devés en su artículo "La cultura obrera ilustrada en tiempos del Centenario", *Mapocho*, núm. 30 (Santiago: DIBAM, 1991).

revolucionario y absuelto", mientras que otras lo sitúan en el congresista, donde habría sido sorprendido repartiendo un periódico favorable a Balmaceda y se habría librado de un seguro fusilamiento solo en virtud de su escasa edad (quince años)[17]. Fanny Simon, apelando al parecer nuevamente a las revelaciones orales de sus hermanas, entrega una versión algo más consistente, aunque también bastante novelesca. Según dicha autora, las simpatías conservadoras de su familia, demostradas por su formación en instituciones católicas, habrían hecho del joven Recabarren un decidido opositor al gobierno balmacedista. En ese contexto, habría impreso en compañía de un amigo un panfleto titulado *El Opositor*, el que habría intentado repartir entre las tropas gobiernistas. Sorprendido y procesado, su juventud lo habría eximido de un castigo mayor. Sin amilanarse, acto seguido habría procedido a enrolarse en el mismo ejército que antes había tratado de infiltrar, pero con la intención de desertar a la primera oportunidad para unirse a las fuerzas rebeldes. Aunque el fin de la guerra no le habría permitido llevar a efecto dicho plan, concluye la autora estadounidense, "su experiencia castrense había durado lo suficiente para distinguirse y obtener su ascenso a cabo"[18]. De esta curiosa forma, siguiendo esta vez a Alejandro Witker, se habría verificado el "dramático" despertar de Recabarren a la lucha política.

Su ingreso formal y definitivo a dichas lides, en todo caso, se produjo tres años después, cuando pasó a formar parte del Partido Demócrata, en el que militaría ininterrumpidamente hasta 1912. Recordando esa decisión cuando ya se había distanciado de la colectividad, Recabarren decía haberse sentido "atraído por la propaganda que se hacía, diciéndose que se trataba de un partido que buscaba el mejoramiento de la clase trabajadora y que por esa razón todos los trabajadores debían prestarle su concurso". "Yo creí que era un Partido Obrero", añadía, "y por eso ingresé al lado de muchos otros obreros a ayudar a robustecer ese ejército que se llamaba Partido Demócrata"[19]. El Partido Demócrata, en efecto, fue el primer partido chileno que se alineó explícitamente junto a los sectores populares, definiendo su objetivo central como la "emancipación social, política y económica del pueblo".

Fundada en 1887 por jóvenes de clase media desencantados del Partido Radical y artesanos interesados en canalizar políticamente su crítica social, para la época en que Recabarren ingresó a sus filas, la colectividad se debatía en un dilema del que a lo largo de su existencia le sería imposible zafarse: defender sus principios de autonomía social o navegar las turbulentas aguas de las alianzas con los partidos oligárquicos que, tras la derrota de Balmaceda, hegemonizaron la vida política del llamado "Chile

---

[17]   Esta versión proviene de Alejandro Witker, quien a su vez la cita de una conferencia pronunciada en 1975 por Salvador Ocampo, *Los trabajos y los días de Recabarren*, 55.

[18]   Fanny Simon, *Recabarren and the Labor Movement in Chile*, 28-29.

[19]   *El Despertar de los Trabajadores*, Iquique, 12 de septiembre, 1912.

parlamentario". La apertura política que acompañó la instalación de ese nuevo régimen efectivamente brindó al Partido Demócrata una oportunidad para insertarse en mayores espacios de poder, pero al precio de subordinarse, una y otra vez, a designios esencialmente ajenos a sus propios propósitos, y a los recurrentes vaivenes de un sistema caracterizado por la inestabilidad de sus combinaciones electorales. De hecho, el ingreso de Recabarren coincidió con la elección del primer militante demócrata, el abogado porteño Ángel Guarello, a la Cámara de Diputados. Tan auspicioso logro, sin embargo, había sido precedido por fuertes discusiones sobre la conveniencia o inconveniencia de entablar alianzas electorales con partidos "burgueses", tensionando a la organización hasta el borde de la ruptura. Como se verá, esa agobiante y a la postre frustrante disyuntiva afligiría a Recabarren durante sus casi veinte años de militancia demócrata[20].

En un plano más personal, ese mismo año de 1894, cuando aún no cumplía los veinte, Recabarren se desposó con su prima Guadalupe del Canto, según Fanny Simon diez años mayor que él[21]. De ella tuvo dos hijos, Luis Hermenegildo y Armando, de los cuales solo sobrevivió el primero. Algunas versiones sostienen que esa unión se disolvió rápidamente, según Alejandro Witker "por la incomprensión de la esposa a su compromiso político". Sin embargo, estando detenido en 1904 en la cárcel de Tocopilla, Recabarren se lamentaba de no haber sido autorizado para recibir a su esposa e hijo, "lo que más amo en la vida, todo el idilio de mi hogar", pese a que habían viajado desde Valparaíso exclusivamente para verlo. Y se desahogaba así: "Al pensar en la crueldad de aquel dolor que yo imponía a mis seres amados sufrí, sufrí por la vez primera de mi vida, por ellos, no por mí"[22]. Algunos meses más tarde llamaba a sus compañeros a fundar una nueva moralidad exclusivamente en base al "amor a la humanidad", cuyo principio ejemplificaba a través de sus propios sentimientos hacia su familia: "Idolatro a mi compañera y a mi hijo"[23]. Como se verá más adelante, la supuesta "incomprensión" de Guadalupe del Canto tardó casi veinte años en manifestarse, y la separación efectiva no se produjo hasta el traslado de su esposo a Iquique en 1911. Sin embargo, los reiterados y prolongados desplazamientos de Recabarren a distintas partes del país y del extranjero, casi siempre sin la compañía de su familia, seguramente fueron erosionando la relación de manera irreversible.

---

[20]   Sobre la formación del Partido Demócrata, ver Sergio Grez, *De la regeneración del pueblo a la huelga general. Génesis y evolución histórica del movimiento popular en Chile, 1810-1890* (Santiago: DIBAM/RIL, 1998). Sobre los dilemas políticos y electorales enfrentados durante la década de 1890, ver del mismo autor, "El Partido Democrático de Chile: De la guerra civil a la Alianza Liberal (1891-1899)", *Historia*, vol. I, núm. 46 (junio 2013).

[21]   Fanny Simon, *Recabarren and the Labor Movement in Chile*, 42.

[22]   "Carta a Arturo Laborda", reproducida en *El Marítimo*, Antofagasta, 4 de junio, 1904.

[23]   "Algo de moral", *La Defensa*, Coronel, 18 de septiembre, 1904.

Como militante demócrata, Recabarren participó en 1897 en la campaña electoral que llevó al sastre Artemio Gutiérrez a la Cámara de Diputados por el Departamento de Santiago, un nuevo avance en la ocupación del espacio institucional por parte del esforzado partido obrero. Al año siguiente, relata Osvaldo López, y en virtud de habérsele conocido "su amor por la santa causa de la Democracia", se le eligió para "el difícil puesto de Secretario" de la agrupación capitalina. Ese mismo año aparece su primer escrito de prensa conocido y conservado, una carta al director del diario *La Tarde*. En ella fustigaba duramente a otra figura emblemática del naciente movimiento obrero chileno, Luis Olea, y a través de él, a las ideas de "socialismo exaltado" que según Recabarren promovía el futuro líder del anarquismo nacional. Asoman aquí tempranamente algunas de las diferencias que posteriormente ventilaría con esa corriente ideológica, la que como se sabe tendría una importante figuración en las luchas obreras de inicios del siglo xx[24]. Condenaba el joven militante demócrata en el futuro líder anarquista su "exaltación", su "falta de afecciones de esposa, madre, hija o hermana" y su supuesta condición de "parásito", afirmando que muchos de quienes lo habían tratado en persona lo consideraban derechamente un loco. Llevado tal vez por un exceso de ímpetu juvenil, mezclaba así descalificaciones personales con discrepancias políticas, cosa que él mismo criticaría posteriormente en más de alguna oportunidad a sus propios detractores.

Junto con ello, sin embargo, aparecía también en ese escrito una muy temprana identificación de lo que Recabarren entendía por "socialismo", ideología a la que progresivamente iría ligando su propia identidad política y militante. Así, tras denunciar el "socialismo exaltado" de Olea, se cuidaba de reivindicar un "socialismo bien entendido" que sí apoyaba, expresado en ideales como la igualdad humana, la desaparición de las injusticias, el alivio de las clases proletarias, la nivelación relativa de las fortunas y la disminución de las grandes riquezas. Incluía también esa concepción un compromiso con la instrucción general y obligatoria para el pueblo, el fomento del ahorro popular y el combate a la embriaguez y al juego. Ese género de socialismo, concluía, que ciertamente no constituía "una amenaza para la humanidad", se contraponía al principio destructor que en su opinión sustentaba el pensamiento protoanarquista de Olea[25].

El estreno de Recabarren como periodista obrero, siempre siguiendo a Osvaldo López, se produjo apenas un año después, cuando ya concluía el siglo xix. Efectivamente, en enero de 1899 aparece como secretario del Comité Directivo del

---

[24]   Sobre el anarquismo chileno de comienzos del siglo xx, ver Sergio Grez, *Los anarquistas y el movimiento obrero*, donde se hace un recuento pormenorizado de toda la bibliografía relativa a esa corriente ideológica.

[25]   *La Tarde*, Santiago, 15 de marzo, 1898; reproducido en *Recabarren. Escritos de prensa*, tomo I, ed. Ximena Cruzat y Eduardo Devés (Santiago: Nuestra América, 1985), 1-2.

periódico santiaguino *La Democracia,* afiliado obviamente al partido del mismo nombre. En octubre de 1900 ya figuraba como su director, asociando dicho órgano periodístico a la "emancipación de las clases oprimidas" y asignándole "la hermosa misión de enlazar las manos encallecidas de los obreros, al clarear el alba del siglo xx"[26]. Tiempo después se explayaba con mayor detalle sobre lo que él entendía que era el deber de la prensa obrera, anunciando una "misión sagrada" que habría de acompañarlo durante el resto de su vida. Consistía tal misión en "contribuir a la ilustración y difundir la cultura en las costumbres de los pueblos", llevando "palabras de enseñanza y de ejemplo" y rebatiendo las ideas contrarias "con cultura, moderación y altura de miras, procurando convencer al que se crea que marcha extraviado con buenas razones y con argumentos que se basen en la lógica y en un criterio sano y despejado"–precisamente lo que él no se había cuidado de hacer en su polémica del año anterior con Luis Olea[27].

En lo sustancial, sin embargo, la temprana militancia demócrata de Recabarren se concentró en sus actividades políticas y electorales en la comuna Estación, destacándose su elección como delegado de la agrupación de Santiago para una convención extraordinaria en que el partido debía resolver su postura ante las elecciones presidenciales de 1901. En dicha instancia, para la cual fue elegido vicepresidente, se instaló una rivalidad que lo acompañaría durante el resto de su pertenencia a esa tienda política, al discrepar del líder partidario Malaquías Concha en su afán de apoyar la candidatura presidencial de Germán Riesco, que a la postre resultó vencedora. Su adhesión a una línea más autonomista encabezada por el médico y diputado Francisco Landa parece haberle atraído la animadversión de Concha y de la mayoría del directorio general del partido, quienes acusaron a su periódico de no representar fielmente la línea política de la organización. Tras una serie de confusas marchas y contramarchas en relación con la alineación electoral definitiva del partido, *La Democracia* dejó de aparecer en su edición número 64, del 30 de junio de 1901[28].

Las crecientes discrepancias partidistas, que como se dijo se venían arrastrando desde bastante tiempo antes, finalmente estallaron en la convención oficial celebrada en Chillán el 14 de julio de 1901, donde se materializó el quiebre en dos organizaciones paralelas, una dirigida por Malaquías Concha (la posteriormente denominada "reglamentaria") y la otra por Landa (la "doctrinaria"). Recabarren se incorporó a esta segunda, en cuyo directorio figuró como secretario. Según una circular enviada a sus adherentes en septiembre de 1902, esta tendencia se definía como la legítima portadora del "querido estandarte de la democracia chilena", como lo demostraba su opción por la autonomía total respecto de alianzas con partidos supuestamente liberales en las

---

[26]   "Carta para Honorindo Vásquez", *La Democracia,* Santiago, 14 de octubre, 1900.

[27]   "El deber de la prensa obrera", *La Democracia,* Santiago, 7 de abril, 1901.

[28]   Ver *El Demócrata,* Concepción, 11 de agosto, 1901.

que se habían agotado "esfuerzos irreparables", sin resultado alguno "que alivie la triste condición de los trabajadores"[29]. En la opinión de la naciente fracción "doctrinaria", la verdadera vocación de "la Democracia" radicaba en la priorización de las luchas sociales (lo que Sergio Grez ha caracterizado como "una práctica más apegada a los movimientos sociales populares"[30]), sustrayéndose de un devaneo electoralista que a la postre solo acarrearía victorias intrascendentes, por su baja incidencia en la verdadera correlación de fuerzas al interior de las cámaras legislativas. Era en el mundo propiamente social, concluían, donde el Partido Demócrata debía concentrar sus mayores esfuerzos.

Como en un afán de ratificar su adhesión a tales juicios, durante ese mismo mes de septiembre de 1902, Recabarren participó en una convención o "Primer Congreso Social Obrero" convocado por diversas entidades gremiales y mutualistas articuladas en torno al Partido Demócrata, y presidido por el obrero gásfiter y (curiosamente) futuro parlamentario demócrata Zenón Torrealba. En representación de varias sociedades de provincias, entre ellas la de Socorros Mutuos de Tocopilla, la "Académica" de Antofagasta (así se llamaba) y la Federación de Obreros de Imprenta de Valparaíso, Recabarren sometió a la consideración de dicho cuerpo algunos proyectos de mejoramiento organizativo y social. Destacaban entre ellos uno sobre "reglamentación del trabajo de los reos", otro sobre descanso dominical obligatorio –tema posteriormente recogido por los diputados demócratas "reglamentarios" para su transformación en ley–, otro sobre "gratificación a los obreros que le trabajen al Fisco o al Municipio" y un cuarto sobre supresión del pago en fichas[31]. Es interesante constatar que ya a esta temprana fecha Recabarren hacía gala de contactos formales con organizaciones obreras del norte salitrero, y auspiciaba iniciativas, como la última mencionada, que iban en beneficio directo de esas regiones. Se anunciaba así una ligazón que, como se verá, ocuparía un lugar trascendental en su futuro político.

Al momento de ocurrir estos hechos Recabarren se hallaba radicado en Valparaíso, hasta donde había debido trasladarse por razones económicas[32]. Desde allí escribió, firmando como secretario general del Partido Democrático y como director del periódico porteño *La Democracia*, su célebre carta al presidente de la Sociedad Mancomunal de Obreros de Iquique, Abdón Díaz. Elogiaba en dicha carta la labor

---

[29]   Reproducida en *La Opinión*, Santiago, 15 de septiembre, 1902, reproducido en *Recabarren. Escritos de prensa*, tomo I, ed. Ximena Cruzat y Eduardo Devés, 9-14. Las pugnas desatadas frente a la elección presidencial de 1901, y el posterior quiebre del Partido Demócrata, han sido analizadas en detalle por Sergio Grez en su artículo "Reglamentarios y doctrinarios, las alas rivales del Partido Democrático de Chile (1901-1908)", *Cuadernos de Historia* 37, Universidad de Chile (2012): especialmente 77-85. Las tensiones previas en relación con la inserción electoral del partido han sido trabajadas por el mismo autor en "El Partido Democrático de Chile: De la guerra civil a la Alianza Liberal (1891-1899)".

[30]   Sergio Grez, "Reglamentarios y doctrinarios", 118.

[31]   *La Ley*, Santiago, 20 de septiembre, 1902.

[32]   Fanny Simon, *Recabarren and the Labor Movement in Chile*, 43.

general de esa organización, y particularmente la prolongada huelga que había encabezado entre diciembre de 1901 y febrero de 1902. El movimiento mancomunal, como se sabe, fue la primera experiencia chilena de asociación obrera más estable y masiva, y también de mayor alcance territorial, propagándose en su momento de mayor fuerza desde el norte salitrero hasta los puertos de la zona austral. Acogiendo en su seno prácticas mutualistas ya tradicionales junto a otras más propias de la lucha directa contra el capital (como las huelgas), las "sociedades mancomunales" otorgaron a la cuestión social una visibilidad mucho mayor de la que había exhibido hasta el momento, constituyéndose en un foco de atracción para las diversas corrientes en que comenzaba a alinearse la clase obrera organizada: demócratas, anarquistas, sindicalistas y protosocialistas[33]. Inspirado tal vez por esa circunstancia, e invocando explícitamente la frase de Karl Marx "la emancipación de los trabajadores debe ser obra de los trabajadores mismos", Recabarren había escrito al presidente de la mancomunal iquiqueña precisamente para expresar su orgullo, "como obrero y como hombre de trabajo", ante ese "movimiento omnipotente y poderoso que efectúan mis hermanos de trabajo en aquellas zonas tan apartadas del corazón del país".

Distanciándose de la "mesura" que tanto había ensalzado solo cuatro años antes en su denuncia a Luis Olea, el joven periodista demócrata celebraba ahora la huelga ocurrida en Iquique como "el primer grito de rebelión que lanza el chileno, el primer grito de protesta arrojado al rostro de los capitalistas, que amparados por el gobierno y sus ejércitos, nos explotan a su inhumano capricho", reivindicando de paso la eficacia de las huelgas como instrumento de emancipación obrera. Llamaba asimismo a luchar por la jornada de ocho horas, por el pago en moneda corriente, y por la elección de representantes genuinamente obreros ante el Congreso y las cámaras municipales. Y concluía, en un desplante abiertamente rupturista: "Nosotros debemos dividir la organización (social) en dos clases: ricos y pobres [...] El patrón es la hiena sedienta de sangre, que se lanza sobre nosotros para devorarnos; nuestro deber, si queremos conservar la vida, es defendernos y darle muerte a la hiena para evitar el peligro". En su respuesta, junto con agradecer los conceptos vertidos y solicitar las columnas del periódico dirigido por Recabarren para difundir las actividades de su organización en el centro del país, Abdón Díaz concurría en el juicio de haber "sentado la primera piedra del templo de la Emancipación Social del obrero en Chile, mediante la unión y el compañerismo"[34].

Según Alejandro Witker, Ximena Cruzat y Eduardo Devés, durante su residencia en Valparaíso Recabarren habría ocupado importantes cargos partidarios, identificándolo

---

[33]   Sobre el movimiento mancomunal, ver Ximena Cruzat y Eduardo Devés, *El movimiento mancomunal en el norte salitrero: 1901-1907*, 3 vols. (Santiago: CLACSO, 1981).

[34]   *El Trabajo*, Iquique, 23 de febrero, 1902.

los segundos nada menos que como "presidente provincial" de la colectividad. Habría colaborado también, en una aparente inconsistencia con su alineación "doctrinaria" y su entusiasmo por las mancomunales, en la campaña que dio por resultado, en marzo de 1903, la reelección de Ángel Guarello a la Cámara de Diputados, así como la obtención de una mayoría de regidores demócratas en el gobierno municipal. Sin embargo, un aviso publicado por el partido en *El Mercurio* de ese puerto no lo nombra entre los integrantes de la directiva, lo que por otra parte sería consistente con su pertenencia a la fracción encabezada por Landa, derrotado en esas mismas elecciones en su re-postulación por Santiago. Sea como fuere, Recabarren resultó involucrado en una acusación judicial por presunta falsificación de actas electorales, lo que derivó en una prisión que los autores nombrados cifran en tres meses, en tanto que el biógrafo obrero Osvaldo López la reduce a dos. Si se descarta una experiencia análoga supuestamente sufrida con motivo de la guerra civil de 1891 (cuando solo tenía quince años), fue este el primero en una larga serie de carcelazos que jalonó su trayectoria política, pero que a la vez fue consolidando su imagen como militante consagrado a la causa.

En lo inmediato, sin embargo, la prisión privó a Recabarren de involucrarse personalmente en la gran huelga portuaria de mayo de 1903, que como se sabe derivó en la primera de las matanzas obreras que jalonaron lúgubremente las décadas iniciales del siglo xx[35]. Desde su calabozo, y retomando un discurso ya enunciado en la carta a Abdón Díaz del año anterior, el naciente agitador social saludó "el grito revolucionario de todo un pueblo que en medio de sus hambres y sus miserias se hace justicia por sus propios esfuerzos". Tras 25 días de movilización pacífica, afirmaba, los trabajadores porteños habían perdido la paciencia y se habían lanzado "con paso vengador a hacer justicia práctica, a castigar a sus verdugos y a los explotadores". Es verdad que prácticamente todas las víctimas producidas por este choque pertenecían al contingente huelguista, pero ello no lo inhibía de señalar que "esos obreros no hacen más que botar del camino los escollos que obstaculizan la marcha de la humanidad hacia la sociedad moderna e igualitaria con que soñamos todos los que tenemos hambre y sed de justicia". Y concluía, desafiante: "¡Que algunos cadáveres van a cobijarse bajo tierra! Todas las causas tienen sus mártires, y muchas veces es más dulce morir así, en defensa de un ideal sublime, que agonizar por veinte años para morir después de haber pasado la vista por un charco de inmunda miseria y lástima repugnantes". Así como los mancomunados de Iquique, y más claramente aun en virtud de su martirio,

---

[35]   Para un relato y análisis pormenorizado de la huelga y matanza de 1903, ver Jorge Iturriaga Espinoza, "La huelga de trabajadores portuarios y marítimos, Valparaíso 1903, y el surgimiento de la clase obrera organizada en Chile", tesis de licenciatura, Pontificia Universidad Católica de Chile, 1997. Ver también Peter de Shazo, *Trabajadores urbanos y sindicatos en Chile*, capítulo 4.

los huelguistas de Valparaíso daban el ejemplo en que debían inspirarse "los obreros timoratos que se humillan ante la soberbia patronal"[36].

Una vez recuperada su libertad, Recabarren participó en la organización del Segundo Congreso Social Obrero, realizado precisamente en Valparaíso en septiembre de 1903 para dar continuidad al celebrado un año antes en Santiago. En preparación de dicho evento, exhortaba a sus compañeros de clase a "abandonar nuestras timideces, indolencias y apatía" y confundirse en "una comunidad de hombres que abriguen una sola aspiración: la emancipación y el bienestar de las clases trabajadoras, para hacer imperar una era de verdadera justicia". "Una vez que hayamos logrado organizarnos para hacernos respetar", proseguía en clara alusión a la represión recién sufrida, "una vez que hayamos conquistado nuestro verdadero puesto en la vida humana, veremos si la burguesía explotadora se atreve a insultarnos, veremos si se atreve a pedir el aumento de la fuerza armada para ponernos a raya como dicen"[37].

Ya inaugurado el congreso obrero, Recabarren fue elegido vicepresidente de la mesa directiva, quedando a su cargo uno de los discursos estelares y la presentación de uno de los proyectos sometidos a la concurrencia[38]. Según el periódico capitalino *La Ley*, en dicho evento se debatieron mociones que "tienden a llenar los vacíos tan lamentables de que adolecen las relaciones entre el capital y el trabajo, otras que procuran hacer cesar los abusos de que son víctimas algunas clases trabajadoras, y no pocas que tienen por objeto consolidar y perfeccionar la organización obrera que ha dado origen al Congreso mismo". Especial beneplácito mereció de parte del citado órgano radical, y seguramente también de Recabarren, una propuesta aprobada por unanimidad sobre "abstinencia total de las bebidas alcohólicas", así como otra de la célebre dirigenta Juana Roldán de Alarcón sobre educación laica femenina, causas ambas a las que el citado organizador consagraría innumerables jornadas[39].

Fue en esa ocasión que Recabarren conoció personalmente a Gregorio Trincado, presidente de la Mancomunal de Tocopilla, quien lo invitó a esa ciudad a fundar un periódico obrero para "representar y defender los intereses de la Mancomunal y de los trabajadores a que pertenecemos"[40]. Como se dijo más arriba, Recabarren ya había tenido contactos con organizaciones obreras de ese puerto salitrero, pero esta invitación le brindaba la oportunidad de trasladarse en persona, nada menos que como editor de un periódico, a la región donde más fuerza había cobrado el movimiento mancomunal.

---

[36]   "Protesta práctica", *La Voz del Pueblo*, Valparaíso, 16 de mayo, 1903, reproducida en Cruzat y Devés, *Recabarren. Escritos de prensa*, tomo I, 14-15.

[37]   *La Voz del Pueblo*, Valparaíso, 23 de mayo de 1903, en Cruzat y Devés, *Recabarren. Escritos de prensa*, tomo I, 16-18.

[38]   *El Mercurio*, Valparaíso, 17, 18 y 20 de septiembre, 1903.

[39]   *La Ley*, Santiago, 24 de septiembre, 1903.

[40]   Carta reproducida en *El Trabajo*, Tocopilla, 18 de octubre de 1903.

Años después recordaría ese momento también como un ejemplo encomiable de autoilustración obrera: "Yo encuentro de una sublimidad majestuosa el pensamiento de estos obreros –peones, playeros, estibadores, cargadores, lancheros– que soñaban con tener una imprenta para desarrollar sus facultades mentales, viéndose huérfanos en esta sociedad, que no los ayudaba a instruirse, a ilustrarse"[41]. Recabarren iniciaba así la primera de sus varias estadías en la pampa salitrera, y junto con ello su etapa de verdadera consagración como dirigente obrero y social. Con veintisiete años de edad, y con un cargo que le permitiría conjugar la subsistencia material con el activismo político, podía finalmente materializar su entusiasmo por conocer y participar directamente de la experiencia mancomunal. A esa labor dedicaría los próximos dos años de su vida.

La región a la cual llegaba Recabarren experimentaba por aquel tiempo el apogeo del ciclo salitrero, signado contradictoriamente por la acumulación de grandes fortunas empresariales (y también públicas, puesto que el impuesto al salitre otorgó al Estado parlamentario ingresos nunca antes vistos) y por igualmente grandes sacrificios obreros, originados tanto en los rigores del paisaje desértico como en la rudeza de un trabajo sometido sin contemplaciones a la lógica capitalista[42]. Había surgido allí, precisamente a causa de tales contrastes, un vigoroso movimiento obrero, encarnado principalmente en las mancomunales a las que Recabarren venía ahora a incorporarse como periodista. Ya instalado en Tocopilla, sin su familia, por cierto, el 18 de octubre de 1903 iniciaba la publicación de *El Trabajo*, un modesto impreso de cuatro carillas (un pliego) similar a la gran mayoría de los periódicos obreros que por aquellos años circulaban profusamente por el país[43]. Pese a su modestia, Recabarren aseguraba que había sido recibido "en medio del entusiasmo y la febril alegría del pueblo trabajador, que lo acogió como el Mesías de la redención social"[44]. En una veta similar, un colaborador de *El Marítimo*, órgano oficial de la Mancomunal de Antofagasta, identificaba al periódico dirigido por Recabarren como un "nuevo faro" en la zona y se refería a su editor como un "antiguo e incansable periodista obrero". "Recabarren",

---

[41] "Primeros pasos: los albores de la revolución social en Chile", transcripción de un discurso pronunciado en la Cámara de Diputados el 15 de julio de 1821, publicado en Ximena Cruzat y Eduardo Devés (eds.), *El pensamiento de Luis Emilio Recabarren*, tomo I, 128.

[42] Sobre la vida obrera en el ciclo salitrero, ver Sergio González Miranda, *Hombres y mujeres de la pampa*, 2ª edición (Santiago: LOM Ediciones/DIBAM/Universidad Arturo Prat, 2002); Julio Pinto Vallejos, *Trabajos y rebeldías en la pampa salitrera* (Santiago: USACH, 1998); Julio Pinto Vallejos, *Desgarros y utopías en la pampa salitrera* (Santiago: LOM Ediciones, 2007).

[43] Ver, sobre esta materia, *La prensa obrera en Chile*, de Osvaldo Arias Escobedo (Chillán: Universidad de Chile, 1970); reeditado (Santiago: Ediciones Ariadna, 2009).

[44] Luis Emilio Recabarren, *Proceso oficial contra la Sociedad Mancomunal de Tocopilla* (Santiago: Imprenta Mejía, 1905), 6.

proseguía, "quien haya tenido el gusto de leer sus inspiraciones siempre basadas en el trágico luchar en defensa de sus hermanos los proletarios, se habrá convencido que su pluma de granito jamás se ha rendido ante las inclemencias de los agiotistas a quienes ha hecho temblar". Y concluía: "su potente brazo y su amor por el bienestar de su país son timbre de estímulo con que el pueblo entero de Chile le distingue y por lo cual no dudamos que hará una nueva era de adelanto cortando de raíz la ambición corrompida de los capitalistas"[45].

Los artículos de *El Trabajo*, en efecto, se convirtieron muy rápidamente en motivo de escándalo y preocupación para "agiotistas" y "capitalistas". En las primeras entregas firmadas directamente con su nombre, Recabarren fustigó duramente las pretensiones gubernamentales de implantar un sistema de ahorro forzoso de dependencia fiscal para los obreros, señalando que "ese dinero acumulado sería una tentación para los ricos: se harían empréstitos entre ellos y lo harían girar en su beneficio". Mucho más sensato era confiar en sus propios compañeros de clase asociados en las Mancomunales, "porque con las cuotas que paga tiene ahorros de sobra para atenderse en sus horas de desgracia". Estas entidades de administración estrictamente obrera, agregaba, no solo brindaban beneficios materiales, sino también morales: "Todos los trabajadores que teniendo vicios antes de entrar a estas sociedades, una vez en su seno, los abandonamos y aprendemos a vestirnos con limpieza, nos acostumbramos a la sociabilidad culta, y las horas dedicadas al servicio social, son horas sustraídas a la embriaguez, al juego o a otros vicios". Por tales "lógicas y poderosas razones", concluía, la clase trabajadora debía rechazar de plano cualquier mecanismo de ahorro forzoso, "aun cuando se necesiten para aplicarlo centenares de cadáveres y ríos de sangre"[46].

Con expresiones igualmente dramáticas, el periódico editado por Recabarren se contrajo a denunciar la ley de servicio militar obligatorio, "ley odiosa y despótica, que es un sarcasmo en la república y que por desgracia el pueblo ha soportado". "Somos nosotros mismos", decía en otra parte, "los que vestidos de soldados asesinamos a nuestros compañeros o los perseguimos por orden de los tiranos". Por esa razón, la propaganda mancomunal debía encaminarse a que "ningún trabajador sea soldado, porque los jefes lo obligarán a convertirse en un verdugo de sus mismos compañeros", y porque mientras hubiesen soldados, "los patrones cometerán abusos con nosotros". Exhortaba finalmente a los soldados a desobedecer las órdenes de disparar contra los trabajadores, o derechamente a abandonar "ese infame servicio"[47].

Generalizando a partir de esas y otras denuncias concretas, *El Trabajo* volvía una y otra vez sobre el "desprestigio natural que pesa sobre las autoridades, por la multitud

---

[45]   *El Marítimo*, Antofagasta, 10 de octubre, 1903.

[46]   *El Trabajo*, Tocopilla, 8 y 15 de noviembre, 1903.

[47]   *El Trabajo*, Tocopilla, 8 y 29 de noviembre, 1903.

de actos torpes y estúpidos y sus disposiciones déspotas e inicuas, que siempre gravitan sobre las espaldas del pueblo". "El gobierno del país", precisaba, "el Congreso y los municipios, las autoridades judiciales y toda la mazorca que constituye la llamada administración del país es formada, directa e indirectamente por las mismas personas que, dueñas del capital, son los patrones que como epidemia mortífera causa la eterna ruina de los trabajadores"[48]. Se sindicaba así a los patrones como responsables directos de los abusos que a diario se cometían en las oficinas salitreras y otros lugares de trabajo, y que el periódico también se ocupaba de denunciar. "El capital", sentenciaba, "exige lujo, vanidades. Vive en la orgía y pernocta en el tapete, derrochando el sudor de oro del trabajador". Por esa razón, añadía, "vamos a realizar una revolución en el orden social". En ese trance, "si las clases burguesas nos ayudan a encontrar expedito el camino limpiándolo mutuamente de las dificultades, no habrá lucha, ni sangre". Pero si al contrario "nos colocan mayores obstáculos y emplean medidas coercitivas, haremos lo del minero: porfiar para encontrar el metal cuando hay seguridad que existe, *apartando las piedras o quijos*, con los *materiales* que se necesitan para ello". Y como para no dejar ninguna duda sobre la índole de dichos materiales: "Si eventualmente han aparecido justicieros en Francia, Italia, España, Rusia, Estados Unidos", en referencia a los atentados anarquistas que habían costado la vida a estadistas y gobernantes de dichos países, "pueden aparecer aquí también"[49]. Evidentemente, se estaba muy lejos de las condenas con que se habían fulminado las ideas de Luis Olea solo cinco años antes.

Considerando el tenor de estas expresiones, no es extraño que a las pocas semanas de la llegada de Recabarren a Tocopilla, la Mancomunal de ese puerto, y más específicamente su periódico, se hayan convertido en blanco de las iras oficiales. A mediados de diciembre de 1903, el prestigioso *Ferrocarril* de Santiago llamaba la atención sobre la "gravedad y trascendencia antes desconocida" que cobraban en Chile los "conflictos relacionados con el trabajo y las clases obreras". Refiriéndose específicamente a las provincias salitreras, foco preferencial de dichos conflictos, denunciaba la existencia en ellas de "una propaganda activa y permanente de perturbación", identificada explícitamente con *El Trabajo* de Tocopilla, que "puede producir extravíos deplorables de criterio entre los trabajadores cuyos intereses dice representar". Y sentenciaba: "Cuando hemos podido presenciar en este mismo año lo ocurrido en Valparaíso, a consecuencia de la huelga de las gentes de mar, y poco antes en las faenas carboníferas de Lota, la más elemental prudencia aconseja abordar de lleno y por completo problemas sociales de tanta trascendencia, estudiando su índole

---

[48] *El Trabajo*, Tocopilla, 6 y 13 de diciembre, 1903.

[49] *El Trabajo*, Tocopilla, 27 de diciembre, 1903; énfasis y puntos suspensivos en el original. La referencia a los estadistas asesinados es explícita en un artículo anterior, titulado "En descubierto", publicado en *El Trabajo*, Tocopilla, 20 de diciembre, 1903.

y la tendencia perturbadora y subversiva de la propaganda que se ejercita en aquellos territorios"[50].

Quince días después, el ministro del Interior Arturo Besa, casualmente propietario de establecimientos mineros amagados días antes por disturbios obreros, telegrafiaba al intendente de Antofagasta ordenando abrir un sumario criminal contra *El Trabajo* por "publicar artículos amenazantes [contra las] autoridades, procurando inspirar odio al gobierno y subvertir el orden público". Casi al mismo tiempo, un oficial de ejército a cargo de un destacamento militar acantonado en Tocopilla denunciaba al periódico mancomunal ante el gobernador departamental por inducir a sus subordinados a la deserción y la sedición. En reiterados artículos, acusaba, se hacía aparecer "odiosa y ruin la vida militar", comparando ese régimen y su disciplina "con la vida y la exactitud de la mula que acude al son del cencerro". En otra parte se afirmaba que al cumplir la ley de servicio militar obligatorio, los trabajadores cometían un crimen contra sus propias familias, razón por la cual debían "abandonar ese infame servicio". Tal vez esos llamados no lo hubiesen alarmado tanto, aclaraba, si no hubiese visto circular clandestinamente entre la tropa bajo su mando ejemplares de *El Trabajo*, dando lugar a "conversaciones o especies que pueden originar trascendencias o dar mal ejemplo a la subordinación y disciplina". De hecho, ya se había producido al menos un caso de deserción, en la persona del excabo 1º del Regimiento Arica, Benjamín Rodríguez, quien había cultivado amistades "entre los mismos que escriben"[51].

Impulsado por ese vendaval de denuncias, el 15 de enero de 1904 el promotor fiscal de Tocopilla encausó al directorio en pleno de la Mancomunal, y a Recabarren como director del periódico, por los delitos de subversión y amenazas, lo que derivó en veinte días de prisión para todos los acusados. Liberados por disposición de un ministro de la Corte de Apelaciones de Tacna, quien estimó (en un arranque intransigentemente liberal) que un delito de opinión no podía dar lugar a un juicio criminal, Recabarren retomó sus labores con mayores bríos: "Si hasta antes de mi prisión he guardado contemplaciones para las autoridades inescrupulosas y que dilapidan el tesoro público, desde hoy cumpliré con mi deber más estrictamente, a fin de que comprendan que los hombres que tenemos conciencia no sabemos vacilar ni doblegarnos ante la persecución tirana y brutal". Mientras la libertad de prensa lo amparase, desafiaba, "mi pluma continuará destilando hiel porque soy un revolucionario que anhelo ver pronto una sociedad nueva, más humana, más justiciera que la actual"[52].

---

[50]   *El Ferrocarril*, Santiago, 14 de diciembre, 1903.

[51]   Tanto el telegrama del ministro del Interior como el parte del oficial de Ejército son reproducidos en el *Proceso oficial contra la Sociedad Mancomunal de Tocopilla*, 7-10, 17.

[52]   *El Trabajo*, Tocopilla, 14 de febrero, 1904.

Incansable, por esos mismos días participó (o tal vez promovió) una iniciativa de la Mancomunal de arrendar un terreno en plena pampa para levantar un local que, aparte de albergar las ya habituales actividades societarias ("teatro, salas de lectura, de diversión, diversas escuelas, salas de hospital, secretarías gremiales, y todo lo que constituya medios de progreso y de cultura para el trabajador alcanzados por el mismo trabajador"), permitiera instalar un almacén cooperativo donde los obreros de las salitreras pudiesen burlar el monopolio de las pulperías, adquiriendo mercaderías a precios más baratos. Este proyecto, que Recabarren auspiciaría posteriormente una y otra vez en las organizaciones en que le cupo actuar, se inspiraba seguramente en experiencias ya materializadas por el socialismo europeo a través de "Casas del Pueblo" que cumplían las mismas funciones recién enumeradas, de las que seguramente se había informado a través de sus lecturas. Lejos de apreciar las bondades de la iniciativa, el gobernador de Tocopilla, embarcado en una política de abierto hostigamiento a la Mancomunal, impidió la ocupación de los terrenos arrendados, pero a la postre las obras de construcción se iniciaron de todas formas. Para el 1º de mayo ya podía anunciarse triunfalmente la inauguración del local[53].

Por esos mismos días se abrió un nuevo juicio en contra de la Mancomunal, esta vez por una demanda de liquidación de la sociedad iniciada por un antiguo socio, según Recabarren "vendido al oro de los burgueses". El juez a cargo de la causa, el mismo que había ordenado la prisión del directorio tan solo semanas antes, dispuso ahora el embargo de la imprenta de *El Trabajo,* lo que dio lugar a un enfrentamiento entre la policía y un grupo de mancomunados que terminó con al menos tres heridos y varios detenidos, entre ellos nuevamente Recabarren. Liberado a los tres días bajo fianza, la lectura de unas cartas incautadas durante el allanamiento dio a las autoridades pretexto para someterlo a una nueva acusación criminal, esta vez por "propalar ideas que tienden al anarquismo en su forma más violenta". En lenguaje más técnico, se le acusó por "subversión del orden público y amenazas", y en referencia específica a los disturbios acontecidos en la defensa de *El Trabajo,* por "atentado a la autoridad". A diferencia de las oportunidades anteriores, Recabarren ahora permanecería siete largos meses en prisión[54].

Sustraído del fragor de la militancia cotidiana, el encarcelado periodista obrero consagró sus meses de forzado inmovilismo a reflexionar y escribir sobre diversos temas vinculados a la coyuntura política y social, tales como las proyecciones del

---

53 *El Trabajo,* Tocopilla, 28 de febrero y 6 de marzo, 1904; *La Voz del Pueblo,* Valparaíso, 23 y 30 de abril, 1904; *El Marítimo,* Antofagasta, 1 de mayo, 1904.

54 El asalto a la imprenta de *El Trabajo* y la nueva prisión de Recabarren aparecen relatados en *Proceso oficial contra la Sociedad Mancomunal de Tocopilla* y también en *El Marítimo,* Antofagasta, 12 y 19 de marzo, 1904; *La Voz del Obrero,* Taltal, 26 de marzo, 1904.

movimiento mancomunal, la condición obrera, el significado del socialismo y la necesidad de unir a todos los trabajadores por encima de diferencias doctrinarias. Como su propio periódico había sido clausurado, estos escritos fueron difundidos a través de otros medios mancomunales u obreros de la zona, tales como *El Marítimo* de Antofagasta o *La Voz del Obrero* de Taltal. En el primero, por ejemplo, desarrolló un detenido diagnóstico sobre la medida represiva que lo afectaba, atribuyéndola a una campaña sistemática contra las Mancomunales que solo demostraba el temor que dichas organizaciones comenzaban a despertar entre las clases dirigentes.

"Día por día", comentaba en referencia a la fundación de nuevas mancomunales a lo largo del país, "se organizan nuevos gremios, nuevas secciones, son reclutas que llegan a tomar las armas del derecho para la conquista de la justicia". "Las clases proletarias", proseguía, "no luchan hoy por utopías o por ideales imposibles, como pretenden sostenerlo los burgueses que en su egoísmo corrompido niegan al pobre la justicia que reclama". Por el contrario, lo que inducía esa lucha eran objetivos tan concretos y naturales como más y mejor alimentación, habitaciones higiénicas y decentes, salarios suficientes para las necesidades del hogar, descanso suficiente "para no suicidarse paulatinamente", educación, ciencia, luz, honradez y dignidad para aspirar a una felicidad común. Y concluía: "Por imponer esto batallaremos, derramaremos sangre, rendiremos la vida, si la ignorancia, si la torpeza, si el egoísmo de los satisfechos se opone por la fuerza bruta, único baluarte tras donde se defienden, ya que la razón nunca les acompaña"[55].

Como dándoles la razón a tales denuncias, coincidió con el encarcelamiento de Recabarren la visita a las regiones salitreras de una comisión consultiva gubernamental motivada precisamente por la agitación vivida durante los meses anteriores. Esta comisión, presidida por el ministro del Interior del presidente Germán Riesco, Rafael Errázuriz Urmeneta, se estableció por decreto supremo de 12 de febrero de 1904, entre cuyos considerandos figuraba explícitamente el interés del Gobierno por "conocer de cerca las condiciones generales en que se desarrollan en las regiones salitreras la vida del trabajo, la del capital y sus relaciones recíprocas". Tras un recorrido de varias semanas por las provincias de Tarapacá y Antofagasta, visitando oficinas salitreras y entrevistándose con autoridades locales, empresarios y trabajadores, los comisionados elaboraron un informe que, junto con sus voluminosos anexos, se ha convertido en una de las fuentes más citadas en los estudios de la sociedad pampina al despuntar el siglo xx. Tras un cuarto de siglo de explotación salitrera, el Estado de Chile finalmente documentaba una preocupación por los problemas sociales que venían desarrollándose bajo el alero de esa poderosa industria[56].

---

55   *El Marítimo*, Antofagasta, 30 de julio, 1904.

56   Manuel Salas Lavaqui (comp.), *Trabajos y antecedentes presentados al Supremo Gobierno de Chile por la Comisión Consultiva del Norte*, recopilados por encargo del ministerio del Interior (Santiago: Imprenta Cervantes, 1908).

Ya desde sus primeras impresiones, fechadas en abril de 1904, los integrantes de la comisión reconocían abiertamente que "en la vida del desierto no se deja sentir con eficacia la intervención moderadora de los agentes naturales de toda cultura, a saber, la mujer, la familia, la propiedad distribuida entre muchos, la diversidad de las transacciones y de los negocios, y en suma, las satisfacciones de diverso orden que un nivel común de educación y moralidad trae consigo". Fruto de ello, "bien se comprende que la población obrera de la Pampa sea fácilmente excitable y acepte con docilidad sugestiones de toda índole". La alusión casi transparente a las mancomunales y a su prensa se hace explícita a través de diversos antecedentes incluidos en el informe, tales como uno elaborado por la Municipalidad de Tocopilla en que se sostiene en relación con el periódico dirigido por Recabarren que "cierta prédica que en algunos artículos se ha venido haciendo, la consideramos fuera de lugar, nociva a la sociedad misma y extemporánea".

Haciéndose eco de la misma inquietud, Belisario Gálvez, reportero del periódico conservador santiaguino *El Chileno* que viajó junto a la comisión consultiva, señalaba que "*El Trabajo* de Tocopilla usa un lenguaje de fuego y vapulea a las autoridades que da miedo". Y agregaba: "Predica sin rebozo contra las instituciones, el militarismo, las creencias, etc.". Pero matizaba a continuación: "Debemos advertir que la situación de la autoridad y los obreros en este puerto, es también de una tirantez lamentable. Es posible pues que la exacerbación del órgano de los trabajadores, sea hija de esta situación excepcional y que convendría cesara cuanto antes".

Profundizando en su análisis, y revelando bastante más sensibilidad respecto a la manera de evaluar y abordar los conflictos sociales, Gálvez se preguntaba si podía acusarse a las mancomunales de responder meramente a la acción de "agitadores de oficio", como lo aseveraban casi invariablemente los empresarios salitreros y no pocos personeros de gobierno. Sin pronunciarse taxativamente al respecto, llamaba sin embargo la atención hacia la existencia de quejas concretas y atendibles entre los trabajadores, y dejaba entrever que el solo hecho de hacerse portavoces de dichas reclamaciones y darles un giro "a veces violento" no hacía de los diaristas obreros necesariamente agitadores de oficio. Opinaba también que "la Mancomunal es una asociación poderosa, porque encierra a todos los gremios de trabajadores, y se extiende de un extremo a otro del país", y podía por tanto ser un elemento relevante en la solución de los conflictos laborales, "desde que representan los intereses de una de las partes". "Pero en todas partes", se lamentaba, "se persigue a los mancomunados, y esto los exaspera", como lo demostraba palmariamente la situación de Tocopilla. En conclusión, y sin perjuicio de sugerir a sus miembros "mayor moderación en el lenguaje y más paz y tranquilidad en sus ideas", recomendaba a las autoridades suspender su campaña de hostigamiento: "Un cambio de política, a nuestro juicio, daría buenos resultados, restablecería la armonía entre los obreros y las autoridades y facilitaría la solución de los conflictos"[57].

En medio de todo esto, y escribiendo desde su calabozo, Recabarren se congratulaba del efecto provocado por "la campaña cruda y sin vacilaciones emprendida por la Mancomunal de Tocopilla, con su periódico *El Trabajo* a la cabeza". Era esa campaña, aseveraba, la que había "sacudido del letargo a los empedernidos gobernantes de Chile" y "hecho tronar conmovida a toda la prensa mercenaria, ponderando nuestra actitud amenazadora"[58]. Sin embargo, no cifraba demasiadas expectativas en la visita de la comisión oficial, para la cual "la situación del obrero es excelente y solo hay una que otra aspereza en las relaciones del obrero y el patrón, muy fácil de subsanar". "Los señores aristócratas", añadía, "visitaron las administraciones relumbrantes y oyeron solo la voz de los patrones y la de los infelices trabajadores llevados aleccionados por los mismos patrones. Escucharon las falsedades con que negaban su acción y si algunos trabajadores tuvieron la audacia de llegar hasta la comisión a exponer la verdad de sus dolencias y malestar, los patrones lo clasificaban del número de los agitadores que exageraban la real situación". Conclusión: "Expulsando a los agitadores que hay en la zona del norte, los capitalistas podrán entenderse amigablemente con sus obreros".

Muy diferente, continuaba Recabarren, era la impresión recogida por una delegación independiente enviada a la región salitrera por el Partido Demócrata, en paralelo a la comisión oficial, integrada por los diputados de esa agrupación Malaquías Concha y Artemio Gutiérrez. Según afirmaba, la iniciativa de hacer una visita oficial a la zona había emanado originalmente de esa representación partidaria en el Congreso, pero el gobierno de Germán Riesco la había recibido con oídos sordos. Pese a ello, el clamor obrero lo había obligado a recapacitar, enviando su comisión "para calmar la efervescencia popular", por supuesto sin ningún integrante demócrata. En tal virtud, Concha y Gutiérrez, "conocedores de los sufrimientos del pueblo y del criterio con que juzgan los ricos la situación del pobre", habían viajado por cuenta propia, "para ver por sí mismos lo que iba a ver la comisión del gobierno, y apreciar la situación con el debido mérito". Tan elogiable iniciativa, dicho sea de paso, coincidió con una breve reunificación del Partido Demócrata acordada en abril de 1904, alimentada según Sergio Grez por el recrudecimiento que durante los últimos meses había cobrado la cuestión social, reflejado entre otras cosas por la propia prisión de Recabarren[59]. Así se explica la buena disposición con que el encarcelado militante comentaba las acciones de unos correligionarios a los que no mucho tiempo antes había sindicado como "traidores".

---

[57]   Los artículos de Belisario Gálvez se publicaron en *El Chileno* en una serie titulada "En la región del salitre", y han sido reproducidos como apéndice del texto *Trabajos y antecedentes presentados al Supremo Gobierno de Chile por la Comisión Consultiva del Norte.*

[58]   *El Marítimo*, Antofagasta, 4 de junio, 1904.

[59]   Sergio Grez, "Reglamentarios y Doctrinarios", 103-105.

En ese contexto, Recabarren aplaudió sin reservas el reconocimiento por parte de los diputados demócratas de que en las salitreras se vivía "la esclavitud más odiosa, condenados a morir, como deportados del trabajo en esta *Siberia Caliente* como gráficamente lo expresó don Malaquías Concha". A diferencia de los "aristócratas" de la comisión consultiva, "los demócratas estuvieron en la humilde choza del trabajador, le arrancaron de su corazón los dolores y sufrimientos que sus labios no eran capaces de expresar, estuvieron entre las diversas faenas, las palparon y apreciaron sus condiciones". De esa forma, al reanudar sus sesiones el Poder Legislativo, iba a poder confrontarse la opinión de unos y de otros: "El país oirá a ambas comisiones y será el juez inexorable". La "gran cruzada" iniciada desde la Mancomunal de Tocopilla, concluía orgullosamente, había tenido repercusiones más allá de lo imaginable, haciendo a la postre provechoso el alto costo de las "implacables persecuciones". "Estamos, entonces, satisfechos de nuestra obra. Nuestra agitación trajo acá esas comisiones". Y si ni siquiera esto lograba producir resultados benéficos para el trabajador, "estudiaremos otra táctica y daremos otra campaña con carácter decisivo". Porque el pueblo, advertía a "los señores burgueses", es como la pólvora: "Le habéis visto tranquilo en sus faenas, pero en el corazón lleva un fulminante. La pólvora sin fuego no arde, ni amenaza. Estalla de improviso"[60].

La ya comentada reunificación del Partido Demócrata en su Convención de 3 de abril de 1904, la que puso transitorio fin a tres años de división, parece haber inducido a la agrupación de Tocopilla a iniciar la publicación del periódico *El Proletario,* que más adelante también quedaría bajo la administración de Recabarren. En su primer número, el encarcelado diarista obrero se hacía presente a través de una carta, fechada desafiantemente el 1º de mayo, en que agradecía al gobernador departamental por los sesenta días que llevaba privado de libertad, cuarenta de ellos en calidad de incomunicado. "De los pesares y alegrías que he experimentado aquí", afirmaba, "he sacado un innegable provecho. Con ellos he fundido una coraza para mi corazón y cerebro que constituye un baluarte inexpugnable a los futuros ataques". "Corazones que sufren con los martirios de una prisión", continuaba, "saldrán templados para seguir con más ardor la lucha por la reivindicación de los derechos del pueblo, que constituirá una era de paz, de amor infinito y justicia eterna". Lo que lo llevaba a concluir que, gracias al injusto castigo, "mis ideas se sienten hoy más arraigadas y profundas"[61].

Un ejemplo de ese mayor "arraigo" y "profundidad" puede haber sido la serie de veinte artículos titulada "El derecho popular", enviada también desde la cárcel a *La Voz*

---

[60]   *El Proletario,* Tocopilla, 19 de mayo, 1904; la atribución al Partido Demócrata de la iniciativa en la formación de la comisión consultiva en *La Voz del Obrero,* Taltal, 27 de agosto, 1904.

[61]   *El Proletario,* Tocopilla, 15 de mayo, 1904.

del Obrero de Taltal[62]. Se trata de la primera producción intelectual de mayor calibre publicada por Recabarren, en la que a partir de un llamado al pueblo a conocer mejor sus derechos a través de la acción de "los proletarios más ilustrados" (como él), se enumeraban diversas razones para atraerlo hacia las filas del recién reunificado Partido Demócrata. Hasta la fecha, comenzaba, la burguesía se había cuidado de mantenerlo en la ignorancia de tales derechos, apelando a "cuentos religiosos y militares llenos de fanatismo aterrador". En consecuencia, uno de los primeros pasos del naciente movimiento obrero debía ser el combate a esas supercherías religiosas o patrióticas a través de la instrucción popular, dando a conocer los principios organizativos del "gobierno de la República" y del papel estratégico que en ellos desempeñaba la facultad de elegir a las autoridades. Y siendo "la clase pobre" la mayoría de la nación, en sus manos estaba la posibilidad de adueñarse, a través del voto, de la administración general del país para su propio beneficio. "El derecho de sufragio", enfatizaba, "es el arma más importante que debe poseer cada trabajador para castigar a sus verdugos". En tal virtud, "esa arma popular no debe venderse ni darse al primer audaz que la pide", como ocurría con tanta frecuencia a través del cohecho o la adhesión a candidaturas de origen burgués, que "sirven para desgracia del mismo que la vende". En suma, "el voto electoral debe emplearse por los pobres para elegir a sus iguales a los puestos de la administración", porque solo ellos, a través de sus propias miserias, estaban en condiciones de "conocer las necesidades de todos sus iguales y trabajar por su mejoramiento".

Establecido ese principio que, pese a su preferencia por la fracción más volcada hacia las luchas sociales, Recabarren habría de defender e impulsar durante el resto de su vida política, la argumentación se orientaba a establecer al Partido Demócrata como único representante genuino de la clase obrera, puesto que era "hoy día el único partido formado en casi su totalidad por trabajadores, que se preocupan en buscar prácticamente el mejoramiento de nuestra condición social y económica". "Es un partido", abundaba en otra entrega de la serie, "realmente revolucionario, puesto que pretende un cambio radical en todos los órdenes sociales del país". Ese cambio radical se desglosaba en una serie de reformas específicas, entre las que se destacaba la democratización del régimen judicial a través de la elección popular de los jueces; la radicación en los municipios de las funciones desempeñadas por autoridades regionales designadas, como los intendentes y los gobernadores; la igualdad civil y educacional del hombre y la mujer; la necesidad de legislar en favor de mejores condiciones de trabajo y de vida, y otras.

---

[62] La serie se inicia en la edición del 7 de julio de 1904, y concluye el 12 de noviembre del mismo año, cuando Recabarren ya había salido de prisión.

La serie concluía apelando eclécticamente a las dos almas que atravesaban al recién reunificado Partido Demócrata: "Los pobres no tienen sino dos armas para encontrar su salvación o sea para cortar la cuerda que la burguesía nos tiene en el cuello: la huelga, bien organizada, y el voto electoral". Dejando el tema de la huelga para más adelante, insistía en su llamado a reconocer que solo su partido "da a conocer al pueblo sus derechos y lo llama a unirse para que entre en pleno ejercicio de ellos". Fiel a esa convicción, a través de sus artículos había procurado "llamar al lado nuestro a todos nuestros compañeros de trabajo para que nos ayuden a unirnos y a fortalecernos, para resistir esta lucha por la existencia tan llena de amarguras y de peripecias sin cuento". Esa unión, "la unión de todos los que sufren la explotación del capital y de la autoridad", solo podía efectuarse en las filas de la Democracia, y por tanto "nos sentiremos satisfechos si las filas del partido", gracias a su lectura, "han recibido algún aumento".

Esta larga profesión de fe doctrinaria se cruzó con una de las polémicas más conocidas de Recabarren durante esta etapa temprana de su carrera, como fue la que sostuvo con el todavía anarquista Alejandro Escobar y Carvallo. La literatura ha hecho bastante caudal de este episodio, calificándolo como uno de los primeros hitos de diferenciación dentro de un pensamiento obrero que hasta la fecha había combinado más o menos indistintamente elementos democráticos, socialistas y anarquistas. Jaime Massardo identifica esta etapa de la vida de Recabarren como la de mayor cercanía a la ideología libertaria, en tanto que Sergio Grez se inclina más bien a interpretarla como el inicio de un distanciamiento respecto de dicha corriente[63]. En consonancia con la lectura de Massardo, hay que reconocer que en el pensamiento temprano de Recabarren pueden identificarse algunas afinidades anarquistas, además de reconocimientos explícitos a próceres de dicha orientación como Tolstoy, Reclus, Kropotkin y Malatesta, por no mencionar a los mártires de Chicago cuya inmolación dio origen a la efeméride del 1º de mayo[64]. Sin embargo, y refrendando en este caso la interpretación de Grez, es un hecho que las primeras referencias concretas de Recabarren al anarquismo –descontando las diatribas de carácter no precisamente doctrinario prodigadas a Luis Olea en aquel lejano artículo de 1898– fueron precisamente las escritas en la cárcel de Tocopilla en agosto de 1904, cuya intención fue básicamente polémica.

A propósito de ciertas denuncias formuladas por los ácratas luego de su exclusión de la convención realizada por las mancomunales del país en mayo de ese mismo año, Recabarren escribió a su correligionario Anacleto Solorza que sin perjuicio de convencerse de que "el ideal anarquista es realizable y es bueno", y de considerar que "las aspiraciones ácratas son las mismas de los demócratas y socialistas y otros

---

[63]   Jaime Massardo, *La formación del imaginario político de Luis Emilio Recabarren*, 102-110; Sergio Grez, *Los anarquistas y el movimiento obrero*, 169-174.

[64]   Ver, por ejemplo, *Proceso oficial contra la Sociedad Mancomunal de Tocopilla*, 31, y *El Marítimo*, Antofagasta, 12 de noviembre, 1904.

luchadores libres", enfatizaba que su militancia demócrata le impedía ser anarquista. Precisando esta afirmación, y en consonancia con lo que escribía por esa misma fecha en su serie "El derecho popular", señalaba que el llamado a valerse del "medio político", entendiendo por ello la organización partidista y la participación en comicios electorales, era un recurso perfectamente válido para "hacer prácticas nuestras aspiraciones".

Para los anarquistas, sin embargo, esa opción era sinónimo de charlatanería, embuste y traición, y lo que era peor, expresaban tales juicios por medio de "insultos groseros y soeces, reñidos con la lectura y con el arte que encarna el ideal libertario". De esa forma, en lugar de sumar fuerzas en torno a una causa común, caían en una labor divisionista y descalificatoria que le hacía el juego al enemigo burgués que por esa misma fecha arremetía contra el movimiento mancomunal. Tan triste papel en el plano ideológico se acompañaba además de una total esterilidad en materia de logros concretos en beneficio de la clase obrera: "Mientras en el Norte, con la acción de las mancomunales, se ha conquistado en dos años un 50% de comodidades y beneficios de todo orden", y más aún, se había verificado "una verdadera revolución que ha conmovido todo el país y ha hecho temblar a los tiranos que aún temen", los anarquistas solo podían exhibir a su haber "el desastre de los tipógrafos y los panaderos", en alusión a movimientos huelguísticos recientemente derrotados. Y concluía: "Mancomunados del norte; todos los que habéis derramado sangre, los que habéis sido torturados, encarcelados, todos los que habéis sufrido por la inaudita persecución autoritaria en Iquique, Taltal, Chañaral, Coronel, Antofagasta, y aun en Tocopilla, perdonad a esos obreros anarquistas que nos insultan y nos calumnian, haciendo causa común con la burguesía"[65].

Por esos mismos días se desarrolló la polémica entre Recabarren y Escobar y Carvallo, publicada en el periódico *Tierra y Libertad* de Casablanca. Abrió los fuegos el segundo de los nombrados, criticando al encarcelado Recabarren por los juicios vertidos en contra de los anarquistas, y criticando las corruptelas de politiqueros demócratas y mancomunados oportunistas. "En cuanto a las Mancomunales en general", fulminaba Escobar y Carvallo, "debo decirle que no valen siquiera lo que la persona que se ocupa de ellas". Salía también al paso de las críticas al divisionismo ácrata señalando que "luchar contra el enemigo oculto en nuestras filas, que mañana nos hará traición, calumniándonos y atacándonos por la espalda, es necesario, aunque doloroso". Proseguía emplazando a Recabarren en un pasaje muchas veces citado: "¿Es Ud. socialista? ¿Es Ud. anarquista? ¿O es Ud. demócrata? No lo sé, pero me lo figuro las tres cosas a la vez". Y concluía invitándolo a estudiar más a fondo la cuestión social,

---

[65]   *El Marítimo*, Antofagasta, 20 de agosto, 1904.

pues "hasta la fecha Ud. no ha hecho otra cosa que organizar a los trabajadores de las pampas, pero ni Ud. ni ellos saben el objeto de tal organización"[66].

En su respuesta, Recabarren volvía a repudiar "el insulto y la grosería" que a su juicio tanto abundaban en la prensa libertaria, pero sobre todo defendía la causa mancomunal a la cual se había consagrado en cuerpo y alma, y en la que tan altas expectativas cifraba: "La creación Mancomunal, es hoy la sociedad más poderosa de Chile y ha caído como pan fresco entre los pobres. Ella es obra de esos hombres que Ud. se atreve a tratar mal". Y en cuanto a su propia alineación doctrinaria, insistía en que el fin perseguido por socialistas, demócratas y anarquistas era el mismo: "La felicidad proletaria, para llegar a la felicidad universal". Por tanto, no aceptaba la pretensión anarquista de imponer una práctica excluyente solo en función de los medios que las distintas corrientes estimaban adecuados para alcanzar esa meta. Por su parte, definiéndose como "socialista revolucionario", reivindicaba el parlamentarismo para hacer la revolución, "y como estoy convencido de esto, a nadie le concedo derecho para que me insulte y me ofenda por dicha causa".

Defendía también Recabarren la obra que había venido realizando en el norte, uniendo y organizando a los trabajadores, convenciéndolos de "su existencia como hombres iguales a todos, pero despojados"; mostrándoles el fin hacia el cual debía encaminarse "la hueste trabajadora" y señalándoles los obstáculos que para tal efecto se debían superar, tal cual lo había demostrado gráficamente la ola represiva de la cual él mismo había sido y continuaba siendo víctima. Gracias a ello, "ha visto Ud. que el sacudón que dimos en el Norte ha repercutido hasta Valdivia. Toda la clase obrera abrió los ojos para mirar el desarrollo de este drama iniciado aquí". Y aun si así no fuese, al menos quedaba la evidencia de que "hacemos algo práctico, por poco y deficiente que sea, mientras que Uds. solo se ocupan en criticarnos a nosotros". Peor aún: las veces que los anarquistas habían conducido alguna lucha de magnitud, como en Valparaíso en mayo de 1903, los resultados habían sido catastróficos: "Encendieron la mecha la noche del 11 y en el tren nocturno se fueron a Santiago, huyendo de las responsabilidades. ¿Qué resultó? Que el pueblo se asesinó solo". Así, "si los ácratas chilenos no reaccionan en sus métodos, no habrán conseguido sino distanciarse de las masas obreras del país y desprestigiar un ideal bueno y bello pero que al paso que van, solo consiguen destrozarlo"[67].

Escobar y Carvallo no se atuvo pasivamente a esta réplica, repitiendo en una nueva carta pública sus acusaciones anteriores y calificando de particularmente inaceptable

---

[66]   *Tierra y Libertad*, Casablanca, 31 de julio, 1904, reproducido en Cruzat y Devés, *Recabarren. Escritos de prensa*, tomo I, 170-176.

[67]   *Tierra y Libertad*, Casablanca, segunda quincena de agosto, 1904, en Cruzat y Devés, *Recabarren. Escritos de prensa*, tomo I, 163-169.

la exclusión de los anarquistas de la Convención Mancomunal, lo que corroboraba la corrupción de dichas organizaciones. Insistía también en la falta de claridad ideológica de su interlocutor, quien a su juicio "todavía ignoraba lo que son la Democracia, el Socialismo y la Anarquía". Por eso mismo, no era capaz de entender que "no se debe esperar nada de las masas; tampoco de las organizaciones ni esfuerzos colectivos", y que "entre la lucha política y la emancipación del proletariado hay un divorcio absoluto". Y por último, que "toda esa farsa del Congreso Obrero, de las Mancomunales de reciente creación, y otros movimientos de menos importancia, son nada más que resultado directo, o indirecto, de nuestra semilla arrojada en tierra inculta o estéril, que Uds. han emprendido, agarrando el árbol por las hojas"[68].

Recabarren no quiso continuar este intercambio específico con Escobar y Carvallo, pero igual continuó denunciando la obra divisionista del anarquismo, lamentando que "el ejército proletario de hoy día sea un campo de discordia: es más el fuego que se gasta en la guerra mutua que el con que se combate a la burguesía". "Desgraciadamente en Chile", señalaba, "han dado en llamarse apóstoles de las ideas libertarias, que son la esencia de la poesía, de la ternura y de la libertad, personas, que creyendo comprenderlas bien, pretenden 'obligar' a aceptar ideas libertarias por 'medio' de la tiranía de una crítica grosera y pesada, acompañada de calumnias y de insultos para los que no acepten 'ipso facto' dichas ideas". El resultado de semejante sectarismo, aseguraba, no podía ser otro que "desprestigiar la bondad de un ideal junto con la persona que en esa forma lo propaga". Por otra parte, llamaba su atención la condescendencia que a su juicio exhibían las autoridades frente a los ácratas, libres hasta ese minuto de las persecuciones que sufrían los mancomunados. ¿La explicación?: "Bien saben ellas que son inofensivos, y temen mucho más a los demócratas y mancomunales porque ven en éstos hombres que hablan poco y 'hacen más', en materia de organización y 'medios' conducentes a la felicidad proletaria"[69].

Tanto el calor de la polémica con los anarquistas como los otros escritos resumidos hasta aquí sugieren que los meses de prisión sirvieron para ratificar en Recabarren su convicción sobre las bondades de su adscripción demócrata de tantos años, y de la opción mancomunal a la que se había consagrado desde su traslado a Tocopilla. De hecho, y como ya se ha mencionado, la Convención Mancomunal celebrada durante el mes de mayo parecía inaugurar una era de consolidación organizativa para las sociedades de esa filiación distribuidas entre Tarapacá y Valdivia, tal como lo expresó

---

[68]   Esta carta, que no fue reproducida en la antología de Cruzat y Devés, fue publicada en *Tierra y Libertad* de Casablanca, primera quincena de octubre de 1904, y la ha incluido Sergio Grez, junto con las dos cartas anteriores, entre los anexos documentales de *Los anarquistas y el movimiento obrero*, 293-323.

[69]   *El Marítimo*, Antofagasta, 10 y 17 de septiembre, 1904.

un memorial que sus máximos dirigentes depositaron personalmente en manos del presidente de la república al término de sus deliberaciones[70]. Ello tal vez explique el tono desafiante con que Recabarren finalmente recuperó su libertad en octubre de 1904, previo pago de una muy tramitada y diferida fianza. En un artículo titulado "Sin arriar bandera", aparecido en un periódico *El Trabajo* nuevamente autorizado para circular, atribuía explícitamente su castigo a su costumbre de "expresar ideas que bullen en mi cerebro, que transcritas al papel se esparcen por los pueblos". En un país que se ufanaba de ser republicano y libertario, fulminaba, se había pretendido prohibirle pensar, tildándolo de subversivo, anarquista y sedicioso. Sin embargo, tras siete meses de encierro salía "con las mismas ideas y si se quiere más convencido de la pequeñez de los burgueses que persiguen y hostilizan a la clase trabajadora". Volvía así a la actividad "sin arriar bandera [...], sin pensar ni en un nuevo sacrificio, ni en un nuevo obstáculo"[71].

Dando prueba inmediata de dicha voluntad, en la misma edición de *El Trabajo* inició una nueva serie de artículos doctrinarios (siete esta vez) titulada "Hermano, abre tus ojos", encaminada a demostrar que el régimen social existente, construido íntegramente a partir del brazo del obrero, era a la vez la principal causa de las miserias e injusticias que lo agobiaban. "El pueblo, la masa trabajadora", argumentaba, era, en su condición de productor, "el único factor indispensable para la vida de las sociedades". Sin embargo, el fruto de su trabajo no solo se desviaba en su mayor parte para enriquecer precisamente a sus explotadores, sino que de él se costeaban también los instrumentos de su persecución y opresión: gobernadores, jueces, policías, carceleros, espías "y demás caimanes que nos han perseguido durante un año". De modo que si ese orden basado en la injusticia y el absurdo subsistía, era solo por el desconocimiento popular de los principios en que se sostenía, y de su propio derecho a levantar un mundo mejor. A ese mundo mejor Recabarren lo nombra aquí por primera vez con la palabra "comunismo", y lo define de la siguiente manera: "vivir en comunidad de intereses iguales, sin opresores y oprimidos, sin ricos ni pobres, sin señores ni sirvientes; todos bajo un techo de fraternidad sirviendo a la obra común de embellecer a la humanidad para recoger cada uno individualmente el estímulo de la satisfacción de haber contribuido a un bien común, a una parte más de vida feliz y libre". El vehículo para avanzar hacia esa "grandiosa aspiración" era, naturalmente, la unión obrera, cristalizada bajo el alero de la Mancomunal[72].

Esta primera tentativa de describir la utopía comunista se plasmó también por esos mismos días en dos artículos publicados en el periódico penquista *El Eco Obrero*, bajo

---

[70]   *La Ley*, Santiago, 24 de mayo, 1904.

[71]   *El Trabajo*, Tocopilla, 20 de octubre, 1904.

[72]   La serie aparece en *El Trabajo*, Tocopilla, entre los días 20 de octubre y 1 de diciembre de 1904.

el título "La vida en común". "Yo considero", señalaba allí Recabarren, "que un pueblo sin gobierno, sin leyes, sin soldados, sin frailes, sin patrones, sin dinero, sería mucho, pero mucho más feliz que lo que hoy pueden suponer los que poseen dinero". Al tener todas las personas aseguradas sus necesidades básicas, añadía, desaparecerían todos los vicios y males sociales, y las energías humanas podrían consagrarse íntegramente a realizar cosas útiles, cultivar las artes y las ciencias, disfrutar de las bondades de la naturaleza y a la vez aportar al progreso humano. Era solo el egoísmo, "el egoísmo desgraciado de los ricos", el que por el momento obstaculizaba el avance hacia esa "vida feliz que soñamos"[73].

Marcando una suerte de contrapunto frente a esta digresión utópica, y casi como un desmentido a los cargos de falta de preparación ideológica que pocas semanas antes le prodigase Escobar y Carvallo, aparecía durante esta misma coyuntura en *La Claridad del Día* de La Unión su célebre escrito sobre la cuestión social. Esta condición, cuya existencia en Chile muchos todavía negaban, era a su juicio indesmentible, y respondía aquí como en todas partes a esa "miseria que se revuelca y se conmueve airada en el fango de sus desgracias a la vista de la abundancia acaparada". Pero la cuestión social, agregaba, no era solo "cuestión de estómago", y por tanto no podía resolverse con meros avances materiales, tales como mejores salarios, jornadas laborales más cortas, alimentación más barata o habitaciones más higiénicas. Sin negar la conveniencia de estos últimos, en tanto aportaban a una mejor calidad de vida popular, lo que verdaderamente originaba la cuestión social era la desigualdad y la injusticia, y en tanto estas subsistieran no cesaría ese estado de "constante intranquilidad que aminora los goces superficiales de que puedan gozar los acomodados". En su opinión, y haciendo un nexo con sus reflexiones utópicas esbozadas más arriba, la única solución efectiva y duradera consistía en "el cambio completo del régimen social por medio de la abolición del dinero, del gobierno, leyes y demás cadenas que aprisionan las libertades individuales". En ese contexto, las actuales agitaciones "buscando mejoras de salarios, disminución de horas, buenas comodidades", eran solo una etapa inicial en el camino hacia "un estado social libre que trabaje por la perfección de la humanidad para alcanzar la parte que como átomo de la humanidad le corresponde"[74].

En un plano más práctico, su liberación significó para Recabarren volver a ocuparse personalmente de la edición de *El Trabajo*, suspendida como se dijo durante los meses de cárcel, y también del nuevo periódico demócrata *El Proletario*, todo lo cual reforzaba su creciente reputación como periodista obrero. "Se nos secuestró una imprenta para enmudecer la voz de un periódico", comentaba irónicamente, "y como

---

73   *El Eco Obrero*, Concepción, 26 de noviembre y 3 de diciembre, 1904, en Cruzat y Devés, *Recabarren. Escritos de prensa*, tomo I, 189-190.

74   *La Claridad del Día*, La Unión, 27 de noviembre y 4 de diciembre, 1904, en Cruzat y Devés, *Recabarren. Escritos de prensa*, tomo I, 186-188.

consecuencia de esta maldad, hoy son dos las voces periódicas que defienden los fueros de la clase obrera en Tocopilla, propagando sus sanos ideales para instruir a los que aún ignoran la verdad"[75]. Aparece también el 19 de noviembre convocando a un desfile para celebrar el 17º aniversario del Partido Demócrata y algunas semanas después figura como presidente de la Mancomunal de Tocopilla, al parecer por el traslado de Gregorio Trincado a trabajar en las borateras de Santa Rosa, al interior de la provincia. A un año de su llegada a la localidad, alcanzaba así el cargo máximo en su tan admirada organización[76].

El año 1905 sorprende a Recabarren haciendo un recorrido de varias semanas por las oficinas salitreras del cantón El Toco, testimoniando "la impresión penosa que el alma de un socialista recibe al apreciar de cerca lo que ocurre en las pampas, verdaderas fuentes de oro donde el esfuerzo único del operario eleva fortunas inmensas que aprovechan los malagradecidos patrones y autoridades". Aunque la gran mayoría de sus visitas debió verificarse a escondidas, ante la previsible oposición empresarial, igualmente pudo reunir testimonios suficientes para denunciar las malas condiciones de trabajo y de vida que allí imperaban –con contadas y honrosas excepciones como la oficina Iberia, cuyos dueños Lacalle y Cía. fueron públicamente reconocidos en uno de los artículos de la serie–. Particular preocupación le causó la persecución concertada contra los socios de la Mancomunal, quienes "sufren ante una tiranía que les priva de manifestar libremente sus ideas y pensamiento que a nadie perjudican". Ya al cierre de su recorrido, y junto con dar cuenta del ensañamiento de las autoridades contra una cruz que señalaba el lugar donde meses antes había sido asesinado un huelguista, expresaba sus votos "por que los patrones y las autoridades abandonaran la ingrata misión de expoliar y explotar tanto a los que les aumentan sus riquezas"[77].

De regreso en Tocopilla, Recabarren anunció la aparición del folleto antes mencionado *Proceso oficial contra la Mancomunal de Tocopilla*, el primero de los muchos que publicaría en formato mayor, y que fueron estructurando de manera más elaborada que los escritos periodísticos su pensamiento político y social. Como él mismo dijera al recomendar la adquisición de dicho texto, su propósito fundamental era tanto relatar ordenadamente los hechos de que había sido víctima como "hacer propaganda en pro de nuestra causa, porque en ella se sostiene tanto el derecho de asociación, como la libertad de pensamiento expresado por la prensa, cosas que se atropellaron esta vez por la llamada justicia, incluso las ilustrísimas cortes y el gobierno mismo". Se imprimieron diez mil ejemplares para distribuir por todo el país, y se destinó

---

[75]   *Proceso oficial contra la Sociedad Mancomunal de Tocopilla*, 88, nota 1.

[76]   *El Proletario*, Tocopilla, 19 de noviembre, 1904; *El Trabajo*, Tocopilla, 16 de febrero, 1905.

[77]   Con el nombre de "Impresiones de un viaje", la gira por las salitreras es reporteada en cinco entregas publicadas en *El Trabajo*, entre el 26 de enero y el 23 de febrero de 1905.

el 25% de su recaudación a beneficio de la recién creada Mancomunal de Valdivia ("para que adquiera una imprenta"), en tanto que el 75% restante quedaba "para editar otras obras de propaganda obrera"[78].

Como ocurriría tantas veces a lo largo de su carrera, y como lo reconocerían todos los que tuvieron la oportunidad de trabajar a su lado, Recabarren destinaba así a la promoción de "la Causa" los pocos dineros que arrojaba la venta de sus escritos, reservando para su propio sustento, que los mismos testigos coinciden en calificar de extremadamente frugal, solo lo que le deparaba su sueldo como periodista obrero, precariamente solventado por las entidades que editaban dicha prensa. Haciendo alusión a una experiencia muy posterior, el dirigente comunista Salvador Ocampo señalaba que los periódicos dirigidos por Recabarren frecuentemente carecían de dinero para pagar los sueldos, pero que "comida no faltaba, porque teníamos amigos que nos mandaban azúcar, que nos mandaban porotos, que nos mandaban arroz. ¡Carne, a veces, cuando nos daban los carniceros!"[79]. Pese a ello, su condición de asalariado de las organizaciones obreras frecuentemente sirvió a sus detractores para sindicar a Recabarren como un "zángano" que vivía a costa del esfuerzo de sus propios compañeros de clase.

Al cumplirse un año desde la incautación de la imprenta de *El Trabajo*, cuyos enseres por cierto aún no les eran devueltos, Recabarren hacía un balance triunfalista del movimiento mancomunal representado por ese órgano, el que pese a todas las persecuciones sufridas seguía de pie y luchando: "Nuestro triunfo moral y material hasta hoy es indiscutible, y la frente altiva de los mancomunales se levanta en todas partes señalando la derrota, la debacle de la sociedad burguesa, pigmea y enclenque"[80]. Poco tiempo después, y firmando nuevamente como presidente de la Mancomunal de Tocopilla, hacía un llamado a sus compañeros de trabajo a unirse a las filas de esta organización, única capaz de "salvarnos de la pobreza y de los abusos de patrones y autoridades". Las dieciséis secciones ya fundadas entre Iquique y Valdivia, con sus once periódicos mancomunales y una militancia autoatribuida de unos diez mil asociados, eran testimonio vivo de los beneficios que aportaba este baluarte de la unión obrera, "verdadera Sociedad de Seguros sobre la vida del trabajador". "La unión hace la fuerza", concluía, "y la fuerza hace el respeto"[81].

Por esos mismos días, Recabarren publicó en el periódico demócrata *El Proletario* una serie de artículos de orientación doctrinaria titulada "La tierra y el hombre", cuyo

---

[78] La circular que publicita la aparición del folleto está reproducida en *El Trabajo*, Tocopilla, 23 de febrero, 1905.

[79] Citado por José Miguel Varas, *Los tenaces* (Santiago: LOM Ediciones, 2011), 13.

[80] *El Trabajo*, Tocopilla, 9 de marzo, 1905.

[81] *El Trabajo*, Tocopilla, 9 de abril, 1905.

epígrafe era la famosa frase de Proudhon "la propiedad es un robo". Con el propósito de denunciar la ilegitimidad de cualquier forma de propiedad, incursionaba aquí por primera vez en la Historia de Chile, fuente a su juicio de las desigualdades y opresiones contra las que se debía lidiar en la hora presente. El despojo originario se hacía coincidir con la Conquista española, siendo sus primeras víctimas "los indios que aquí vivían tranquilos disfrutando de la vida natural". La unión entre los hijos de estos "esclavos criollos" y los "esclavos españoles", continuaba, había dado forma al pueblo actual, a los que "siempre se han llamado rotos chilenos", en tanto que "las familias burguesas que formaban la colonia española en Chile" constituyeron lo que él denominaba "la burguesía feudal chilena", todo esto corroborado por la obra de Barros Arana, Luis Orrego Luco "y otros burgueses que no se ruborizan al comprobar en los datos históricos el origen de sus riquezas de hoy".

La división fundacional entre clases propietarias y clases despojadas no se había modificado sustantivamente con la independencia, pues "los pobres que antes estaban bajo el gobierno y las leyes españolas no recibieron ninguna mejoría en sus miserias, ni en sus libertades". Insistiendo en un motivo al que posteriormente retornaría muchas veces, sobre todo en su muy conocida obra *Ricos y pobres a través de un siglo de vida republicana*, afirmaba que "el cambio de patria ningún beneficio a ellos les reportó", razón por la cual "el pueblo ningún motivo tiene para celebrar el llamado 18 de septiembre". Para este pueblo, concluía, la verdadera independencia seguía pendiente, y solo llegaría cuando una revolución "declare la propiedad y sus frutos en común para que todos por igual y según las necesidades y apetitos de cada cual disfrutemos de los bienes naturales que son universales", por la vía violenta si el caso lo requería[82].

El tenor de estos artículos, así como la referencia explícita en el último de ellos al anarquista francés Georges Étievant, ha llevado a Jaime Massardo a situar por esta época el momento culminante del acercamiento de Recabarren a la ideología libertaria, pese a sus bulladas polémicas del año anterior, en las cuales, fuerza es decirlo, se había cuidado de separar bien sus críticas al accionar concreto de los anarquistas chilenos de su admiración declarada al pensamiento que estos decían sustentar[83]. Juicio análogo podría pronunciarse a partir de su artículo celebratorio del 1º de mayo de 1905, en el que junto con saludar a "la aurora roja, hermosísima, del porvenir que inicia la libertad de los pueblos", e invitar al "dios-pueblo" a inaugurar el reinado de la justicia, caracterizaba la efeméride conmemorada como un día "para el ajuste de cuentas que en bien exigirán los proletarios a los burgueses en una grandiosa, en una imponente huelga general universal revolucionaria". Después de estos sucesos, auguraba, vendría "el primer día de la era libre, el primer día de la vida y del amor libres, día eterno en nuevo calendario para los hombres y las mujeres redimidas"[84].

---

[82]   *El Proletario*, Tocopilla, 1, 4, 8, 11 y 15 de abril, 1905.

[83]   Jaime Massardo, *La formación del imaginario político de Luis Emilio Recabarren*, 108-110.

[84]   *El Trabajo*, Tocopilla, 30 de abril, 1905.

Tras estas efusiones de apariencia efectivamente filo-anarquista, la voz periodística de Recabarren entra en una etapa de relativo silencio, coincidente con la desaparición del órgano mancomunal *El Trabajo*, cuya redacción había motivado su traslado a Tocopilla. De dicho silencio solo vendría a sacarlo su campaña a la diputación por las circunscripciones de Tocopilla y Taltal, una acción plenamente congruente con su militancia demócrata, pero obviamente muy lejana de cualquier sensibilidad ácrata. Lanzado a la fama por sus combates y prisiones del año anterior, su candidatura –cuando aún no cumplía los treinta años– parece haber surgido de manera más o menos espontánea entre la Democracia antofagastina, según ya lo anunciaba en septiembre de 1905 el periódico "burgués" *El Industrial*[85]. Como era de esperarse, esta aventura electoral reafirmó en Recabarren su identidad demócrata, puesta nítidamente en primer plano por una serie de doce artículos publicados en *El Proletario* de Tocopilla donde daba cuenta de su excursión de propaganda por las pampas y puertos de esa provincia[86].

Rodeado de antiguos correligionarios como Víctor Soto Román y empapado de confraternidad demócrata, Recabarren se dedicó a arengar asambleas partidistas y mancomunales para promover su postulación e inscribir nuevos militantes en los registros electorales. Especial emoción parece haberle causado su recepción en el salón social de la agrupación de Antofagasta, decorado con múltiples retratos de Francisco Bilbao y los socios fundadores del partido (entre ellos su frecuente adversario Malaquías Concha). "En hogar demócrata", relataba a sus lectores tocopillanos, "fui objeto de atenciones tan delicadas cuyo perfume me embriagará en un constante recuerdo por muchos años". Figuran también en estas crónicas palabras elogiosas para Pedro Reyes, presidente de la Democracia antofagastina y futuro militante del Partido Obrero Socialista, y para las dirigentas femeninas Carmela Jeria ("esa chiquilla, que aún no baja los vestidos, y que ya empuña, con un brazo de atleta, el hacha de la luz para derribar las montañas de sombras que entenebrecen la mente humana"), y la ya nombrada Juana Roldán de Alarcón ("intrépida luchadora que hoy desprecia las críticas grotescas y los prejuicios sociales").

Una de las actividades en que le tocó participar fue un "meeting" organizado el 29 de octubre por la agrupación demócrata para repudiar la matanza ocurrida días antes en Santiago con motivo del "motín de la carne", donde su discurso fue calificado por la prensa burguesa como un verdadero acto de proclamación[87]. Llama la atención que en sus propios escritos de esos días no figure ninguna alusión a esta segunda emblemática masacre obrera del siglo xx, en la que su partido había intentado ejercer

---

[85]   *El Industrial*, Antofagasta, 16 de septiembre, 1905.

[86]   *El Proletario*, Tocopilla, 17 de octubre a 5 de diciembre, 1905.

[87]   *El Industrial*, Antofagasta, 30 de octubre, 1905.

un rol entre conductor y pacificador[88]. Tal vez no quiso enturbiar o comprometer su incipiente campaña electoral, la primera de mayor calibre en que le tocaba participar, con expresiones que podrían haber suscitado reacciones adversas en los círculos del poder, máxime cuando el juicio que se le seguía por los hechos de Tocopilla aún seguía pendiente. Sea como fuere, estando en Antofagasta también presidió la fundación de un periódico demócrata titulado *La Vanguardia*, cuya administración se le confió casi como un gesto predeterminado. Antes de concluir el año, y procurando obviamente hacer de este medio periodístico un instrumento central de su candidatura, Recabarren se embarcó hacia Valparaíso para adquirir los materiales necesarios para instalar la imprenta correspondiente. Poco antes de partir, y haciendo un balance de su gira por Antofagasta, aseguraba que "el entusiasmo entre la clase proletaria es inmenso. En los corrillos y en todas partes solo se habla de la actividad aplastadora que viene desplegando la democracia en Antofagasta". "Es el despertar", concluía con una figura verbal que le era característica, "de un pueblo que sacude su inercia para ocupar el puesto que le corresponde en las luchas del futuro"[89].

Antes de dejar Antofagasta, Recabarren se trenzó en una nueva disputa doctrinaria con el anarquismo, representado esta vez por el joven secretario de la Mancomunal y redactor de su periódico *El Marítimo* Manuel Esteban Aguirre, calificado por el flamante candidato demócrata como "casi un niño, pero un bravo luchador"[90]. Como lo han señalado los estudios de Eduardo Devés, Sergio Grez y Javier Mercado, durante el año 1905 la Mancomunal de Antofagasta había experimentado un acercamiento hacia la doctrina libertaria, personificada en este caso por el nombrado Aguirre y por el propio Alejandro Escobar y Carvallo, quien se había trasladado durante el invierno de ese año a la nortina ciudad[91]. Hasta esa fecha, el anarquismo no había logrado echar raíces tan profundas en el norte salitrero como en las grandes urbes del centro, pero últimamente venía verificándose una migración sistemática de algunos de sus principales dirigentes hacia la región, seguramente por su innegable potencialidad proselitista[92]. Fue en ese ambiente que un Recabarren crecientemente volcado a su militancia demócrata debió lidiar una vez más con la oposición libertaria.

---

[88] Sobre la huelga o motín de la carne, ver Gonzalo Izquierdo Fernández, "Octubre de 1905: un episodio en la historia social chilena", *Historia*, núm. 13 (1976); Sergio Grez Toso, "Una mirada al movimiento popular desde dos asonadas callejeras (Santiago, 1888-1905)", *Cuadernos de Historia*, núm. 19 (1999).

[89] *El Proletario*, Tocopilla, 18 de noviembre, 1905.

[90] *El Proletario*, Tocopilla, 21 de octubre, 1905.

[91] Eduardo Devés, *La visión de mundo del Movimiento Mancomunal en el norte salitrero: 1901-1907*, (Santiago: CLACSO, 1981); Sergio Grez, *Los anarquistas y el movimiento obrero*, 100-102; Javier Mercado, "Caliche, pampa y puerto: Sociabilidad popular, identidad salitrera y movimiento social mancomunal en Antofagasta, 1900-1908", tesis de licenciatura, Universidad de Chile, 2006, 104-111.

[92] Ver Julio Pinto Vallejos, *Desgarros y utopías en el norte salitrero*, capítulo 2.

La polémica aludida tuvo su origen en los artículos publicados por Recabarren en *El Proletario* de Tocopilla bajo el nombre "Democracia y Socialismo", en los que argumentaba conciliatoriamente a favor de la cercanía entre las ideas democráticas, socialistas y anarquistas. Manuel Esteban Aguirre, desde las columnas de *El Marítimo*, se ocupó en cambio de acentuar las diferencias, cavando un abismo político entre lo que denominaba socialismo "autoritario" o "parlamentarista", en el cual situaba a Recabarren, y el socialismo revolucionario o anarquista con el que se identificaba. "El divorcio entre el socialismo evolutivo y el socialismo revolucionario ha sido tan profundo", sostenía en una de las entregas, "que cualquiera persona que tenga el conocimiento más o menos completo del problema social que agita al mundo, comprenderá que esas dos porciones están divididas no por pequeñas diferencias, como dice *El Proletario*, sino que han llegado a convertirse en dos entidades completamente antagónicas"[93].

Esta crispación discursiva no era sino un reflejo de las tensiones naturales entre una corriente anarquista que, como se dijo, iba en ascenso al interior de la Mancomunal, y un Recabarren prioritariamente focalizado en su campaña electoral, con todo lo que ello implicaba para quienes compartían la postura de Aguirre. De hecho, una vez verificada la votación, *El Marítimo* comentaría ácidamente respecto del ya electo diputado demócrata: "Poco esperamos de él, porque sabemos que en el mefito ambiente de la política las más sanas intenciones se corrompen"[94]. Esta misma circunstancia parece haber afectado la participación que le cupo a Recabarren en la gran huelga que se desató en Antofagasta entre fines de enero y comienzos de febrero de 1906, tercera gran instancia de agitación y represión social en la ya convulsionada historia obrera de comienzos del nuevo siglo. Los ribetes de "acción directa" que cobró este conflicto, propios de la conducción ácrata que lo caracterizó, no habrían resultado demasiado oportunos para quien había cifrado sus expectativas en unos comicios para los cuales faltaban escasas semanas, y cuyo desarrollo podía resultar seriamente comprometido ante cualquier perturbación de la normalidad. Así las cosas, y en contraste con su beligerancia de años anteriores, Recabarren adoptó una postura más bien cautelosa frente a este nuevo desborde de las pasiones y contradicciones sociales.

Tal como lo ha descrito Javier Mercado, en el estudio más pormenorizado realizado hasta la fecha, el movimiento suscitado por la demanda de media hora más para almorzar contó desde el comienzo con la conducción de una Mancomunal que pocos días antes había modificado sus estatutos en una dirección claramente ácrata, incluyendo la decisión de "no mezclarse absolutamente en política, por considerarla

---

[93]   *El Marítimo*, Antofagasta, 25 de noviembre, 1905. Esta polémica ha sido resumida en Devés, *La visión de mundo del Movimiento Mancomunal*, 83-86.

[94]   *El Marítimo*, Antofagasta, 10 de marzo, 1906.

dañina para la unión y la armonía del elemento obrero"[95]. Declarada la huelga el 30 de enero, y propagada rápidamente hacia el conjunto de la ciudad, la obstinación de la empresa del Ferrocarril de Antofagasta a Bolivia, propiedad de capitales ingleses, impidió que se alcanzara un acuerdo al que el resto del empresariado local no se manifestó inicialmente adverso. Fueron así radicalizándose los ánimos en uno y otro bando, hasta desembocar en una manifestación en la plaza principal el día 6 de febrero, en que una concurrencia de entre tres y cuatro mil huelguistas fue dispersada por una balacera iniciada por unas "guardias blancas" conformadas por comerciantes de la ciudad, con un saldo que diversos testimonios hacen fluctuar, como suele ocurrir en estos casos, entre 10 y 148 muertos, con un número equivalentemente superior de heridos[96]. La ira desatada por esta matanza entre los sectores populares se tradujo durante los días posteriores en saqueos y destrucción de locales comerciales e instalaciones de la empresa del Ferrocarril, además del asesinato de uno de sus empleados de apellido Rogers, a quien se identificó, al parecer equivocadamente, como uno de los integrantes de la "guardia blanca". A la postre, y tras la llegada de refuerzos militares y policiales, el movimiento se disolvió sin haber podido vencer la intransigencia de la compañía del Ferrocarril.

Recabarren, retornado pocas semanas antes de su viaje a Valparaíso, fue uno de los oradores del acto en la Plaza Colón, pero más allá de eso no parece haber intervenido decisivamente en los hechos que rodearon la huelga. Según el informe enviado por el gerente general de la compañía del Ferrocarril al Foreign Office inglés, los manifestantes reunidos en la plaza habían sido arengados "por violentos discursos hechos por agitadores, siendo el principal de ellos un tal Señor Recabarren, candidato demócrata a la Cámara de Diputados"[97]. Algo parecido consigna el periódico "oficialista" (balmacedista) *El Industrial,* según el cual Recabarren había pronunciado "una lata alocución, tratando de prestigiar su candidatura ante el pueblo"[98]. De ser este un testimonio fidedigno, fácil resulta imaginar el poco entusiasmo con que la conducción anarquista del movimiento habría recibido semejante discurso. Sin

---

[95]   *El Marítimo,* Antofagasta, 20 de enero, 1906, citado en Javier Mercado, "Caliche, pampa y puerto", 112. Sobre la huelga de 1906 en Antofagasta ver también Patricio Castillo Gallardo, "La huelga de 1906 en Antofagasta. Una manifestación social de crisis del Estado oligárquico", tesis de licenciatura, Universidad de Chile, 1992.

[96]   La cifra más baja corresponde al parte oficial enviado por el jefe de la tropa apostada en la Plaza Colón, que también participó en el tiroteo, citado por Patricio Castillo, "La huelga de 1906 en Antofagasta", 94; la más alta en Crisóstomo Pizarro, *La huelga obrera en Chile, 1890-1970* (Santiago: SUR, 1986), 20. El informe enviado por el gerente general de la Compañía del Ferrocarril de Antofagasta a Bolivia al Foreign Office inglés, también citado por Patricio Castillo, habla de 20 muertos y 40 heridos.

[97]   Citado en Patricio Castillo, "La huelga de 1906 en Antofagasta", 92. Este informe también es utilizado por Javier Mercado en su tesis "Caliche, pampa y puerto"

[98]   *El Industrial,* Antofagasta, 15 de febrero, 1906.

embargo, el periódico mancomunal, bajo control ácrata, reconoce que tras la matanza Recabarren había realizado gestiones ante la Intendencia para obtener la libertad de los dirigentes encarcelados, terminando él mismo, al parecer brevemente, en prisión[99]. Por su parte, el propio Recabarren editorializaba al día siguiente de la matanza en su periódico *La Vanguardia* en apoyo a la huelga, a la que catalogaba como "acto de unión y compañerismo" en pro "de la justicia que les asiste para exigir mejoras en el trabajo", así como estigmatizaba la "mala intención, la poca humanidad, la carencia absoluta de espíritu moral entre esas gentes capitalistas". Fustigaba también a la autoridad por haber permitido la formación de una guardia blanca de comerciantes armados "para que asesinen impunemente a un pueblo tranquilo e indefenso", con lo que se confirmaba una vez más que "las autoridades y los capitalistas marchan en íntimo consorcio perjudicando directamente al obrero"[100].

Tal vez por estos conceptos, o bien por las frases vertidas en la manifestación de la Plaza Colón, la Intendencia finalmente optó por clausurar *La Vanguardia* y encarcelar a su director, pese a que, según el diario radical santiaguino *La Ley*, anteriormente lo había "comisionado para calmar los ánimos"[101]. En todo caso, y esta vez sí en consonancia con esa presunta disposición inicial, la clausura y la prisión no duraron mucho, pues a los pocos días reaparecía el periódico recabarrenista con un artículo de su autoría titulado "¡Por falta de amor!", en el que identificaba al Partido Demócrata como consagrado a la búsqueda de la justicia, la verdad y la paz, cristalizada en el deseo de que "venga un reinado de amor". Por el contrario, las autoridades vigentes "no tienen amor en el corazón", lo que se demostraba en su mantención de instituciones armadas, "destinadas a producir la muerte". Y concluía: "¿Por qué se nos persigue, se nos niega el derecho de proclamar tan hermosos y tan puros ideales?"[102].

Este llamado a la paz de los espíritus puede parecer algo extemporáneo cuando todavía no se disipaba la pólvora disparada en la Plaza Colón, y ciertamente no se condice con algunas de las expresiones más violentas que había vertido Recabarren en sus escritos de los años anteriores. Pero sí resultaba funcional a sus propósitos electorales, en los que como se dijo había focalizado prioritariamente sus ya famosas energías. En ese contexto, el estallido de la huelga y la radicalización que a ella imprimieron por partes iguales la conducción anarquista y la represión oficial, amenazaban con hacer abortar un proyecto que inspiraba expectativas más realistas en el corto o mediano plazo.

---

[99]   *El Marítimo*, Antofagasta, 17 de febrero, 1906.

[100]   Editorial de *La Vanguardia*, Antofagasta, 7 de febrero, 1906, reproducido en *La Voz del Obrero*, Taltal, 22 de febrero, 1906.

[101]   *La Ley*, Santiago, 17 de febrero, 1906; ver también *El Trabajo*, Iquique, 10 y 14 de febrero, 1906.

[102]   *La Vanguardia*, Antofagasta, 17 de febrero, 1906.

Dicha impresión se fortalece cuando se analiza la orientación eminentemente electoralista que Recabarren confirió a *La Vanguardia* desde su fundación a mediados de enero, y que la huelga de febrero solo vino brevemente a interrumpir. Escribía en efecto en su primera editorial que ese impreso "llegaba en las horas más importantes", y explicaba: "Dentro de poco el pueblo debe concurrir a las urnas a elegir o reconocer la representación que tiene en el Congreso y municipios, y esta vez es menester que el pueblo pobre abra los ojos para ver la realidad de su situación y comprender cuáles son sus derechos en presencia de su miseria actual ocasionada casi directamente por la clase llamada dirigente". El Partido Demócrata, continuaba, "compuesto del elemento proletario", era el llamado a conducir ese proceso, y *La Vanguardia* se comprometía a "mantenerse en el terreno de la cordura para ejercer su misión como corresponde a este Partido que lucha por el bien popular"[103].

El "terreno de la cordura" así enunciado incluía demandas tales como la elección popular de los jueces, el mejoramiento de los servicios públicos, la retención en la zona de al menos una parte de las rentas generadas por el salitre (una reivindicación con claras resonancias actuales), incluso un homenaje al primer aniversario de la Revolución rusa de 1905[104]. Pero no incluía, seguramente, un estallido social "descontrolado", que pusiera en peligro la normal realización de los comicios. En una asamblea realizada el 18 de febrero —es decir, pocos días después de la matanza de la Plaza Colón— Recabarren y los dos candidatos demócratas a municipales declaraban que el progreso y engrandecimiento del Partido Demócrata era la única garantía para "el verdadero mejoramiento y bienestar de las clases proletarias y productoras del país", y hacían "pública y solemne declaración que en las corporaciones en que vamos a ser representantes vuestros mantendremos en todo su brillo y esplendor el espíritu progresista de los modernos ideales que la clase explotada sustenta". Sus acciones en dichos cuerpos, concluían, se atendrían estrictamente a "la voluntad de los de su clase", en tanto que su palabra "vendrá a ser solo la palabra del soberano pueblo consciente"[105]. Un par de semanas después Recabarren era electo diputado por los distritos de Tocopilla y Taltal, uno de los seis candidatos demócratas que resultaron inicialmente vencedores a nivel nacional (de los cuales a la postre, por diversas maniobras en las "calificaciones" o revisión oficial de los votos que debía verificar el Congreso, solo quedarían tres[106]). Aunque las prácticas electorales de la época no favorecían precisamente la expresión espontánea de la voluntad popular, atravesadas como estaban por la compra de votos (el "cohecho") y la intervención más o menos descarada y violenta en los locales de votación, por esta vez la apuesta había rendido los frutos deseados.

---

103   *La Vanguardia*, Antofagasta, 12 de enero, 1906.

104   *La Vanguardia*, Antofagasta, 15, 16, 17 y 22 de enero, 1906.

105   *La Vanguardia*, Antofagasta, 22 de febrero, 1906.

106   Sergio Grez, "Reglamentarios y doctrinarios", 111 y 116.

El triunfo electoral puso término a la primera de las tres grandes estadías nortinas de Recabarren, y significó su regreso al centro geográfico y deliberativo de la política nacional. No era la primera vez que llegaba a esa representación un candidato demócrata u obrero, pero sí lo era para las provincias salitreras, y para un dirigente cuya carrera solo había alcanzado visibilidad nacional desde ese lejano territorio. Tal vez por esa razón, la recepción que se le brindó a su llegada a Santiago, junto con su correligionario electo por Valparaíso, el mecánico Bonifacio Veas, fue excepcionalmente entusiasta. Se aglomeraron para ese efecto en la estación del ferrocarril al puerto (el actual Centro Cultural Estación Mapocho) "numerosas asociaciones obreras", las que marcharon hasta la Plaza de Armas acompañando a sus diputados bajo los sones de La Marsellesa[107]. Ya instalado en la capital, Recabarren retomó rápidamente sus actividades habituales, entre ellas una conferencia dictada en conjunto con su compañero de militancia, el carpintero y periodista obrero Ricardo Guerrero, para los herreros y cerrajeros santiaguinos que a la sazón se hallaban en huelga[108]. Como era de suponerse, se contrajo igualmente a la fundación de un "diario obrero demócrata" para respaldar su labor parlamentaria y propender al "restablecimiento del equilibrio social", y seguramente también para ganarse el sustento en una época en que los diputados no recibían dieta[109]. Fue este el famoso periódico *La Reforma*, primer medio informativo obrero de aparición propiamente diaria, que actuó por largo tiempo como uno de los principales portavoces de la opinión política popular.

La llegada de Recabarren también coincidió, sin embargo, con nuevas turbulencias al interior de su partido, desencadenadas por los desplazamientos y negociaciones que ya comenzaban a provocar las elecciones presidenciales que debían verificarse ese mismo año. Balmacedistas y conservadores habían levantado la candidatura del liberal Fernando Lazcano, en tanto que una poco usual alianza de radicales, nacionales y liberales (denominada "Unión Liberal") proclamaba al nacional ("montt-varista") Pedro Montt, quien eventualmente obtendría la victoria. En su propia convención presidencial, inaugurada el 4 de junio de 1906, el Partido Demócrata se debatió entre tres alternativas: apoyar a uno u otro de los dos candidatos "principales", o levantar una candidatura propia. De acuerdo a una práctica bastante establecida, la dirigencia "reglamentaria", encabezada por el caudillo Malaquías Concha, se inclinó por la opción lazcanista, a la que calificó de la "menos dañina" para los intereses obreros.

En la opinión del historiador "oficial" de ese partido, Héctor de Petris Giesen, su propia pequeñez y carencia de medios obligaban a la Democracia a pactar con las coaliciones dominantes para "conservar siquiera una mínima parte de la representación

---

[107]   *La Ley*, Santiago, 17 de abril, 1906.

[108]   *La Ley*, Santiago, 26 de abril, 1906.

[109]   *La Vanguardia*, Antofagasta, 12 de abril, 1906; *La Ley*, Santiago, 13 de abril y 27 de mayo, 1906.

48

parlamentaria", expresión de "cordura" y de "instinto de conservación" que supo encarnar consistentemente el liderazgo de Malaquías Concha[110]. "Las características del juego electoral de la época", concuerda hasta cierto punto Sergio Grez, "empujaron a reglamentarios y doctrinarios a implementar las más variadas políticas de alianza [...], so pretexto de obtener y defender cupos de concejales y parlamentarios para las fuerzas de 'la Democracia'"[111]. En esta ocasión, sin embargo, y pese a que su fracción "doctrinaria" no fue consistentemente adversa a ese tipo de componendas, los flamantes diputados obreros Recabarren y Veas no compartieron dicho diagnóstico. Así, al triunfar la postura lazcanista levantaron su propia convención demócrata para proclamar la candidatura autónoma de su correligionario Zenón Torrealba, de larga trayectoria asociativa (como se vio, había sido uno de los pilares del Congreso Social Obrero) y fuerte prestigio entre las filas del partido (tres años después se convertiría en diputado demócrata por Santiago). Se renovaba así el ya crónico cisma entre "reglamentarios" y "doctrinarios", que de alguna manera presagiaba el surgimiento de un partido identificado explícitamente como socialista no muchos años después[112].

Al mismo tiempo que se verificaba la nueva ruptura demócrata, la resistencia de Veas y Recabarren a prestar el juramento reglamentario para ocupar sus sillas parlamentarias provocó un incidente premonitorio de otros más serios por venir. En palabras de Bonifacio Veas, dicho juramento constituía "una cuestión de conciencia que la Cámara no puede imponer a cada uno de sus miembros. Nosotros no creímos necesario jurar en nombre de creencias o mitos que no aceptamos". Haciendo por su parte una acalorada apología de la verdad como "máxima virtud que debe poseer y cultivar el ser humano", Recabarren argumentaba que "respetuoso de las creencias ajenas, he presenciado el juramento que en conjunto prestaron los señores diputados; pero al mismo tiempo declaro que, en mi conciencia, no existe Dios, ni existen los Evangelios". Y concluía, desafiante: "Yo he venido a este recinto en virtud de la voluntad popular y no tengo para qué invocar el nombre de una divinidad en la cual no creo, para que esa divinidad sea testigo de mis promesas". Este despliegue de honestidad fue aprovechado por la bancada conservadora para impugnar la incorporación de los diputados obreros a la Cámara, puesto que a su entender no se había cumplido un requisito fundamental para validar dicho acto. Tras una larga discusión, la mayoría de la

---

[110]   Héctor de Petris Giesen, *Historia del Partido Democrático* (Santiago: Dirección General de Prisiones, 1942), 29-30.

[111]   Sergio Grez, "Reglamentarios y doctrinarios", 127.

[112]   De Petris Giesen *Historia del Partido Democrático*, 31-33; *La Ley*, Santiago, 31 de mayo, 6, 7, 14 y 15 de junio, 1906. Sergio Grez, "Reglamentarios y doctrinarios", 111-119.

Cámara se dio por satisfecha con el juramento nominal y condicionado que terminaron prestando Recabarren y Veas, y aprobó su incorporación[113].

Detrás de esta confrontación, sin embargo, había mucho más que una simple diferencia religiosa. Así quedó demostrado pocas semanas después en la propia Cámara de Diputados, cuando el radical Enrique Rocuant impugnó la elección de Recabarren por Tocopilla y Taltal, representando a su correligionario Daniel Espejo, derrotado en dichos comicios. La reclamación había sido entablada meses antes por el propio Espejo, alegando incorrecciones e irregularidades varias en las mesas receptoras de Sierra Gorda, Caracoles y Tocopilla. Ausente por enfermedad, Recabarren no pudo asumir su propia defensa (lo hizo un radical contrario a la impugnación), y cuando la materia se llevó finalmente a votación quedó excluido de la Cámara por una mayoría de 38 votos contra 1, más 19 abstenciones. Indignado, Bonifacio Veas abandonó la sala antes de la votación, protestando violentamente por "la conducta de los que desconocen los derechos de los representantes de las clases trabajadoras". Incorporando de inmediato (aunque "presuntivamente") a Daniel Espejo en el lugar arrebatado a Recabarren, la Cámara dispuso la repetición de la elección cuestionada para fines de agosto[114].

Contrariamente a lo que pudiera pensarse desde una perspectiva actual, no fueron necesariamente las ideas "disolventes" de Recabarren las que motivaron esta doble tentativa, a la postre exitosa, de impedir su acceso a la Cámara de Diputados. Sin considerar que las mismas ideas eran sostenidas por Bonifacio Veas, quien sí pudo conservar su silla parlamentaria, la reacción de una parte importante de la prensa "burguesa" en defensa de Recabarren sugiere que también influyó en esta coyuntura la disputa presidencial que ya había fracturado al Partido Demócrata. Así, *El Mercurio* de Santiago –partidario de la candidatura Montt– censuraba en su edición del 22 de junio el acto de "ciego partidarismo político" en que una "mayoría ocasional" de la Cámara, movida por "odios sectarios", había privado de su investidura a "uno de los pocos hombres en Chile que ha llegado hasta el Congreso exclusivamente en virtud del voto popular, por la simple, libre y espontánea voluntad del pueblo elector". Podían condenarse "sus principios considerados como destructores del orden social", podía incluso lamentarse que "tales principios se hayan abierto tanto camino en el pueblo como para impulsarlo a enviar al Congreso al representante más genuino de las ideas agitadoras", pero no podía en función de esas prevenciones cometerse la injusticia de

---

[113] Este debate se suscitó en la sesión de 5 de junio de 1906 de la Cámara de Diputados, transcrita en la edición del 6 de junio de 1906 de *La Ley*. La transcribe también, para demostrar que no fue allí donde se le excluyó de la Cámara, el propio Recabarren en su folleto "Mi juramento en la Cámara de Diputados en la sesión del 5 de junio de 1906" (Santiago: Imprenta New York, 1910).

[114] Esta maniobra se desarrolló en las sesiones de 18 y 20 de junio de 1906, cuyas actas se transcriben en *La Ley*, Santiago, 19 y 21 de junio, 1906; la reclamación original de Daniel Espejo en *La Ley*, Santiago, 8 de abril, 1906.

excluirlo de un cargo para el cual había sido legítimamente elegido. Por su parte, *El Ferrocarril* de Santiago, sin compartir "las ideas antirreligiosas del señor Recabarren", ni el "credo filosófico de este ilustrado representante demócrata", igualmente fustigaba a la "mayoría ocasional" (los mismos términos de *El Mercurio)* que había desconocido su investidura parlamentaria, refugiándose en "simples prescripciones reglamentarias para festinar el debate sobre las elecciones de Antofagasta"[115].

Incluso el diario radical *La Ley,* uno de cuyos correligionarios había sido favorecido por la maniobra (promovida además por un diputado de igual militancia), calificaba la exclusión de Recabarren como algo que debía ser "sinceramente lamentado por el país". "A su ingreso a la Cámara", afirmaba en su editorial del 21 de junio, "el diputado demócrata había dado muestra de una presencia de espíritu, de una energía de carácter y a la vez de una facilidad de expresión que revelaban en él condiciones llamadas a hacerlo un miembro útil y distinguido del Congreso". Como si eso fuera poco, el afectado representaba "tendencias nuevas" en el Partido Demócrata, que prometían llevar a "este joven partido por rumbos diversos de los que ha traído hasta ahora, acercándolo realmente a los intereses y aspiraciones populares". Lamentablemente, a la postre habían primado consideraciones mezquinas de la "fracción lazcanista" que, empeñada en castigar al emergente líder demócrata por no plegarse a esa candidatura, había desconocido su legítimo triunfo electoral[116].

La atribución de su exclusión de la Cámara al bando lazcanista fue corroborada por el propio Recabarren en una nota publicada en su diario *La Reforma* pocos días después de consumados los hechos. "Los lazcanistas", decía allí, "despechados por mi negativa para acompañarlos en esta campaña, encabezados por Malaquías Concha, formaron el cambullón, valiéndose, además, de la irritación que se produjo en las filas conservadoras por el juramento". Exoneraba en cambio explícitamente de toda culpa a la Unión Liberal, pese a la conducta de "tres radicales traidores" que no debía hacerse extensiva al conjunto de dicha alianza, respecto de la cual declaraba no tener motivo alguno de queja, "porque realmente me consta no puede ser responsable de este crimen"[117]. Al publicar su propia versión de este incidente varios años después, en su folleto "Mi juramento en la Cámara de Diputados", Recabarren insistía en atribuirlo al "grupo lazcanista despechado porque no pudo obtener mi cooperación a la candidatura Lazcano", aunque ahora se cuidaba de agregar a esas motivaciones "el odio a los ideales de mejoramiento de los obreros".

---

[115] Ambas editoriales están reproducidas en el folleto de Recabarren, "Mi juramento en la Cámara de Diputados".

[116] *La Ley*, Santiago, 21 de junio, 1906.

[117] *La Reforma*, Santiago, 23 de junio, 1906.

No es fácil separar en esta compleja trama las aprehensiones que efectivamente suscitaban el discurso y la praxis de Recabarren de los intereses electoralistas más inmediatos. En el mismo editorial en que fustigaba su expulsión de la Cámara, *El Mercurio* de Santiago reconocía que "el diputado de Antofagasta ha sido durante los últimos años el caudillo de las agitaciones populares en el norte del país y se le ha culpado de promover disturbios, de encabezar desórdenes y motines". Por su parte, un "Manifiesto Demócrata" publicado por la fracción de Malaquías Concha días después de la ruptura partidaria denunciaba "las teorías anárquicas sustentadas y hasta llevadas a la práctica por los Diputados señores Recabarren y Veas", a quienes acusaba de sostener que "por los medios más violentos, tales como huelgas y asonadas callejeras, se despierta y aviva en el pueblo los sentimientos de independencia y libertad, no importando el sacrificio de cientos de vidas para alcanzar los fines". Se atribuía incluso a Recabarren la afirmación de "preferir a un tirano, como Montt, para despertar la conciencia dormida del pueblo y llevarlo a derribar las Bastillas de los grandes señores de Chile"[118]. Enfrentado a esta última acusación, el aludido clarificaba que "lo que yo he dicho y sostengo es que la Presidencia del señor Montt significa la tiranía contra todos los abusos, contra los atentados al tesoro nacional, en una palabra, el señor Montt será tirano con los logreros y los ladrones"[119].

Como lo evidencian estas expresiones, la línea divisoria entre la pugna interna del Partido Demócrata y el posicionamiento en la campaña presidencial podía tornarse bastante borrosa, otorgando a lo menos alguna credibilidad a quienes acusaban a Recabarren de favorecer "objetivamente", o incluso "subjetivamente", la candidatura de Montt. A la luz de la responsabilidad que le cupo posteriormente a este mandatario en actos represivos como la matanza de Santa María de Iquique, no deja de ser una imputación incómoda. Tal vez así se explique que en su publicación retrospectiva de estos hechos Recabarren haya optado por omitir las sesiones en que se produjo su primera expulsión, fuertemente marcadas por la disputa electoral, incluyendo en su folleto solo la del juramento y las que meses después, cuando la elección de Montt ya era historia, confirmaron definitivamente la investidura parlamentaria de Espejo.

Porque en el intertanto, específicamente el 26 de agosto de 1906, se había repetido la elección para diputado por Tocopilla y Taltal, atribuyéndose ambas candidaturas la victoria y acusando a la otra de cometer diversos fraudes (según el periódico demócrata *La Reforma*, Recabarren venció esta vez por 2882 votos contra 2834 para Espejo[120]). Llegada nuevamente la discusión a la Cámara de Diputados, la posición del

---

[118]   Reproducido en *El Industrial*, Antofagasta, 13 de junio, 1906.

[119]   "El Manifiesto de los Malaquías", en *La Ley*, Santiago, 14 de junio, 1906.

[120]   *La Reforma*, Santiago, 13 de noviembre, 1906. Es conveniente precisar que, según la legislación electoral de la época, un voto no correspondía exactamente a un votante. En los comicios parla-

radicalismo fue esta vez, ya superadas las contemplaciones provocadas por la campaña presidencial, de apoyo irrestricto a su correligionario Espejo. En consecuencia, la elección de este último fue ratificada, en sesión de 26 de octubre, por 32 votos contra los dos de los demócratas doctrinarios Veas y Leiva, más tres abstenciones, incluyendo la de Malaquías Concha. Recabarren quedaba así definitiva y formalmente expulsado de la Cámara.

Defendiendo ahora personalmente su posición, Recabarren acusó a los diputados de dar más crédito "a la palabra del caballero que a la del indigente, la del pobre", y sentenció: "Cuando la clase trabajadora lleva sus representantes a las instituciones públicas bajo el amparo de las leyes existentes, llega la mano enguantada del caballero a usurparle su legítima representación, manifestándole que no es digna de su compañía". Acusado por el diputado conservador Cox Méndez de exagerar "una distinción entre caballeros y pobres, que en una República no existe", respondió no ser él, sino la propia Cámara la que ponía de relieve dicha división, "cuando al pobre, por el solo hecho de ser pobre, se le señala la puerta". Y concluía: "conozco un poco la historia de la Humanidad y en ella he aprendido que en más de una ocasión se han producido en los pueblos cataclismos sociales espantosos que han precipitado en un mismo abismo a ambas clases sociales. Yo no quiero ver confundirse en un abismo de sangre a los hermanos de una misma nación; pero si ello llegara a suceder no seríamos nosotros los culpables"[121].

Haciéndose eco del mismo sentimiento, el directorio general del Partido Demócrata Doctrinario publicaba días después un manifiesto en que junto con expresar su protesta por el "crimen político" perpetrado en perjuicio de su correligionario, instaba al pueblo, "a la clase trabajadora principalmente, a recoger este guante que la oligarquía le ha arrojado al rostro, y plantear de una vez por todas, franca y resueltamente, la división de clases, yendo a una lucha abierta y constante contra todos los hombres y los partidos que acaban de dar la más elocuente prueba de su desprecio y su odio por todo lo que al pueblo pertenece"[122]. A la postre, la apuesta electoralista de Recabarren había terminado por exacerbar las mismas polarizaciones sociales que había dejado momentáneamente en suspenso, empujándolo por un camino que no mucho tiempo después desembocaría en su adscripción franca y plena al socialismo.

Durante los mismos días en que se ventilaba este debate, y según Recabarren no por mera casualidad, la Corte de Apelaciones de Tacna emitió finalmente su fallo en la causa que se le seguía junto a Gregorio Trincado y otros directores de la Mancomunal

mentarios, cada elector podía emitir tantas preferencias como cupos ostentaba su circunscripción, lo que naturalmente variaba según la población de cada una de ellas.

[121]   Recabarren, "Mi juramento en la Cámara de Diputados".

[122]   *La Reforma*, Santiago, 11 y 18 de noviembre, 1906.

de Tocopilla desde comienzos de 1904. Según el dictamen del fiscal de dicho tribunal, tras una fachada benéfica orientada a la provisión de socorros mutuos, el auxilio a los socios enfermos, la protección al trabajo y la instrucción de los asociados, se ocultaba un ente destinado a "conquistar prosélitos para lanzarlos en revueltas, asonadas, en ataque a la propiedad y a las personas, en insubordinaciones y amenazas, encendiendo el odio en las clases trabajadoras o proletarias contra los industriales y las clases acomodadas, predicando el desobedecimiento de la ley y la autoridad constituida, y amenazando e insultando las instituciones sociales más respetables y necesarias, y pretendiendo trastornar el orden social y la organización política". En suma, "no persiguen una evolución saludable, sino la revolución social", o dicho de otro modo, "el anarquismo en acción". Amparada en tan tremendos cargos, sustanciados por el fiscal con una profusión de citas del periódico *El Trabajo* y de cartas particulares incautadas a Recabarren, con fecha 2 de octubre de 1906 la Corte de Tacna sentenció a este último y a Trincado a 541 días de reclusión por el delito de atentado contra la autoridad, pudiendo descontarse los días que habían pasado en prisión antes de ser liberados bajo fianza[123]. En el caso de Recabarren, esto significaba cumplir diez meses adicionales de presidio.

Como se dijo anteriormente, el fallo se hizo público justo a tiempo para ser invocado por los impugnadores de Recabarren en el debate parlamentario sobre la nulidad de su elección, alimentando un ambiente que él mismo denunció como muy adverso para la defensa de sus justas reclamaciones ("se ha hecho alarde por la prensa de mi conducta personal, que se califica de revolucionaria, de propaganda violenta"). En efecto, el diputado radical Rocuant lo había acusado abiertamente ante la Cámara de ser el responsable intelectual de un atentado dinamitero sufrido tiempo antes por el promotor fiscal de Tocopilla, y también del reciente asesinato por parte de "un frenético partidario del señor Recabarren" del juez letrado de esa misma localidad, Enrique Salas Bórquez[124]. En medio de tan enrarecido ambiente, clausurada definitivamente su aventura parlamentaria, desencantado además por las dificultades económicas que enfrentaba *La Reforma* ("la protección que recibimos del público no alcanza a cubrir los gastos"), Recabarren debió encarar la perspectiva cierta de volver a una condición que poco antes, en su artículo "Carne de presidio", había evocado como "en sumo grado inhumana, excesiva e intolerable", una de las "más tristes para la vida del hombre"[125]. Recordando años después esa y otras experiencias en prisión, afirmaba

---

[123]   La sentencia y el dictamen del fiscal son reproducidos íntegramente por *La Ley* de Santiago en sus ediciones de 24, 25, 26 y 27 de octubre, 1906.

[124]   El discurso de Rocuant en *La Ley*, Santiago, 26 de octubre, 1906; la noticia sobre el asesinato del juez de Tocopilla en *La Ley*, Santiago, 24 de octubre, 1906.

[125]   Las dificultades económicas de *La Reforma* en la edición de 4 de noviembre, 1906; el artículo "Carne de presidio" en *La Reforma*, Santiago, 28 de septiembre, 1906.

que "la vida de la cárcel es lo más horripilante que cabe conocer"; y explicaba: "Allí se rinde fervoroso y público culto a los vicios solitarios, la inversión sexual no es una novedad para los reos"[126]. No dispuesto a soportar nuevamente ese calvario, optó por cruzar la cordillera y encarar un prolongado autoexilio en la ciudad de Buenos Aires. Culminaba así frustrantemente su primera incursión en la "gran política" nacional, pero comenzaba también una etapa "internacionalista" que habría de tener un profundo efecto sobre su desarrollo político futuro.

---

[126]   En su folleto *Ricos y pobres a través de un siglo de vida republicana*, Santiago, 1910.

A mediados de diciembre de 1906, el diario socialista *La Vanguardia* de Buenos Aires daba cuenta de la llegada a esa ciudad del "ciudadano" Luis Emilio Recabarren, ya conocido por sus lectores por haberse "publicado algunas páginas de su actuación en el movimiento obrero de Chile". Junto con dar cuenta de la persecución que había motivado su viaje, el reportaje anunciaba su radicación en Argentina por algún tiempo, asegurando que "su actuación de socialista militante, aquí como en Chile, le dará participación en las luchas obreras"[127]. Por su parte, y saliendo al paso de versiones que atribuían su abandono del país a su temor de enfrentar la cárcel, o incluso a malos manejos de los fondos de *La Reforma*, Recabarren aclaraba en una primera correspondencia desde la capital argentina que no había tal, pues había estado perfectamente dispuesto a volver a Tocopilla para "cumplir los diez meses que me faltaban". Sin embargo, la incubación de un nuevo juicio en su contra, esta vez por presunta responsabilidad en la huelga de Antofagasta de febrero anterior ("un linchamiento y un incendio", según sus propias palabras), lo habían decidido a sustraerse de "una nueva persecución de cinco o más años". En esas circunstancias, y "por no servir de pasto a los chacales burgueses", había optado por trasladarse a Buenos Aires, pero no para estar ocioso, sino para "seguir conspirando como antes contra la burguesía de todo el mundo, y especialmente contra la de Chile, que me ha obligado a la proscripción"[128].

La ciudad en la que Recabarren fijaba su nuevo domicilio pasaba por momentos particularmente intensos de movilización social. Bajo el liderazgo en disputa de anarquistas, socialistas y sindicalistas "puros", vale decir, que concentraban sus esfuerzos en la organización de base y evitaban la política "formal", pero sin adherir a los principios doctrinarios del anarquismo, la clase obrera porteña ya contaba a su haber con notables éxitos organizativos y acciones emblemáticas, entre ellas varias

---

[127]   Reproducido en *La Reforma*, Santiago, 25 de diciembre, 1906.

[128]   *La Reforma*, Santiago, 30 de diciembre, 1906. Las acusaciones sobre "sacarle el cuerpo" a la sentencia judicial en su contra aparecen en *La Ley*, Santiago, 5 de diciembre, 1906; y la de huir con fondos de *La Reforma*, en *El Industrial*, Antofagasta, 20 de noviembre, 1906.

huelgas generales y conmemoraciones masivas del 1º de mayo. Haciendo alusión a sus propias primeras experiencias, Recabarren celebraba las condiciones laborales que imperaban en el taller tipográfico al que se había incorporado como operario, aunque Alejandro Witker afirma que su estadía en Argentina habría sido subsidiada por el zapatero Julio César Muñoz, quien llevaba como "misión extraordinaria" la de trabajar "para que Recabarren pudiera dedicarse por tiempo completo a la actividad política"[129]. Destacaba en todo caso el dirigente chileno en una correspondencia a su antiguo periódico *La Reforma* la jornada de ocho horas ("un gran triunfo alcanzado por el proletariado, por medio de la huelga en todas sus manifestaciones"), el salario mínimo, muy superior a los promedios chilenos, y la abolición del trabajo "a pieza". Celebraba también las poderosas centrales sindicales en las cuales se aglutinaban los diferentes gremios obreros, particularmente la Unión General de Trabajadores (UGT), que aunque ya bajo claro control sindicalista, conservaba todavía alguna cercanía con los cuadros socialistas que habían promovido su fundación. Reunía esa organización alrededor de cinco mil socios cotizantes, y gestionaba una fábrica obrera de cigarrillos que seguramente reforzó en Recabarren la aspiración de ir reemplazando la empresa capitalista por entidades de cuño cooperativo. Se preparaba también por aquellos días un gran congreso de unificación sindical entre la UGT y la Federación Obrera Regional Argentina (FORA), de filiación anarquista, a cuyos preparativos Recabarren se sumó con entusiasmo[130].

Con el mismo entusiasmo se dedicó a informar profusamente, a través de la prensa obrera chilena, sobre las huelgas, boicots y otras experiencias militantes que conmocionaban a la capital argentina, que llegaban incluso, como lo señalara admirativamente en una correspondencia publicada por *La Voz del Obrero* de Taltal, a "4, 6 u 8 huelgas diarias, de gremios o grupos de operarios de un establecimiento"[131]. Con particular satisfacción comunicaba a sus lectores chilenos las alternativas de una huelga general que se desarrolló durante el mes de enero en solidaridad con los conductores de vehículos de Rosario –la cuarta huelga general desde el inicio del nuevo siglo– y que en Buenos Aires se prolongó por espacio de tres días. Entre las causas del conflicto, Recabarren se detenía particularmente en la pretensión de la Municipalidad rosarina de obligar a los conductores a registrar sus huellas digitales, "práctica usada en las cárceles o departamentos de seguridad y que por consiguiente se considera justamente indigna". "Es indispensable", señalaba, "que los trabajadores organizados de Chile tomen nota atentamente sobre el hecho resumido en estas palabras: *Los obreros del Rosario obligaron a la Municipalidad a derogar una ordenanza, por medio*

---

[129]   Alejandro Witker, *Los trabajos y los días de Recabarren*.

[130]   "El IV Congreso de la Unión General de Trabajadores", en *La Reforma*, Santiago, 13 de enero, 1907.

[131]   *La Voz del Obrero*, Taltal, 15 de marzo, 1907.

de la huelga general"[132]. "Bueno es que en Chile", agregaba en otra parte, "se piense en activar más la organización que responde al fin primordial, indispensable de obtener el mejoramiento económico de cada trabajador, por medio de la huelga, del boicot y de todas las armas que puede usar el obrero en su lucha contra el capital explotador y avasallador". A su juicio, esto solo podía lograrse superando las formas mutualistas de organización que aún predominaban a este lado de la cordillera, reemplazándolas decididamente por organismos de resistencia, como ocurría en Argentina[133].

En medio de tantas palabras de admiración, la nota discordante la daba la afición de los argentinos por la fiesta del Carnaval, "una exhibición de ridiculeces y un desbordamiento de pasiones abigarradas que revelan el verdadero estado de inmoralidad de esa sociedad". Los disfraces que por esos días pululaban por las calles porteñas, fulminaba Recabarren, "producen verdadera repugnancia, por la degeneración con que se exhiben", revelando que en ese plano al menos "Chile está a mayor altura de progreso"[134]. En todo lo demás, sin embargo, la sociabilidad obrera argentina se erigía como un claro modelo a imitar. "La conciencia de clase del pueblo obrero de Chile", escribía a su antiguo periódico antofagastino *La Vanguardia*, "en parangón con la de los obreros de esta nación, puede decirse que está sumamente atrasada". "La culpa de esto", precisaba, "la tienen ellos mismos, y sobre todo la parte intelectual que lucha con temor y tolerando los prejuicios que los ata al capital sin atreverse a romperlos"[135]. Esta debilidad se hacía particularmente evidente en materia política, donde Argentina contaba desde hacía más de una década con un Partido Socialista plenamente establecido, a cuyas filas Recabarren se integró prácticamente desde su llegada.

Como se argumentará en las páginas que siguen, el Partido Socialista fue el agente que canalizó los principales aprendizajes de Recabarren durante su exilio argentino, afirmando una afinidad doctrinaria que hasta ese momento se había mantenido en un plano más bien intuitivo. Polemizando desde Buenos Aires con un folleto de difusión de la "Religión de la Humanidad" escrito bajo la inspiración de Augusto Comte por el célebre predicador chileno Juan José Julio Elizalde (el "Pope Julio"), Recabarren

---

[132]   *La Reforma*, Santiago, 15 de marzo, 1907; énfasis en el original. Sobre los movimientos sociales argentinos durante la primera década del siglo xx, ver Juan Suriano, *Anarquistas. Cultura y política libertaria en Buenos Aires, 1890-1910* (Buenos Aires: Manantial, 2001); Juan Suriano (ed.), *La cuestión social en Argentina, 1870-1943* (Buenos Aires: La Colmena, 2000); Ricardo Falcón, *El mundo del trabajo urbano (1890-1914)* (Buenos Aires: CEAL, 1986); Iaacov Oved, *El anarquismo y el movimiento obrero en Argentina* (México D. F.: Siglo XXI, 1981); Julio Godio, *Historia del movimiento obrero argentino: inmigrantes, asalariados y lucha de clases, 1880-1910* (Buenos Aires: Tiempo Contemporáneo, 1973).

[133]   *La Voz del Obrero*, Taltal, 15 de marzo, 1907.

[134]   *La Reforma*, Santiago, 31 de marzo, 1907. Juan Suriano da cuenta de un rechazo similar a las celebraciones del Carnaval entre los anarquistas argentinos, *Anarquistas*, 153-156.

[135]   *La Vanguardia*, Antofagasta, 4 de marzo, 1907.

proclamaba a la "Democracia Socialista" propuesta por Marx como la única "religión moderna que resuelve completamente el problema de la felicidad sobre el planeta". Prescindiendo de "ídolos, misticismos y cabezas visibles", y levantando como ideales la abolición de la propiedad privada, de la clase patronal y del gobierno sobre los hombres, "el ideal de la democracia socialista será la más excelsa religión del porvenir, que absorberá todas las religiones tradicionales". Su fundamento ético era la solidaridad, infinitamente superior al amor y la caridad de las religiones tradicionales, "humillantes para la dignidad humana". "La solidaridad", afirmaba Recabarren, "es el fruto estricto de la justicia, es inherente a la fraternidad y mantiene más alta la libertad. Huye de la gratitud y del homenaje". Y era en virtud de ese sentimiento "elevado y perfecto", equivalente a la "nivelación de la Humanidad" y a la "redención verdadera de la especie humana", que podía declarar a la democracia socialista como "mi religión, mi amada religión". "Mi vida", concluía en tono más bien dramático, "le pertenece"[136].

No obstante la vehemencia de estas declaraciones, el Partido Socialista argentino no constituía por ese entonces una expresión particularmente radicalizada de militancia. Es verdad que su declaración de principios reconocía la primacía de la lucha de clases, y también que su programa mínimo incorporaba una serie de demandas sociales, entre ellas la jornada de ocho horas, la responsabilidad patronal ante los accidentes del trabajo y la igualdad de salarios entre hombres y mujeres. Sin embargo, el desenvolvimiento práctico del socialismo argentino había tendido a privilegiar la acción político-electoral por sobre la movilización social de base, como por lo demás también ocurría con el Partido Demócrata chileno del que Recabarren comenzaba a distanciarse ideológicamente. Como se señaló más arriba, su inserción inicial en organismos sindicales como la FORA o la UGT había tendido a diluirse con el tiempo, cediendo el liderazgo en ese campo a fuerzas que rechazaban abiertamente el acatamiento de la institucionalidad política vigente, como los anarquistas y los sindicalistas. Paradojalmente, la prevalencia del fraude electoral en las prácticas políticas de la época tampoco otorgaba demasiada eficacia a la vía privilegiada por el Partido Socialista, apareciendo como solitaria excepción la elección en 1904 de su destacado militante Alfredo L. Palacios como diputado por el barrio obrero de La Boca, fruto de una reforma en el sistema de votaciones. Ello, no obstante la identificación explícita de la colectividad como "socialista", formalizada a través de su pertenencia oficial a la Segunda Internacional, constituyó para Recabarren un fuerte factor de atracción, haciendo de él, como ya se dijo, el foco principal de su actuación política en Buenos Aires[137].

---

[136]   *La Reforma*, Santiago, 13 de agosto, 1907.

[137]   Sobre el Partido Socialista argentino ver Richard J. Walter, *The Socialist Party of Argentina, 1890-1930*, (Austin: The University of Texas Press, 1977); Jeremy Adelman, "El Partido Socialista Argentino", en

Bajo esta perspectiva, es interesante constatar que en sus primeras impresiones sobre el socialismo argentino Recabarren destacara no tanto sus bases programáticas, a las que mencionaba un poco al pasar como "definidas y explícitas", sino ante todo las conductas y los valores que inculcaba –y exigía– entre sus militantes. Los vicios como el juego, la embriaguez y la prostitución se combatían duramente, y si alguien era sorprendido en falta era "llevado ante los jueces disciplinarios del partido para hacer corregir ese defecto". Ningún socialista podía ser borracho, pues serlo y llamarse socialista "sería denigrar el nombre". También se proscribían "errores" ideológicos tales como la fe religiosa, el "patrioterismo" y el militarismo. En virtud de todo ello, señalaba admirativamente el refugiado chileno, "el Partido Socialista es puritano por excelencia, y es exigente en el cumplimiento del programa por cada individuo en el hogar, en la calle, en el taller y en todas partes". En consecuencia, "los socialistas son pocos, relativamente, pero escogidos. Se hace la propaganda por la conducta". Encomiaba también las prácticas democráticas que regían los órganos internos del partido, lo que evitaba el caciquismo que a su juicio se había ido apoderando de su propio Partido Demócrata. En suma, y sin entrar aún en un análisis más pormenorizado de los beneficios de la ideología socialista, como sí lo haría más adelante, no vacilaba en exhortar a su organización de origen a "estudiar las conveniencias de estas reformas y procurar ponerlas en práctica", incluyendo la afiliación formal al "Partido Socialista Internacional, cuyo secretario general reside en Bruselas"[138].

Siempre reacio a separar el discurso de la praxis, Recabarren se zambulló a fondo en la militancia socialista bonaerense, escribiendo en *La Vanguardia* y participando como orador y miembro de una comisión fiscalizadora del partido en las elecciones para diputados provinciales celebradas en marzo de 1907. En el barrio eminentemente obrero de Avellaneda le correspondió hablar ante más de 600 asistentes, haciendo otro tanto en las localidades rurales de San Pedro y San Nicolás, acompañando en ese caso al dirigente partidista Mario Bravo, al curtidor José Fernández y al estibador José V. García. "En todos los viajes a los diferentes pueblos de esta República", se comprometía formalmente, "daré a conocer, en parte, el desarrollo social y político obrero de Chile, a fin de estrechar cada vez más las vinculaciones de chilenos y argentinos". Y agregaba: "El entusiasmo es grande, y es de prever que las burguesías de estas dos naciones caerán en poco tiempo al empuje irresistible de las huestes trabajadoras, fraternalmente unidas de estas dos naciones vecinas y hermanas. ¡Viva la fraternidad internacional de los trabajadores oprimidos y explotados!"[139].

Mirta Zaida Lobato (ed.), *Nueva Historia Argentina*, tomo v (Buenos Aires: Sudamericana, 2000); y Jacinto Oddone, *Historia del socialismo argentino*, 2 vols. (Buenos Aires: La Vanguardia, 1934).

[138] *La Reforma*, Santiago, 30 de diciembre, 1906.

[139] *La Reforma*, Santiago, 5 de abril, 1907; ver también, del mismo diario, la edición de 21 de marzo de 1907.

Por esos mismos días le correspondió asistir, como se adelantó más arriba, al Congreso de Unificación de las Organizaciones Obreras de la República Argentina, verificado entre el 28 de marzo y el 1º de abril de 1907 en el Teatro Verdi, en el barrio de La Boca. Pese a que lo hacía formalmente como delegado de la Unión Gráfica, por su condición de tipógrafo de *La Vanguardia*, asumió allí una suerte de vocería del Partido Socialista, lo que lo enfrentó abiertamente a la mayoría anarquista que finalmente impuso su línea en dicho cónclave. Según lo relataría posteriormente a sus lectores chilenos, la "intransigencia" con que el bloque anarquista se aferró a una declaración que comprometía a la organización obrera que debía surgir de ese Congreso a "marchar hacia el comunismo anárquico, que constituirá la completa emancipación humana", impidió que prosperase una postura más amplia, respetuosa de la "libertad de propaganda" (es decir, de aquellas propuestas que diferían del "comunismo anárquico"), y de la selección de "los medios de lucha que estén de acuerdo con las ideas filosóficas y políticas" por las que libremente se inclinase cualquier asociado[140].

En un célebre discurso pronunciado en la ocasión, publicado posteriormente en *La Vanguardia*, Recabarren fustigó enérgicamente a los delegados anarquistas por su falta de "propósito fraternal", y por su "capricho de no aceptar lo que sea propuesto por los delegados socialistas por el solo hecho de partir de estas filas". En medio de las protestas y silbidos de "los delegados y la barra anarquista", acusó a los partidarios de esa doctrina de aferrarse intransigentemente a su declaración de principios, revelándose así "tan conservadores como los dogmáticos católicos". Y remachaba, desafiante: "Yo sostengo que si con vuestra intransigencia de declarar la organización comunista anárquica, nos alejáis a nosotros, los socialistas, que constituimos un factor, pequeño o grande, pero útil y necesario en el movimiento obrero, con mayor razón alejaréis a ese inmenso número de desgraciados obreros que todavía viven en la más grande ignorancia, que se niegan a organizarse, por debilidad y degeneración". Acusados abiertamente de fomentar la división de clase, los delegados anarquistas intentaron silenciar al orador chileno, desatándose un tumulto en medio del cual "el delegado Rodríguez desnudó su puñal", en tanto que otro delegado anarquista de Rosario "sacó un revólver y apuntó a la tribuna". En medio de semejante desborde de pasiones políticas, el salón de reuniones debió ser desalojado y la reunión se dio precipitadamente por concluida[141].

Como lo ha argumentado convincentemente Jaime Massardo, el discurso del Teatro Verdi y el fracaso del Congreso de Unificación marcan un punto de inflexión en la trayectoria política de Recabarren, completando su ruptura con un anarquismo con el que ya venía polemizando desde su estadía en la cárcel de Tocopilla, y formalizando

---

[140]   *La Reforma*, Santiago, 12 de abril, 1907.

[141]   El discurso y la crónica de *La Vanguardia* en que se relataron los incidentes a que dio lugar fue reproducido en *La Reforma* de Santiago, edición de 15 de mayo, 1907, y en *El Trabajo* de Coquimbo, 18 de mayo, 1907.

su conversión plena al socialismo[142]. Algunas semanas después de las incidencias relatadas, el dirigente chileno fue invitado a la sureña localidad de Bahía Blanca por una cooperativa de albañilería con el propósito de dictar conferencias sobre cooperativismo, medios de lucha y organización obrera. Esa ciudad, relataba a sus lectores chilenos, había tenido un movimiento obrero bastante desarrollado, pero "había sido destruido por los elementos anarquistas, que por lo general son contrarios a toda organización obrera". Describiendo admirativamente la cooperativa que lo había llevado hasta allá, compuesta por treinta y cuatro albañiles y distinguida por pagar los mejores salarios y respetar la jornada de ocho horas y el descanso dominical, lamentaba que su adelantamiento se hubiese visto entrabado por "la gran campaña en contra hecha por los anarquistas". Se confirmaba así el papel objetivamente reaccionario de tales elementos, "cuya mayoría la forman aquí holgazanes, rufianes y policías", frente a una iniciativa verdaderamente revolucionaria, que suprimía a los explotadores y mejoraba las condiciones materiales de los cooperativistas a partir de su propio esfuerzo[143].

Inmerso en este clima de decantación doctrinaria, no resulta sorprendente que por esos mismos días, más exactamente en mayo de 1907, Recabarren aparezca enviando un informe a la Oficina (o "Buró", como se decía en el lenguaje de la época) Internacional Socialista dando cuenta de la trayectoria del movimiento obrero chileno, encarnado según él fundamentalmente en el Partido Demócrata –con el cual, dicho sea de paso, solo mantenía contacto epistolar–. "En Chile", comenzaba el informe, "el partido de los obreros fue creado el 20 de marzo de 1887 bajo el nombre de Partido Demócrata, pero la existencia del Buró Socialista Internacional fue ignorada hasta hace pocos años y por diversas razones no se establecieron relaciones con el mismo". El programa partidario, reconocía, no era demasiado claro en lo referente a la lucha de clases, y su redacción tampoco era lo suficientemente "moderna", pero ello obedecía "a que el Partido ha sido fundado por proletarios chilenos en un medio ambiente conservador y a que la capacidad intelectual de esos proletarios, precisamente a causa del medio en que viven, no les ha permitido elaborar algo mejor". Ese atraso, sumado según él a las libertades públicas que prevalecían en el país y generaban una ilusión de participación democrática, había tenido por efecto "retardar un poco la difusión de la verdadera concepción de la lucha de clases".

No obstante esas salvedades, aseguraba Recabarren, el Partido Demócrata reunía todas las condiciones orgánicas, políticas y sociales para formar parte de la Internacional Socialista, lo que procedía a demostrar haciendo una breve reseña de su historia. Si a ello se sumaba que desde hacía unos seis u ocho años actuaba en su interior

---

[142]   Jaime Massardo, *La formación del imaginario político de Luis Emilio Recabarren*, 111-117.

[143]   *La Reforma*, Santiago, 4 de agosto, 1907.

"un grupo que lucha por un cambio en su denominación y por la adopción oficial de la táctica y los principios socialistas", grupo que a su parecer "gana importancia día a día y todo indica que impondrá sus puntos de vista en breve plazo", el momento era más que propicio para promover su ingreso al "concierto del socialismo internacional". Solicitaba por tanto, (sin perjuicio de no ejercer representación formal alguna...), que el Buró enviase al secretario del partido en Chile "las bases y condiciones que se requieren para afiliarse al Partido Socialista Internacional". Pedía también someter su informe a la consideración del Congreso Internacional que debía celebrarse en la localidad alemana de Stuttgart en agosto de 1907, expresando su aspiración a que la Democracia chilena pudiese estar directamente representada en el congreso inmediatamente posterior[144].

Pese a la aparente extemporaneidad del informe, o al menos su falta de validación por los organismos formales del Partido Demócrata, los propósitos expresados en él no obedecían a una mera improvisación del momento. Desde su llegada a Buenos Aires, y aprovechando el alero brindado por el Partido Socialista argentino, Recabarren había venido difundiendo la idea de sumar al movimiento obrero chileno y al partido que según él mejor lo encarnaba, a la corriente socialista mundial. En la que posiblemente haya sido su primera publicación en *La Vanguardia* de Buenos Aires, escrita bajo el seudónimo de "Raúl Caneberis R.", ya había señalado que "cada vez que llega a nuestras manos un diario, un folleto, un periódico editado, escrito por proletarios que luchan en todos los rincones del mundo, nos sentimos acompañados, inspirados, ayudados en esta hermosa lucha de reivindicar posiciones y derechos". Reseñaba luego los avances del movimiento mancomunal, que según él abarcaba ya veinticinco ciudades y reunía unos quince mil asociados, y del Partido Demócrata ("la organización política del proletariado chileno"), constituido en más de cien pueblos, apoyado por veinte mil afiliados y representado en el sistema político formal por más de ochenta autoridades municipales electas y por tres diputados nacionales. Pasaba también revista a las grandes huelgas ("sangrientas, tumultuosas, terribles") vividas desde el cambio de siglo, y concluía: "Miramos con ojos atentos la marcha progresiva de los proletarios del mundo y nos inspiramos en ella para guía de nuestros pasos, nuestra organización y medios de lucha"[145].

Pocos días después de escribir estas líneas, en su primera conferencia pública en la capital argentina, titulada "La política obrera en Chile", Recabarren insistía en

---

[144] El informe, traducido de la versión francesa en que se envió al Congreso de Stuttgart, ha sido publicado por Augusto Samaniego en "¿Quiénes crearán el instrumento socialista?, Recabarren, demócratas y socialistas: dos textos (1907-1908)", *Contribuciones Científicas y Tecnológicas*, núm. 127, Universidad de Santiago de Chile, 2001; también es aludido en Jaime Massardo, *La formación del imaginario político de Luis Emilio Recabarren*, 219.

[145] Crónica publicada en *El Trabajo* de Iquique, órgano de la Mancomunal de ese puerto, en su edición de 19 de diciembre de 1906, y por tanto escrita muy poco después de llegar Recabarren a Buenos Aires.

identificar a su partido con los principales logros del movimiento social criollo, y en pronosticar confiadamente "su evolución hacia el Socialismo". Presentado por el destacado dirigente y fundador del Partido Socialista argentino Enrique Dickmann, y ante una concurrencia de más de mil quinientas personas, el orador chileno expuso la historia de la "Democracia" en su país haciéndola remontar hasta Francisco Bilbao y la Sociedad de la Igualdad, portadores tempranos, según él, de "ideas igualitarias y de reforma del orden social". Ya fundado el Partido Demócrata, celebraba la elección en 1894 —precisamente el año de su propio ingreso— de Ángel Guarello como primer diputado de la colectividad, calificándolo de "socialista excelente".

En la actualidad, agregaba, el partido estaba dividido en dos fracciones, una de las cuales denominaba abiertamente "demócrata socialista", representada en la Cámara de Diputados por el obrero mecánico Bonifacio Veas, en tanto que la otra, representada por Malaquías Concha, recibía el apelativo de "demócrata conservadora". En todo caso, aseguraba, el programa partidista "es muy parecido al del Partido Socialista Argentino", e incluía la supresión de la guardia nacional (en todo caso reemplazada en ambos países por el servicio militar obligatorio), la separación de la Iglesia del Estado, la enseñanza gratuita, laica y obligatoria, y el sufragio universal —aunque evitaba aludir, en el caso chileno, a la ausencia de reivindicaciones propiamente sociales—. Para concluir, según la versión periodística de *La Vanguardia* bonaerense, "el conferenciante señala la evolución de la democracia hacia el socialismo integral, expresa su confianza en el brillante porvenir de la política obrera en Chile, a pesar de la escandalosa y brutal actitud de aquella burguesía sin escrúpulos, y termina diciendo que las relaciones internacionales de la clase obrera, desprendida de sus prejuicios patrioteros, deben ser activas y serán fecundas en beneficios para ella"[146].

Tras el envío de su informe al Buró Internacional, Recabarren mantuvo su campaña de promoción del socialismo entre sus correligionarios chilenos. Refiriéndose a los buenos resultados electorales obtenidos por los socialistas austro-húngaros, quienes en las elecciones de mayo-junio de ese año habían aumentado su representación parlamentaria de once a ochenta y siete diputados, exhortaba a sus compatriotas a reflexionar sobre los errores cometidos "durante los veinte años que lleva de lucha el Partido Demócrata", y sobre los medios de lucha que convenía adoptar para el futuro. La Democracia chilena, representada a la sazón por tan pocos diputados, "sabiendo luchar y procurando la unión de todos los elementos sanos del proletariado, y con toda la prensa que hoy tiene y sus demás elementos organizados, no debe desconfiar que en las futuras elecciones pudiera hacer triunfar veinte diputados". Para ello, sin embargo, era menester encaminar su acción "por un camino más directo hacia el

---

[146] La conferencia, dictada el 27 de diciembre de 1906 en el local de la sociedad obrera "Unione e Benevolenza", fue transcrita en *La Vanguardia* de Buenos Aires, y reproducida en *La Reforma*, Santiago, 15 de enero, 1907, y otros periódicos obreros chilenos, como *La Voz del Obrero*, Taltal, 30 de enero, 1907.

bienestar del proletariado, que eleve la conciencia de clase en el sentido de preparar un ejército electoral más enérgico por la mejor educación doctrinaria". Abandonando el terreno de las "declaraciones más o menos platónicas o de ideas ya caducas", el Partido Demócrata debía reformar su doctrina "en todo aquello que ya no satisfaga la aspiración proletaria o no pueda realizar la transformación del régimen social que es necesaria para hacer venir una era de verdadero bienestar popular". Debía, en otras palabras, "seguir los pasos del socialismo universal" y renunciar a las alianzas electorales con partidos burgueses, "porque ellas no vendrán sino en perjuicio de la clase obrera". Y remachaba: "Miremos hacia nuestros hermanos los obreros de Europa, e imitemos sus ejemplos que son los hechos de la experiencia"[147].

A los pocos días volvía a la carga con un artículo dedicado expresamente a familiarizar a sus lectores de *La Reforma* con la Oficina o Buró Socialista Internacional. La gran mayoría del proletariado chileno, según decía, ignoraba el objetivo y la existencia de esa organización, "por haberse publicado muy poco en Chile su trabajo y no haberse dado a conocer ampliamente su objeto de existencia". La Oficina era descrita por Recabarren como "la representación de casi todos los partidos socialistas obreros del mundo", y poseía una sede permanente en Bruselas, reuniéndose además "en convenciones o congresos ordinarios cada tres años, para acordar todo lo que sea útil a la acción y marcha general del proletariado del mundo". Para demostrar que la organización incluía a "todas las naciones importantes de las cinco partes del globo", enumeraba los veinticuatro partidos que en ese momento la integraban, entre ellos los de China, Rusia y Sudáfrica. El continente americano solo estaba representado por las agrupaciones socialistas de Estados Unidos y Argentina (siendo esta última la que brindaba a Recabarren el nexo directo con la Internacional), y resultaba lamentable que Chile aún se mantuviera al margen de tan emblemático referente. A pocos días de iniciarse el Congreso de Stuttgart, aseguraba que las resoluciones que allí se adoptasen serían importantísimas, "especialmente la táctica que se acuerde para combatir el militarismo, que es la peor peste que arruina los pueblos". Se comprometía por tanto a mantener debidamente informados a sus lectores chilenos sobre lo que allí se debatiese, y expresaba sus deseos de que el Partido Demócrata se preocupase más en lo sucesivo de los quehaceres de la Oficina Socialista Internacional, "el corazón y el cerebro de la organización obrera del mundo". No mencionaba en ningún momento, sin embargo, que dos meses antes ya había cursado, de manera inconsulta, una solicitud formal de incorporación a nombre del partido...[148].

Al cumplirse el primer aniversario de la creación de *La Reforma*, Recabarren obsequiaba a quienes denominaba "los futuros socialistas de Chile" un largo reportaje

---

[147]   *La Reforma*, Santiago, 9 de agosto, 1907.
[148]   *La Reforma*, Santiago, 18 de agosto, 1907.

sobre el poderoso movimiento cooperativo desarrollado por los socialistas belgas desde el año 1880, no para servir de "lectura curiosa y admirable", sino a modo de enseñanza "de una acción digna de imitarse, de realizarse pronto, porque así lo requiere la triste situación presente". Adornando su escrito con fotografías obtenidas del archivo de *La Vanguardia*, describía prolijamente los distintos establecimientos fundados y regentados por el socialismo belga bajo el principio cooperativista, incluyendo panaderías, carnicerías, carbonerías, "una tienda de confecciones con toda clase de artículos de vestir para familia, un despacho de cerveza, vinos y cigarros". Mencionaba también un "magnífico servicio médico farmacéutico" y diversas "casas del pueblo" fundadas en las principales localidades del país, las que servían de centros de operaciones para las diversas iniciativas sociales. "En Bélgica", señalaba retornando a una metáfora religiosa ya observada más arriba, "que es un país en que gobierna el partido católico, hay naturalmente en cada pueblo, por lo menos una iglesia. Pues bien, los obreros belgas van levantando en cada aldea, en cada ciudad, una *Casa del Pueblo*. ¡Al lado de la iglesia católica, la iglesia socialista!".

Hacia fines de 1904, según una estadística incluida en el artículo, la Federación de Cooperativas dependiente del socialismo belga enumeraba 166 sociedades de producción y consumo bajo su alero, con un número de asociados ascendente a 103.225 personas, sin contar sus familias. En suma, "la obra socialista de Bélgica es inmensa y detallarla completamente no sería posible en un diario: se necesitaría de un libro". Lo relatado, sin embargo, parecía suficiente para estimular a los obreros chilenos a inspirarse en ese ejemplo, y parafraseando una de las frases de Marx más citadas por Recabarren, "buscar su independencia por sus propios esfuerzos"[149]. Para aquilatar el atractivo que sobre él ejercían estas iniciativas de autogestión obrera, se recordará que ya había experimentado incipientemente con ellas durante su estadía en Tocopilla, cuando la fundación de una "casa del pueblo" en plena pampa había sido parcialmente truncada por su prisión. Como se verá en el próximo capítulo, el proyecto sería retomado en mayor escala cuando fijase su residencia en Iquique, entre los años 1911 y 1915.

La arremetida de propaganda doctrinaria culminó en septiembre de 1907 con un manifiesto teóricamente dirigido "a los demócratas de toda la República Chilena", en el que llamaba abiertamente a cambiar el nombre del partido por el de "Demócrata Socialista", reemplazando además el antiguo programa de 1887 por uno más acorde a las necesidades de los tiempos. "Desde hace algunos años", decía para comenzar, "un puñado de proletarios chilenos luchan dentro de las agrupaciones del Partido, por ampliar nuestro programa de aspiraciones y de acción, en el sentido de colocar a nuestro partido al nivel de los grandes partidos obreros del mundo, que indudablemente en

---

[149]   La cita textual de Marx, con la que se cierra el artículo, es "La emancipación de los trabajadores debe ser obra de los mismos trabajadores", *La Reforma*, Santiago, 19 de septiembre, 1907.

sus acciones y en sus aspiraciones estampan el sello austero de toda su inteligencia". Por sí mismo, continuaba, el ideal democrático no bastaba para "realizar el verdadero bienestar que perseguimos con nuestra organización y con nuestra lucha política". Para hacerlo, aquel debía complementarse con "los ideales socialistas que sustentan, hasta la fecha, la forma más acabada y completa de los sentimientos de la humanidad para realizar su felicidad verdadera".

A dicho efecto, sometía a la consideración de sus correligionarios una declaración de principios para ser llevada a la próxima convención del partido, en sustitución de la existente. Esta partía señalando que "aceptaba la lucha de clases que en el terreno económico y político los proletarios oponen a la explotación y opresión organizadas", y enumeraba entre sus principales aspiraciones "la posesión de los poderes públicos por la clase trabajadora"; la transformación de la propiedad privada en propiedad "colectiva, social o común"; la organización de la sociedad "sobre la base de la Federación económica"; "la enseñanza general científica y especial de cada profesión a los individuos de uno y otro sexo", y "la satisfacción por la sociedad de las necesidades de los impedidos por edad o padecimiento". Y concluía: "El ideal del Partido Demócrata Socialista Obrero es la completa emancipación de la clase trabajadora; es decir, la abolición de todas las clases sociales y su conversión en una sola de trabajadores dueños del fruto de su trabajo, libres, iguales, honrados e inteligentes"[150].

Como lo ha argumentado Jaime Massardo, la declaración de principios propuesta por Recabarren era una transcripción casi literal del programa redactado en 1880 para el Partido Socialista Obrero Español por uno de sus fundadores, Pablo Iglesias. Según la lectura que hace el estudioso del pensamiento de Recabarren, esta circunstancia da cuenta de la creciente "formalización" del socialismo de Recabarren al calor de su estadía en Buenos Aires y de su mayor cercanía con las influencias ideológicas europeas. Las concepciones de Iglesias, siguiendo siempre a Massardo, se situaban en un registro bastante rígido de "socialismo científico" muy cercano al Parti Ouvrier Français de Jules Guesde y Paul Lafargue, inspirado en sociedades de industrialización avanzada donde la lucha de clases cobraba una expresión particularmente dicotómica. Se derivaba de allí una postura fuertemente obrerista y muy ligada a un sentido "evolucionista" de los procesos sociales, de la que Recabarren se haría progresivamente tributario[151]. Esto distaba bastante del socialismo "intuitivo" que al decir del propio Massardo había caracterizado sus posturas anteriores, expresado por ejemplo en los artículos titulados "Democracia y Socialismo" con que había polemizado a fines de 1905 con los anarquistas de la Mancomunal de Antofagasta. En ellos, como se recordará, su

---

[150]   *La Reforma*, Santiago, 24 de septiembre, 1907; publicada también en *El Pueblo Obrero*, de Iquique, 5 de octubre, 1907.

[151]   Jaime Massardo, *La formación del imaginario político de Luis Emilio Recabarren*, 222-233.

principal propósito había sido enfatizar la cercanía entre las ideas democráticas, socialistas y anarquistas, cercanía que sus últimas experiencias y reflexiones ponían en abierto entredicho.

Así quedó demostrado en una serie de seis artículos, titulada nuevamente "Democracia y Socialismo", escrita durante los últimos meses de 1907, en los que a diferencia de la serie anterior Recabarren se dedicó más bien a patentizar los contrastes entre las respectivas vertientes. "Hasta hace poco tiempo", comenzaba su primera entrega, "he creído que la Democracia y el Socialismo eran más o menos una misma idea, una misma cosa, o que ambas se completaban, que no tenían otra diferencia que el nombre". Sus estudios, sin embargo, y sobre todo su militancia en el socialismo argentino, lo habían hecho descubrir las profundas diferencias que las separaban. La democracia, al menos como ella se definía en el programa partidista, no apuntaba sino a reformas menores sobre las instituciones existentes, "dejándolas siempre lo que son: instituciones coercitivas de la libertad dominadas por la burguesía". Por esa razón, dicho programa ahora le parecía "pálido, insignificante, probando con sus expresiones la poca capacidad moral e intelectual de los obreros de Chile". El socialismo, en cambio, proclamaba "la desaparición de las instituciones inútiles" y su reemplazo por "otras completamente distintas, socializándolas", entendido esto último como la propiedad común de la tierra y los medios de producción. En tanto la democracia no se planteara derechamente un cambio en el régimen de la propiedad, su aplicación no podía "satisfacer la aspiración del presente de los proletarios, y una aspiración que no cumple un anhelo debe repudiarse y sustituirse por otra mejor". El socialismo, en cambio, "es preciso y claro y define francamente la situación". En consecuencia, concluía, "yo espero que los demócratas inteligentes de todos los pueblos estudien detenidamente este nuevo aspecto, escriban sobre él y si es posible den conferencias de propaganda en todos los pueblos para interesar a las asambleas en el estudio de estos problemas sociales a fin de educar de un modo más eficaz el elemento que marcha a la abolición del presente régimen burgués, aunque en una forma poco definida en Chile"[152].

En los artículos siguientes, Recabarren pormenorizó las diferencias entre la democracia y el socialismo, focalizándose en aspectos tales como "el sistema industrial y comercial del capitalismo burgués" (donde argumentó a favor de la socialización de los medios de producción), la superación de la relación salarial bajo el socialismo, y sobre todo las diferentes formas de acción política que se derivaban de una y otra postura. El Partido Demócrata, a su juicio, se había enredado en el juego burocrático y electoral, descuidando sus obligaciones propiamente sociales: "¿Ha organizado a la clase obrera para la lucha económica contra el capitalismo? ¿La ha instruido en los medios de lucha, dándole conferencias explicativas sobre las huelgas, boicot, etc.?

---

[152]   *La Reforma*, Santiago, 22 de diciembre, 1907.

¿Ha desarrollado las asociaciones de resistencia, fomentando su multiplicación y confederación?". La razón de ser de los partidos políticos, enfatizaba, es "la conquista del poder político", y era allí donde se hacía más evidente el abismo entre una y otra propuesta. Para la Democracia, la conquista del poder solo apuntaba a democratizar las instituciones "hasta donde pueda introducirse la acción del gobierno y del Congreso", pero sin alterar radicalmente el orden social. El poder político en manos del socialismo, en cambio, "significará la abolición del sistema capitalista que hace del proletariado y pequeños burgueses una clase eternamente explotada y esclavizada"[153].

Abolido ese sistema, proseguía, "vendrá la organización libre del trabajo en las industrias, las artes y el comercio, encargándose de encarrilar por el mejor camino la nueva marcha de la producción, no los gobiernos y capitalistas, como se hace hoy, sino las respectivas organizaciones gremiales más capaces para el objeto". Para llegar a esa meta, sin embargo, y aquí citaba al socialista francés Gabriel Deville, también militante del Parti Ouvrier Français, debía garantizarse previamente la conquista del Estado, lo que suponía una acción mucho más decidida y doctrinariamente lúcida que la emprendida hasta la fecha por las directivas demócratas, sometidas a pactos electorales con los partidos burgueses y a su inevitable estela de prácticas corruptas y paralizantes de la verdadera regeneración obrera. "Hace cerca de seis años", recordaba, "que en el seno del partido se discute la idea socialista. En varias de sus convenciones se ha propuesto el cambio de nombre, pero esto no ha ido apoyado por un programa claro y por una discusión definida que interese e impulse a los demócratas a entrar en este nuevo camino sin vacilar, puesto que la utilidad y la conveniencia son manifiestas". Era eso precisamente lo que él se había propuesto al redactar estos artículos, pues "mientras con más pureza se ostenta la doctrina; mientras más se acentúe, por la actuación del Partido, la lucha de clases, más rápidamente mejorará sus filas y con ello aumentará su potencia, su conciencia y su representación". Solo así, remachaba, "se podrá realizar con éxito la Revolución Social, reivindicadora de los derechos obreros, de los derechos proletarios, y que será la emancipación de la humanidad oprimida y esclavizada"[154].

La exhortación doctrinaria de Recabarren se producía justo en el momento en que se presentaba ante la convención de su fracción del Partido Demócrata (precisamente la "doctrinaria"), inaugurada el 20 de noviembre de 1907 en la ciudad de Los Ángeles, una nueva moción en favor de adoptar el apelativo de "socialista"[155]. Coincidía también con la solicitud formal, al parecer remitida por el propio Recabarren, de afiliación a la Internacional Socialista, secuela más o menos previsible del informe enviado

153   *La Reforma*, Santiago, 3 de enero, 1908.

154   *La Reforma*, Santiago, 5 y 7 de enero, 1908.

155   Héctor de Petris Giessen, *Historia del Partido Democrático*, 34. Según este autor, dicha indicación habría sido rechazada "por abrumadora mayoría".

a la misma organización en mayo anterior[156]. Reflejando la coyuntura política en la que se enmarcaba la publicación de la serie "Democracia y Socialismo", un artículo anunciatorio insertado en *La Reforma* por su correligionario Ricardo Guerrero afirmaba que "el momento de transición, por no decir de relajación doctrinaria por que atravesamos, como asimismo el estado embrionario en que se halla la organización obrera", otorgaban a los artículos de Recabarren "una oportunidad y alcance incalculables". La conversión al socialismo, argumentaba Guerrero, "aunque escandalizará a unos cuantos, no por eso deja de saltar a la vista tal veracidad de los hechos, un fondo filosófico tan profundo, tan racional y científico, que me imagino hasta los más recalcitrantes van a tener que reconocer sus bondades y no atacarán en el futuro un principio en cuya realización, nada menos que estriba la felicidad humana". Al leer y meditar dichos escritos, concluía, sus compañeros demócratas "no se arrepentirán, porque habrán nutrido su cerebro con las partes más sustanciales de un principio que es ya el evangelio humano"[157].

A la postre, sin embargo, y pese a que la delegación de Tocopilla presentó una moción formal de cambio, la convención demócrata-doctrinaria resolvió por amplia mayoría conservar su nombre tradicional, sin entregar mayores razones[158]. La reunificación de las fracciones demócratas a los pocos meses de aparecidos los artículos significó una nueva postergación en el cambio de denominación del partido, y con mucha mayor razón de su eventual viraje hacia el socialismo. Aparte de que la mayoría de sus militantes, incluyendo el antiguo aliado recabarrenista Bonifacio Veas, confesó no reconocerse en dicha adscripción, la convención de unificación "condenó enérgicamente cualquiera tentativa de algunos de sus miembros que tuviera por objeto o por consecuencia, disgregar, dividir o anarquizar en cualquier forma las filas del Partido, ya fuera procurando **formar otra colectividad política** o desobedeciendo de cualquier modo las resoluciones de mayoría". Nuevamente fueron las delegaciones nortinas, esta vez las de Iquique y Tocopilla (junto a la sureña de Traiguén), las que propusieron rebautizar al partido como "Democrático Socialista" o simplemente "Socialista", pero la mayoría de los delegados, invocando cuestiones más bien formales (no estar autorizados por sus bases para tratar el tema), escabulleron el giro ideológico. Presumiblemente, la adscripción expresa al socialismo todavía provocaba demasiado nerviosismo entre las filas demócratas, y como se trataba precisamente de consolidar la difícilmente lograda unidad, finalmente prevaleció la tradición[159].

---

[156] La fecha (10 de octubre de 1907) y remisión de dicha solicitud aparecen consignadas en Jaime Massardo, *La formación del imaginario político de Luis Emilio Recabarren*, 219-221.

[157] *La Reforma*, Santiago, 19 de diciembre, 1907.

[158] *La Reforma*, Santiago, 7 de diciembre, 1907.

[159] La cita, incluyendo el destacado, es de Héctor de Petris Giesen, *Historia del Partido Democrático*, 35. La Convención de Unificación, inaugurada el 18 de abril de 1908 fue cubierta por *La Reforma*, Santiago,

Al parecer no demasiado afectado por este nuevo contratiempo, Recabarren se aprestaba por esos mismos días a viajar a Europa. Si se toma como indicador el contenido de sus escritos de prensa, su compulsión inicial por participar activamente y dar cuenta del movimiento social de ese país había ido cediendo lugar, con el correr de los meses, al estudio teórico del socialismo y su difusión hacia el medio chileno. Así, sus correspondencias del segundo semestre de 1907 tienden a focalizarse en los últimos avances del socialismo europeo, sobre todo el belga, el austro-húngaro y el alemán, y fue seguramente a partir de allí que se incubó en su mente el proyecto de trasladarse personalmente al Viejo Continente para reforzar su aprendizaje "en terreno"[160]. Solo parece haberlo distraído de esa idea el estallido de una huelga entre los arrendatarios de conventillos de Buenos Aires, uno de los movimientos de protesta social más originales e importantes de ese convulsionado año, y que despertó su entusiasmo tanto por la masividad que rápidamente adquirió, como porque sus principales actores eran mujeres y niños. "Puedo decir sin temor a equivocarme", vaticinaba Recabarren, "que es un nuevo gremio obrero que se organiza; es un nuevo y poderoso gremio que funda su sociedad de resistencia con el abnegado concurso de toda la familia". Se trataba de una forma de organización y reivindicación social, agregaba, que daría "mayor vida y más animación a la acción proletaria que lucha contra este funesto régimen capitalista", y que por tanto debía ser prontamente imitada por el proletariado chileno[161].

Ya más cerca de su partida, y en una suerte de trágica y premonitoria coincidencia con la aparición de sus artículos sobre democracia y socialismo, se produjo en Iquique la matanza obrera de la Escuela Domingo Santa María, una de las páginas más oscuras de la cuestión social chilena. En lo que puede haber sido una de sus últimas colaboraciones presenciales con *La Vanguardia* de Buenos Aires, su artículo "La barbarie burguesa en acción" recogía sus impresiones y denuncias sobre los luctuosos sucesos. "La más pura crueldad", comenzaba, "el más refinado salvajismo acaban de emplear los guardianes de la sociedad burguesa para dominar y reducir un hermoso movimiento obrero que estallaba en el norte de Chile". Tomando como base el parte oficial redactado por el jefe militar a cargo de la represión, el general Roberto Silva Renard (esa "bestia sedienta de sangre"), Recabarren narraba a sus lectores argentinos el curso de la masacre, situándola en el contexto del movimiento social salitrero que él mismo había ayudado a estimular durante su estadía en Tocopilla.

---

19 a 24 de abril, 1908; la discusión y rechazo de la moción de adoptar el nombre de Partido Social Demócrata o Partido Demócrata Socialista, incluyendo la declaración de Bonifacio Veas, aparecen en la edición del 23 de abril, 1908. Ver también Sergio Grez, "Reglamentarios y doctrinarios", 124-125.

[160] Aparte de los artículos ya citados sobre Austria-Hungría y Bélgica, cf. los dedicados al Partido Social Demócrata alemán en *La Reforma*, Santiago, 24 y 26 de noviembre, 1907.

[161] *La Reforma*, Santiago, 10 de noviembre, 1907. La huelga de conventillos de Buenos Aires ha sido estudiada acuciosamente por Juan Suriano en su obra *La huelga de inquilinos de 1907* (Buenos Aires: CEAL, 1983).

Naturalmente, el foco principal de su denuncia lo constituía la crueldad burguesa, fiel reflejo del "gran temor que tienen de ver extenderse una agitación obrera, en estos instantes en que carecen", según él por la renuencia de la población a cumplir con la ley de servicio militar obligatorio, "de fuerzas armadas suficientes". Como ya había ocurrido en matanzas anteriores, el recurso al terror respondía a la voluntad de "desbaratar toda organización que pueda resistir: he ahí el plan de hoy de los burgueses chilenos". Sin embargo, las conclusiones que extraía de esas experiencias ratificaban el giro que se venía produciendo en sus concepciones tácticas desde sus primeras polémicas con los anarquistas, y que Jaime Massardo ha destacado correctamente como una suerte de corolario a su actuación durante el Congreso de Unificación Sindical argentina[162]. Decía Recabarren a propósito de las recurrentes masacres obreras: "La violencia empleada como respuesta a los ataques de la tropa no ha señalado jamás una victoria obrera. Ni una sola conquista, en las luchas económicas, ha seguido a las irrupciones populares". Muy por el contrario, "los capitalistas, aprovechando ese anonadamiento que sigue a sucesos luctuosos se han aprovechado cínicamente para salir airosos y vencedores en sus explotaciones vergonzosas del trabajo de los obreros". El recurso a la violencia, aseguraba, no era sino un reflejo del atraso en que todavía vegetaba el movimiento social chileno: "Son en su mayor parte ignorantes, sin orientaciones científicas sobre la lucha de clases, sin métodos, sin una organización obrera siquiera regular". Lo que se imponía, en consecuencia, era adoptar una táctica "más inteligente, menos violenta, más eficaz, menos bulliciosa: la organización poderosa y perfecta del proletariado en el terreno económico, político y cooperativo para sustituir inteligentemente", vale decir, sin correr riesgos innecesarios, "por estos tres caminos a la actual sociedad"[163]. Se confirmaba así la urgencia de viajar a Europa, precisamente para recoger instrumentos que aportasen a esa nueva táctica, "más inteligente y eficaz".

Según su biógrafo Alejandro Witker, Recabarren zarpó del puerto de Buenos Aires en marzo de 1908[164]. Citando a *La Vanguardia* de esa ciudad, *El Pueblo Obrero* de Iquique

---

[162]   Jaime Massardo, *La formación del imaginario político de Luis Emilio Recabarren*, 115-117.

[163]   Probablemente debido a la censura de prensa que se impuso tras la matanza de Santa María de Iquique, los artículos publicados por Recabarren en *La Vanguardia* no aparecieron en *La Reforma* o en la prensa obrera de Valparaíso, pero sí (curiosamente) en *La Voz del Obrero* de Taltal, 11 y 13 de enero, 1908, y en *El Pueblo Obrero* de Iquique, 4 de febrero, 1908. Sobre la matanza misma, cf. Eduardo Devés, *Los que van a morir te saludan* (Santiago: Documentas, 1988); Pablo Artaza et al., *A 90 años de los sucesos de la Escuela Santa María de Iquique* (Santiago: DIBAM/LOM Ediciones/Universidad Arturo Prat, 1998); Pablo Artaza, *Movimiento social y politización popular en Tarapacá, 1900-1912* (Concepción: Escaparate Ediciones, 2006); Sergio González Miranda, *Ofrenda a una masacre. Claves e indicios históricos de la emancipación pampina de 1907* (Santiago: LOM Ediciones, 2007); Pablo Artaza, Sergio González y Susana Ardiles (eds.), *A cien años de Santa María de Iquique* (Santiago: LOM Ediciones, 2009).

[164]   Alejandro Witker, *Los trabajos y los días de Recabarren*, 63.

informaba posteriormente sobre la partida a Europa del "ex diputado Recabarren", señalando que visitaría París, Berlín, Londres, Bruselas y Barcelona, ciudad esta última identificada como sede de "una robusta intelectualidad obrera"[165]. Ofreciendo su propia explicación para tan singular viaje, el biógrafo obrero Osvaldo López afirma que su condición era supuestamente la de delegado oficial del Partido Socialista argentino, el cual para financiarlo habría promovido "una buena colecta". Sin embargo, asegura el mismo informante, la verdad era que Recabarren había solventado el grueso de los gastos de su propio bolsillo, "pues trabajó como tipógrafo en Buenos Aires, Madrid y Bruselas"[166]. Sea de ello lo que fuere, este tipo de iniciativas serviría en el futuro para alimentar la maledicencia de sus detractores, quienes una y otra vez lo acusarían de dar pábulo a sus arranques de voluntarismo a costa de las organizaciones populares que lo acogían o que él mismo ayudaba a fundar. Insensible a posibles habladurías presentes o futuras, Recabarren no desmayó en su voluntad de ir a beber directamente de las fuentes de su nuevo, o al menos reforzado, ideario político, iniciando una aventura que lo mantendría alejado de tierras americanas por un lapso de aproximadamente ocho meses.

La primera de sus actividades europeas de la que se tiene registro específico fue una conferencia sobre el movimiento obrero en Chile, dictada en el Centro Obrero de Madrid el 8 de mayo de 1908[167]. Su presentación estuvo a cargo del mismísimo Pablo Iglesias, dirigente máximo del socialismo español y antiguo obrero tipógrafo, al igual que su visitante sudamericano. Al anunciar su conferencia, identificó a este último como "nuestro compañero el ex diputado socialista chileno Luis E. Recabarren, que ha venido a Europa a fin de estudiar al movimiento obrero". Destacando su dilatada trayectoria en las luchas sociales chilenas "a pesar de su poca edad" (a la sazón contaba solo treinta y un años), Iglesias aseguró que una vez concluidos los estudios que lo habían traído al Viejo Continente, "regresará a su país para continuar la labor revolucionaria que desde muy joven emprendió". Ya entrando en materia, el conferencista invitado hizo una exposición estructurada de manera similar a la que pronunciara a su llegada a Buenos Aires, y que a su vez había servido de base para el informe enviado en mayo anterior al Buró Internacional Socialista de Bruselas. Seguramente para sintonizar con su público madrileño, le dio mayor realce al papel precursor de Francisco Bilbao, cuya presencia en el 48 parisino le permitía afirmar que el movimiento obrero chileno era "contemporáneo del de Europa". En marcado contraste con las impresiones que destinaba para el consumo de sus compatriotas, la conferencia de Recabarren magnificaba notoriamente el papel del Partido Demócrata,

---

[165]   *El Pueblo Obrero*, Iquique, 19 de mayo, 1908.

[166]   Osvaldo López, *Diccionario Biográfico Obrero* (Concepción: Imprenta Penquista, 1910), R-13.

[167]   La conferencia, transcrita en versión resumida en *El Socialista* de Madrid, 15 de mayo, 1908, ha sido publicada por Augusto Samaniego en "¿Quiénes crearán el instrumento socialista?".

afirmando que su fundación había provocado gran alarma en la burguesía, la que habría llegado "a pedir a las autoridades que intervinieran para matar aquel movimiento en flor, que iba extendiéndose rápidamente por toda la nación".

En la misma veta, atribuyó a los primeros diputados demócratas, Ángel Guarello y Artemio Gutiérrez, una importante labor de difusión de la doctrina socialista, "la que era atentamente oída por todos y adquiría en la nación una gran preponderancia al ser predicada desde tal tribuna". Según la versión que ahora desarrollaba, para el "motín de la carne" de 1905 el partido había logrado prácticamente poner de rodillas al Gobierno, obligando al presidente de la república y al Senado a derogar el vilipendiado impuesto ante la perspectiva de una total pérdida de control: "Era tal la organización, tan generales las protestas y tan decidido el movimiento, que el Presidente de la República llamó de nuevo a los representantes obreros para que le concedieran un nuevo plazo". Relató también la reciente matanza de Iquique, "que produjo más de 2000 muertos y otros tantos heridos", y destacó la importancia que venía cobrando la celebración del 1º de mayo, cuya última versión habría congregado, solo en Santiago, a unos treinta mil obreros.

Tras ensalzar el papel de la prensa obrera ("el más eficaz procedimiento de propaganda", pues "llega a todas partes y perdura"), y dar cuenta de las primeras experiencias de cooperativismo, citando al efecto la que él mismo había promovido al interior de Tocopilla, Recabarren concluía refiriéndose a su reciente paso por Argentina, donde a su parecer "el movimiento está atravesando una gran crisis, de la que acusa en mucha parte a los anarquistas, que con sus descabellados procedimientos, dificultan la labor encaminada a crear una sólida organización, que es la que da fuerza a los trabajadores". Se confirmaba así la superioridad de la táctica socialista, puesto que sin renunciar a "los elementos de lucha de que disponen los anarquistas", sumaba el de las elecciones, "y ya habéis visto el excelente resultado que nos ha dado a los trabajadores chilenos la intervención directa en la política, y es indudable que, de haber tenido mayor número de representantes, no se hubieran consumado las horribles matanzas de obreros de que ya os he hablado". Por la misma razón, deseaba a sus anfitriones un buen cometido en las próximas elecciones parlamentarias, "a fin de que la clase obrera haga sentir el peso de la justicia de nuestra causa". Cooperativismo, lucha gremial y lucha política, en suma, y como ya lo había proclamado al dejar Buenos Aires, constituían la triple llave con que el socialismo reformista, al que por esos años tendía a adscribir, esperaba superar la opresión burguesa.

Pocos días después, el 18 de mayo de 1908, Recabarren escribía a sus lectores chilenos desde París, "cuna del revolucionarismo obrero", anunciando su propósito de "estudiar, de conocer y de palpar de una manera escrutadora todo lo que hacen los obreros de Europa". Su artículo se focalizaba en las elecciones municipales recientemente verificadas en Francia, las que pese a la pérdida de algunos asientos habían significado solo en París una ganancia de diez mil electores para el Partido Socialista. Esto obedecía, según su análisis, a la decisión de enfrentar las elecciones sin alianzas burguesas de ningún tipo, como había ocurrido antes de la reunificación del partido en 1904. "¿Qué nos importan asientos de más o de menos?", habrían dicho los socialistas franceses, "lo que necesitamos es que aumente el número de nuestros verdaderos partidarios, de los conscientes, de los que votan con la conciencia limpia, de los que van hacia la expropiación capitalista, de los que aspiran a la desaparición de la sociedad burguesa y del Estado, su arma de defensa de sus privilegios". Lo que se necesitaba, concluía Recabarren, "es que la clase obrera comprenda su misión"[168].

En junio el viajero ya se encontraba en Bruselas, sede de la Segunda Internacional. Desde allí informaba a los lectores de *La Reforma* sobre los últimos éxitos electorales del Partido Obrero Socialista de Bélgica, así como de los obtenidos también recientemente en la dieta prusiana, que de ningún diputado socialista había pasado a tener siete. Entre estos últimos estaba el famoso Karl Liebknecht, cuya elección según Recabarren sería estrictamente respetada pese a encontrarse en prisión, cumpliendo una condena por sus escritos contrarios al militarismo. Muy distinta, se encargaba de recordar a sus lectores chilenos, había sido su propia experiencia de dos años antes, cuando una acción judicial a su juicio infundada había servido para reafirmar su expulsión de la Cámara de Diputados. En todo caso, los avances electorales de que daba cuenta, más otros similares que vaticinaba para Estados Unidos –donde afirmaba que los votos socialistas ya estarían alcanzando el millón–, lo animaban a hacer proyecciones todavía más optimistas para los años venideros. En el caso concreto de Bélgica, donde la conducta del Partido Obrero Socialista se caracterizaba por su intransigente autonomía respecto de los partidos burgueses, no le parecía extemporáneo suponer que las elecciones de 1910 lo pondrían "en una condición especialmente delicada y de responsabilidad, cuya acción es imposible presagiar". Por esa razón, y porque "la Bélgica obrera ofrece un gran campo de estudio y de observación", anunciaba su intención de permanecer allí algún tiempo más, "a fin de poder comunicar a los lectores de *La Reforma* el fruto de mis estudios, que, confío, serán aprovechados por los compañeros de Chile"[169].

Pero la presencia de Recabarren en Bruselas no obedecía solo a sus deseos de aprender. Según un informe emitido a pocos días de su llegada por el Secretariado de la Internacional Socialista, el "ciudadano Recabarren" se había apersonado en sus dependencias en calidad de "delegado oficial" del Partido Demócrata para renovar la solicitud de afiliación que él mismo había enviado en octubre de 1907, complementando oralmente su escrito de mayo de ese mismo año. "Nuestro punto de vista", señalaba

---

168   *La Reforma*, Santiago, 27 de junio, 1908.
169   *La Reforma*, Santiago, 30 de agosto, 1908.

el Secretariado, "es que tenemos delante nuestro a una organización seria, basada sobre el doble principio de la lucha de clases y de la necesidad de acción política". En consecuencia, proponía a la organización matriz afiliar al Partido Demócrata chileno "en las mismas condiciones que el Partido Socialista de la República Argentina"[170].

No deja de resultar irónico que el partido que así se proponía incorporar a la Internacional, y del que Recabarren se presentaba como "delegado oficial", acabara de rechazar formalmente su conversión en socialista, según se informó más arriba a propósito de su congreso de unificación. Desconociendo seguramente esos antecedentes, el periódico belga *Le Peuple* informaba en septiembre de 1908 sobre la presunta solicitud demócrata de inscripción ante la Internacional, la que un mes después sería formalmente ratificada durante una sesión plenaria a la cual asistieron nada menos que Lenin y Kautsky. Escribía al respecto el primero de los nombrados: "En el sexto punto de la orden del día figuraba el ingreso del Partido Socialdemócrata de Chile, que se organizó después de la escisión del Partido Demócrata de dicho país. Los socialdemócratas chilenos fueron admitidos también sin discusión"[171]. Según una entrevista concedida décadas después por el historiador soviético Vassily Yermolaiev, en esa ocasión Recabarren habría estado personalmente presente, coincidiendo con Lenin al menos en dos oportunidades y, seguramente, "compenetrándose de sus tesis"[172]. Independientemente de esta versión, lo cierto es que actuando según todo lo indica por iniciativa propia, Recabarren había conseguido en Bruselas lo que de vuelta en Chile le tomaría otros cuatro largos años, más una ruptura con el mismo Partido Demócrata al que con tanta desenvoltura había afiliado al socialismo internacional. Nunca mejor aplicado el aforismo de que "nadie es profeta en su tierra"...

La sesión del Buró Internacional Socialista en la que se aprobó el ingreso del Partido Demócrata tuvo lugar el 11 de octubre de 1908. Poco más de un mes después, *La Ley* de Santiago informaba que "el caudillo don Luis Emilio Recabarren" se encontraba de vuelta en Santiago. Pese a las dudas de *El Proletario* de Tocopilla ("hace poco nos ha escrito desde Buenos Aires y no nos anunciaba el pensamiento de venir"), al día siguiente el propio "caudillo socialista" se apersonaba en la redacción de *La Ley* para desmentir la aseveración de este medio de haber sido él uno de los sostenedores de la candidatura presidencial de Pedro Montt, y también para anunciar su voluntad de

---

[170]   El informe del Secretariado ha sido transcrito y traducido por Jaime Massardo en *La formación del imaginario político de Luis Emilio Recabarren*, 220 y nota 1025.

[171]   Las referencias a *Le Peuple* de Bruselas y la cita de Lenin en Jaime Massardo, *La formación del imaginario político*, 219-220.

[172]   Reportaje publicado por *El Siglo* de Santiago de 2 de enero de 1972, bajo el título de "Lenin y Recabarren tres veces conversaron de sus pueblos"; agradezco a Paulo Slachevsky esta referencia.

reactivar *La Reforma*, desaparecida de circulación desde agosto del año anterior[173]. Según explicaba pocos días más tarde *El Proletario*, esta vez confirmando la noticia, el inesperado regreso había obedecido a una grave enfermedad de su madre, quien sin embargo había fallecido tres días antes de la llegada del hijo ausente. Agregaba su antiguo periódico tocopillano que Recabarren volvía a la "lucha activa" pese a gravitar sobre él la condena judicial incumplida, y lo hacía "sin doblar la frente, sin claudicar ideas, sin manchar sus principios y sin temor a las persecuciones", ataviado además "con los conocimientos adquiridos en los grandes centros de la cultura intelectual del mundo". "¡Bienvenido seas, querido amigo!", concluía la crónica, "llegas al viejo hogar de la lucha, y en él vuestro puesto está reservado"[174].

Como era su costumbre, Recabarren no tardó en reintegrarse activamente a la política local. Se preparaban por esos días las elecciones parlamentarias de marzo de 1909, y el Partido Demócrata debatía el candidato que llevaría a la diputación por Santiago, nominación que en definitiva recaería sobre su antiguo aliado Zenón Torrealba. En las discusiones previas, el nombre de Recabarren había sonado repetidamente como candidato de transacción, lo que indica que pese a todo no había perdido el ascendiente logrado antes de su autoexilio[175]. Sin embargo, el brazo de la justicia impediría una vez más que esas tratativas prosperasen. En vísperas de la Navidad de 1908, y en el marco de una conferencia sobre "La organización obrera en el extranjero" que dictó en el Centro Musical Sol de Mayo de Santiago, Recabarren fue detenido por la policía, formándose un gran desorden debido al intento de los asistentes por impedirlo. Aunque algún periódico obrero atribuyó esta acción a los temores que su propaganda provocaba en las autoridades, en realidad la orden de prisión provenía del juzgado de Tocopilla, empeñado en que el recién retornado completase la sentencia de 541 días que había dejado trunca al partir hacia Buenos Aires. Así, y sin que mediase ninguna gestión formal de su partido por revertir el dictamen, Recabarren se vio una vez más privado de libertad[176].

Entrevistado en la cárcel de Santiago por un corresponsal del diario antofagastino *El Industrial*, el detenido manifestó su determinación de no apelar a dicha orden ni solicitar el indulto presidencial, pese a haber recibido recomendaciones en tal sentido. Una vez cumplidos los diez meses de cárcel que le faltaban, anunciaba, "volvería a tomar parte activa en las luchas políticas del país, pero no solicitaría ninguna diputación ni aceptaría ninguna candidatura que le ofrecieran sus correligionarios"[177].

---

[173] *La Ley*, Santiago, 25 y 26 de noviembre, 1908; *El Proletario*, Tocopilla, 29 de noviembre, 1908.

[174] *El Proletario*, Tocopilla, 13 de diciembre, 1908.

[175] *La Ley*, Santiago, 4 y 13 de diciembre, 1908.

[176] *La Ley*, Santiago, 25 de diciembre, 1908; *El Proletario*, Tocopilla, 30 de diciembre, 1908; *El Pueblo Obrero*, Iquique, 26 y 31 de diciembre, 1908, 5 de enero, 1909.

[177] *El Industrial*, Antofagasta, 29 de diciembre, 1908; *El Proletario*, Tocopilla, 6 de enero, 1909.

Esta última alusión sugiere que su regreso pudo haber despertado aprehensiones en algunos círculos demócratas, posiblemente no muy entusiastas ante sus actuaciones anteriores, o ante sus reforzadas veleidades socialistas. De hecho, cuando la agrupación de Chañaral decidió proclamarlo candidato a diputado por dicha zona, tal vez como una forma de solidarizar con su prisión, su respuesta fue negarse, para así desvanecer "ciertas calumnias que sobre él se estaban propalando"[178]. Sea como fuere, durante los próximos ocho meses Recabarren permaneció recluido entre las cárceles de Santiago y Los Andes, repitiendo por tercera vez una experiencia que ya había sufrido antes en Valparaíso (1903) y Tocopilla (1904).

Como en esas ocasiones anteriores, el retornado aprovechó su forzada inmovilidad para sistematizar algunas de las ideas y propuestas que había venido madurando durante los dos últimos años, tan fecundos en viajes y aprendizajes. Según las memorias de Elías Lafferte, fue durante aquellos meses que se incubaron sus dos importantes escritos del año 1910, *La huelga de Iquique y la teoría de la igualdad*, y *Ricos y pobres a través de un siglo de vida republicana*, sobre los cuales volveremos más adelante[179]. Por su parte, su antiguo contradictor anarquista y ahora correligionario demócrata, Alejandro Escobar y Carvallo, señalaba poco tiempo después que Recabarren "escribió en su prisión cerca de 40 conferencias sobre los más variados e interesantes tópicos relacionados con la Democracia, el Socialismo y la Organización Obrera en nuestro país"[180].

Estos escritos no desatendían la contingencia política y social, todavía marcada por el fuerte reflujo provocado por la matanza de Santa María de Iquique. Así lo revela, por ejemplo, su crítica evaluación de la votación demócrata en la provincia de Antofagasta para las parlamentarias de 1909, situación que le permitía insistir una vez más sobre la urgencia de priorizar el combate contra el cohecho[181]. Otra de sus columnas, titulada "¡Pueblo: agítate!", exhortaba a los obreros a sacudir aquella pasividad que solo podía favorecer "a los burgueses para su insaciable explotación"; y agregaba: "Siempre estamos diciendo que es necesario despertar al pueblo de su letargo miserable, pero no avanzamos gran cosa por miedo a la represión violenta de los sayones del capital". La misma indignación provocada por esos actos represivos, sostenía, debía generar la fuerza y el espíritu de solidaridad necesarios "para robustecer las filas sociales del pueblo". "Agitemos", concluía, "sacudamos con violencia, con la fuerza impetuosa del huracán este viejo castillo social donde se anida el enemigo del Pobre"[182]. Predicando

---

[178]   *El Pueblo Obrero*, Iquique, 2 de febrero, 1909.

[179]   Elías Lafferte, *Vida de un comunista*, 123. El dato también es recogido por Alejandro Witker, *Los trabajos y los días de Recabarren*, 65.

[180]   Alejandro Escobar y Carvallo, "El apostolado de Recabarren y la Democracia Chilena", en *La Ley*, Santiago, 27 de noviembre, 1909; también en *El Proletario*, Tocopilla, 15 de diciembre, 1909.

[181]   *La Voz del Obrero*, Taltal, 25 de marzo, 1909.

[182]   *El Proletario*, Tocopilla, 28 de marzo, 1909; *El Pueblo Obrero*, Iquique, 24 de abril, 1909.

como siempre con el ejemplo, Recabarren intentó incluso hacer obra de proselitismo entre sus compañeros de prisión, solicitando el permiso de las autoridades carcelarias para "darles conferencias sociales instructivas, útiles y morales", lo que a juicio de *El Proletario* de Tocopilla lo asemejaba a "ese pastor de Galilea que según la fábula se paseaba por entre las multitudes, llevando las buenas nuevas de libertad"[183].

Irritado en otro momento por unos artículos relativos al alcoholismo y la prostitución publicados en *El Pueblo Obrero* de Taltal, Recabarren dirigió a ese medio, desde la cárcel de Los Andes, una serie de cuatro entregas titulada "Los vicios del pueblo", consagrada como su nombre lo indica a uno de sus temas favoritos de todos los tiempos. No le parecía extraño que un medio obrero combatiese los vicios obreros, pues "ésa debe ser la misión de todo periódico que diga defender al pueblo". Lo que le parecía una ingenuidad era esperar que las autoridades establecidas encabezaran dicho combate, pues eran ellas, y la clase burguesa a la que representaban, las principales beneficiarias de la desmoralización popular, ya fuese a través de las coimas y multas ilegales que cobraban, de la producción y venta de licores ("las marcas de vinos, ¿no representan acaso los nombres de nuestros gobernantes y legisladores?"), o del reclutamiento de votantes por medio del cohecho ("¿Que no veis que los capitalistas mismos estimulan los vicios, porque es entre los viciosos y degenerados donde recluta el carneraje que impide toda obra emancipadora, social, económica o política del proletariado honrado?").

Y si esa expectativa le parecía ingenua, lo que le resultaba francamente inaceptable era la aseveración de los artículos criticados de que la prostitución, por responder a una "necesidad natural", constituía un mal científica y moralmente inevitable, al que por tanto solo correspondía reglamentar. "La prostitución", fulminaba un indignado Recabarren, "no puede ni debe ser necesaria jamás en la vida, jamás en sociedad moralizada y culta alguna". Como otras llagas sociales provocadas por el capitalismo, esta práctica debía erradicarse sin contemplaciones, sobre todo por la indignidad que significaba para las mujeres populares a quienes la pobreza obligaba a prostituirse: "Que el amor que debemos sentir por la cultura humana nos haga combatir y extirpar la prostitución que envilece a las mujeres destinadas a ser el más bello ideal de la humanidad". En suma, junto con incitar al autor de los artículos a disculparse por la ofensa social inferida, y por la inocencia de esperar de las autoridades la solución a los problemas denunciados, exhortaba a la clase proletaria a enfrentar por sus propios medios la indiscutiblemente necesaria tarea, formando por ejemplo comités contra los vicios. "La obra de estos comités", concluía, "consistiría principalmente en dar conferencias constantes, a lo menos una vez al mes, fiestas sociales y de recreo, sin licor, publicar folletos y desparramar su propaganda por todos los medios imaginables en

---

[183]   *El Proletario*, Tocopilla, 28 de marzo, 1909.

el sentido de arrancar al proletariado de las garras del vicio, realizando a la vez visitas domiciliarias a aquellos compañeros que necesitan un consejo útil". En este como en todos los casos, los males sociales debían ser enfrentados exclusivamente desde el accionar autónomo de los perjudicados[184].

Por último, cuando solo le faltaban días para salir en libertad, un efímero periódico *El Socialista* de Santiago publicó su "Programa del Partido Socialista Obrero", muy similar a la "Declaración de Principios" que había difundido dos años antes desde Buenos Aires, y también al que fijaría la doctrina del Partido Obrero Socialista que habría de fundar en 1912. "Considerando", comenzaba el programa, "que esta Sociedad es injusta porque divide a sus miembros en dos clases desiguales y antagónicas"; que además "la sujeción económica del proletariado es la causa primera de la esclavitud en todas sus formas: la miseria social, el envilecimiento intelectual y la dependencia política"; también que los privilegios burgueses estaban garantizados por el poder político, y por último "que la necesidad, la razón y la justicia exigen que la desigualdad y el antagonismo entre una y otra clase desaparezcan, reformando o destruyendo el estado social que los produce"; el "Partido Socialista Obrero" que supuestamente suscribía esta declaración establecía cuatro grandes metas: 1) la posesión del poder político por la clase trabajadora; 2) la transformación de la propiedad privada o corporativa en "colectiva, social o común"; 3) la organización de la sociedad sobre la base de la federación económica y el usufructo de los instrumentos de trabajo por las colectividades obreras, y 4) la responsabilidad del cuerpo social sobre las necesidades de "los impedidos por edad o padecimiento". "En suma", concluía el programa, "el ideal del Partido Socialista Obrero es la completa emancipación de la clase trabajadora; es decir, la abolición de todas las clases sociales y su conversión en una sola, de trabajadores, dueños del fruto de su trabajo, libres, iguales, honrados e inteligentes"[185].

Más allá del valor testimonial de este documento para constatar la decantación en Recabarren del ideario socialista que había venido madurando desde su estadía en Buenos Aires, o para anunciar la fundación futura del Partido Obrero Socialista[186], su publicación daba cuenta del intenso debate ideológico que seguía tensionando las filas demócratas. Según lo expresara Alejandro Escobar y Carvallo, al momento de salir Recabarren de la cárcel dicha colectividad se encontraba polarizada en tres grandes fracciones: "Reglamentarios", "doctrinarios" y "socialistas", las que se

---

184   Los artículos "Los vicios del pueblo" respondían a otros publicados en *La Voz del Pueblo* de Taltal los días 20, 22 y 24 de mayo de 1909, y aparecieron en el mismo periódico los días 2, 5, 7 y 9 de julio de 1909.

185   *El Socialista*, Santiago, 7 de agosto, 1909.

186   Estas consideraciones han sido debidamente establecidas y desarrolladas, insistiendo en su cercanía con el socialismo asociado al Parti Ouvrier Français liderado por Jules Guesde, en Jaime Massardo, *La formación del imaginario político de Luis Emilio Recabarren*, 229 y ss.

habían venido decantando desde el congreso reunificatorio de 1908[187]. Alineándose incondicionalmente junto a esta última, a la cual incluso había dedicado un folleto publicado junto con el regreso de Recabarren a Chile ("que en mala hora vino a arrebatar al ilustre caudillo las gloriosas primicias de su nueva concepción del socialismo en Chile"), el antiguo paladín anarquista reconocía al "reo de ayer" como el apóstol y líder indiscutido de esta tendencia, que ya había separado claramente aguas respecto de los "doctrinarios" que la habían albergado en 1906.

"Cuando Recabarren salió de la cárcel", señalaba Escobar y Carvallo, "dispuesto a trabajar por una nueva y mejor constitución del Partido Demócrata, ya había yo en el mes de Abril último planteado en pleno Directorio General la necesidad urgente e imperiosa que había de proceder a la reorganización del Partido, sobre la base de un nuevo Programa y un Reglamento nuevo". Esta iniciativa, obstaculizada y resistida por los "elementos estacionarios y personalistas" que predominaban en el directorio general, era a su juicio apoyada por "todas las agrupaciones demócratas de Santiago inclusive al norte, en que domina franca y resueltamente la tendencia socialista". Lo que correspondía, por tanto, si se quería impedir el quiebre definitivo, era "la reorganización doctrinaria y reglamentaria del Partido Demócrata hacia un acercamiento prudente y razonable con el socialismo chileno, evolucionista y republicano". En dicha tarea, insistía, el principal papel estaba reservado a Recabarren, el "moderno Francisco Bilbao", llamado a "levantar y redimir al Proletariado nacional"[188].

En su panegírico a Recabarren, Escobar y Carvallo se había cuidado de precisar que la corriente socialista solo había echado raíces profundas de Santiago al norte, no pudiendo decirse otro tanto en relación con las agrupaciones del sur. Seguramente por eso mismo, el proclamado "apóstol de la democracia social" resolvió iniciar hacia mediados de octubre una extensa gira de propaganda por esas regiones, pretendiendo, siempre en palabras de Escobar y Carvallo, que la semilla socialista diera sus frutos "en el campo hasta ayer estéril de la democracia sureña". Según detallaba este mismo autor en su columna diaria en el periódico radical *La Ley* (titulada "Del Pueblo"), la gira se extendería desde San Fernando hasta La Unión, y duraría aproximadamente un mes. Entre los temas a tratar, probablemente los mismos que Recabarren había preparado durante su estadía en la cárcel, se destacaban los siguientes: "Medios para mejorar la organización interna de las agrupaciones. Cuál sería su mejor reglamento. Ideas económicas para la administración de cada agrupación"; "las cooperativas obreras"; "la lucha de clases y la conquista del poder político por la clase trabajadora"; "la misión de la Municipalidad. Conocimientos útiles para el pueblo. Lo que debe ser el programa

---

[187]   Sergio Grez, "Reglamentarios y doctrinarios", 124-127.

[188]   Alejandro Escobar y Carvallo, "El apostolado de Recabarren y la Democracia chilena", *La Ley*, Santiago, 27 de noviembre, 1909.

municipal de la Democracia"; "conceptos y principios de moral y religión"; "los vicios del pueblo desde el punto de vista social"; "sobre organización gremial de los obreros. Los sindicatos y las federaciones"; "el capital y el trabajo. El patrón y el obrero. Estudio crítico de la economía política". Por último, y como no era de extrañar, las conferencias se acompañarían de una sistemática campaña antialcohólica[189].

Según lo precisó en una nota dirigida al directorio general del partido, Recabarren emprendía esta gira "por su iniciativa y a su costa" (¿tal vez mediante la venta de sus folletos o de colectas suscritas en las propias conferencias?), lo que sugiere sus reservas respecto de la acogida que ella encontraría en los círculos oficiales. En efecto, la nota suscitó una "acalorada discusión", oscilando las respuestas debatidas entre la desautorización formal, el mero acuse de recibo o el aplauso hacia "su valiente y laboriosa actitud". En definitiva, y por mayoría de votos, se impuso esta última, presentada por el director de la agrupación de Antofagasta, Raimundo Olmedo[190]. Habiendo respaldado esta indicación desde su condición de secretario del directorio general, Escobar y Carvallo se ocuparía de cubrir pormenorizadamente el recorrido del "apóstol de la democracia" desde su columna diaria en *La Ley*, de la cual se colgarían otros periódicos demócratas y obreros del país para informar a sus respectivos lectores. Curiosamente, o tal vez no tanto, dicha columna desapareció a poco de concluir la gira.

La primera parada se produjo en Talca, donde Recabarren llegó acompañado de su esposa "Guadalupe de Recabarren", de la que evidentemente aún no se separaba, aunque todo indica que durante su estadía en el extranjero había permanecido solo. Habló allí en un salón "completamente lleno con una escogida concurrencia de obreros y otras personas, en número que no bajaría de 150". Adornaban el recinto un retrato del propio conferencista y otro del recientemente fusilado educador anarquista catalán Francisco Ferrer, a cuya "obra y suplicio", profusamente difundidos por la prensa obrera del momento, dedicó Recabarren sus primeras palabras. Pese a la distancia doctrinaria que había establecido con el anarquismo, la consagración de Ferrer a la difusión de la enseñanza racional y libertaria despertaba en él evidentes simpatías, reforzadas por una muerte cuya injusticia (el gobierno conservador español del momento lo procesó y condenó por su supuesta responsabilidad en la destrucción de escuelas religiosas durante la "Semana Trágica" de Barcelona, ocurrida entre julio y agosto de ese mismo año) había desatado protestas en todo el mundo, incluyendo una en Santiago el 17 de octubre[191]. El homenaje a Ferrer reaparecería una y otra vez en diversos puntos de su itinerario.

---

[189]   *La Ley*, Santiago, 14 de octubre, 1909.

[190]   *La Ley*, Santiago, 19 de octubre, 1909.

[191]   El mitin de protesta de Santiago aparece mencionado en *La Ley*, 18 de octubre, 1909; la conferencia de Recabarren en Talca en La Ley, 19 de octubre, 1909. Sobre la acción pedagógica de Ferrer y su impacto en el anarquismo argentino, ver Juan Suriano, *Anarquistas*, capítulo VI.

Trasladado posteriormente al puerto de Constitución, Recabarren se dirigió a un auditorio en el que se notaba "una buena participación del sexo femenino", circunstancia posiblemente motivada por su insistente y característico llamado a incorporar a la mujer a los "negocios políticos", motivo también reiterado en otros puntos de la gira. Era la primera vez, aseguraba el corresponsal de *La Ley*, que se desarrollaba en esa localidad una conferencia de tales características, y que en este caso versó específicamente sobre "la lucha de clases y la conquista del poder político por la clase trabajadora", acompañada del igualmente característico exhorto a los trabajadores a "abandonar el vicio de la embriaguez para dedicar a la organización y a la propaganda obrera el tiempo y el dinero que se malgasta en el vicio". Pasando luego al vecino pueblo de Molina, los esfuerzos de su alcalde por sabotear la presencia del conferencista prohibiendo el uso del teatro municipal no impidieron que este hablara ante más de ciento cincuenta personas, refiriéndose esta vez a la organización más conveniente para el Partido Demócrata y repitiendo nuevamente su condena al "salvajismo de la España monárquica y clerical al fusilar al maestro Ferrer". Ante la presencia de "una treintena de burguesitos mal educados que pretendían burlar la conferencia", la corrección con que se desenvolvió Recabarren y "la cultura exquisita manifestada desde sus primeras frases" terminó por volcar la situación a su favor, como ocurriría posteriormente más de alguna vez ante circunstancias análogas[192].

Pero donde el "fenómeno Recabarren" alcanzó al parecer su mayor intensidad durante esta primera etapa de la gira, concentrada en las muy tradicionalistas y señoriales ciudades del valle central, fue en San Fernando, donde según las crónicas de *La Ley* sus conferencias se transformaron en "un verdadero acontecimiento social que ha conmovido a todas las clases sociales", atrayendo concurrencias que fluctuaron entre las cuatrocientas y las seiscientas personas. Se le unieron allí los diputados demócratas por Santiago, Zenón Torrealba; por Antofagasta, Lindorfo Alarcón; y por Tarapacá, Pedro 2º Araya, además del secretario del partido Luis Malaquías Concha, hijo del tantas veces mencionado líder de la fracción "reglamentaria". La segunda conferencia, en la que hablaron todos los nombrados, se prolongó por más de tres horas, pero ello no impidió que la concurrencia, "enteramente satisfecha de la jornada educativa", se dirigiese en columna "con banda de músicos a la cabeza hasta la estación para despedir al compañero Lindorfo Alarcón, que regresaba a Santiago".

Reflejando el impacto que tuvo en la opinión local esta actividad tan inédita allí como en Constitución, la prensa no demócrata de San Fernando expresó su sorpresa ante el talante del conferencista. Para el periódico *La Autonomía*, Recabarren constituía un "caudillo de la clase obrera, cuya vida llena de interesantes episodios ha conseguido más de una vez despertar la atención pública y dar tema a las más

---

[192]   *La Ley*, Santiago, 21 y 24 de octubre, 1909.

diversas interpretaciones acerca de su actuación". Por su parte, *La Provincia* confesaba haber sido prejuiciada por los ataques de la prensa conservadora, que le habían hecho imaginarse que tendría que tratar con "un anarquista intransigente", encontrándose en cambio con "un obrero de ilustración poco común y que predica únicamente el amor al desvalido". Por esa razón, concluía, "la conferencia de anoche es una lección para la clase popular de San Fernando, y ojalá fueran más frecuentes, que así tomarían amor a sus derechos cívicos y concluiría la venalidad y el tráfico vergonzoso del voto al mejor postor"[193].

El resto de la gira transcurrió más o menos dentro de este mismo tenor, fluctuando las concurrencias entre unas cien a ciento cincuenta personas en las ciudades más pequeñas y cuatrocientas a quinientas en las más pobladas, como Chillán y Concepción. Los temas tendían también a repetirse, incluyendo los no contemplados en la planificación previa como los homenajes a Francisco Ferrer. Las salidas de libreto tendían a correr por cuenta de los detractores que en algunos lugares se animaron a asistir a las conferencias, como por ejemplo en Chillán, donde se suscitó una polémica a propósito del carácter y utilidad de las Fuerzas Armadas, siendo la postura anti-militarista de Recabarren supuestamente ovacionada por el público[194]. En Temuco, por su parte, la intervención del propagandista obrero motivó una colecta espontánea para formar una biblioteca, y derivó en "un vigoroso sacudimiento popular que ha despertado al pueblo y a la democracia con su incomparable jornada de educación y de ilustración. Los pueblos parecen renacer y la democracia parece que revive y que renace al impulso de la palabra sana, metódica y moral de Recabarren"[195].

Haciendo un balance general de su gira, Recabarren escribía a Escobar y Carvallo desde Osorno que había enterado un total de veintiún conferencias, a las que habían asistido aproximadamente cinco mil personas. Convencido de que esos encuentros estaban llamados a producir "muy buenos resultados entre los demócratas y entre el pueblo", señalaba a su corresponsal que ellos debían repetirse a lo menos unas tres a cuatro veces al año. Dispuesto como siempre a predicar con el ejemplo, le anunciaba que se disponía a iniciar un periplo de regreso que le permitiría volver a las ciudades por las que ya había pasado, agregando otras que no había tenido tiempo de visitar. Ello le consumiría, calculaba, unos ochenta días más[196]. Efectivamente, hacia fines de enero de 1910 *La Ley* informaba del "regreso del conferencista" a la capital, habiendo transcurrido casi tres meses desde su partida. En una de sus últimas escalas, y como ya

---

[193]   La transcripción del reportaje de *La Autonomía* está tomada de *El Proletario*, Tocopilla, 10 de no-viembre, 1909; y la de *La Provincia* de ese mismo medio, y también de *La Ley*, Santiago, 27 de octubre, 1909.

[194]   *La Ley*, Santiago, 2 de noviembre, 1909.

[195]   *La Ley*, Santiago, 12 de noviembre, 1909.

[196]   *La Ley*, Santiago, 23 de noviembre, 1909.

era característico, Recabarren había sido comisionado por la agrupación demócrata de Curicó para organizar una "sociedad cooperativa periodística". Nombrado presidente del comité administrativo, volvía a Santiago con la misión, tantas veces repetida, de "buscar materiales tipográficos, averiguar precios y pedir presupuestos"[197].

En el intertanto, su antiguo periódico *El Proletario* de Tocopilla había publicado un proyecto de nuevo reglamento interno para el Partido Demócrata elaborado por Recabarren antes del inicio de su gira, y para cuya difusión, como se vio, esta le había servido de caja de resonancia. En sus consideraciones previas, el documento aludía a los obstáculos que habían impedido a la colectividad cumplir adecuadamente con "la misión en extremo elevada" que, en su condición de "partido obrero de clase", le cabía desempeñar en el seno del proletariado. "La actual organización de nuestro partido", afirmaba Recabarren, "carece de estímulo para empujar a los proletarios a buscar con mayor avidez su educación y su emancipación, y los viejos militantes de la democracia casi nada hemos hecho para reparar estas deficiencias". Para enmendar dicha omisión, y nutrido de "las ideas buenas que he visto en práctica en los otros partidos obreros del mundo", sometía a la consideración de sus compañeros una propuesta que, aseguraba una y otra vez, no violaba el reglamento general vigente. Con su ayuda, sostenía, "haremos del proletariado un ejército bien organizado, llegaremos a constituir un poder obrero respetable, potente y apto para obrar en bien del país"[198].

Sugerentemente, el proyecto de Recabarren solo abordaba materias organizativas, sin entrar en ningún momento en consideraciones doctrinarias que pudiesen crispar aún más las suspicacias ya suficientemente manifiestas dentro del partido. La palabra "socialismo", por ejemplo, ni siquiera se mencionaba. En esencia, lo que se proponía eran tres grandes modificaciones de orden más bien procedimental: hacer más estricta la recaudación de las cuotas que debía pagar mensualmente cada militante, estimular la militancia femenina, y estructurar el trabajo interno de las agrupaciones y secciones partidarias en comisiones especializadas por tarea.

En relación con lo primero, sobre lo cual la propuesta se extendía largamente, se enfatizaba la necesidad de contar con un flujo constante y suficiente de fondos para sostener la actividad partidista en materia electoral y de propaganda. Recabarren invocaba al respecto el ejemplo del Partido Socialdemócrata Alemán, "uno de los más antiguos y más seriamente organizados", y también su propia experiencia militante en Argentina, donde sus giras de agitación y propaganda habían sido íntegramente solventadas por las agrupaciones del Partido Socialista. En un sistema político

---

[197]   *La Ley*, Santiago, 20 de enero, 1910.

[198]   El "Proyecto de Reglamento Interno para las Agrupaciones y Secciones del Partido Demócrata" elaborado por Recabarren, junto con sus consideraciones previas, fue publicado en El Proletario de Tocopilla, 5, 8 y 12 de diciembre, 1909.

dominado por la compra de votos, y donde los parlamentarios carecían de una dieta que les brindase la tranquilidad mínima para el ejercicio de sus funciones (de hecho, por esos mismos días se verificaba una colecta partidaria para apoyar a los diputados Torrealba, Alarcón y Araya[199]), solo una caja electoral bien surtida permitiría a un partido obrero contrarrestar la acción del enemigo burgués y mantener a sus militantes en los altos cargos políticos. Considerando que "la mayoría de los proletarios constituyen la mayoría del poder electoral", y que "el poder electoral es el soberano de la nación", un manejo eficaz de este dispositivo equivalía a poner en manos del pueblo "la cuna del poder nacional".

En cuanto a la militancia femenina, el proyecto de Recabarren reconocía que el Partido Demócrata había sido precursor en proclamar la igualdad civil y educacional de la mujer, pero deploraba que dicha disposición no se hubiese traducido en una mayor preocupación por la integración cotidiana de mujeres a las labores partidistas. "La mujer que en nuestro hogar comparte de las vicisitudes de la vida y de la miseria", sentenciaba, "debe también acompañarnos, siempre que lo quiera, en la lucha por la emancipación del pueblo, del cual ella es la madre; por la redención de la Humanidad, de la cual ella es la hermosa creadora". "La mujer que venga a nuestro Partido", argumentaba, "que tome parte en su administración, que estudie, que oiga o dé conferencias, será una fecunda propagandista de nuestros ideales, y sus hijos, en muy raros casos, podrán no ser demócratas". A semejanza de otros partidos obreros del mundo, concluía, el Partido Demócrata debía abrir sus puertas "a nuestra madre, esposa, hija, hermana o amiga". Como se ha señalado en otros estudios, este no constituía un llamado excesivamente rupturista respecto de las concepciones de género por entonces imperantes, puesto que mantenía a las mujeres en roles más bien tradicionales. Mucho más radicales eran al respecto los planteamientos anarquistas, o lo que Elizabeth Hutchison y Claudia Jeria han denominado el "feminismo obrero" que por esos mismos años hacía su estreno en el movimiento sindical[200]. Sin embargo, se intentaba al menos otorgarle estatuto programático a una activación política femenina que, como se ha visto en otras partes de esta biografía, constituyó una preocupación permanente en el pensamiento de Recabarren.

Por último, para optimizar el funcionamiento interno y el impacto de la labor política, cada agrupación demócrata debía organizar comisiones internas encargadas de tareas diversas. El proyecto sugería la formación de al menos seis tipos de comisiones: para

---

[199]   *La Ley*, Santiago, 7 de octubre, 1909.

[200]   Elizabeth Hutchison, *Labores propias de su sexo. Género, política y trabajo en Chile urbano, 1900-1930* (Santiago: LOM Ediciones, 2006); Claudia Jeria Valenzuela, "Hombres y mujeres en conflicto. Clase y género en la familia proletaria, Santiago, 1900-1910", tesis de licenciatura, Universidad de Santiago de Chile, 2007; sobre la visión del anarquismo en relación con la mujer, ver Sergio Grez, *Los anarquistas y el movimiento obrero*.

la organización de conferencias y fiestas; para la creación y mantención de bibliotecas y bibliografía (según Recabarren, la más importante); para la elaboración de estudios que respaldasen la labor de los representantes del partido ante los poderes municipal o legislativo; para la propaganda; para la acción sindical y gremial, y para la contabilidad interna. La instauración de estas comisiones, aseguraba, daría al trabajo partidista un carácter cotidiano y comprometería a la militancia en una acción disciplinada y permanente que multiplicaría su eficacia. "Nosotros no tenemos la representación política que nos corresponde", aseguraba, "porque no trabajamos, y solo dedicamos algunos momentos de entusiasmo en las vísperas de cada batalla". Solo inculcando el hábito de administrar regularmente sus intereses y cultivar sistemáticamente su inteligencia, podría llegar a decirse que "en nuestras filas hay hombres capaces de ser representantes del Partido en la Administración Nacional y en la Administración Local". Solamente entonces, concluía, "podremos decir que el pueblo está preparado para regir sus propios destinos".

Como se puede apreciar, junto con la "depuración" doctrinaria que presuntamente implicaría la adopción expresa del socialismo, Recabarren también estimaba necesario proceder a una suerte de profesionalización de la militancia, que a la vez disciplinara a las filas demócratas y las capacitara para una acción política más contundente. "Con este proyecto de reglamento", exhortaba a sus correligionarios, "hagamos de nuestro Partido una Escuela donde aprendamos a administrar nuestros intereses de clase y una organización invencible en la cual se encuentre toda la clase trabajadora y proletaria reunida, fraternalmente confundida en un poderoso organismo, con ramificaciones inteligentes". La propuesta, sin embargo, no parece haber tenido demasiado eco en los órganos superiores del partido. En la renovación del directorio nacional llevada a cabo a comienzos de noviembre, Recabarren no ocupó ningún cargo, como tampoco lo haría en la mesa directiva de la agrupación de Santiago, cuya presidencia quedó en manos del joven militante Manuel Hidalgo[201]. En su sesión de 11 de diciembre, sin embargo, el nuevo directorio acogió parcialmente la idea de formar comisiones en los rubros de "hacienda", arbitraje, "defensa", fiestas y propaganda. Como tal vez era previsible, Recabarren quedó incluido en esta última, junto a Luis Malaquías Concha y su momentáneo aliado Escobar y Carvallo[202].

Más allá de ello, y sin perjuicio de su exitosa gira de propaganda o su prolija propuesta de renovación reglamentaria, el peso específico de Recabarren en la orgánica demócrata parece haber ido en franco deterioro. Hacia comienzos de marzo aparece como simple secretario de la seccional de la Segunda Comuna de Santiago, desempeñándose simultáneamente, según el biógrafo obrero Osvaldo López, como

---

[201]   *La Ley*, Santiago, 9 y 16 de noviembre, 1909.

[202]   *La Ley*, Santiago, 14 de diciembre, 1909.

tipógrafo en la imprenta *El Globo*[203]. Señala el propio López que Recabarren dedicaba a su partido todo el tiempo de que podía disponer, "dando conferencias, sirviendo como secretario de la 2ª comuna, donde ha llegado a ser efectiva su propaganda de que cada demócrata contribuya con una cuota mensual", tal como lo había recomendado en su proyecto de reglamento. Ese humilde cargo le sirvió para aplicar localmente otras de sus recomendaciones, como por ejemplo la incorporación de las mujeres a la militancia, aprobada formalmente en la sesión de 11 de marzo de dicho cuerpo[204].

Más adelante, en una suerte de cuenta periodística publicada bajo el título "La acción de la Democracia en la Segunda Comuna", el flamante secretario enumeraba entre las aspiraciones de los militantes de su sección las de "tener un hogar político y social que les permita asociarse, conocerse y estudiar"; "instruir al pueblo dándole conferencias y fiestas constantes"; "desarrollar nuevas instituciones dentro de la democracia, como son las cooperativas y las organizaciones de resistencia que mejoren las condiciones materiales del proletariado", y, en fin, hacer "que la causa del pueblo prospere y se engrandezca en la forma más real posible". Esta labor, sin embargo, por mucho que hubiese llevado a un leve aumento de la militancia (de sesenta y cuatro a ochenta personas en tres meses), y a un saludable "movimiento de tesorería", había debido desenvolverse "en medio de las miradas recelosas y desconfiadas de una multitud de demócratas que", tal vez haciéndose eco de los recelos que solía provocar el activismo febril de Recabarren, "no han sabido dar asilo a la fe en sus corazones, o no se atreven a emprender obras capaces de hacer la verdadera felicidad popular". Frente a esa incredulidad, frente a la "indiferencia e inactividad" de "los demócratas todos de Santiago", los militantes de la Segunda Comuna debían seguir perseverando, con entusiasmo y sinceridad, en señalar el camino correcto a través del hecho y de la acción, "la prueba mejor que se puede dar de amor a una doctrina"[205].

En este clima de evidente desaliento, levemente temperado por su característico voluntarismo, Recabarren dio a luz sus primeras publicaciones doctrinarias de más largo alcance. Antes de su viaje a Argentina, lo único que había editado en formato más extenso era su folleto sobre el proceso seguido a la Mancomunal de Tocopilla, en rigor, más una recopilación de documentos jurídicos y escritos misceláneos que una reflexión personal sistemática, similar en ese sentido al folleto sobre su expulsión de la Cámara de Diputados, publicado en 1910. En este año del Centenario, sin embargo, y tal vez como una forma de imprimirle a su pensamiento una mayor proyección,

---

[203]   Osvaldo López, *Diccionario Biográfico Obrero*, R-13.

[204]   *La Ley*, Santiago, 22 de marzo, 1910.

[205]   *El Trabajo*, Santiago, 2 de julio, 1910; en Cruzat y Devés (eds.), *Recabarren. Escritos de prensa*, tomo 2, 141.

comenzaron a aparecer otros escritos que, aunque originados en conferencias, aspiraban a constituirse en material de lectura más permanente. Si se considera además que desde su regreso a Chile, y pese al encargo de sus correligionarios curicanos, no había logrado establecer ningún periódico que le sirviese de tribuna propia, no llama la atención que tratara de reforzar el efecto oral de sus conferencias a través de la publicación de folletos. Como lo señalaba en el preámbulo a uno de ellos, "la lectura es uno de los mejores medios de emancipación de las clases trabajadoras. Por eso aconsejamos que lean, y que lean mucho".

La primera incursión en esta nueva fórmula fue el folleto titulado "La huelga de Iquique y la Teoría de la Igualdad", originado en una conferencia de intención polémica desarrollada en mayo de 1910[206]. El 1º de mayo inmediatamente anterior, el político conservador Francisco Valdés Vergara había pronunciado una conferencia en el Centro de la Juventud de su partido analizando las agitaciones sociales últimamente experimentadas en el país, y particularmente la huelga que había desembocado en la masacre de Santa María de Iquique. A partir de dicho análisis, el conferencista había derivado en una impugnación, por irrealizable, del principio de igualdad que estaba movilizando a los sectores populares, azuzados según él por "agitadores de oficio". La única igualdad posible, había afirmado Valdés Vergara, era "la de adorar a Dios, la de recibir sus misericordias"; y abundaba: "Yo no conozco sino un sitio donde hasta el mendigo más infeliz sea igual al rico y al poderoso: ese sitio único es el templo católico". Pero no por eso debían desatenderse las agitaciones sociales, "tan peligrosas para el pueblo que las promueve como para las clases superiores contra las cuales van dirigidas", y que amenazaban con dividir a los habitantes de la nación en "bandas enemigas" y llevarlos a "choques sangrientos que engendran rencores profundos y hacen reinar la discordia, en vez de la paz, en la familia humana". En consecuencia, y toda vez que las privaciones y miserias que movían al pueblo no eran ficticias, lo que correspondía era apelar al valor cristiano de la caridad, ese amor al prójimo que, expresado en obras sociales encaminadas a "confortar al pueblo en sus sufrimientos y hacerle sentir que el amor fraternal no es una palabra vana en los corazones cristianos", venía a ser el único y verdadero remedio a los males comprendidos en el cada vez más trajinado concepto de "cuestión social".

Profundamente indignado por "el proceder informal de este caballero", que apuntaba a "instruir y armar" a la juventud burguesa "para que esta llegue hasta el pueblo, por todos los medios, para inocularle, para inyectarle el veneno de la decepción, de la desconfianza, de la indiferencia"; y también alarmado por la "indolente inactividad" con la cual el mundo obrero encaraba esta amenaza, y que presuntamente

---

[206]   Este folleto ha sido reproducido en las *Obras Selectas de Luis Emilio Recabarren* editadas por Julio César Jobet, Jorge Barría y Luis Vitale (Santiago: Quimantú, 1971), 60-112.

se expresaba en la frustración de sus recientes esfuerzos por inyectarle más dinamismo al accionar demócrata, Recabarren asumió la tarea de refutar a Valdés Vergara por la vía de desenmascarar las falacias y objetivos para nada ocultos de su conferencia. Acometía esta tarea, primeramente, esclareciendo los motivos reales que habían dado origen a la huelga iquiqueña de 1907 y denunciando como falsas las imputaciones del político conservador en cuanto al carácter violento o sedicioso que habría tenido el accionar obrero en esa coyuntura. Como ya lo había hecho en su artículo condenatorio publicado en Buenos Aires a comienzos de 1908, echaba mano para fundamentar su refutación a su propio conocimiento de las condiciones laborales que prevalecían en las regiones salitreras, pero sobre todo al parte oficial de Silva Renard, que demostraba más allá de toda duda el comportamiento pacífico de los huelguistas y, por consiguiente, la desmesura criminal de la represión oficial. "Por eso", fulminaba, "el crimen burgués de Iquique merecerá la eterna condenación del pueblo, porque ese crimen fue el fruto deliberado fríamente en una conspiración burguesa contra el pueblo".

Despejada así la falsedad, y más que eso la "maldad premeditada" de la versión con que Valdés Vergara describía ante su público los sucesos de diciembre de 1907, Recabarren avanzaba en la segunda (y mucho más extensa) sección de su escrito a refutar su argumentación en cuanto a la inaplicabilidad del principio de igualdad social. "El egoísmo individual", denunciaba, "es la consecuencia naturalmente producida cuando llega al pueblo el convencimiento de que la igualdad social, moral y económica es una quimera, es una ilusión". Las desigualdades que el movimiento obrero denunciaba, aclaraba, no eran las de origen natural, como las de los climas, los paisajes, o del día y la noche, que el conferencista conservador esgrimía para fundamentar sus afirmaciones sobre la inevitabilidad, e incluso las bondades, de la diferencia. En todo caso, advertía Recabarren, no todas las desigualdades consideradas "naturales" eran realmente tales, sino que respondían a un origen social ocultado por el hábito y la costumbre. Así, "la desigualdad de cultura, de talento y capacidad puede hacerse desaparecer mediante la instrucción", en tanto que la desigualdad intelectual, aparentemente natural en los individuos, podía también corregirse "cuidando de seleccionar la procreación y perfeccionar los individuos depurando el ambiente en que viven".

Pero la igualdad a la que realmente apuntaban las aspiraciones populares era aquella que, nacida de la igualdad fisiológica expresada en el nacimiento, la satisfacción de necesidades básicas y la muerte, movía "naturalmente" a los seres humanos a apoyarse mutuamente a través de la vida en sociedad. Por consiguiente, las desigualdades concretas que se habían venido cristalizando a través del curso de la historia, y muy especialmente el sometimiento de unas personas al servicio de otras, tenían un origen estrictamente social, y podían por tanto superarse por esa misma vía: "Si las desigualdades que la naturaleza ha creado existen como una belleza y para recreo de la humanidad, ellas son aceptables y admirables cuando están al servicio de la humanidad, pero las desigualdades creadas por los hombres son monstruosas y destructoras cuando colocan a los seres bajo la explotación de otros seres". En esa óptica, "los socialistas no buscamos ni pretendemos, en realidad, la igualdad como se estima esta palabra en su sentido vulgar", sino más bien "la mayor suma de felicidad, de comodidad, de instrucción, de completo bienestar para cada ser humano, e indudablemente cargamos nuestras afecciones primero para los que más sufren". Más simplemente, "lo que queremos es que se reconozcan iguales derechos y deberes en todos los individuos".

Y por último, en relación con la invocación de Valdés Vergara a las obras caritativas como único remedio viable frente a la inevitable desigualdad en las fortunas, o frente a la miseria realmente existente, Recabarren planteaba que un problema de esta envergadura no podía solucionarse mediante simples, y dudosamente sinceras, buenas intenciones. En su opinión, "para convertir en realidad los pensamientos de mejoramiento económico es menester la transformación, la modificación radical del orden en que está establecida la organización social presente. Es decir, habría que modificar las bases de la sociedad capitalista, yendo a la abolición de la propiedad privada en todas sus manifestaciones, o sea al reemplazo del sistema social actual por la organización socialista colectivista". Pronunciando así una vez más de manera abierta el término que tanta alteración venía provocando en las filas demócratas, concluía recalcando que "decir que se va al mejoramiento por otros caminos, no es sino conducir al error, extraviar el criterio del pueblo, confundirlo, para alejarlo o demorarlo en la conquista de sus reivindicaciones justas, morales y humanas". Interpretando las palabras de Valdés Vergara como una revelación transparente de "cómo la clase burguesa prepara y constituye su defensa", no quedaba entonces otro camino para el proletariado que "apresurar nuestra organización, educación, etc.", pues solo allí "reside el principio de vuestra futura emancipación".

El segundo texto doctrinario publicado por Recabarren en 1910 fue su *Ricos y pobres a través de un siglo de vida republicana*, tal vez el más conocido entre sus escritos[207]. Aprovechando, o más bien descalificando, los festejos del primer centenario de la Independencia, el texto retomaba una antigua reflexión suya sobre la desigualdad con que se habían repartido los beneficios derivados de la ruptura del régimen colonial, y por tanto de la nula justificación de cualquier patriotismo popular. En un escrito de prensa publicado a pocas semanas de su última excarcelación, Recabarren ya había deplorado los entusiasmos y alegrías con que la clase pobre "rendía su tributo y hasta el exceso en estos días, arrojando al charco de las fiestas hasta la última moneda que posee". Ante semejante espectáculo, y en su calidad de "periodista y educador del

---

[207] Entre las muchas ediciones de este texto, pueden mencionarse la ya citada *Obras Selectas de Luis Emilio Recabarren*, editada por Julio César Jobet, Jorge Barría y Luis Vitale, y la recientemente aparecida de LOM Ediciones en su colección "Libros del Ciudadano", Santiago, 2010, en la que se publica por sí solo.

pueblo", no ocultaba su pesar al ver a la clase trabajadora "participar en una fiesta que no es la suya, y sentir alegrías por la llamada independencia nacional que ninguna libertad real ha traído al pueblo productor". Para este, denunciaba, la fecha conmemorada solo equivalía a un "cambio de opresión", pues a pesar del siglo transcurrido seguía careciendo de libertades y garantías, en tanto solo la clase "burguesa y adinerada" había cosechado los frutos de la emancipación. En medio de su miseria y de su atraso, el pueblo en realidad no tenía nada que celebrar, y al ser arrastrado "a prestar su concurso exhibiendo durante una semana toda su desnuda miseria moral y material, presentándose andrajoso o poco menos, en un lamentable estado de embriaguez que revela el grado de cultura que ha alcanzado en un siglo de vida libre e independiente", no hacía sino ratificar lo absurdo de su entusiasmo patriótico. "La verdadera emancipación del pueblo", concluía, "no ha sonado aún, ni sonará hasta tanto el pueblo mismo se eduque, se organice y se emancipe de la tiranía burguesa y capitalista que hoy lo oprime social, política y económicamente, como le ha oprimido toda la vida"[208].

Este mismo argumento, ya ensayado un año antes, fue retomado y elaborado con mayor extensión para las fiestas del Centenario. Matizando su imagen habitualmente bipolar de la sociedad chilena, en su *Ricos y pobres* Recabarren sumaba a la burguesía y a la "última clase" una "clase media" compuesta por "los obreros más preparados y los empleados", en la que a su decir "se encontraba el mayor número de los descontentos del actual orden de cosas y de donde salen los que luchan por una sociedad mejor que la presente". El grueso del texto se dedicaba a rastrear los avances experimentados durante el siglo de vida independiente por cada una de estas tres clases, llegando a la no muy sorprendente conclusión de que solo la clase dirigente se había beneficiado de los "progresos evidentes" alcanzados gracias a la acción de la colectividad toda. Sobre la "clase media" enunciada al comienzo del análisis no se volvía más, salvo para indicar que siendo ahora "mucho más numerosa de lo que era antes", algo había ganado en sus hábitos sociales, pero solo para vivir "más esclavizada al qué dirán, a la vanidad, y con fervientes aspiraciones a las grandezas superfluas y al brillo falso". Y en cuanto al pueblo, denominado en algunos pasajes "última clase", en otros simplemente "proletariado", celebrar su emancipación política le parecía derechamente un sarcasmo, "algo así como cuando nuestros burguesitos exclaman: ¡el soberano pueblo! [...] cuando ven a hombres que visten andrajos, poncho y chupalla". Pese a constituir "el único agente de producción, de creación, de ejecución de las ideas y de los pensamientos", ningún progreso, ni moral ni material, había llegado hasta ellos: "La civilización, la verdadera civilización, no existe —en mi concepto— en pueblos donde descuellan y dominan la imprevisión y el vicio. Un pueblo que no puede llamarse civilizado, es un

---

²⁰⁸ "En el aniversario de la patria", *El Trasandino*, Los Andes, 19 de septiembre, 1909; en Cruzat y Devés, *Recabarren, Escritos de Prensa*, tomo 2, 139-140.

pueblo semisalvaje. En Chile, desgraciadamente, creemos que dominan la imprevisión y el vicio". En consecuencia, "pienso que es insensata la acción del proletariado que quiere participar en las festividades de homenaje a ese progreso que le ha producido solamente miserias y corrupciones".

Marcando un sugerente contraste con este nacionalismo a su juicio infundado, algunos meses después Recabarren brindaba extensa y entusiasta cobertura a una huelga declarada por la marinería de la Escuadra de Guerra brasilera en demanda de mayores salarios y menos horas de servicio, pero sobre todo en protesta por la mantención en dicha institución de la degradante pena de azotes, razón por la cual en Brasil se la conoció como la "Revolta da Chibata", en referencia al látigo empleado para tales fines. Entusiasmado ante una rebelión incubada precisamente en el seno de las fuerzas armadas organizadas por la burguesía para defender sus intereses, y hasta cierto punto alimentada por una suerte de nacionalismo "sano", la interpretaba como un signo indesmentible de avance en la conciencia popular: "Cada generación nueva, que en mar y tierra toma las armas de la patria y cubre los servicios armados en cada país, llega allí con un grado más de capacidad que la generación precedente. En el porvenir ese progreso de la capacidad y sobre todo el progreso de la moralidad y de la dignidad individual, será en cada generación más grande, más superior". El patriotismo, en otras palabras, siempre que se manifestara en el seno de un pueblo ilustrado y consciente, no era necesariamente un sentimiento condenable. De hecho, la conducta del líder de la revuelta, el marinero Joao Cândido, denominado popularmente "el Almirante Negro", era ensalzada por Recabarren como un modelo de patriotismo civilizado, en tanto había "probado el amor a su patria conservando intactos los elementos de guerra que a ella le pertenecían", a la vez que evitando todo derramamiento de sangre[209]. De esta forma, la "Revolta da Chibata" le sirvió para cerrar su razonamiento sobre el sentimiento patriótico, contrastando el nacionalismo errado del Centenario con el ilustrado y liberador exhibido por la marinería brasileña.

Tras esta incursión en la denuncia historiográfica, Recabarren solo vuelve a aparecer durante el año del Centenario firmando, en su calidad de secretario, la convocatoria a la renovación de la directiva seccional demócrata para la Segunda Comuna, no figurando él entre los candidatos[210]. Ya entrado el nuevo año, participó en una bullada polémica con el dirigente de la facción "doctrinaria" Juan Araya Escon, quien había declarado en una asamblea partidista de fines de 1910 que en Chile no había ni explotación ni lucha de clases. Bajo las pullas de la concurrencia obrera, Araya Escon concluyó su

---

[209]   *La Tribuna*, Santiago, 24 de diciembre, 1910; también aparecido en *El Proletario*, Tocopilla, 8 de febrero, 1911.

[210]   *El Ferrocarril*, Santiago, 29 de noviembre, 1910.

participación en el debate preguntando retóricamente si no era cierto que "en Chile el obrero vivía desahogadamente y sin sufrir explotación", lo que previsiblemente, en medio de un "¡nooooo!" atronador, dio la victoria a su contendor[211].

Pese a esa victoria menor, hacia comienzos de 1911 era evidente que Recabarren no disponía de medios políticos o periodísticos suficientes para continuar su cruzada socialista desde la capital. Concluido su período como integrante del directorio de la seccional demócrata de la Segunda Comuna, sin presencia alguna en las instancias partidistas superiores, dominadas por los Concha, los Guarello y los Veas, sin ningún órgano de prensa que le permitiese mantener viva la presión ideológica, seguramente sin medios propios para solventar una nueva gira de propaganda como la del año anterior, las predicciones de liderazgo emitidas en aquel entonces por Escobar y Carvallo se habían visto crudamente desmentidas por la realidad. La Democracia santiaguina no se había mostrado muy acogedora hacia su presunto "apóstol" ni mayormente receptiva frente a sus propuestas de reforma orgánica y doctrinaria.

En tales circunstancias, y seguramente apostando al mayor arraigo de la idea socialista en las agrupaciones nortinas –tal cual lo había aseverado el propio Escobar y Carvallo al darle públicamente su apoyo– Recabarren decidió retornar a las regiones salitreras. Como ya había ocurrido en 1903, la pampa se le debe haber aparecido, valga la paradoja, como un terreno más fértil para la semilla que había venido incubando durante los cuatro últimos años. Según una referencia de Fernando Ortiz, "a principios de 1911, a pedido de un grupo de personas que pretenden implantar el socialismo en Chile, Recabarren solicita autorización al directorio de su partido para hacer una gira por el país. El directorio no accede a la petición y lo acusa de divisionista. Al día siguiente, 31 de enero de 1911, treinta disidentes acusan a su partido de no tener ideas políticas claras. Recabarren parte al norte"[212]. Hacia mediados de febrero ya se encontraba en Iquique, donde su esposa, cansada de los arrestos y las dificultades económicas, se habría negado a seguirlo[213]. Pese a ello, en los áridos parajes nortinos el sueño largamente fraguado por fin se haría realidad.

---

[211]   *El Ferrocarril*, Santiago, 8 y 17 de enero, 1911.

[212]   Fernando Ortiz Letelier, *El movimiento obrero en Chile, 1891-1919* (Madrid: Ediciones Michay, 1985), 265 (hay una reedición de LOM Ediciones, Santiago, 2005).

[213]   Fanny Simon, *Recabarren and the Labor Movement in Chile*, 111.

En su edición del 15 de febrero de 1911, el diario iquiqueño *El Nacional*, de filiación nacional o "montt-varista", daba cuenta de una reciente visita a sus dependencias del "escritor nacional y *leader* demócrata don Luis E. Recabarren S., muy conocido en Chile por su actuación política". Junto con obsequiar a ese medio "burgués" sus publicaciones del año anterior (*Ricos y pobres, Mi juramento en la Cámara de Diputados* y *La huelga de Iquique y la teoría de la igualdad*), el "*leader* demócrata" anunció su intención de radicarse en el puerto salitrero, donde permanecería durante los cuatro próximos años. Iquique era todavía "la gran metrópoli del salitre", como la calificó por aquellos días uno de sus adherentes escribiendo desde la también nortina localidad de Taltal[214]. Desde antes incluso de la Guerra del Pacífico, cuando aún formaba parte del territorio peruano, la provincia de Tarapacá había ostentado una indiscutida primacía en la producción y exportación del "oro blanco" que durante medio siglo rigió los destinos económicos de Chile, aunque próximamente sería desplazada de tal condición por la vecina región de Antofagasta. Allí se habían incubado, como se ha señalado en capítulos anteriores de esta biografía, poderosas organizaciones obreras tales como la primera Mancomunal, desaparecida desde 1908, y allí se habían librado algunas de las más fieras batallas de la cuestión social, tales como la huelga general de 1890 y la masacre de la Escuela Domingo Santa María en 1907. Allí llegaba por tanto Recabarren a iniciar una nueva etapa en su carrera política, confiando en que la pampa salitrera se le mostrara más acogedora que la capital.

Fiel a su costumbre, a los pocos días aparecía haciendo uso de los salones de la Gran Unión Marítima, una de las sociedades obreras más antiguas y respetadas de la localidad, para dictar una conferencia titulada "Doctrina y acción moderna de la Internacional Obrera y Socialista". Ante "un numeroso público obrero y regular representación de las demás clases sociales", Recabarren expuso que la doctrina de la mencionada asociación buscaba "la sustitución de la sociedad presente, basada en la propiedad individual, por una sociedad nueva, basada en la propiedad colectiva que

---

[214]   *La Voz del Obrero*, Taltal, 21 de junio, 1911.

asegura a todos los individuos el completo goce o usufructo de los bienes naturales y producidos por la colectividad".

Se apoyaba dicha doctrina, continuaba, tanto en una razón moral, "que la mayor población de la humanidad no debe ser sacrificada por una minoría ridícula de hombres que la explota y la somete", como en una razón científica, "que la producción, base de todas las fortunas, que es producida por las clases pobres que son víctimas por su ignorancia de la explotación, es en razón propiedad de los productores directos y no de los capitalistas". Esto no implicaba, por cierto, que su realización debiese verificarse por medios violentos, aun cuando ocasionalmente la "heterogeneidad intelectual" de sus partidarios y la intransigencia de las clases gobernantes hubiese propiciado lamentables estallidos y desbordes. El socialismo bien entendido, aclaraba Recabarren, inspiraba al trabajador a valerse solo de medios pacíficos y civilizados: "Económicamente busca mejor salario, crea cooperativas que abaraten la vida, adquiere hábitos económicos. Social y moralmente se ilustra, refina su cultura, conquista simpatías. Políticamente lucha por la democratización de las instituciones, que le facilitan acceso a estar representado en todas las corporaciones que constituyen la vida pública o social". En imitación de dicho ejemplo, concluía, el pueblo tarapaqueño debía educarse, moralizarse y organizarse para alcanzar la verdadera justicia y bienestar[215].

Durante las semanas que siguieron, Recabarren recorrió las oficinas salitreras del interior y el puerto de Pisagua dictando conferencias análogas, las que según un todavía benévolo *Nacional* "habían producido una magnífica y grata impresión entre las personas que lo han escuchado, dejando muy buenos recuerdos y mejores deseos de volver a oírlas, cuyos temas de indiscutible valor moral, instructivo e histórico elevarán rápidamente el grado de cultura de los pueblos"[216]. Ya plenamente instalado en la región, se abocó a refundar la agrupación demócrata de Iquique, sumida a su llegada en un estado de completa parálisis. Como lo ha demostrado Pablo Artaza, la matanza de la Escuela Santa María y la posterior represión policial habían tenido sobre el movimiento obrero tarapaqueño un efecto devastador, reduciendo su acción al mínimo y llevando en 1908, como ya se dijo, a la desaparición de la emblemática Mancomunal de Iquique, la primera en su género. Al comienzo, el Partido Demócrata local había logrado canalizar en su provecho una parte de las energías reprimidas, alcanzando incluso, es cierto que con el apoyo circunstancial de radicales y liberales, la elección en 1909 de su dirigente Pedro 2º Araya a la Cámara de Diputados[217]. Tras eso, sin embargo, y como lo recordaba retrospectivamente su propia prensa, "circunstancias que no hay para qué recordar habían dispersado a los demócratas, enfriándoles sus entusiasmos, apagándoles sus

---

[215]   *El Nacional*, Iquique, 20 de marzo, 1911.

[216]   *El Nacional*, Iquique, 6 de abril, 1911.

[217]   Pablo Artaza Barrios, *Movimiento social y politización popular en Tarapacá 1900-1912*.

convicciones"[218]. Su órgano de opinión, *El Pueblo Obrero*, dirigido hasta las elecciones de 1909 por el propio Pedro 2º Araya, había dejado de circular, y todas las agrupaciones y secciones de la provincia, salvo la de Pisagua, se habían disuelto[219].

El ímpetu organizador de Recabarren se enfrentaba así a un contexto deprimido, pero por lo mismo potencialmente propicio para una labor refundacional, sin las trabas reglamentarias o institucionales que había debido enfrentar en Santiago. Así lo intuía al menos su ahora incansable promotor Alejandro Escobar y Carvallo, quien había escuchado desde el no muy lejano Taltal los "ecos vibrantes" de las conferencias que Recabarren acababa de dar en Tarapacá, "¡sintiendo nuevamente palpitar en nuestro corazón el ferviente amor que inspiran los grandes ideales, cuando fulgen en la frente de los grandes hombres!"[220]. Dando expresión política a tan alentadores presagios, el 13 de abril de 1911 Recabarren presidía personalmente la reinauguración de la agrupación demócrata de Iquique con su conferencia "El Partido Demócrata y su reglamento", en la cual recordó "la razón de existir de nuestro partido y el modo de cumplir con el reglamento que dará vida nueva y batalladora a la democracia obrera del país y especialmente a la de esta zona de tantas riquezas"[221]. Ante una concurrencia de cuarenta personas, entre las que se contaban antiguos militantes locales como Ismael Cevallos y el obrero gásfiter Enrique Salas, se eligió una directiva provisoria encabezada por el propio Recabarren y se acordó fijar una cuota mensual de un peso, decisión que más adelante, por no ajustarse al reglamento oficial del partido, le acarrearía más de algún disgusto. En reuniones posteriores, la directiva provisoria acordó también notificar oficialmente al directorio general del partido la reorganización de la agrupación, preparar la próxima conmemoración del 1º de mayo, y apoyar la gira por las provincias del norte que venían realizando los diputados demócratas Lindorfo Alarcón y Pedro 2º Araya, quienes de esa novedosa forma daban cuenta en terreno de su labor parlamentaria y preparaban su reelección para los comicios de marzo de 1912[222].

Como no podía faltar en una iniciativa promovida por Recabarren, la reconstituida Democracia iquiqueña acordó también fundar un periódico que llevaría por nombre *El Grito Popular*, sucesor natural, según el militante de la oficina *Amelia* y futuro líder comunista Luis Víctor Cruz, del fenecido *Pueblo Obrero*[223]. En su primer número, de 28 de abril de 1911, el flamante medio de difusión, el primero que Recabarren dirigía personalmente desde los ya lejanos días de *La Reforma*, se definió simultáneamente como demócrata y socialista, y por ambos conceptos "al servicio de la clase proletaria".

---

218   *El Grito Popular*, Iquique, 28 de abril, 1911.

219   *El Despertar de los Trabajadores*, Iquique, 1 de marzo, 1912.

220   *La Voz del Obrero*, Taltal, 19 de abril, 1911.

221   *El Grito Popular*, Iquique, 28 de abril, 1911.

222   Ibíd.

223   *El Grito Popular*, Iquique, 24 de mayo, 1911.

Su manifiesto fundacional declaraba un principio y un fin: ilustrar al pueblo y alcanzar "la verdadera felicidad humana". Declaraba también ser del pueblo y para el pueblo, "de ese pueblo que debe serlo todo y que no es nada. De ese pueblo que produce abundante oro y que vive ¡oh, sarcasmo! en la más triste miseria moral y material". Clarificando su doble adscripción doctrinaria, que posteriormente también le traería serias complicaciones, Recabarren señalaba entender la democracia como "la fórmula popular por medio de la cual se hace la administración y la legislación política de los pueblos que adoptan el régimen democrático en oposición al sistema oligárquico", en tanto que el socialismo era "la ciencia que marcha a producir el bienestar *económico y social* de los pueblos" (énfasis en el original). Operando juntas, afirmaba, se podría llegar "a la transformación social que concluya con la explotación y tiranía del hombre por el hombre".

Esa primera edición también incluía un "decálogo socialista", cuyo primer mandamiento ordenaba "amar al socialismo sobre todas las cosas porque él es signo de redención, no tan solo del proletariado, sino también de la Humanidad". El cuarto mandamiento, por su parte, exhortaba a "pertenecer y servir con entera devoción a la sociedad del oficio y a la agrupación socialista" (nótese que no se decía "demócrata", o siquiera "demócrata-socialista"), "ya que las sociedades de resistencia y el Partido Socialista son respectivamente la madre y el padre del movimiento revolucionario". En un giro muy característico de Recabarren, el noveno mandamiento inducía a "respetar y honrar a la mujer como compañera e igual que es del hombre, luchando desde ahora para que no sea propiedad ni del prójimo ni de nadie, sino solo de sí misma". De hecho, el número 1 de *El Grito Popular* incluía también un artículo sobre la mujer en la democracia socialista, en el que sin negar las diferencias supuestamente "naturales" entre los sexos ("si la ciencia atribuye al hombre superioridad cerebral, atribuye en cambio a la mujer superioridad sentimental"), insistía en que "la lucha reivindicadora de los derechos humanos" era necesariamente compartida. Más aún: "Soportando actualmente la mujer una mayor y más pesada esclavitud que el hombre, serán para ella mayores los beneficios que resulten de la obra triunfante de la democracia socialista". En tal virtud, concluía invitándola a unirse a la lucha "por la emancipación social, política y económica de la humanidad, y muy especialmente de la clase proletaria que soporta la más triste condición social".

Pese al relieve que en los pasajes citados cobraban conceptos tales como "socialismo", "sociedades de resistencia" o "movimiento revolucionario", el naciente *Grito Popular*, y por su conducto también la agrupación demócrata de Iquique, no desatendía los objetivos políticos más inmediatos. En un artículo sobre la política y las clases trabajadoras se recordaba que faltaba menos de un año para las próximas elecciones municipales y parlamentarias, y que por tanto urgía comenzar a implementar cuanto antes los preparativos correspondientes. "Los partidos burgueses se reparten desde ya los puestos entre ellos", se advertía severamente, "sin pensar siquiera que la clase proletaria tiene organizado un partido que con el nombre de Partido Demócrata busca realmente, para los trabajadores, una situación más humana y más equitativa". Sobreponiéndose siquiera una vez a las vacías promesas oligárquicas o al cohecho, se aseveraba, los proletarios de la región debían actuar electoralmente en función de sus propios objetivos e intereses de clase. De esa forma, y recogiendo una reflexión que Recabarren venía propagando desde hacía largo tiempo, "si en todo pueblo y especialmente en éstos del norte, los trabajadores constituyen el mayor número en el cuerpo electoral, es a ellos a quienes les corresponde también el mayor número de representantes en los cuerpos políticos de la nación". A esa labor, antes que a la instalación inmediata del socialismo o a la fundación de sociedades de resistencia, fue a la que se consagró preferentemente el nuevo liderazgo demócrata en Tarapacá, al menos durante sus primeros tiempos. Si ha de creerse lo aseverado por un periódico demócrata tras la ruptura de Recabarren con esa colectividad, habría sido precisamente "la búsqueda de un hueco para su candidatura a Diputado" la que de verdad motivó su traslado a Iquique[224].

Los fuegos de esta nueva era partidista fueron abiertos por la conmemoración del 1º de mayo, saludado por Recabarren desde las columnas de *El Grito Popular* como "un día en que se dan cita los trabajadores del mundo entero para estrechar cariñosamente su amistad, salvando con el pensamiento las distancias, los desiertos, las montañas; en una palabra salvando las fronteras marcadas por las banderas". El 1º de mayo, aseguraba, "es la demostración evidente de la fuerza obrera, de la fuerza productora que necesita ocupar en el banquete de la vida un sitio igual que los demás", lo cual encontraba su mayor expresión en la paralización simultánea de las faenas"[225]. A la postre, el "Iquique obrero" no tuvo la capacidad de celebrar la efeméride "como debe corresponder a sus antecedentes de virilidad, paralizando el trabajo y realizando una manifestación callejera que lleve a todos los hogares la nota impresionante de la clase trabajadora que lucha por conquistar el bienestar", pero su agrupación demócrata igualmente consiguió reunir a una multitud de seiscientas a ochocientas personas, "con buena y escogida representación del sexo femenino y del mundo infantil", en una conferencia realizada en los salones de *El Grito Popular*.

Sin contar los discursos de los dirigentes locales Ismael Cevallos y Enrique Salas, la gran novedad de este evento fue la intervención de la jovencita Rebeca Barnes, de tan solo catorce años de edad, quien asumió la personería "de mi sexo y de mi edad" y recitó un poema alusivo a la emancipación femenina. Naturalmente, el discurso de fondo

---

[224]   La aseveración se formuló en el periódico santiaguino *La Tribuna*, propiedad del antiguo dirigente demócrata Zenón Torrealba, en un artículo titulado "Recabarren demente", reproducido por *El Despertar de los Trabajadores*, Iquique, 12 de septiembre, 1912.

[225]   *El Grito Popular*, Iquique, 1 de mayo, 1911.

estuvo a cargo del propio Recabarren, quien junto con rememorar el origen y significado de la fecha homenajeada, aplaudió la iniciativa de los trabajadores de Santiago que por primera vez en Chile, "invocando el nombre de todos los trabajadores del país", habían presentado un memorial en la casa de gobierno levantando reivindicaciones tales como la instrucción obligatoria, la jornada de ocho horas, la habitación obrera barata y la abolición del servicio militar obligatorio, "reformas todas que concurren a mejorar la condición de los trabajadores". La nota periodística concluía congratulándose por el "inmenso entusiasmo" que había despertado la conferencia, símbolo de que "el proletariado despierta, y estamos seguros seguirá luchando con entusiasmo, con conciencia, con amor a la causa"[226].

La ascendente propaganda demócrata recibió otro fuerte impulso con la llegada a Tarapacá de los diputados Araya y Alarcón, acompañados en su gira al norte por Escobar y Carvallo y por el ferroviario Eduardo Gentoso, antiguo y perseverante candidato demócrata a la diputación por la provincia de Atacama y futuro contradictor de Recabarren. Desembarcados en Iquique el 23 de mayo, y tras ofrecer en dicho puerto la conferencia de rigor, subieron a la pampa en compañía de Recabarren, reuniéndose con los trabajadores de numerosas oficinas y del vecino puerto de Pisagua. El diputado Araya no había regresado a la provincia desde su elección a comienzos de 1909, de modo que su presencia y la cuenta de las labores desempeñadas en el Congreso Nacional despertaron gran expectación. En su primera actividad política en Iquique, celebrada "ante numerosísima concurrencia", se congratuló de ver tanta juventud dispuesta "a luchar juntos con nosotros para elegir representantes del pueblo y que sean genuinos hijos del trabajo", alimentando así los cuerpos legislativos y comunales en beneficio de sus "hermanos de infortunio". En un gesto especial hacia el organizador del evento, que más adelante habría de lamentar, afirmó haber estado seguro que "llegando a esta provincia encontraríamos a la agrupación demócrata en una formidable Unión, por estar al frente de ella, el aguerrido luchador Luis Recabarren, y que jamás le han amedrentado las amenazas de los adversarios, ni mucho menos las persecuciones". Vino luego la cuenta de su acción legislativa propiamente tal, a cuyo término Recabarren preguntó a la asamblea si estaba conforme, la que efectivamente lo declaró así[227].

No era habitual en el Chile parlamentario que un diputado se sometiese de esta forma al juicio de sus electores, circunstancia que los protagonistas y promotores de la gira se encargaron de subrayar. Así, en una conferencia pronunciada en la oficina Agua Santa, el diputado antofagastino Lindorfo Alarcón señaló: "Nunca los caballeros llegan hasta el pueblo a explicarles lo que hacen en la Cámara y no pueden hacerlo, porque los caballeros en la Cámara solo trabajan para ellos". Únicamente los diputados

---

[226]   *El Grito Popular*, Iquique, 3 de mayo, 1911.

[227]   *El Grito Popular*, Iquique, 26 de mayo, 1911.

demócratas, continuaba, cumplían con ese deber, "porque siendo ellos elegidos por el voto espontáneo de la clase trabajadora, deben a ella dar cuenta de lo que hacen". Haciendo todavía mayor caudal de dicho contraste, Recabarren aprovechó la ocasión para argumentar que el Partido Demócrata era "el único partido de doctrinas en Chile, que podría realizar el bienestar social, siempre que todos los pobres"–y se preocupaba aquí de subrayar que en dicha categoría incluía tanto a empleados como a trabajadores–"comprendieran que debían unirse para formar el poder necesario que debe producir el bienestar". Y clausuraba la conferencia citando una de sus frases favoritas del "pensador socialista Carlos Max" (error en el original): "La emancipación de los trabajadores debe ser la obra exclusiva de los mismos trabajadores"[228].

La gira de los diputados demócratas por el interior de la provincia ayudó a reforzar la labor organizativa de Recabarren, reflejada en el creciente número de militantes y secciones demócratas en las oficinas salitreras. Un balance levantado hacia fines de agosto contabilizaba 485 asociados con sus cuotas al día y diez seccionales, incluyendo las de Iquique y Pisagua. Esto permitía a *El Grito Popular* editorializar, con no disimulada satisfacción: "No hace aún medio año que el proletariado de esta provincia ha empezado a sacudir los sueños y la pereza que le ataba a una servil mansedumbre; no hace medio año que un nuevo soplo de vida invade esta rica comarca del salitre arrastrando a los trabajadores a unirse y a organizarse"[229]. El verdadero mérito de este renacer, por cierto, se le adjudicaba al propio Recabarren, cuya incansable actividad y presencia se reputaban de mucho mayor relevancia que la pasajera visita de Lindorfo Alarcón y Pedro 2º Araya. Antes incluso de la gira, un corresponsal de la oficina Santiago exhortaba a sus "compañeros de trabajo" a aprovechar "las sanas e indestructibles lecciones" que se publicaban día a día en *El Grito Popular*, y también a no olvidar que Recabarren, "fue hasta la vieja Europa a beber esos sanos principios del socialismo, para después iluminar con sus conocimientos a los que estamos sedientos de luz, instrucción y justicia"[230].

En un registro similar, el dirigente local Ismael Cevallos, que pocos meses después rompería estrepitosamente con él, aludía líricamente a Recabarren como "la voz que sacudió el sepulcral campamento" en que se había convertido la Democracia tarapaqueña, agitando los corazones y llamándolos a hablarse y entenderse. "Entonces flameó el rojo Estandarte de la democracia, cobijando de nuevo bajo sus pliegues un núcleo de hombres que no saben de rencillas ni de odios, de envidia ni de ambiciones, sino que llevan como emblema la convicción y la Unión"[231]. Por su parte,

---

228 *El Grito Popular*, Iquique, 28 de mayo, 1911.

229 *El Grito Popular*, Iquique, 23 de agosto, 1911.

230 *El Grito Popular*, Iquique, 11 de mayo, 1911.

231 *El Grito Popular*, Iquique, 4 de junio, 1911.

otro correligionario, escribiendo desde *La Voz del Obrero* de Taltal, se congratulaba de las "fuerzas incontrarrestables" que venía exhibiendo "el joven y popular partido demócrata" de la gran metrópoli del salitre, "la hermosa y altiva Iquique". Para esto, a su parecer, "había bastado únicamente que un hombre de voluntad férrea, un hombre a quien las persecuciones del gobierno y de los poderosos han retemplado más y más su vigoroso corazón", hubiese llegado hasta esos núcleos obreros "a inculcarles y predicarles la necesidad imperiosa que existe de que cumplan con sus deberes de ciudadanos y de hombres útiles a la sociedad en que viven, para que estos hombres lo escuchen con religioso respeto, y se presten gustosos a secundarlo en su magna obra de redención de las clases trabajadoras"[232].

Fue por estos mismos días, según lo consignara posteriormente en sus memorias, que el joven Elías Lafferte, llamado a convertirse en uno de sus más cercanos colaboradores y discípulos, conoció a Recabarren. Trabajaba Lafferte a la sazón en la maestranza de la Oficina Ramírez, y acudió a instancias de un amigo a reunirse con el líder demócrata en un hotel de la localidad de Huara. En un pasaje muchas veces citado, el futuro senador de la república registró así sus primeras impresiones: "De pronto vimos bajar a un hombre de cabellos y bigotes negros, ojos capotudos y porte desgarbado. Usaba pantalones anchos y los bolsillos de su chaqueta parecían llenos de papeles. Embarazado con tres o cuatro maletas y algunos paquetes, miraba en torno suyo, como buscando a alguien". En compañía de otros tres trabajadores de diversas oficinas, Lafferte y su amigo Jerónimo Zambrano pasaron largas horas conversando con Recabarren, quien les habló de su viaje a Europa, de los partidos obreros y sus líderes (Jean Jaurès, Pablo Iglesias, Émile Vandervelde), y de la "imperiosa necesidad que teníamos los trabajadores de organizarnos, de unirnos, como única defensa contra los abusos del capital". Le impresionó particularmente la forma "sencilla, tranquila, pero animada y llena de enseñanzas" con que se expresaba su interlocutor, así como el profundo respeto con que lo trataban los otros contertulios. Pese a su larga residencia en la pampa salitrera, y a haber sido incluso testigo presencial de la matanza de la Escuela Domingo Santa María, hasta ese momento Lafferte no había sentido mayor afinidad hacia el Partido Demócrata o las luchas sociales, ni había oído tampoco hablar de Recabarren. Sin embargo, el encuentro en el hotel de Huara había abierto "un surco en mi espíritu". Esa noche de junio de 1911, sentencia en sus memorias, "mi camino junto a la clase obrera de Chile había quedado trazado para siempre"[233].

Toda esta labor inicial de Recabarren en Tarapacá se vio bruscamente interrumpida, pero de algún modo también resaltada, por una nueva estadía en prisión. Atravesaba

---

[232] *La Voz del Obrero*, Taltal, 21 de junio de 1911.

[233] Elías Lafferte, *Vida de un comunista*, 69-72.

por ese tiempo la provincia un fenómeno de exaltación ultranacionalista encarnado en las tristemente célebres "ligas patrióticas", catalogadas por el historiador Hernán Ramírez Necochea como una de las expresiones más tempranas del fascismo en Chile. En medio de un recrudecimiento de las tensiones diplomáticas con Perú, y ante rumores posteriormente desmentidos de un ataque al consulado chileno en El Callao, la conmemoración del 21 de mayo de 1911 dio ocasión para diversos actos de agresión contra el comercio y la colectividad peruana residente, encaminados a provocar, como ocurriría cada vez que se reactivasen dichas ligas, su expulsión inmediata del territorio. Según lo denunciaría posteriormente Lindorfo Alarcón ante la Cámara de Diputados, en su condición de testigo presencial de los hechos, una campaña de desprestigio articulada desde el diario balmacedista *La Patria* culminó en un "mitin patriótico" en que "turbas de gente llamada culta recorrieron las calles de la población hasta tarde de la noche lanzando improperios, amenazas, insultos en forma desconocida para nuestros hábitos y costumbres". La violencia recrudeció los días 28 y 29, cuando siempre según el testimonio de Alarcón, la misma turba, "ebria con la patriotería y el vino", asaltó físicamente los negocios peruanos, obligando a la autoridad a desembarcar tropa de marinería para restablecer el orden. Procurando reforzar dicho acto, el ministro del Interior telegrafió días después al intendente de Tarapacá autorizándolo a "desmentir noticia sobre expulsión peruanos que publican diarios de ésa", instándolo además a "tener como norma que Gobierno desea se mantenga la más absoluta tranquilidad y amparar y hacer respetar las garantías constitucionales"[234].

Mucho antes de eso, ya desde sus primeras manifestaciones, la Liga Patriótica de 1911 había concitado el más enérgico repudio de la Democracia tarapaqueña y de su periódico oficial. Días antes del acto del 21 de mayo, *El Grito Popular* calificaba como "de la más vulgar patriotería" una reunión efectuada "por un grupo de individuos, de esos que se hacen llamar decentes", frente al Club Peruano, sentenciando que "el amor a la patria se prueba con cultura y trabajo, que son signos de progreso, y no con pensamientos criminales"[235]. A medida que la violencia escalaba, la Liga fue vinculada explícitamente al balmacedismo local, y particularmente a su cacique Arturo del Río,

---

[234]   *El Grito Popular*, Iquique, 4 de junio, 1911. El discurso de Alarcón, pronunciado en la sesión de 30 de junio de 1911, es transcrito en *El Grito Popular*, Iquique, 12 de julio, 1911. Sobre las Ligas Patrióticas en general, ver Sergio González, Carlos Maldonado y Sandra McGee Deutsch, "Las Ligas Patrióticas: Un caso de nacionalismo, xenofobia y lucha social en Chile", *Canadian Review of Studies in Nationalism* 21, núm. 1-2 (1994); Sergio González Miranda, "De la solidaridad a la xenofobia: Tarapacá, 1907-1911", en Pablo Artaza et al., *A 90 años de los sucesos de la Escuela Santa María de Iquique* (Santiago: LOM Ediciones/DIBAM/Universidad Arturo Prat, 1998); Verónica Valdivia, "Por los fueros de la patria: ¿Qué patria? Los trabajadores pampinos en la época del Centenario", *Si Somos Americanos*, Universidad Arturo Prat, núm. 5 (2004); y también su manuscrito inédito "Las Ligas Patrióticas de Tarapacá: ¿Comunidad imaginada, xenofobia o fascismo?".

[235]   *El Grito Popular*, Iquique, 18 de mayo, 1911.

supuestamente empeñados en instrumentalizar las pasiones nacionalistas para su propio beneficio político ("no hay allí patriotismo; todo eso es especulación política que mancha el nombre de la patria"[236]). Visiblemente inquieta ante el atractivo que el llamado patriótico podía ejercer entre sus bases, la prensa demócrata advertía a "la clase trabajadora y sobre todo a los demócratas que no debían concurrir a ninguna conferencia organizada por los balmacedistas que son los sostenedores de todas las malas autoridades que hostilizan diariamente a los trabajadores de la pampa". Por su parte, la agrupación iquiqueña declaraba formalmente que la Liga Patriótica no era sino "una emboscada política que tiene por objeto buscar y reunir las adhesiones electorales que el partido balmacedista pierde a causa de su vergonzosa política de desmoralización pública". El patriotismo, reiteraba una vez más, "no consiste en asaltar propiedades y quebrar vidrios, sino en elevar el nivel moral del pueblo hasta hacerlo superior a los otros, para el servicio de la humanidad"[237].

Considerando el clima de exaltación promovido por la Liga Patriótica, el discurso demócrata se hizo rápidamente blanco de fuertes ataques. Bajo el título de "Luis E. Recabarren destruyendo la obra del patriotismo", el diario iquiqueño *El Nacional*, obviamente ya muy alejado de las simpatías que le había prodigado a su llegada a la provincia, describía un incidente ocurrido en la localidad de Pozo Almonte entre la Liga y un comicio convocado por el director de *El Grito Popular*. "Es una atrocidad", fulminaba el periódico burgués, "que se hagan en nuestro suelo manifestaciones de parte de una secta como la socialista, que por fortuna no existe en Chile", a lo que agregaba, con un cierto toque de inconsistencia: "Y si los hay no son chilenos"[238]. De igual forma, una de las conferencias pronunciadas por los diputados demócratas en la Plaza Condell de Iquique había sido apedreada por integrantes de la Liga Patriótica, en tanto que el propio Recabarren había sido atacado en la vía pública por cuatro empleados de la aduana local, todos afiliados a la Liga[239].

Informaba en relación con estos acontecimientos el intendente de Tarapacá: "En las columnas de *El Grito Popular* se leen artículos injuriosos para el sentimiento nacional y para los numerosos miembros que componen la Liga Patriótica recientemente fundada. Publicaciones de suyo ingratas y por demás censurables tuvieron que excitar al propio pueblo, en el cual no hizo base ni encontró éxito alguno la campaña antipatriótica emprendida por *El Grito Popular* y su fundador, el señor Recabarren"[240]. Así las cosas,

---

[236]   *El Grito Popular*, Iquique, 24 de mayo, 1911.

[237]   La declaración de la agrupación demócrata en *El Grito Popular*, Iquique, 4 de junio, 1911; la exhortación a no concurrir a las conferencias patrióticas en *El Grito Popular*, 2 de junio, 1911.

[238]   *El Nacional*, Iquique, 19 de junio, 1911.

[239]   El apedreo de los diputados es denunciado en *El Grito Popular*, Iquique, 5 de julio, 1911; el ataque a Recabarren, en el discurso ya citado de Lindorfo Alarcón ante la Cámara de Diputados.

[240]   Archivo Intendencia de Tarapacá, 1910-1911, vol. 4, intendente a ministro del Interior, 22 de julio, 1911.

no resulta demasiado sorprendente que el 20 de junio el juez letrado de Pisagua dictase una orden de aprehensión en su contra por el delito de desacato a la autoridad, la que lo mantuvo privado de libertad durante veintisiete días. Era esa la quinta vez, según escribía un partidario desde la oficina Tránsito, que "nuestro Maestro", "el mártir de la democracia socialista chilena", debía sufrir en carne propia los embates de "los muy canallas y desnaturalizados de nuestros enemigos"[241].

El motivo específico invocado para justificar la aprehensión fue una conferencia pronunciada por Recabarren en el teatro de Pisagua, en el marco de la gira efectuada por los diputados demócratas. Allí habría dicho, según el parte policial respectivo, que "todas las autoridades de este departamento, designándolas con sus títulos –Gobernador, Prefecto de Policía, Administrador de Aduana, Alcalde y demás autoridades en general, de los empleados de la policía, Aduana y Municipalidad, diciendo que todos eran unos LADRONES, sinvergüenzas y otras expresiones hirientes y vejatorias". En el mismo documento, que identificaba a Recabarren como "el conocido redactor del diario *El Grito Popular*, de Iquique", se le adjudicaba el apodo de "El Anarquista", supuestamente a causa de "las ideas que propala en el referido diario, y en las reuniones a que asiste como orador democrático"[242]. Avalando los cargos, el gobernador de Pisagua señalaba que "el adalid socialista Luis E. Recabarren" había pronunciado un "furibundo y temerario discurso" acusando a los "noventa y tantos miembros de la Cámara de Diputados", con excepción de los demócratas, por cierto, de ladrones y "conocidos gestores administrativos", en tanto que las autoridades locales eran calificadas de "ladrones y desvergonzados"[243]. Tanto el tenor de estas expresiones como la medida punitiva a que dieron lugar reflejan en todo caso la peligrosidad que había ido cobrando la figura del "anarquista" y "adalid socialista" ante los poderes regionales, impresión refrendada explícitamente un par de meses después en una nota dirigida por el intendente de la provincia al gobierno central, tildando a los "demócrata-socialistas" de "perturbadores del orden público, detractores de la sociedad y agitadores del pueblo"[244].

En lo inmediato, la prisión de Recabarren desató un coro de denuncias que resultaron a la postre más perjudiciales para los perseguidores que para el propio perseguido. Para el dirigente demócrata Eduardo Gentoso, que había presenciado personalmente los hechos, el verdadero motivo de la prisión era la voluntad oficial de sabotear la inminente, y a su entender seguramente exitosa, candidatura de Recabarren

---

[241]   *El Grito Popular*, Iquique, 9 de julio, 1911.

[242]   Transcrito en *El Grito Popular*, Iquique, 9 de julio, 1911; mayúsculas en el original.

[243]   Archivo Intendencia de Tarapacá, 1910-1911, vol. 4, intendente a ministro del Interior, 22 de julio, 1911.

[244]   *El Grito Popular*, Iquique, 25 de agosto, 1911.

a la Cámara de Diputados[245]. Su correligionario Alarcón, por su parte, empleó su asiento en esa misma cámara para aclarar que el impugnado discurso, que él también había presenciado, solo había apuntado a la necesidad de seleccionar mejor el personal que administraba los municipios, haciendo responsable al pueblo por permitir la elección de "esa clase de elementos". En tal virtud, concluía, y "dadas las versiones que oí personalmente en Iquique respecto a la inconveniencia de la estadía en aquella ciudad del señor Recabarren –pues se pensaba en hacerlo salir de algún modo– no me extraña la actitud política que observan sus adversarios". A mayor abundamiento, el directorio general del Partido Demócrata llamó a todas las agrupaciones del país a realizar "mitines" de protesta, en tanto que sus compañeros tarapaqueños recaudaron rápidamente cinco mil pesos para cubrir la fianza, cuyo pago fue obstaculizado una y otra vez por el juez de Pisagua. A la postre Recabarren tuvo que trasladarse a Tacna, aún bajo administración chilena, para comparecer ante la Corte de Apelaciones de esa ciudad, la que resolvió absolverlo por falta de méritos[246].

Nuevamente en libertad, Recabarren publicó un artículo titulado "Después de la borrasca", en el que aseguraba en tono conciliatorio que "nuestros propósitos son de hacer una obra más educativa que de polémica; más objetiva y crítica que de diatribas". Aludiendo elípticamente a las acusaciones de antipatriotismo que habían preparado el ambiente para su prisión, aclaraba que "nuestra obra, desde la aparición de esta hoja, ha sido hidalgamente correcta para apreciar todos los negocios que interesan al país y a la sociedad, y así continuaremos, mientras nos veamos y nos creamos bien inspirados". Y concluía: "No queremos tener enemigos, pero si ellos aparecen, a pesar de nuestros esfuerzos, confiamos en que al fin la bondad de nuestras doctrinas predicadas constantemente, han de extinguir esos enemigos"[247]. A esas alturas Recabarren estaba seguramente enterado de que el directorio general de su partido lo estaba considerando seriamente como candidato a diputado por Tarapacá, y por consiguiente no debe haberle parecido conveniente mantenerse "en medio de la borrasca"[248]. Durante los próximos meses, en efecto, sus energías se focalizarían de preferencia en la campaña electoral.

Esta se abrió precisamente con una conferencia del recién liberado Recabarren sobre "La acción inmediata y la acción futura de la Democracia Socialista", puntapié inicial de una gira de propaganda que se extendería por toda la provincia entre los

---

[245] *La Voz del Obrero*, Taltal, 24, 26, 27, 29 y 30 de junio, 1911.

[246] La historia completa de esta nueva prisión de Recabarren fue resumido por *El Grito Popular* en su edición de 2 de agosto de 1911.

[247] *El Grito Popular*, Iquique, 4 de agosto, 1911.

[248] La primera nómina de posibles candidaturas, que incluía tanto a Recabarren como a Pedro 2º Araya por Tarapacá, fue publicada en *El Grito Popular* del 23 de julio de 1911.

meses de agosto y octubre, y en la que se esperaba nuevamente la presencia de los diputados Araya y Alarcón, que en definitiva no pudieron viajar. Por esos mismos días apareció también en *El Grito Popular* un adelanto del programa municipal demócrata para Iquique y Pisagua, el cual incluía la construcción de habitaciones "cómodas e higiénicas" para obreros, así como el establecimiento por cuenta municipal de panaderías, lecherías, carnicerías y toda suerte de almacenes y fábricas destinadas a "suprimir la explotación, abaratar la vida y elevar los salarios con menos horas de trabajo". Se prometía también "aumentar la acción de la enseñanza", fundando escuelas diurnas y nocturnas, dando almuerzos y ropa a los estudiantes, y protegiendo "toda clase de diversiones honestas y a sociedades que tengan escuelas". Finalmente, y junto a otros servicios que se asociaban más tradicionalmente al gobierno local, como la reparación de caminos o el aseo e higiene públicos, se asumía la tarea de abastecer gratuitamente a la población de agua potable, precisamente para fomentar el aseo y la higiene, y de hacerse cargo de todas aquellas personas inhabilitadas para ganarse la vida, ya fuese por "incapacidad física o moral". Todo ello ocurriría, concluía el programa, "cuando todos los trabajadores unidos envíen a las municipalidades mayoría de demócratas, cuando ningún obrero venda su voto y cuando todos los obreros voten por el partido demócrata"[249].

En paralelo a esta exposición programática, y nuevamente con el propósito de inducir a los obreros a dar su voto a los candidatos demócratas, el periódico de Recabarren publicó una serie de artículos titulada "Por quién se debe votar". Se exponía allí lo que su propio autor (que no se identificaba, pero que expresaba las mismas ideas que Recabarren venía predicando desde hacía tiempo) definía como el "programa máximo" y el "programa mínimo" del socialismo, procurando, entre otras cosas, borrar los estigmas con que se venía caricaturizando dicha doctrina. Los socialistas, se aseguraba, "son los amigos de los hombres del pueblo", y en esa misma virtud no debía "tardar mucho tiempo sin que los hombres del pueblo lo comprendan, y en vez de recibirlos con desconfianza, se hagan sus amigos, les den la mano y se inscriban en masa en las filas del Partido Socialista" –el cual, como se recordará, aún no existía como tal–. Los socialistas, se abundaba, no buscaban dividir ni combatir la religión, puesto que "cada uno debe ser libre de seguir la religión que más le agrade", ni faltarle el respeto a las leyes, siempre y cuando fuesen iguales para todos, lo que no podría ocurrir "mientras existan ricos y pobres".

Tampoco predicaban el odio a los ricos, pero sí llamaban a "no elegirlos como representantes de ustedes, ni permitir que lo resulten por el fraude". El verdadero propósito de los socialistas, en fin, era "a fuerza de explicar a todos sus ideas", llegar a ser alguna vez mayoría en los municipios y en las cámaras legislativas, y desde

---

[249]   *El Grito Popular*, Iquique, 4 de agosto, 1911.

allí dictar leyes que decretasen la propiedad colectiva de los bienes productivos e igualasen realmente los derechos y los deberes sociales. Mientras se alcanzaba esa utópica meta, la consigna era aplicar su "programa mínimo", que contemplaba la jornada de ocho horas, un salario mínimo e igual para hombres y mujeres, someter a referéndum aquellas leyes que no fuesen del agrado de la población (como se hacía en Suiza), establecer dietas parlamentarias para hacer posible la presencia en las cámaras de representantes obreros, y poner en vigencia todas aquellas medidas de servicio público ya detalladas en el programa municipal. "Cada día que pasa", concluía la serie, "el Partido Socialista aumenta en todo el mundo", lo que se comprobaba con el caso alemán, donde "los obreros son capaces de luchar con el emperador y ganarle las elecciones". Y se preguntaba: "¿Cómo es posible que los obreros chilenos no sean capaces en una república de vencer al oficialismo?"[250].

Premunido de tales propuestas y discursos, Recabarren volvió a recorrer las oficinas y pueblos salitreros, iluminando con sus "vastos conocimientos" y "profundos razonamientos", según un corresponsal de *El Grito Popular*, a todos aquellos compañeros de trabajo deseosos de "hacerse aptos para la lucha por la idea y por el hogar". En un pueblo poco asiduo a la lectura, continuaba ese mismo articulista, "unos porque no saben y otros porque no son aficionados a ello", las conferencias de Recabarren constituían un medio mucho más eficaz y estimulante de propaganda: "Todos prefieren a la lectura el discurso, en que se palpa, puede decirse, el espíritu del orador, recibiendo directamente de él la enseñanza y la luz". En el caso de Recabarren, además, dicho efecto se veía acrecentado por "un estilo sencillo y agradable que no se encuentra en el oropel que deslumbra, sino en la frase elocuente que convence y persuade"[251].

Casi medio siglo después, Lafferte recuperaba en sus memorias esa misma impresión, aludiendo a una conferencia que le tocó escuchar por esos días en la oficina Valparaíso: "Hablaba con palabras al alcance de todos, accionaba poco, pero sabía con su propia voz remachar algunos conceptos. Habló sobre el socialismo y su desarrollo en Europa, sobre lo que había visto en cuanto a organización obrera, en países como Francia, España y otros que había visitado y puso el acento en las cooperativas, como un medio de que los trabajadores alcanzaran ciertas conquistas". Por último, y en consonancia con lo que se venía publicando insistentemente en *El Grito Popular*, "recalcó también la necesidad de crear un partido de los obreros, con ideología propia de los obreros y no de los burgueses, un partido socialista, en fin, y un fuerte movimiento sindical"[252]. Así, y haciendo un balance preliminar de lo que habían significado las conferencias de Recabarren solo durante el mes de agosto (cinco

---

[250] *El Grito Popular*, Iquique, 6, 9, 11, 14 y 16 de agosto, 1911.

[251] *El Grito Popular*, Iquique, 17 de septiembre, 1911.

[252] Elías Lafferte, *Vida de un comunista*, 73-75.

conferencias con un total de 1330 asistentes), el mismo periódico demócrata concluía: "Será todo lo ignorante que se diga nuestro pueblo, habrá entre los trabajadores una gran cuota de degradación, pero aun así, vive en el corazón del pueblo una virtud: el deseo de instruirse, de ser superior, de progreso"[253].

Fue precisamente en el marco de estas conferencias que aparecen las primeras referencias concretas a la que sería la compañera de Recabarren por el resto de sus días, Teresa Flores. Considerando su impacto sobre la actividad política de nuestro biografiado, por no mencionar la posibilidad que brinda de atisbar aunque sea fugazmente en su muy elusiva vida privada, vale la pena detenerse un poco en esta situación. Anunciando una nueva gira de propaganda destinada a abarcar veinticinco localidades entre los meses de octubre y noviembre de 1911, *El Grito Popular* destacaba la participación de "una señorita socialista, recientemente incorporada a la agrupación demócrata de Iquique", que pronunciaría una conferencia titulada "El deber de las mujeres proletarias ante la Democracia Socialista"[254]. La edición del 19 de octubre, dando cuenta del acto celebrado en la oficina San Lorenzo, ya la identifica explícitamente como "la compañera María Teresa Flores", añadiendo que "había entre todos verdadero interés por oír la conferencia de una joven que por primera vez se iniciaba a la vida de la propaganda". Escribiendo desde la oficina Argentina, el militante José Zuzulich proporcionaba mayores detalles: "La compañera señorita María Teresa Flores, leyendo su tema con toda claridad y corrección, descorrió el denso velo que oculta a la mayoría de las mujeres esclavas que habitan en la pampa de Tarapacá; señaló el camino que las puede conducir a una vida más feliz y desahogada, ayudando a su esclavo compañero a luchar juntos en esta azarosa vida de sacrificios y dándole valor con sus palabras para no desmayar hasta alcanzar juntos el justo premio a sus desvelos"[255].

Una carta publicada meses más tarde en *El Despertar de los Trabajadores*, supuestamente escrita por Recabarren a "María Teresa" cuando se encontraba cumpliendo su pena en la cárcel de Los Andes, ha llevado a Ximena Cruzat y Eduardo Devés a fechar en 1909 el inicio de ese emblemático romance. Decía allí Recabarren, entre otras cosas: "Vengo, por el mundo, errante, sin encontrar una mano amiga que me acompañe en la soledad de la vida", y precisaba: "yo necesito una compañera que comparta conmigo los pensamientos y los sentimientos". Más claro aún: "Quiero hacer de tu persona completa, una persona a mi imagen y semejanza", puesto que "necesito para realizar mi ideal, otro yo, en la persona de una mujer"[256] Sin embargo, como se

---

253   *El Grito Popular*, Iquique, 20 de agosto, 1911.

254   *El Grito Popular*, Iquique, 5 de octubre, 1911.

255   *El Grito Popular*, Iquique, 19 de octubre, 1911.

256   *El Despertar de los Trabajadores*, Iquique, 30 de abril, 1912.

vio en el capítulo anterior, en la gira de propaganda realizada por Recabarren al salir de la cárcel de Los Andes había sido acompañado por su esposa Guadalupe del Canto, lo que indica que ese matrimonio se mantenía por entonces al menos formalmente vigente. Años más tarde, cuando la división del Partido Demócrata ya había enconado las relaciones entre los antiguos compañeros, Eduardo Gentoso acusaba a Recabarren de haber dejado abandonados en Santiago a su legítima esposa e hijo por "hacer vida marital en el norte con una mujer, que según afirman personas que la conocen, es dudosa de moralidad", lo que lleva a inferir que el acercamiento a Teresa Flores se habría producido en Iquique, no antes[257].

Por su parte, Elías Lafferte, quien compartió vivienda con Recabarren y Teresa Flores durante los primeros meses de 1912, describía a la segunda como "la verdadera mujer de un líder proletario, que no solo lo acompañaba como tal, sino también en las actividades políticas", agregando que el dirigente había sido casado, "pero se había separado de su esposa, que vivía en el sur, con un hijo de ambos"[258]. En suma, todo lleva a suponer que la unión entre Recabarren y Teresa Flores se habría materializado durante su residencia en el norte, y que se habría fundado al menos parcialmente en una mayor afinidad con su labor política. Las largas ausencias de Recabarren (Tocopilla, Buenos Aires, Europa), por no mencionar sus reiteradas permanencias en la cárcel, deben haber hecho mella en una relación de índole más convencional. Teresa Flores, en cambio, aparece desde un comienzo vinculada a la militancia, participando en organizaciones y conferencias y constituyéndose en un muy bienvenido puente hacia ese mundo femenino que Recabarren se mostraba tan empecinado en conquistar para la causa.

Sea como fuere, el resultado de esta primera campaña con participación de Teresa Flores fue bastante favorable para Recabarren, pues en la convención demócrata provincial realizada el 19 de noviembre de 1911 obtuvo la primera mayoría para la candidatura a diputado por Tarapacá. Desde una oficina salitrera del cantón Taltal, un correligionario celebraba con entusiasmo la decisión de sus compañeros de más al norte: "La actuación laboriosa y tesonera de este inteligente luchador de las modernas ideas libertarias por propagar y difundir las luces luminosas y radiantes de la intelectualidad entre las clases trabajadoras, le han hecho acreedor a la confianza y al republicano estímulo con que hoy le disciernen y le recompensan sus generosos y laudables sentimientos de poner su cultivada inteligencia al servicio de los desvalidos y necesitados"[259].

---

257   *El Proletario*, Tocopilla, 28 de julio, 1914; así también lo afirma Fanny Simon en su *Recabarren and the Labor Movement in Chile*, 111.

258   Elías Lafferte, *Vida de un comunista*, 82-83.

259   Antonio Garay, desde la oficina Flor de Chile, *La Voz del Obrero*, Taltal, 25 de noviembre, 1911.

La nominación de Recabarren, sin embargo, no tuvo la misma acogida en el conjunto de la militancia demócrata, y mucho menos en el diputado en ejercicio Pedro 2º Araya, empeñado en obtener su reelección. La desaparición hacia fines de octubre de *El Grito Popular,* por problemas económicos que se arrastraban desde hacía bastante tiempo, impide reconstruir el ambiente inmediato a la decisión, pero a poco andar comenzaron a aparecer diversas impugnaciones a la candidatura. Como era previsible, y sin perjuicio del reconocimiento casi universal a la labor de reclutamiento y organización que Recabarren venía realizando desde su llegada a Tarapacá, estas cayeron en un terreno ya abonado por las reticencias que provocaba su identificación con el socialismo y su refractariedad a seguir las órdenes de la directiva nacional del partido, liderada por Malaquías Concha.

De ese modo, cuando Pedro 2º Araya objetó la decisión de la convención tarapaqueña en las sesiones de 12 y 15 de enero de 1912 del directorio general, no le faltaron apoyos para levantar una candidatura alternativa a la de Recabarren, entre ellos el de su colega en la Cámara Lindorfo Alarcón, diputado por Antofagasta. El despechado representante tarapaqueño basaba su argumentación en tres grandes consideraciones: que la convención provincial del 19 de noviembre no se había realizado conforme a reglamento, porque se había permitido votar a delegados de las oficinas salitreras (supuestamente, solo tenían ese derecho los comités establecidos en cabeceras de departamento o subdelegación); porque solo se habían reconocido los votos de quienes estuviesen al día en sus cuotas, cuya legalidad era impugnada por Araya; y, lo más significativo, porque "la elección había recaído en un ciudadano inhabilitado y que de un momento a otro lo llevaban a la cárcel, que era anarquista, o estaba sindicado de ello, que los partidos de gobierno jamás permitirían" –en una alusión no muy velada a los sucesos de 1906– "que fuese diputado en Chile ni Recabarren ni ninguno como él"[260].

Este último cargo encontró su complemento en el de identificar a la agrupación tarapaqueña que había favorecido a Recabarren con un supuesto "Partido Demócrata Socialista", o socialista a secas, que por tanto no podía arrogarse la representación del "verdadero" Partido Demócrata[261]. Argumentando en un sentido similar, el historiador oficial de ese partido, Héctor de Petris Giessen, relata que "en el curso del año 1911 aparece con mayor virulencia que en años anteriores una fracción demócrata que se hace llamar 'socialista', encabezada como siempre por Luis Emilio Recabarren", la que según él habría aprovechado el pacto electoral celebrado por el directorio general con conservadores y montt-varistas para "separarse del Partido y procurar formar tienda aparte"[262]. Como ya había ocurrido antes, el giro ideológico que el cuestionado

---

[260]   *El Despertar de los Trabajadores*, Iquique, 3 de febrero, 1912; ver también la edición del 28 de febrero.

[261]   *El Despertar de los Trabajadores*, Iquique, 25 y 30 de enero, 6 de febrero, 1912.

[262]   Héctor de Petris Giessen, *Historia del Partido Democrático*, 39-40.

candidato tarapaqueño pretendía imprimirle a la colectividad constituía un buen pretexto para cuestionar la validez de su militancia.

En esta ocasión, sin embargo, el directorio nacional no desautorizó formalmente la candidatura. Ello habría obedecido en parte a la defensa que de ella hizo el "patriarca" Ángel Guarello, siempre más empático hacia las posturas de Recabarren que los otros dirigentes históricos, pero sobre todo a los fuertes apoyos que este último había sabido cosechar en la región salitrera. Decía al respecto uno de los muchos defensores de su nominación, tras hacer una semblanza de su carrera política: "Por fin se acordó de esta provincia, donde era tan necesaria su presencia; y he aquí, que, desde varios meses es nuestro mejor consejero. ¿Quién no ha oído su palabra fácil y sencilla con que cariñosamente se dirige al pueblo? Disertando en el modo cómo apartar al trabajador de los vicios, aconsejando siempre sean sobrios, o que se organicen formando sociedades de resistencias, medios éstos que traerán el mejoramiento de sus salarios, y de las condiciones de bestias de carga, como el capitalista nos cree y nos trata en el presente"[263]. Por su parte, el presidente de la agrupación demócrata de la oficina Agua Santa, Agustín Araya, lamentaba que "aquéllos que ayer no más figuraban a nuestro lado aplaudiendo y ensalzando la hermosa campaña realizada por nuestro incansable luchador, compañero Recabarren, aquéllos que vieron y palpan actualmente cómo ha surgido la democracia de uno al otro confín de la Pampa salitrera", fueran los que ahora, "llevados por las mezquindades más ruines, quieren hacer de nuestro partido, jirones, que repartidos entre cuatro o cinco sirvan de inicuo mercantilismo en beneficio de esos pocos y mengua y vergüenza de una inmensa colectividad"[264].

Como lo deja traslucir esta última referencia, Pedro 2º Araya no se había dejado amilanar por la marea recabarrenista, viajando personalmente a Tarapacá para formar una agrupación leal a su candidatura, con su propia prensa y campaña de propaganda. Se adhirieron a esta iniciativa algunos dirigentes locales como Rudecindo 2º Muñoz, administrador del fenecido *Grito Popular* y miembro del directorio provincial presidido por Recabarren, al igual que algunas seccionales demócratas como las del pueblo de Negreiros y de las oficinas Tránsito y Amelia. Preocupada ante el inminente cisma partidario, la directiva nacional intentó convencer a ambos contrincantes de deponer sus pretensiones en favor de una candidatura de transacción, alternativa tajantemente rechazada por Recabarren[265]. Así las cosas, el Partido Demócrata enfrentó dividido las

---

[263]   Carta de Víctor Cuevas, en *El Despertar de los Trabajadores*, Iquique, 6 de febrero, 1912.

[264]   *El Despertar de los Trabajadores*, Iquique, 13 de febrero de 1912.

[265]   Según el biógrafo obrero y militante demócrata Osvaldo López, "desgraciadamente, la situación política del Partido Demócrata en la provincia, había experimentado un gran cambio con la llegada del conocido agitador socialista, don Luis E. Recabarren S., quien se había hecho ya proclamar candidato a Diputado por esa Agrupación, en reemplazo del señor Araya. Este, desde el primer momento, se resistió a aceptar la forma en que se había elegido a su contendor, negándose a reconocer su desig-

elecciones de marzo de 1912, resultando ambos candidatos derrotados por la máquina radical-balmacedista que desde la década de 1890 dominaba la política tarapaqueña. Sin embargo, el arraigo de Recabarren en la zona quedó demostrado en los 839 votos que logró captar frente a los escasos 105 de Pedro 2º Araya, cuya condición de diputado en ejercicio no alcanzó a contrarrestar la febril actividad del "apóstol" socialista[266]. Tal vez por esa misma razón, y pese a haber visto frustradas las perspectivas electorales que habían sido su prioridad manifiesta desde el arribo a la provincia, Recabarren resolvió permanecer en Iquique.

Una de las plataformas fundamentales para su acción futura sería el periódico *El Despertar de los Trabajadores*, fundado el 16 de enero de 1912 para reemplazar al desaparecido *El Grito Popular*. Este órgano de prensa, cuya publicación hasta 1927 lo convirtió en el de más larga vida dentro de esta etapa fundacional del movimiento obrero chileno, y tal vez el más conocido entre los muchos creados por Recabarren, nació al abrigo de una "Sociedad Cooperativa Tipográfica" por acciones, de las cuales al momento de aparecer el primer número ya llegaban a doscientas veinte suscritas por otros tantos obreros de Iquique y la pampa. Esta forma organizativa, como se sabe, era muy privilegiada por Recabarren, a cuya promoción en la zona ya le había consagrado una serie de escritos en *El Grito Popular*. "La creación de cooperativas", había dicho entonces, "será para los trabajadores un medio de emanciparse de la clase comercial y de librarse de sus explotaciones", amén de poder ser también "un refugio para las horas tristes"[267]. En el caso concreto de la Cooperativa Tipográfica, se argumentaba que "los trabajadores desean tener una imprenta que sea propia de ellos y mantener un periódico sujeto a sus deseos, a sus intereses y a sus necesidades". *El Despertar*, por lo tanto, al publicarse en una imprenta comprada con sus propias erogaciones, se declaraba "la única publicación obrera y demócrata de la provincia", advirtiendo a sus lectores: "¡Cuidado con otros periódicos, que diciéndose obreros, se publican con dinero burgués, para ver si pueden engañar a los trabajadores y dividirlos!"[268].

---

nación. Como no fuera posible una inteligencia con el señor Recabarren, el diputado Araya propuso entonces una candidatura de transacción, cuya persona podría señalar el mismo Recabarren, a lo que este se opuso terminantemente", *Diccionario Biográfico Obrero*, edición de 1912, A 27 (corresponde a la biografía de Pedro 2º Araya).

[266]   Los resultados de la elección a diputados por Tarapacá fueron los siguientes: Óscar Viel (balmacedista), 5104 votos; Joaquín Molina (balmacedista), 3927 votos; Ricardo Saa (balmacedista), 3818 votos; Santiago Toro Lorca (radical), 2622 votos; Recabarren (demócrata), 839 votos; Pedro 2º Araya (demócrata), 105 votos. Electos resultaron los cuatro primeros. Archivo Intendencia de Tarapacá, vol. 4, 1911/1913, telegrama del intendente a ministro del Interior, 7 de marzo, 1912.

[267]   "Las cooperativas y la clase trabajadora", *El Grito Popular*, Iquique, 18 de mayo, 1911. La serie continuó en las ediciones de los días 21, 24 , 26 y 28 de mayo, 1911.

[268]   *El Despertar de los Trabajadores*, Iquique, núm. 1, 16 de enero, 1912.

Durante sus primeros meses, y como era previsible, *El Despertar* se consagró preferentemente a la campaña electoral, con ocasionales referencias a otros temas predilectos de Recabarren como las diferencias entre el socialismo y el anarquismo o la necesidad de ilustrar al mundo popular. A propósito de lo primero, y en relación con un atentado anarquista contra un convento de los carmelitas descalzos ocurrido en Santiago, un articulista que se firmaba "Garín" (posiblemente el español Nicolás Aguirre Bretón, un cercano colaborador de Recabarren tanto en *El Grito Popular* como en *El Despertar)* aclaraba que "nosotros, los socialistas, que tampoco juzgamos bueno el actual régimen, trabajamos como los anarquistas por su transformación", pero "por evolución, no por lucha radical"[269]. En cuanto a lo segundo, el propio Recabarren, escribiendo bajo el seudónimo de "Berta Alarcón Esvirren", llamaba a acercarse al socialismo "que es la nueva era regeneradora, y emancipadora de nuestra esclavitud", para a través de la instrucción "correr con nuestras propias manos la espesa tela de la ignorancia, que surca nuestras pupilas, y así conseguiremos nuestro verdadero derecho de seres libres"[270].

Tras la derrota electoral, y pese a no renunciar a un frente de lucha que de todas maneras había traído adelantos organizativos[271], la atención del periódico y de su director tomó otros rumbos. Interesante resulta a ese respecto la cobertura brindada a la visita del secretario de la Oficina del Trabajo, Manuel Rodríguez Pérez, encomendado especialmente por el gobierno central para estudiar la situación de los obreros del salitre. Con ocasión de una conferencia pronunciada en Iquique por ese personero, *El Despertar de los Trabajadores* invitaba a sus lectores a enterarse por sí mismos de la visión de las autoridades respecto del papel que les correspondía en la solución de los problemas sociales[272]. Durante la conferencia misma, sin embargo, Rodríguez se dedicó a atacar las ideas "corruptoras" encarnadas en la agitación socialista, según él importadas espuriamente del extranjero, lo que le valió ser apostrofado por Recabarren a la salida del recinto. La situación derivó en una citación del dirigente demócrata a la Prefectura de Policía, donde "con voces destempladas" el prefecto le manifestó que "hasta ahora le había tenido por persona de orden, pero que en adelante le atará más estrecho, porque con el desorden de la noche anterior había perdido toda la consideración que le había tenido". Analizando los dichos de Rodríguez desde las

---

[269]	*El Despertar de los Trabajadores*, Iquique, 23 de enero, 1912.

[270]	*El Despertar de los Trabajadores*, Iquique, 30 de enero, 1912.

[271]	"La lucha política pasada nos ha demostrado que la organización ha sido buena; y si se ha conseguido nivelar nuestras fuerzas con los balmacedistas en los pocos meses de trabajo que llevamos en la provincia, dentro de tres años siguiendo con constancia en nuestra propaganda podremos oponer una fuerza invulnerable, en número y en conciencia", *El Despertar de los Trabajadores*, Iquique, 7 de marzo, 1912.

[272]	*El Despertar de los Trabajadores*, Iquique, 30 de marzo, 1912.

columnas de su periódico, Recabarren enfatizaba que la legislación social defendida por el conferencista no era otra cosa que un intento por "armonizar las luchas entre el capital y el trabajo", cuya existencia ninguna autoridad habría reconocido si no fuese por las mismas "agitaciones" que aquel tanto se empeñaba en condenar. En última instancia, sin embargo, la verdadera "dicha y felicidad del hombre", a cuyo fin Rodríguez Pérez aseguraba estar consagrada la Oficina del Trabajo, solo podía alcanzarse con el término de la explotación y la plena satisfacción de todas las necesidades humanas, lo que "no existirá sino en el mundo socialista"[273].

Las críticas al secretario de la Oficina del Trabajo de alguna manera anunciaban el objetivo de fondo hacia el cual Recabarren había comenzado a dirigir sus energías tras la derrota electoral. Al parecer, la conducta del directorio demócrata durante la campaña había terminado de convencerlo de la inutilidad de seguir luchando por encaminar a su antigua tienda política hacia la adopción plena y explícita del socialismo, propósito que de hecho había sido utilizado para impugnar su filiación partidaria. Amparado en la base política que había logrado estructurar en la región, sus actos se orientaron ahora hacia la formación de un partido socialista propiamente tal, aunque ello significase precipitar la ruptura que durante tantos años se había esmerado en evitar. De esa forma, durante los escasos tres meses que mediaron entre las elecciones y la creación del Partido Obrero Socialista, las columnas de *El Despertar* y las deliberaciones de la agrupación provincial se ocuparon crecientemente en denunciar la "apostasía" demócrata respecto de sus ideales de emancipación popular.

El editorial del 11 de mayo, por ejemplo, criticaba la decisión del directorio general de sumarse a una nueva coalición política con partidos burgueses, la que en la práctica "no se preocupará del pueblo, más que para esquilmarle". Y concluía, desafiante: "Es necesario desechar de una vez esas glorias baratas con que se nos alucina y con las que nada hemos conseguido después de 25 años de lucha". Más claramente aún, en la sesión del 14 de mayo del directorio provincial, el dirigente David Barnes, uno de los más antiguos y fieles partidarios de Recabarren, declaró explícitamente que "la marcha impresa al Partido por el Directorio General es contraria a los intereses de clase de los trabajadores y considerando eso un mal ya crónico en el Partido, estima que sería tiempo de pensar en que estas agrupaciones obren con independencia del Directorio General y adopten el nombre solo de Partido Socialista"[274].

La irritación local llegó a su paroxismo cuando se supo que varios diputados demócratas, entre ellos Bonifacio Veas y Zenón Torrealba, habían participado en una condena parlamentaria a ciertas pancartas de inspiración anarquista que habían aparecido durante los actos del 1º de mayo en Santiago, portando consignas como

---

[273]   *El Despertar de los Trabajadores*, Iquique, 2 de abril, 1912.

[274]   *El Despertar de los Trabajadores*, Iquique, 16 de mayo, 1912.

"¡Abajo el servicio militar!" y "¡El ejército es una escuela de crímenes!", las que Veas, aun reconociendo los rencores populares provocados por matanzas como la de Santa María de Iquique, atribuyó derechamente a su aprovechamiento por "extranjeros que siembran entre nosotros la semilla del anarquismo"[275]. Fulminaba a este respecto *El Despertar*, "la última acción culta y expresiva de los sanos trabajadores de Santiago ha sido condenada por todos los diputados demócratas, lo que ha colmado la medida de la paciencia"[276].

En ese clima, y firmando abiertamente con su nombre, en la edición del 21 de mayo de 1912 Recabarren publicó su famoso artículo "Vamos al socialismo", en el que expresó abiertamente sus intenciones refundacionales. "Desde que se inició la reorganización del Partido Demócrata en esta provincia", decía allí, "se inició también una tendencia bien marcada para que nuestra organización fuera envuelta en la idea socialista, y tomando su propio nombre". Recordando la discusión entablada en la reunión del directorio provincial a partir de la moción de David Barnes, invitaba a todas las agrupaciones y secciones a considerar esa posibilidad, y adoptaba una clara y favorable posición personal: "Aceptamos el cambio de nombre, y junto con eso, que nos separemos definitivamente del seno del Partido Demócrata". Sus razones eran básicamente dos: "1°.- Porque el Partido Demócrata en su política y con sus actos públicos durante los últimos años ha declarado prácticamente que no sirve los intereses de la clase trabajadora porque en cada acto electoral ha hecho causa común con los partidos de la clase explotadora y opresora"; "2°.- Porque los dirigentes del Partido son en su mayoría elementos burgueses, que no conocen ni saben sentir las necesidades materiales y doctrinarias del pueblo. La Directiva General no se ha preocupado de las conferencias populares ni de la prensa definida, permanente y activa". Haciendo referencia específica a la coyuntura que se acababa de vivir, agregaba: "En la reciente pasada campaña electoral, el Partido Demócrata apoyó a conservadores y balmacedistas para que ellos crecieran, mientras nosotros, victimados por ellos, quedábamos aplastados por el fraude y el cohecho". Y concluía: "No, trabajadores del salitre, no apoyemos más esta funesta política. Alcemos bien nuestra frente y sin vacilaciones fundemos aquí el formidable pedestal del Partido Socialista en Chile".

En respuesta a esta exhortación, cuatro días después la agrupación de la oficina Cholita, presidida por otro de los incondicionales de Recabarren, José Zuzulich, informaba a la matriz iquiqueña que "vista la innoble conducta observada por el Directorio General del Partido Demócrata en Santiago, y el ningún esfuerzo hecho para defender nuestra representación parlamentaria, sería necesaria la completa separación de las Agrupaciones de Tarapacá con la de Santiago y al mismo tiempo, que

---

[275] *El Despertar de los Trabajadores*, Iquique, 4 de mayo, 1912.

[276] *El Despertar de los Trabajadores*, Iquique, 28 de mayo, 1912.

su nombre sea en esta provincia de Partido Obrero Socialista, por cuanto el nombre de la Democracia lo han desmoralizado los dirigentes del Partido verificando actos que no coinciden con nuestras aspiraciones"[277]. En reunión celebrada el 4 de junio, y tras haber tomado conocimiento de lo ocurrido en Cholita y de acuerdos análogos en las oficinas Abra y Cala Cala, el directorio iquiqueño, bajo la presidencia de Recabarren, se plegó por unanimidad a la ruptura con el Partido Demócrata y a la adopción del nombre Partido Obrero Socialista, quedando así registrada la fecha de 4 de junio de 1912 como la de fundación oficial de dicha colectividad (aunque como lo han señalado varios autores, se han adjudicado diversas fechas a esta efeméride, cuya verdadera paternidad corresponde por lo demás, como ya se dijo, a la agrupación de la oficina Cholita[278]). A las dos razones ya esgrimidas por Recabarren en su artículo "Vamos al socialismo" para justificar la decisión, el directorio provincial agregaba ahora otras seis, entre las que se destacan la de que "el Partido en sus diversas convenciones se ha negado a establecer un programa de reivindicaciones obreras", y también que "muchos candidatos demócratas, con el silencio autorizador del Partido, han practicado el cohecho contribuyendo a la corrupción igual que los demás partidos". El acuerdo iquiqueño concluía acusando a Malaquías Concha, a quien sindicaba como el principal responsable de la claudicación del Partido Demócrata, de haber "contribuido con los burgueses a la ruina económica del país, cuyas consecuencias las paga hoy el pueblo". Justificaba adicionalmente su viraje doctrinario en función de que "la Democracia no se preocupa de la cuestión económica", en tanto que para el socialismo "es su principal preocupación"[279].

Para orientar la discusión que debía darse en el resto de las agrupaciones y secciones provinciales, en el mismo número de *El Despertar* que daba cuenta de la ruptura iquiqueña, Recabarren publicaba su artículo "¿Qué es el socialismo?", según él mismo porque si bien "muchos trabajadores se han sentido satisfechos y entusiasmados", otros aún dudaban y resistían la adopción de dicho programa. En su opinión, la palabra "socialismo" podía resumirse en dos sustantivos: amor y justicia. Sin embargo, continuaba, "como desgraciadamente, debido a la poca ilustración dominante el pueblo no tiene una noción clara, definida y conceptuosa de lo que es amor y justicia, creemos necesario detallar un poco". "La explotación y la tiranía", explicaba más adelante, "es lo que el socialismo combate especialmente, y propone en reemplazo de la explotación la justicia y en reemplazo de la tiranía el amor". Esta pretensión no implicaba, advertía tranquilizadoramente, "despojar a los ricos para vestir a los pobres, como muchos mal intencionados lo quieren hacer creer", sino buscar el bienestar universal en base a la moral y al trabajo común, "donde todos los seres humanos disfruten del placer de ser

---

[277]   *El Despertar de los Trabajadores*, Iquique, 28 de mayo, 1912.

[278]   Ver, por ejemplo, Sergio Grez Toso, *Historia del comunismo en Chile*, 30-33, quien hace un detallado recuento crítico de las diversas fechas adjudicadas a la fundación del POS.

[279]   *El Despertar de los Trabajadores*, Iquique, 6 de junio, 1912.

instruidos, cultos, y sepan vivir rodeados de felicidad sin causar malestar a nadie". Dando a sus palabras un tinte casi evangélico, afirmaba que "el socialismo es amar al prójimo como a sí mismo, y por eso condena la brutal explotación que hace víctimas a los obreros, y que es la evidencia de la falta de amor al prójimo por parte de los capitalistas que son todos católicos y cristianos". Y concluía: "Todo lo que signifique amor y justicia, libertad y ciencia, es socialismo".

Durante los próximos días y semanas, la mayoría de las seccionales demócratas de la pampa salitrera, las mismas que se habían mantenido junto a Recabarren para las elecciones de marzo, fueron plegándose a la nueva orientación doctrinaria, superando los recelos que, como lo revelan los pasajes arriba citados, aún despertaba la palabra "socialismo". A un mes de fundado el POS el prestigioso dirigente regional Enrique Salas proclamaba públicamente su adhesión, aclarando que no lo había hecho antes por haber querido "que los compañeros obren a impulso de su más sana acción y no por inducción extraña". A su parecer, "los hechos lo están diciendo claro que el movimiento ha sido espontáneo, principalmente en la pampa en donde han comprendido que el socialismo es el factor más importante del progreso proletario que iluminará las mentes de los oprimidos". Se daba así un paso, concluía, que quedaría grabado "en las páginas históricas de la condición social", quedando los obreros tarapaqueños ligados para siempre "al progreso universal del proletariado, y podréis con más razón que ayer llamaros hermanos con todos los que luchan allá en el extranjero por los derechos populares tan conculcados por la soberbia burguesía"[280]. Desde Santiago, el futuro dirigente socialista Carlos Alberto Martínez felicitaba a Recabarren por haberse atrevido a romper con un partido "podrido tanto o más que los famosos históricos", enfrentando abiertamente "la necesidad imperiosa de darle vida a un partido netamente de clase que acepte y trabe ardiente lucha para mejorar económicamente a la masa productora del país". Los trabajadores de la capital, aseguraba en conclusión, "también se aprestan para iniciar, con todas probabilidades de éxito, una cruzada para implantar en el mismo corazón de la República la fundación de este partido que ha de traer beneficios enormes para la organización proletaria"[281].

Incluso desde la lejana Punta Arenas, en el otro extremo del país, los dirigentes de un "Partido Socialista chileno" fundado prácticamente al mismo tiempo que el POS hacían llegar sus parabienes al partido hermano, "que esperamos y deseamos eche hondas raíces en nuestra nación y sea el salvador de nuestra patria". Junto con expresar sus deseos de unión y acción conjunta, los socialistas puntarenenses se congratulaban de haber asumido al unísono con los tarapaqueños "los arduos deberes que hemos querido imponernos al hacer partícipe a Chile de esta bienhadada religión

---

[280] *El Despertar de los Trabajadores*, Iquique, 4 de julio, 1912.

[281] Ibíd.

liberadora y soliviantadora de los pueblos", esperando hallar rápidamente imitadores en la capital de la república, para dar al movimiento un alcance verdaderamente nacional. En su emocionada respuesta, el POS presidido por Recabarren declaraba recibir con entusiasmo "vuestras adhesiones y pensamientos, y os manifestamos que nuestro propósito es inquebrantable y hoy por hoy constituye un poder destinado a dar vida exuberante a nuestros amados y sublimes ideales de perfeccionamiento de las costumbres humanas"[282]. De esta forma, y por una singular coincidencia, el socialismo cobraba existencia orgánica simultáneamente en las dos regiones más extremas del territorio nacional.

Hacia fines de julio, el directorio general del Partido Demócrata tomó conocimiento oficial de la creación del POS, acordando de inmediato la expulsión de Recabarren de las filas partidarias[283]. En un artículo aparecido poco después en el órgano demócrata santiaguino *La Tribuna*, propiedad de Zenón Torrealba, se fustigaba duramente la falta de disciplina política del expulsado militante, a quien se atribuían "síntomas de demencia" provocados por su derrota electoral de marzo. "Desde el primer momento", aseguraba un redactor refugiado bajo el seudónimo de "demócrata leal", Recabarren había culpado de tal desenlace al directorio general, "y olvidando toda prudencia y conveniencia empezó una campaña de odios y difamación contra algunos demócratas, especialmente contra los diputados Alarcón y Concha y el senador señor Guarello". Tildándolo de "degenerado" y "renegado de Iquique", se preguntaba: "¿Es que Recabarren es demócrata solo cuando hay una candidatura a Diputado de por medio?", y concluía señalando que "Recabarren tiene en su biografía puntos muy oscuros en materia de honor, de corrección y de moralidad política".

Por su parte, el acusado respondía haciendo un rápido recuento de sus casi veinte años de militancia demócrata, durante los cuales siempre se había mantenido fiel "a la doctrina de la democracia y a la causa del pueblo". Hastiado, sin embargo, de la conducta claudicante y corrupta "de la dirección y diputados del partido", había optado por romper con "los que ahora me llaman demente", pero no con los verdaderos principios de la democracia, a la que seguiría sirviendo "organizando a los trabajadores y dándole vida a su prensa, para que conozcan sus deberes y derechos"[284]. Como ya lo había señalado al enterarse de su expulsión, "las agrupaciones de Tarapacá, después de haber analizado toda la táctica de acción desarrollada por el Partido Demócrata durante 25 años, se convencieron que esa táctica solo había servido a la clase capitalista, en perjuicio del proletariado, pues ese Partido Demócrata ha servido toda su vida

---

[282]   La carta del Partido Socialista de Punta Arenas, fechada el 11 de julio de 1912, fue reproducida junto con la respuesta iquiqueña en *El Despertar de los Trabajadores*, Iquique, 27 de agosto, 1912.

[283]   *El Despertar de los Trabajadores*, Iquique, 10 de agosto, 1912.

[284]   Tanto el artículo de *La Tribuna* como la respuesta de Recabarren aparecen en *El Despertar de los Trabajadores*, Iquique, 12 de septiembre, 1912.

para apoyar partidos burgueses que han llevado al país a la ruina que actualmente presenciamos"[285].

Consumada así definitivamente la ruptura, el naciente Partido Obrero Socialista se abocó a la tarea de proyectar su acción y precisar su doctrina. En lo primero, y recogiendo el compromiso asumido por Recabarren de mantenerse fiel a sus principios por la vía de organizar a los trabajadores, se fundaba en Iquique el 1º de agosto una "Sociedad de Defensa del Trabajo de Oficios Varios" con la finalidad primordial de "poner atajo a los continuos abusos cometidos por el elemento patronal de la Provincia", los cuales "quedan siempre impunes a consecuencia de la absoluta falta de organización de los productores"[286]. Durante los meses venideros, bajo el alero de esta institución se fueron configurando diversas uniones gremiales, como las de fundidores, artes mecánicas y lancheros, encaminadas a aglutinar a la clase obrera local en torno a la convocatoria socialista. De igual forma, a comienzos de noviembre se daban los primeros pasos para la formación de una "Sociedad Cooperativa de Pan" que, bajo la inspiración del modelo belga que tanto había impresionado a Recabarren durante su gira a Europa, se proponía mejorar y abaratar la producción de ese esencial alimento[287]. En su folleto promocional, esta nueva cooperativa señalaba que el pan no debía ser objeto de lucro, pues ello implicaba "entregar la vida del pueblo a la inicua explotación de usurarios comerciantes". El pueblo que quiere obtener un beneficio, se decía, "ha de obtenerlo con su propio esfuerzo y no esperar a que se lo den por gracia"[288].

En el plano ideológico, ya a fines de agosto se distribuía, "para su estudio en las distintas agrupaciones", una primera propuesta de programa y estatutos para el naciente Partido Obrero Socialista[289]. Asimismo, a partir de octubre *El Despertar de los Trabajadores* comenzó a publicar por entregas un folleto de Recabarren titulado "El Socialismo. ¿Qué es y cómo se realizará?", destinado a sistematizar la doctrina que debía sustentar la nueva iniciativa programática[290]. En su versión definitiva, fue esta una obra de 136 páginas en la que, según su autor por primera vez en Chile, se procuraba entregar tanto a simpatizantes como a contradictores los "conocimientos elementales suficientes para conocer la Doctrina Socialista"[291]. La primera parte, titulada "¿Qué es el socialismo?", era la que exponía los fundamentos propiamente doctrinarios de la propuesta, incluyendo un diagnóstico sobre los defectos actuales en la organización de

---

[285]   *El Despertar de los Trabajadores*, Iquique, 10 de agosto, 1912.

[286]   *El Despertar de los Trabajadores*, Iquique, 8 de agosto, 1912.

[287]   *El Despertar de los Trabajadores*, Iquique, 10 y 31 de octubre, 1912.

[288]   *El Despertar de los Trabajadores*, Iquique, 19 de noviembre, 1912.

[289]   *El Despertar de los Trabajadores*, Iquique, 22 de agosto, 1912.

[290]   La primera entrega apareció en la edición de 8 de octubre de 1912.

[291]   La versión citada en este trabajo es la que se publicó como parte de la antología *El pensamiento de Luis Emilio Recabarren*, tomo I, ed. Cruzat y Devés (Santiago: Camino de la Victoria, 1971), 8-96.

los pueblos, y una larga sección en que se detallaban las diversas razones de existencia del socialismo: históricas, económicas, científicas, morales y "de derecho". Tras aclarar en su primera página que "la base social del socialismo consiste en la abolición o transformación de lo que actualmente se llama propiedad privada proponiendo en su reemplazo la constitución de la propiedad colectiva o común", procedía a definir al socialismo, desde el punto de vista científico, como "una doctrina económica que tiene por objeto aumentar los goces humanos", y, desde el punto de vista social, como "una doctrina de sentimientos de justicia y de moral, que tiene por objeto suprimir todas las desgracias ocasionadas por la mala organización, para que la vida sea vivida en medio de goces perpetuos". En suma, como la única doctrina capaz de garantizar la plena humanización de todas las personas, y por ende la felicidad humana sobre la tierra[292].

La demostración de estas afirmaciones comenzaba con un recuento de los "inmensos males" que provocaba a los pueblos la defectuosa organización social vigente: el pauperismo, la miseria moral, la ignorancia, la desigual distribución de los derechos políticos, la explotación y la opresión fiscal. La indignidad que este estado moral configuraba no podía sino escandalizar a los espíritus verdaderamente ilustrados y humanistas: "La existencia de los seres humanos debe tener un objeto, y ese no puede ser otro que hacer de la vida una idealidad, fuente de goces verdaderos, donde los seres humanos perfectos disfruten de las creaciones de la inteligencia"[293]. Hecho el diagnóstico y dictada la sentencia que merecía la sociedad existente, el texto procedía a enumerar y explicar las razones que daban cuenta del surgimiento y la necesidad del socialismo, "remedio único y necesario" para los males descritos. Algunas de estas razones eran simplemente históricas, y por tanto, desde el punto de vista de un creyente en la inexorabilidad del progreso, inevitables: si "la historia del mundo es la historia de las transformaciones y del progreso", el socialismo no era otra cosa que el instrumento doctrinario que guiaría dicho progreso hacia su culminación, cautelando que "esa transformación no se desvíe del espíritu de amor y justicia que debe serle inseparable"[294]. Llegado a este punto, Recabarren exhibía cierta incomodidad frente al tema de la revolución, particularmente por sus connotaciones violentas. Procedía pues a negar la necesidad de darle a la palabra ese carácter, y tranquilizaba a sus lectores: "Si llamamos revolucionario al socialismo es porque no admiten otra palabra el pensamiento y la acción que se realizan para transformar este mundo lleno de miserias y desgracias en un verdadero paraíso de felicidad y goce"[295].

---

292   Ibíd., 9-13.

293   Ibíd., 13-19.

294   Ibíd., 19-26.

295   Ibíd., 24.

También la economía y la ciencia, dimensiones según Recabarren más ligadas al presente que a la historia, justificaban el triunfo del socialismo. Partiendo de la premisa, para él científica, de que "el trabajo es la fuerza creadora de todas las cosas", la única inferencia lógica posible era que "al trabajo debe su existencia el capital y todo cuanto exista que se llame riqueza", por lo que solo una organización social capaz de restituir al trabajo lo que en rigor le pertenecía podía fundarse sobre bases científicas[296]. Por lo demás, esta "comprobación matemática de la razón de ser de la doctrina socialista" también encontraba un fundamento en la "razón moral", pues "el socialismo no solo acude a la ciencia, sino también al sentimiento"[297]. En este plano —bastante alejado de una argumentación marxista más clásica, pero para Recabarren, como ya se ha visto en capítulos anteriores, de enorme relevancia— tanto "desde el punto de vista moral y humano, como desde el punto de vista del sentimiento de justicia es inaceptable que exista la desigualdad social". El socialismo, por lo tanto, "quiere que la humanidad sea una colectividad de hombres buenos que vivan como hermanos amantes, donde todos trabajan para aumentar siempre las comodidades y los goces de todos"[298]. Por esto, y sumando las diversas consideraciones esgrimidas, el socialismo terminaba apareciendo como "lo opuesto a todos los defectos sociales, [...] y como el perfeccionamiento mismo"[299].

Establecidas las bases doctrinarias y utópicas de lo que el naciente socialismo tarapaqueño ofrecía a los trabajadores de la región y el país, el resto del texto se dedicaba a exponer los medios concretos que se emplearían para dicho efecto, los que distribuía en medios económicos (los gremios, las huelgas, las cooperativas), políticos (la acción municipal y parlamentaria, la afiliación a la Internacional de Trabajadores), y "sociales y morales" (la educación, la conferencia, la prensa). Concluía sometiendo a la consideración de sus lectores el "Programa y Reglamento del Partido Obrero Socialista", semejante, como ya se ha dicho, a documentos publicados por Recabarren antes de su llegada a Tarapacá[300], pero con un grado mayor de elaboración. Aparecía aquí una "exposición de principios" más sucinta, donde se reiteraba que

El Partido Obrero Socialista expone que el fin de sus aspiraciones es la emancipación total de la Humanidad, aboliendo las diferencias de clases y convirtiendo a todos en una sola clase de trabajadores, dueños del fruto de su trabajo, libres, iguales, honrados e inteligentes, y la implantación de un régimen en que la producción sea un factor común

---

[296]   Ibíd., 26-35.

[297]   Ibíd., 35.

[298]   Ibíd., 35-47.

[299]   Ibíd., 48.

[300]   Ver capítulo 2, y también Jaime Massardo, *La formación del imaginario político de Luis Emilio Recabarren*, 228-245.

y común también el goce de los productos. Esto es, la transformación de la propiedad individual en propiedad colectiva o común[301].

Seguía un programa mínimo que contemplaba medidas económicas, políticas, sociales y educacionales. Pensando en el público más inmediato al que se procuraba llegar, el programa mínimo también incluía una serie de "Medidas especiales para los trabajadores de las faenas salitreras o mineras", entre las que se nombraba la supresión del sistema de pulperías y fichas, mayor seguridad en las faenas para prevenir accidentes del trabajo, y la urbanización e higienización de los campamentos y pueblos de la pampa[302]. Concluía el folleto con un reglamento en que se definía como objeto inmediato de la fundación del Partido Obrero Socialista el de "reunir todas las fuerzas proletarias del país, a fin de mejorar de común acuerdo, la suerte del proletariado", y se estipulaban las instancias organizativas (agrupaciones seccionales y consejos federales), la administración interna, las tareas partidarias y los deberes y derechos de los asociados. Estos últimos, precisaba el artículo 15, "deben observar tanto en su vida privada como pública una conducta ejemplar, alejándose de los vicios y corrupciones de que está invadida la actual sociedad, como medio de cambiar el medio ambiente social"[303].

A comienzos de 1913, y reiterando una de sus prácticas más recurrentes, Recabarren dirigió una memoria a la Internacional Socialista dando cuenta de la labor realizada por "el movimiento obrero y socialista" en Tarapacá durante el año anterior, la que puede leerse como un balance personal de la coyuntura fundacional que le había tocado protagonizar[304]. "En enero de 1912", comenzaba, "no existía en Tarapacá organización obrera ni socialista, con excepción de la Cooperativa Obrera Tipográfica que estaba en formación desde Noviembre de 1911". Desde esa fecha, continuaba, se habían fundado *El Despertar de los Trabajadores*, el Partido Obrero Socialista, la Sociedad Defensa del Trabajo de Oficios Varios (bajo cuyo alero ya se habían organizado tres gremios obreros, más otros cinco a la fecha del informe en vías de formación), y se habían dado los primeros pasos para la instalación de la antes mencionada Cooperativa Obrera de Pan, cuya puesta en marcha se verificaría en definitiva el 1º de mayo siguiente. Se consignaba también la creación del semanario anticlerical de caricaturas *El Bonete*, calificado por el intendente provincial como un órgano que no solo denostaba a la religión católica y sus ministros con un encarnizamiento que no guardaba "la decencia debida en una hoja destinada a circular en público", sino que además extendía sus ataques "a la idea

---

301   Recabarren, *El Socialismo*, 87.

302   Ibíd., 88-91.

303   Ibíd., 91-96.

304   *El Despertar de los Trabajadores*, Iquique, 18 de febrero, 1913.

de la Patria, que los que hemos nacido en su suelo, miramos con veneración"[305]. Como lo recuerda Elías Lafferte en sus memorias, estos juicios de la autoridad derivaron en una acción judicial que, al aparecer él como director responsable de la publicación, desembocaron en su primera prisión como militante obrero, cubriendo en este caso las espaldas de Recabarren[306].

La memoria enviada a la Internacional concluía dando cuenta de la realización de más de sesenta conferencias durante el año, las que habían corrido a cargo de unos veinte oradores. Se destacaba entre estos a la jovencita Rebeca Barnes, de solo catorce años de edad, y también de María Teresa Flores, cuya edad se fijaba en veintidós años, "que prestan utilísimos servicios a la propaganda emancipadora, aparte de que constituyen una novedad atractiva". Fruto de toda esta acción, sentenciaba Recabarren, "la difusión de las ideas socialistas y de organización obrera y cooperativa van difundiéndose cada día más rápidamente y la clase proletaria va convenciéndose de su necesidad". Bajo tan auspicioso contexto, el año 1913, el tercero de su residencia en Iquique, se anunciaba "muy fecundo y de resultados muy felices", pudiendo proyectarse la finalización del mismo "con algunas nuevas cooperativas y con la mitad de la población obrera organizada". Así las cosas, había resuelto iniciar inmediatamente una gira de propaganda por la vecina provincia de Antofagasta, con el propósito de "aunar la acción en las dos provincias salitreras". A su parecer, el "espíritu obrero" antofagastino se hallaba "mucho mejor predispuesto" que el de Tarapacá, aún resentido por los efectos de la matanza de 1907. En consecuencia, las perspectivas de implantación del socialismo en esa zona se le antojaban todavía más auspiciosas.

Durante los dos próximos meses Recabarren se dedicó a recorrer Antofagasta en compañía de Teresa Flores, dando conferencias y tratando de reactivar un movimiento obrero que distaba mucho del que había dejado atrás en 1906. Aunque se encontró con una provincia que exhibía una gran actividad comercial e industrial, ello no tenía su contraparte en la sociabilidad obrera: "La clase obrera no se ha preocupado mucho de organizarse para la defensa de sus intereses ni para el progreso de su clase". La principal responsabilidad de esta situación, a su juicio, recaía sobre el Partido Demócrata, "carente de prestigio y de poder moral para poder iniciar una buena obra". A sus dirigentes, denunciaba, solo les interesaba ganar elecciones para hacerse de algún cargo municipal o empleo público, dejando a un pueblo carente de entidades gremiales y educativas en la más completa orfandad. Ni siquiera existía un periódico obrero que, como ya lo venía haciendo *El Despertar de los Trabajadores* en Iquique,

---

[305]   Intendente de Tarapacá a promotor fiscal, 14 de febrero, 1913, en Archivo Intendencia de Tarapacá, vol. 31, 1913.

[306]   Elías Lafferte, *Vida de un comunista*, 98-99.

"sirviera de palanca para desarrollar aquí un programa como el de Tarapacá, que dé a los trabajadores las fuerzas necesarias para su organización"[307].

Como era su estilo, esa fue la tarea a que se contrajo desde su llegada, pronunciando conferencias sobre el socialismo (mientras Teresa Flores hacía lo propio con temas relativos a la mujer), fundando en el puerto de Antofagasta una Sociedad Defensa del Trabajo de Oficios Varios con cuarenta socios, y recorriendo las oficinas salitreras del interior donde "se oía por primera vez esta clase de propaganda"[308]. Visitó también el mineral de Chuquicamata, próximo a iniciar su explotación bajo dirección estadounidense, lo que a su juicio anunciaba "un futuro de progresos" que congregaría en un lapso de dos años a más de tres mil obreros. En previsión de dicha coyuntura, fundó allí una unión de mineros que proporcionaría "una firme base para la futura organización que dará a los mineros el poder para concluir con todas las explotaciones y con todas las tiranías"[309]. Ratificando sus impresiones anteriores, aseguraba a sus lectores iquiqueños que "será obra fácil crear en esta provincia una organización tal vez más progresista que en Tarapacá", pues "hay acá más elementos para ello". Tanto fue su entusiasmo que en un momento incluso pensó en quedarse allí, confiado en que la obra tarapaqueña ya había avanzado lo suficiente como para continuar bajo su propio impulso. "Sigo actuando en Antofagasta con éxito y sin dificultades", informaba a su correligionario santiaguino Carlos Alberto Martínez, "estoy esperando resolución de Iquique para quedarme aquí". Y volvía a insistir: "si me quedo la obra que aquí se realice será más rápida y de mejores resultados que en Tarapacá". "Es ya un hecho que me quedo en Antofagasta", agregaba pocos días después, "y antes del 1º de Abril fundo un semi-diario"[310].

Estando en Antofagasta, Recabarren pudo conocer personalmente a la conferencista anticlerical española Belén de Sárraga, invitada por él a la región salitrera en la certeza de que "tendrá aquí mucho éxito, y lo será para nosotros"[311]. Fuertemente impresionado por su imagen de mujer combativa y militante, informaba a sus lectores iquiqueños que su primera jornada de conferencias había dejado en el espíritu de los hombres sanos "una sed inmensa de reivindicaciones morales y materiales". No obstante la saña con que el clero local la había insultado y desprestigiado, agregaba, "el pueblo sencillo ha comprendido y ha endulzado la ofensa con su aplauso caluroso e insistente", tal como

---

[307]   *El Despertar de los Trabajadores*, Iquique, 11 de marzo, 1913.

[308]   *El Despertar de los Trabajadores*, Iquique, 6 de marzo, 1913.

[309]   *El Despertar de los Trabajadores*, Iquique, 8 de marzo, 1913.

[310]   Cartas de Recabarren a Carlos Alberto Martínez, Antofagasta, 8 y 13 de marzo, 1913, en Wilfredo Mayorga (ed.), *42 cartas de Luis Emilio Recabarren, maestro y profeta del pueblo* (Santiago: mimeo, 1978).

[311]   Carta de Recabarren a Carlos Alberto Martínez, Iquique, 8 de febrero, 1913; en Wilfredo Mayorga (ed.), *42 cartas*.

había ocurrido anteriormente en Iquique[312]. Tanto fue su entusiasmo que incluso le dedicó un poema, entre cuyos versos le decía: "Enhiesta surge tu frente fecunda/ grande mujer, valiente y admirable/ realiza tu labor considerable/ que la ignorancia desgraciada abunda!". Belén de Sárraga no era socialista, pero su imagen contestataria e independiente debe haberle parecido consistente con su propio afán de convocar a las mujeres populares a una lucha emancipatoria en la cual, en el caso de ellas, el peso de la religión se erguía como el obstáculo más formidable. Así lo expresaba en otros versos de su poema: "Que irradie siempre tu verbo altruista/ luciendo luz, conciencia y altivez!", pues "con dignidad inmensa y honradez/ lucha a tu lado el mundo Socialista!"[313].

En un registro más pragmático, ya de regreso en Iquique, Teresa Flores invitaría a las mujeres "de todas las edades" a formar un "centro de mujeres librepensadoras" que llevase el nombre de la activista española, tal como ya había ocurrido en Antofagasta[314]. Así nació el Centro Femenino Anticlerical "Belén de Sárraga", que para todos los efectos actuaría durante los años venideros como la rama femenina del Partido Obrero Socialista. Según recordaba Recabarren al cumplirse el primer aniversario de dicha fundación, de la "riquísima labor" desarrollada por Belén de Sárraga en la zona "solo los elementos socialistas hemos aprovechado y recogido sus enseñanzas". Gracias a la prédica de la activista española se había podido identificar al "clericalismo", con toda su carga de "mentiras y absurdos", como el equivalente femenino de la explotación de clases que abrumaba al mundo de los hombres. La emancipación política de las mujeres, por lo tanto, debía girar en torno a ese eje más que al de la miseria o la degradación moral. Al remecer las conciencias socialistas en esa dirección, concluía, Belén de Sárraga se había transformado en "nuestra alma, nuestra vida, nuestra agitación durante aquella jornada imborrable de nuestra mente"[315].

El Centro Femenino Belén de Sárraga hizo su primera aparición pública para el 1º de mayo de 1913, inaugurando una forma de manifestación política con presencia sustantiva de mujeres desconocida en la zona, y que iba a convertirse en un sello distintivo del socialismo tarapaqueño. Como se ha consignado en páginas anteriores, era este un tema que obsesionaba particularmente a Recabarren, y que pese a no tener una expresión discursiva tan radical como entre los anarquistas, cobró bajo su

---

[312]   *El Despertar de los Trabajadores*, Iquique, 8 de abril, 1913. Sobre Belén de Sárraga en general, ver Luis Vitale y Julia Antivilo, *Belén de Sárraga, precursora del feminismo hispanoamericano* (Santiago: CESOC, 2000); sobre su visita a Iquique, Elías Lafferte, *Vida de un comunista*, 87-89. En algunas publicaciones actuales el apellido de la conferencista aparece escrito como "Zárraga", pero en las fuentes de la época se escribe invariablemente con "s".

[313]   El poema "A Belén de Sárraga", firmado por Recabarren, ha sido reproducido de manera facsimilar en las imágenes del tomo 2 de la antología de Ximena Cruzat y Eduardo Devés, *Recabarren. Escritos de Prensa*, 108-109.

[314]   *El Despertar de los Trabajadores*, Iquique, 10 de abril, 1913.

[315]   *El Despertar de los Trabajadores*, Iquique, 14 de marzo, 1914.

conducción una presencia orgánica mucho más concreta, traducida en la incorporación activa de mujeres a la militancia. Fue esa también la primera vez, según expresa Lafferte en sus memorias, que "los socialistas salimos a conmemorar el día del trabajo en plena calle, fuera de los locales sindicales o partidarios", haciendo de ese festejo una suerte de proclamación simbólica de los adelantos de una idea que un año antes ni siquiera tenía existencia institucional[316]. Para *El Despertar de los Trabajadores,* informando desde el momento mismo de los hechos, la jornada había sido "una grandiosa manifestación de la conciencia y de la capacidad que ya ha alcanzado el proletariado de este puerto"[317].

Testimonios concretos de ello, además de la salida a la calle del Centro Femenino Belén de Sárraga, fueron la tan anunciada inauguración de la Panadería Obrera, así como el estreno en sociedad de una entidad supra-gremial denominada "Cámara del Trabajo", identificada en su programa fundacional como "la representación genuina de todas las organizaciones proletarias de lucha emancipadora", y como la sostenedora de "la lucha de clases que en el terreno económico los obreros oponen a la explotación y opresión"[318]. Bajo los sones de la Internacional y otros himnos obreros entonados por un recién fundado Coro Socialista, el día transcurrió entre inauguraciones y desfiles, para culminar en una velada masiva en el Teatro Nacional, con función de "biógrafo" incluida, donde el orador principal fue, naturalmente, Recabarren. Al subir al escenario, según consignó posteriormente *El Despertar,* "la enorme concurrencia le ovacionó delirantemente durante un largo rato y durante su discurso fue interrumpido a cada pasaje con ovaciones llenas de entusiasmo y fe, lo que ha demostrado que ya se arraiga en la clase organizada un verdadero cariño por el compañero que dedica su vida y la expone al peligro por empujar nuestros ideales hacia el mayor de los triunfos"[319].

Similarmente entusiasmado, Recabarren escribía a Carlos Alberto Martínez que "con motivo de la colosal sorpresa que ofrecimos el 1º de mayo, la burguesía iquiqueña está más espantada que la argentina con motivo del último triunfo", referencia esta última a los recientes avances electorales del socialismo transandino. "Los comentarios entre los burgueses no escampan", continuaba, "pues nunca se imaginaron ni el desfile ni que íbamos a tener un teatro repleto y entusiasta y sobre todo de una cultura exquisita". "Toda la prensa local", concluía, "no pudo ocultar su estupefacción y entusiasmo para reconocer como espléndida nuestra manifestación", lo que a su juicio auguraba, demostrando que las próximas elecciones se mantenían muy vivas entre sus prioridades, "que nos está reservado un colosal triunfo para 1915"[320].

---

316   Elías Lafferte, *Vida de un comunista,* 91.

317   *El Despertar de los Trabajadores,* Iquique, 3 de mayo, 1913.

318   *El Despertar de los Trabajadores,* Iquique, 1 de mayo, 1913.

319   *El Despertar de los Trabajadores,* Iquique, 3 de mayo, 1913.

320   Luis Emilio Recabarren a Carlos Alberto Martínez, Iquique, 4 de mayo, 1913, en Wilfredo Mayorga (ed.), *42 cartas.*

Durante los meses siguientes, en efecto, la presencia socialista en Tarapacá siguió en alza: la Cooperativa Obrera de Pan prosperó rápidamente, provocando serias alarmas entre las panaderías "burguesas" y motivando la formación de una cooperativa análoga en Pisagua y otra "de consumos" en Iquique. Por su parte, la Cámara del Trabajo recibió en su seno nuevas organizaciones gremiales de cargadores, panaderos, carreteros, empleados y zapateros, incluyendo esta última una sección femenina de "aparadoras[321]. Se fundó también el Centro Teatral Socialista "Arte y Revolución", bajo la dirección de Elías Lafferte, con el fin de "propender al desarrollo de la ilustración del pueblo y de la propaganda Socialista por medio de representaciones cultas e ilustrativas"[322]. Finalmente, a mediados de agosto se inauguraba la "Casa del Pueblo", local destinado a albergar bajo un mismo techo a todas las organizaciones obreras y socialistas de Iquique, siguiendo una vez más el modelo belga tan caro a Recabarren. Tras un desfile callejero poblado de insignias y banderas rojas, el mencionado dirigente arengó a los 1500 manifestantes desde el balcón de la flamante sede social afirmando que, "a despecho de los sabuesos de la burguesía, el trapo rojo, la insignia de la lucha reivindicadora de la humanidad, no solo la había clavado en alto el proletariado organizado, sino que también con justo gozo le había paseado triunfante por la ciudad"[323].

El ciclo de ascenso socialista culminó a comienzos de septiembre, cuando el POS se animó por primera vez desde su fundación a celebrar actos públicos bajo su propia convocatoria y responsabilidad. La actividad se inició en seis puntos distintos de la pampa, donde oradores como Elías Lafferte, José Zuzulich y Pedro Reyes congregaron a unas tres mil personas para escuchar la palabra socialista. "Los vivas al Partido Obrero Socialista", informaba exultante *El Despertar*, "han cruzado la pampa salitrera en su mayor entusiasmo, y en estos momentos los trabajadores de más de 70 oficinas leerán con alegría esta sencilla relación que les lleva el eco de la obra Socialista"[324]. Una semana después le correspondió el turno a Iquique, donde unas dos mil personas, "por sobre una tempestad de siniestras amenazas que llegaban hasta nosotros y se difundían por la población para quitarle concurrencia", convergieron en la plaza principal para escuchar a los diversos oradores y oradoras. Recabarren, encargado como siempre del discurso principal, afirmó que con ese acto el POS tomaba plena carta de ciudadanía,

---

[321]   Teresa Flores dedicaba a esta expresión de sociabilidad obrera femenina las siguientes palabras: "Por falta de sociedades y de espíritu de asociación entre los trabajadores, hay muchos hombres de sentimientos brutales y hay también gran abundancia de mujeres ignorantes y desgraciadas incapaces de prepararse por sí mismas una vida siquiera llevadera. Felizmente para nosotras ha llegado un momento feliz con el desarrollo de nuestras sociedades, que bajo una actividad socialista, vienen agrupando a los pobres para disminuir sus desgracias", *El Despertar de los Trabajadores*, Iquique, 20 de mayo, 1913.

[322]   *El Despertar de los Trabajadores*, Iquique, 8 de mayo, 1913.

[323]   *El Despertar de los Trabajadores*, Iquique, 12 de agosto, 1913.

[324]   *El Despertar de los Trabajadores*, Iquique, 2 de septiembre, 1913.

pues "desde su fundación el partido no había salido hasta el comicio público". Aludió también al ejemplo de cultura cívica brindado por las manifestaciones socialistas, lo que marcaba un rotundo contraste con la corrupción instalada desde hacía muchos años en la política provincial por el dominante partido balmacedista. "La única expresión de cultura que he visto en Iquique", señalaba un visitante francés, "es el Socialismo"[325]. Pocas semanas antes, y en alusión a las cooperativas obreras fundadas bajo el alero del POS, Alejandro Escobar y Carvallo había emitido juicios igualmente laudatorios de la acción liderada por Recabarren: "Presentando solo la principiante obra de Iquique, dijo que era la primera vez en Chile que se llevaban a la práctica los pensamientos socialistas, y que le tocaba a Tarapacá dar este hermoso ejemplo de hechos que empiezan a dar el bienestar al proletariado"[326]. Según todos los indicios, y pese a lo que podría haber implicado la atrevida y tan demorada ruptura con el Partido Demócrata, lo conseguido hasta ese momento parecía justificar plenamente las expectativas cifradas en la desértica provincia, y en la región salitrera en general.

Así lo demostraba no solo la acogida que había tenido la visita de Recabarren y Teresa Flores en Antofagasta, sino incluso el impacto que comenzaba a tener *El Despertar de los Trabajadores* en todas las localidades de la región. El futuro líder comunista Salvador Ocampo, a la sazón un niño de solo diez años empleado en el puerto de Tocopilla, recuerda cómo un grupo de diez o doce cargadores del muelle esperaba impacientemente la llegada de dicho periódico desde Iquique. "A la hora del almuerzo", relata, "yo veía que ellos leían a lo más los títulos del diario con mucha dificultad y se lo guardaban". Enterados de que él sabía leer, comenzaron a pedirle que se los leyera en voz alta, especialmente "lo que dice Recabarren". Ante el señalamiento de Ocampo de que en muchas ediciones no figuraba ningún artículo firmado por el dirigente socialista, los cargadores le advertían que debía leer el editorial, perfectamente enterados de que allí se volcaba "la palabra de Recabarren". También concitaba su atención la sección de cartas al director, donde cientos de corresponsales sureños trataban de obtener noticias de sus familiares emigrados al norte, demostrando así la popularidad que había ido adquiriendo en el mundo obrero la hoja editada en Iquique por Recabarren. A sus labores de conductor político e ideológico, por tanto, había este ido agregando la de mensajero predilecto de las familias populares[327].

Sin embargo, no todo se aspectaba igualmente auspicioso para el naciente proyecto socialista, demostrando que el arraigo de Recabarren en la zona no estuvo libre de obstáculos o resistencias. Los nubarrones comenzaron a aparecer durante

---

[325]   *El Despertar de los Trabajadores*, Iquique, 9 de septiembre, 1913.

[326]   *El Despertar de los Trabajadores*, Iquique, 17 de junio, 1913.

[327]   José Miguel Varas, *Los tenaces*, 10-11.

su ya recordada visita a Antofagasta, cuando un grupo de militantes encabezados por Salvador Barra Woll comenzó a cuestionar la forma en que se venía gestionando *El Despertar de los Trabajadores*. Particular recelo les causaba la tardanza de su fundador para traspasar a la Cooperativa Tipográfica la propiedad plena de la empresa, tal como se había comprometido a hacerlo al momento de su creación. Ante dichos cuestionamientos, refrendados por la designación de Nicolás Aguirre Bretón como administrador del periódico, a comienzos de abril Recabarren regresó intempestivamente de Antofagasta, donde como se recordará había pensado radicarse de manera definitiva. El restablecimiento de su autoridad, que consideró injustamente impugnada, provocó el quiebre total con el grupo disidente, al que caracterizó despectivamente ante Carlos Alberto Martínez como "Aguirre Bretón y otros tres o cuatro canallas más, decididos a obstaculizar nuestra obra porque no se les dio campo a sus ambiciones"[328]. Su cólera se focalizó particularmente en Barra Woll, quien como se sabe se convertiría posteriormente en un reconocido dirigente del POS y del Partido Comunista de Chile. En un artículo titulado "Era una víbora venenosa", y aludiendo veladamente a su origen no proletario en un partido que abrumadoramente sí lo era ("él, que siempre era mirado con recelo, y de quien siempre se esperó la traición"), lo acusaba de ser un infiltrado balmacedista empeñado en hundir la naciente organización socialista[329]. "El acercamiento de la lucha electoral y el progreso de nuestra buena obra", aseguraba más adelante, "hace trabajar a los enemigos". En todo caso, no dudaba que estos "quedarían arrojados al muladar de los residuos sociales por su propia obra", como correspondía a verdaderos "judas y traidores"[330].

Por su parte, y desde las columnas del diario radical *El Tarapacá*, el grupo disidente publicó un remitido titulado "Señor mitiga tus iras, ten piedad de nosotros". Junto con exponer su versión de la ruptura, insistiendo en el mal manejo de los fondos de *El Despertar*, la crítica se hacía extensiva al accionar general de Recabarren, incluyendo juicios que por su continua reiteración en conflictos y disidencias pasadas y futuras vale la pena consignar. Para los detractores encabezados por Barra Woll, Recabarren era poco más que un charlatán envanecido con su presunta superioridad intelectual y acostumbrado a vivir a costa de los "pobres de espíritu" engañados por su oratoria, además de padecer una verdadera obsesión por llegar al Parlamento. "¿En qué ha trabajado el apóstol durante su estadía en la provincia?", se preguntaban irónicamente, solo para responderse: "Todos lo saben: paseos arriba y abajo; preparación de los trabajos electorales, propaganda de su candidatura, colectas mal invertidas y por último", en probable referencia a su última gira a Antofagasta, "hasta paseos veraniegos

---

[328]   Recabarren a Carlos Alberto Martínez, Iquique, 16 de junio, 1913, en Wilfredo Mayorga (ed.), *42 cartas*.

[329]   *El Despertar de los Trabajadores*, Iquique, 20 de mayo, 1913.

[330]   *El Despertar de los Trabajadores*, Iquique, 24 de mayo, 1913.

con el dinero de las cajas de esas organizaciones que tanto dice amar". Para concluir, le reprochaban "que con nuestro cuerpo se hizo un pedestal sobre el que hoy se ejerce orgulloso sin acordarse de los días en que comía por nosotros y vivía cómodamente sacrificando la miseria de nuestras familias"[331]. Tras esas furibundas palabras, los disidentes levantaron tienda aparte a través de un "Centro Mixto Instructivo Trabajo", desde el cual siguieron criticando a Recabarren y su obra. Al aproximarse las elecciones de 1915, sin embargo, Barra Woll volvería a la esfera pública reincorporado al POS y reconciliado con su fundador, señalando que su salida del partido había sido fruto de un mero "incidente"[332].

Comparativamente mucho más dañino resultó ser un conflicto que enfrentó a Recabarren con el gremio de cargadores de bahía, la organización obrera más antigua y prestigiada de la zona, cuna de la mítica y pionera Mancomunal de Iquique. Hasta la formación de la Cámara del Trabajo, otra iniciativa del fundador del POS, las relaciones habían sido razonablemente cordiales. Al incorporarse los cargadores a dicha instancia federativa, sin embargo, objetaron la presencia en ella del Partido Obrero Socialista, así como del Centro Femenino y la Cooperativa de Pan, por considerar que solo debían integrarla entidades netamente gremiales. En su defensa, la militancia socialista argumentó que la Cámara del Trabajo debía ser "el refugio central de toda clase de organizaciones de lucha emancipadora", asegurando que no era su intención hacer de ella un espacio de proselitismo político, como parecían temer los cargadores y otros gremios de opinión afín, como fundidores y lancheros[333]. Por otra parte, no estimaban razonable separar la militancia gremial de la política, menos tratándose de un partido obrero como el POS: "La clase trabajadora organizada simpatiza estrechamente con el Partido Obrero Socialista que esa misma clase forma, y no es serio ni juicioso negar lo que existe"[334]. Agregaba más adelante Recabarren desde las páginas de *El Despertar:* "El Partido Socialista se ha ganado justamente las simpatías de que hoy goza, porque su labor en Tarapacá ha sido eficaz y salvadora. A la sombra de su propaganda el proletariado crece en calidad y cantidad conquistando en todas partes el respeto que merece"[335].

Poco convencidos por esas razones, los cargadores rompieron con la Cámara del Trabajo y acusaron a Recabarren de promover prácticas divisionistas, pretendiendo

---

[331]   *El Tarapacá*, Iquique, 17 de mayo, 1913.

[332]   *El Despertar de los Trabajadores*, Iquique, 12 de enero, 1915; sobre la trayectoria futura de Salvador Barra Woll, ver Rolando Álvarez Vallejos, "La herencia de Recabarren en el Partido Comunista de Chile: visiones comparadas de un heredero y un camarada del 'Maestro'. Los casos de Orlando Millas y Salvador Barra Woll", en *Fragmentos de una historia. El Partido Comunista de Chile en el siglo XX. Democratización, clandestinidad, rebelión (1912-1994)* (Santiago: ICAL, 2008).

[333]   *El Despertar de los Trabajadores*, Iquique, 16 de agosto, 1913.

[334]   *El Despertar de los Trabajadores*, Iquique, 21 de agosto, 1913.

[335]   *El Despertar de los Trabajadores*, Iquique, 23 de agosto, 1913.

formar un gremio "a su antojo" ante la resistencia del gremio legítimo a tolerar "su audaz proceder de ambiciones personales"[336]. Como esta denuncia se canalizó a través de la prensa balmacedista, el bando socialista culpó a ese partido de la campaña protagonizada por el gremio disidente, haciendo de él un instrumento apenas velado de una acción burguesa destructora de la organización obrera. Recordaba Recabarren al respecto que al inaugurarse la Casa del Pueblo los cargadores habían izado "la bandera azul del balmacedismo corrompido, en vez de la bandera roja que enarbolaban todos los demás gremios de la localidad". Sin hacerse cargo de tales acusaciones, los gremios marítimos respondieron con un discurso cercano al sindicalismo "puro", presagio del ascendiente que sobre ellos prontamente adquirirían las ideas anarco-sindicalistas. Desestimando la utilidad de cualquier acción política, afirmaron la primacía de la acción directa como herramienta de lucha, lo que llevó al *Despertar de los Trabajadores* a responder que "si el pueblo trabajador, explotado y oprimido, no se defiende políticamente, dejará el poder político en manos de sus actuales opresores". "El que aconseja a los trabajadores no preocuparse de la cuestión política", denunciaba un indignado Recabarren, "hace una traición, porque desarma al trabajador frente a su explotador armado". "Con este proceder y con esa propaganda", remachaba, "sirven maravillosamente la política burguesa, especialmente la balmacedista"[337].

No conformes con mantener la disputa en el campo de las meras palabras, los cargadores emprendieron una acción sistemática contra todas las organizaciones vinculadas al POS, expulsándolas de la Casa del Pueblo, llamando a boicotear al *Despertar de los Trabajadores* y fundando un periódico rival titulado *El Proletario*. "A la víspera de cada campaña electoral", fulminaba el periódico de Recabarren, "el balmacedismo ha organizado un llamado Partido Obrero con el objeto de atraer obreros inconscientes". En esa misma línea, el recién fundado *Proletario* se presentaba como propaganda obrera y socialista, "pues así es el mejor modo de embaucar"[338]. Sin arredrarse ante estas nuevas acusaciones, y en un golpe particularmente duro para su ahora adversario, los cargadores aprovecharon su condición de accionistas de las Cooperativas de Pan y Obrera de Consumos para apoderarse de su conducción y expulsar de ellas a sus fundadores. Recordaba meses después el acongojado líder socialista en relación con la Cooperativa de Pan, uno de los proyectos en los cuales había cifrado las mayores expectativas, que tras haber llegado a amasar más de cuarenta quintales diarios de harina había sido infiltrada y destruida por los cargadores. Convertidos en mayoría en todas las últimas asambleas, "los vimos atacar a los socialistas brutalmente,

---

[336]   Hoja impresa titulada "Los socialistas traicionando a los trabajadores convertidos en serviles instrumentos del capital", incluida en el Archivo Intendencia de Tarapacá, vol. 8, 1912, Oficios Varios 1912-1914.

[337]   *El Despertar de los Trabajadores*, Iquique, 25 de septiembre, 1913.

[338]   *El Despertar de los Trabajadores*, Iquique, 27 de septiembre, 1913.

arrojándoles de la administración y del comité y reemplazándolos en todas partes". Una vez que esa mayoría se hubo apoderado de todo, "no hubo más reuniones, no hubo más trabajo y se dejó todo consumir de anemia porque así era el plan, hasta que desapareció toda la acción cooperativa". Conclusión: "Hoy el precio del pan y su calidad son peores que antes que funcionaran las cooperativas. Así lo ha querido el pueblo"[339].

Cuando ya concluía el año 1913, Recabarren se vio en la obligación de defender personalmente su labor ante el implacable asedio de sus detractores marítimos. Apelando a "todos los trabajadores, y en especial a los trabajadores de la bahía", acusó a los cargadores de querer "quitarme toda la influencia que suponen pueda yo tener", afirmando que "no descansarán hasta que todos se convenzan que soy un hombre malo, que soy un negociante y que solo quiero explotar a los obreros". Para rebatirlos, pasaba revista a todas las organizaciones que había promovido desde su llegada a la provincia, en tanto que ellos se mantenían "relegados y aislados, mudos e inactivos en su antiguo local de la calle Amunátegui esquina de Esmeralda". De ese marasmo solo había venido a sacarlos la invitación de la Sociedad de Oficios Varios a formar la Cámara del Trabajo, misma que después utilizaron para sembrar la cizaña y destruir todo lo creado. "Pretenden los cargadores con su propaganda", se lamentaba, "hacerme daño personal, y no ven, los desgraciados, que el mal solo se lo hacen ellos mismos y se lo hacen a sus demás compañeros". En su ciego afán divisionista, lejos de aportar al engrandecimiento del "poder orgánico de la masa obrera", inducían más bien "al enfriamiento que desorganiza, el alejamiento que aísla y que obliga al obrero a abandonar todo propósito de emanciparse". Y agregaba: "Cuando insultan a los socialistas, afirman el poderío de sus opresores; cuando debilitan una organización, apuntalan el edificio burgués en los momentos en que corre riesgo de desplomarse". "La diferencia de ideas entre vosotros y los socialistas", concluía en tono levemente conciliatorio, "debe ser solo punto de discusión, pero nunca causa de ataque y de división"[340].

Prácticamente al mismo tiempo que intentaba propiciar esta suerte de tregua hacia el mundo sindical, se abrió para Recabarren un nuevo frente de lucha con sus antiguos correligionarios del Partido Demócrata, respecto de los cuales había prevalecido una relativa aunque curiosa calma desde el momento posterior a la ruptura. En una suerte de ironía de la historia, lo que desató los fuegos fueron sus ataques contra la Federación Obrera de Chile, llamada a jugar un papel tan determinante en su futuro quehacer político y social. Ya en el mes de mayo de 1913 Recabarren había escrito un duro artículo sobre esa organización, por ese entonces todavía de carácter eminentemente mutualista, enrostrándole particularmente sus supuestos vínculos con la Iglesia (su fundador, el abogado Paulo Marín Pinuer, estaba estrechamente asociado al Partido

---

³³⁹   *El Despertar de los Trabajadores*, Iquique, 21 de marzo, 1914.
³⁴⁰   *El Despertar de los Trabajadores*, Iquique, 25 de diciembre, 1913.

Conservador[341]). "El clericalismo", denunciaba, "mañosamente está introduciéndose al seno mismo de los trabajadores". Y abundaba: "Con la habilidad que nunca le falta ha organizado a un buen número de los trabajadores de los ferrocarriles y con el nombre pomposo de Gran Federación Obrera de Chile, ha organizado secciones en todos los pueblos donde hay maestranzas de ferrocarriles". Resaltando tangencialmente la complicidad de los demócratas en esta operación, concluía señalando que "esa organización no es otra cosa que un gran narcótico con que engañan y encadenan a los trabajadores, haciéndoles dormir, con esperanzas y nada más"[342].

Terminando el año, Recabarren arremetió nuevamente contra la Gran FOCH a propósito de la decisión de su seccional San Fernando de hacer bendecir su estandarte por un sacerdote. Decía al respecto desde las columnas de *El Despertar:* "La Gran Federación Obrera de Chile, ya lo hemos dicho otra vez, es solo una Sociedad clerical, encaminada a acorralar a los obreros para garantizar la libertad de explotar", para luego agregar: "Es muy triste contemplar a los obreros, cómo voluntariamente se ponen el más servil de los yugos y amarran todo su porvenir". En defensa de la cuestionada organización saltó Eduardo Gentoso, antiguo aliado de sus tiempos de militancia demócrata, dirigente ferroviario y redactor principal de *La Locomotora,* órgano nacional de expresión de la Federación de Maquinistas y Fogoneros "Santiago Watt". En una serie de artículos titulada "Sectarismo socialista", Gentoso fustigó a su excorreligionario, a quien calificó de "saltimbanqui político" y de "renegado, tránsfuga y traidor de la Democracia", por sus ofensas gratuitas y mal intencionadas hacia un gremio obrero digno de mayor respeto. "Nosotros no comprendemos", argumentaba en una veta similar a las críticas formuladas por el propio Recabarren contra los cargadores iquiqueños, "cómo un órgano que se titula socialista, que debe trabajar por estrechar la unión de la clase obrera, por organizar y despertar el espíritu de asociación entre los trabajadores, se preocupe de dividir, de desprestigiar y de disolver asociaciones organizadas, que prestan reales y positivos servicios al bienestar y prosperidad de sus asociados". La única explicación posible, concluía, era la incapacidad del "eminente sociólogo e infalible director y organizador de sociedades obreras" –juicio destacado en irónicas cursivas– de ver con buenos ojos "el progreso creciente de una asociación que él no ha organizado y que para tomar una resolución, o un acuerdo cualquiera, no pide su venia"[343].

---

[341]   La historia de los primeros años de la Federación Obrera de Chile ha sido reconstruida y analizada por Francisca Durán Mateluna en su tesis de licenciatura "La Federación Obrera de Chile, 1909-1921: de la organización mutual al frente común", Pontificia Universidad Católica de Chile, 2001.

[342]   *El Despertar de los Trabajadores,* Iquique, 27 de mayo, 1913.

[343]   *La Locomotora,* Santiago, 27 de diciembre, 1913. Las citas de *El Despertar de los Trabajadores* aparecen como epígrafe a este y otros artículos de Gentoso; no se ha podido encontrar la referencia original.

En ediciones sucesivas de *La Locomotora* las críticas de Gentoso fueron subiendo exponencialmente de tono. Se focalizaron estas primeramente en la intolerancia y sectarismo de Recabarren, incapaz de reconocer que la bendición de un estandarte no era más que un gesto de unidad y respeto hacia los trabajadores que albergaban sentimientos religiosos, sin que ello implicara la adhesión corporativa hacia ningún credo político o religioso: "El acto de bautizo a que asistieron era solo una demostración elocuente, de que en el seno de la Sociedad no existían odios ni luchas religiosas y que en consecuencia, todo trabajador, creyente o no creyente, nacional o extranjero, conservador o radical, demócrata o socialista, etc., encontraría el más absoluto respeto a su sentimentalismo religioso, patriótico y político". Desconocía por tanto el derecho del "Sumo Pontífice del Socialismo Iquiqueño" para descalificar a una organización que tenía una larga tradición de defensa obrera, incluyendo la fundación de cooperativas "mucho antes de que él organizara la cooperativa del pan en Iquique"[344]. De allí pasaba a ocuparse de la vinculación que establecía Recabarren entre la FOCH y el Partido Demócrata, calificado en el mismo artículo de *El Despertar* como "verdadero verdugo que solo se ocupa del triste papel de amarrar las manos, y de oscurecer la conciencia de los obreros para que nunca alcancen la libertad". Lo que se perseguía con estas imputaciones calumniosas, aseveraba Gentoso, era desautorizar cualquier iniciativa que no se ajustase a sus inspiraciones, "dárselas de sabio, de puritano, de caudillo formidable", y constituirse en el único pero falso "apóstol del Socialismo"[345].

Para fundamentar esta última acusación, el director de *La Locomotora* publicó una serie de nueve artículos titulados "Recabarren y el Socialismo", cuyo objeto era desmentir el carácter de tal del autodenominado "apóstol". No podía llamarse socialista, argumentaba Gentoso, quien "lucraba con las doctrinas" y "mistificaba a las masas trabajadoras" solo para "servir sus intereses y ambiciones personales", como tampoco quien insultaba a las asociaciones obreras solo por no pensar de la misma forma ni aceptar sus consejos. Citando profusamente a Liebknecht, Jaurès y los socialistas belgas, e invocando el ejemplo de las luchas sindicales europeas, cuestionaba las credenciales socialistas de quien ponía sus propias concepciones doctrinarias por encima de la unidad obrera y descalificaba la acción de organizaciones que contribuían a la causa común. Y para concluir, sometía a juicio la propia conducta personal de Recabarren, tan dado a erigirse en modelo de corrección y "puritanismo". ¿Podía calificarse de correcto, se preguntaba, alguien que había robado los fondos del antiguo periódico *La Reforma* para huir a la Argentina "y de ahí irse a pasear por Europa"? ¿Podía calificarse de desinteresado alguien que se había guardado el dinero recolectado entre los trabajadores para pagar su fianza cuando cayó preso en Pisagua, o

---

[344]   *La Locomotora*, Santiago, 1 de enero, 1914.

[345]   *La Locomotora*, Santiago, 10 de enero, 1914.

que "para vivir sin trabajar organiza sociedades cooperativas de imprenta, de consumo, etc.? Por último, ¿podía dar lecciones de moralidad quien no había trepidado en dejar abandonados en la capital a su esposa e hijo legítimo "para que imploren poco menos que la caridad pública", y todo "por hacer vida marital en el norte con una mujer, que según lo afirman personas que la conocen, es de dudosa moralidad"? Y remachaba: "¡Ese padre cruel, desnaturalizado, infame e inhumano, merece un pedestal de gloria, porque lleva en su rostro la careta del socialismo y predica con sus labios impuros las doctrinas socialistas!"[346]

Lejos de amilanarse ante esos ataques, Recabarren respondió a Gentoso con la misma moneda. En un artículo titulado "La baba de los sacristanes y esbirros" reiteró sus acusaciones a la FOCH y al Partido Demócrata, sindicando a este último de no haber hecho otra cosa durante sus veintiséis años de existencia que "vender la organización en masa, a los partidos burgueses", y acusándolo de calumniarlo única y exclusivamente por sentir "que la fuerza socialista penetra en todas partes derrumbando los prejuicios sostenidos por los falsarios que se vistieron con la túnica de la democracia para que el pueblo no conociera que eran sus verdugos, que eran sus rufianes, porque los dirigentes del partido demócrata solo han sido rufianes de blancos"[347]. Saliendo al paso de los cargos de intolerancia que se le proferían, afirmaba: "los socialistas convencidos de la verdad de nuestra idea, no probaríamos tener amor y fe en ella si fuéramos tolerantes con las prácticas que hoy son diques que atajan el progreso del socialismo". Y precisaba: "Porque estamos absolutamente convencidos de nuestro ideal es que no podemos ser transigentes ni tolerantes con los absurdos que embrutecen a los pueblos y los esclavizan en su desgracia", tales como la explotación capitalista, el militarismo o las creencias religiosas[348].

En cuanto a las acusaciones personales, su defensa partía por recordar que la administración financiera de *La Reforma* nunca había estado en sus manos, y que al formular la prensa burguesa esos mismos infundios en 1906, todos los demócratas, incluido su actual acusador, lo habían liberado públicamente de tales cargos[349]. Por lo demás, no eran sus antiguos correligionarios los más indicados para enseñarle "moralidad doméstica", pues nunca habían promovido el progreso social de la mujer, incurriendo además reiteradamente en infidelidades conyugales, paternidades ilegítimas y violencia intrafamiliar. El origen de todos estos ataques, concluía, era el éxito de la propaganda socialista y "el estrepitoso derrumbe del mal llamado partido demócrata", cuyos caudillos, "reconocidos como reclutadores de carneraje, lanzan sus

---

[346]   *La Locomotora*, Santiago, 14 y 21 de febrero, 7, 21 y 28 de marzo, 4, 11 y 18 de abril, 1914.

[347]   *El Despertar de los Trabajadores*, Iquique, 24 de enero, 1914.

[348]   *El Despertar de los Trabajadores*, Iquique, 12 de febrero, 1914.

[349]   *El Despertar de los Trabajadores*, Iquique, 17 de marzo, 1914.

terribles alaridos al ver secarse las ubres de la corrupción, que se secan por el despertar del pueblo, y en sus alaridos muerden la intachable reputación de los socialistas". El Partido Demócrata, en fin, estaba conformado por "tahúres, jugadores de carreras, borrachos, contratistas, corredores electorales y reclutadores de carneros", y solo por denunciarlo "Recabarren es hoy el más malo de los hombres"[350].

Llegadas las cosas a este punto, otro antiguo militante obrero aún inscrito en las filas del denostado partido, Alejandro Escobar y Carvallo, intentó un llamado a la cordura. Escribiendo desde *El Heraldo* de Concepción, y encabezando su reflexión con una cita que proclamaba que "la Democracia es el Socialismo", aseveraba que no había razón para establecer diferencias taxativas entre uno y otro ideal. "La Democracia americana", argumentaba en referencia al Partido Demócrata, "es el Socialismo europeo adaptado a otras condiciones de tiempo y de lugar". Tal vez el Partido Demócrata chileno no cumpliese en toda su amplitud las aspiraciones del socialismo, pero no por eso se justificaba levantar tienda aparte sin darle a esa antigua organización obrera la posibilidad de evolucionar en el sentido adecuado. Lo que había precipitado esta prematura escisión, reconocía Escobar y Carvallo, había sido la mezquina actitud del directorio general frente a las legítimas aspiraciones electorales de Recabarren, pero ello en ningún caso justificaba la "cruda guerra a la Democracia y a sus dirigentes y representantes" desatada por este último, ni el lenguaje "violento y ofensivo" con que se había referido a la Gran FOCH, "faltando a los respetos que se merece toda colectividad de hombres dignos y libres". Reconocía en todo caso que tampoco él era merecedor de las ofensas infligidas por Gentoso, indignas de su vasta trayectoria como dirigente y periodista obrero: "Es injusta y censurable la campaña contra Luis E. Recabarren, el Mártir de las luchas proletarias en Chile durante los dos últimos lustros de la historia nacional". En suma, exhortaba a los dos bandos a "cesar esta lucha pequeña y fea, en que socialistas y demócratas se hallan empeñados, para mengua de su prestigio y ventaja del enemigo común". Nada tenían que reprocharse unos y otros, "pues todos son carne de pueblo, alientan una misma alma, y juntos han vivido y han luchado por la memoria de sus padres y el porvenir de sus hijos"[351].

La gestión pacificadora de Escobar y Carvallo no encontró mucha acogida entre sus destinatarios. En medio de la polémica entre Recabarren y Gentoso llegó a Iquique el diputado demócrata Lindorfo Alarcón, comisionado para reorganizar el partido en la zona, "revuelto desde hace algún tiempo", según reconoció a la prensa proclive, por la intromisión en él de "malos elementos"[352]. Esta gestión dio inicio a una nueva

---

[350]   *El Despertar de los Trabajadores*, Iquique, 26 y 28 de marzo, 1914; la polémica entre Recabarren y Gentoso también ha sido analizada por Francisca Durán en su tesis "La Federación Obrera de Chile", 48-57.

[351]   Reproducido en *La Voz del Obrero*, Taltal, 18 de junio, 1914.

[352]   *El Proletario*, Tocopilla, 8 de abril, 1914.

arremetida en contra del dirigente iquiqueño, esta vez desde la prensa demócrata del norte, incluido *El Proletario* de Tocopilla, que él mismo había fundado años atrás. Desde sus páginas se le endilgaron epítetos como "apóstata", "ofuscado" y "falso socialista", los que fueron subiendo de frecuencia e intensidad con motivo de una gira que emprendió por esos meses a la provincia de Antofagasta. "El pseudo socialista, ¿a qué vendrá a Tocopilla?", se titulaba una crónica de *El Proletario* cuyo principal propósito era acusarlo de colusión con el balmacedismo (tal como él lo hiciera poco antes con los cargadores de Iquique), y adjudicar su viraje hacia el socialismo exclusivamente a su despecho por no haber sido favorecido por la candidatura demócrata a diputado: "Recabarren es un gran farsante que no ha profesado ni profesa ninguna doctrina política, y que mañana cuando los socialistas de Iquique (que son escasísimos) no quieran soportar tanta falsía ni acceder a sus absurdas pretensiones, el pseudo apóstol levantará su tienda en otro campo más de su conveniencia"[353].

Particularmente dolorosas deben haberle resultado las palabras de su antiguo camarada Gregorio Trincado, artífice de su primera incursión al norte salitrero. En un artículo publicado en el mismo órgano bajo el título "Un recuerdo del pasado", el antiguo dirigente mancomunal responsabilizaba a Recabarren directamente de la represión sufrida por esa institución durante su gestión como director del periódico corporativo: "Como motejaba al ejército y autoridades en forma tan violenta, el fruto mayor recibido de este canalla se dejó ver bien pronto, mató la sociedad y le hizo perder la imprenta"[354]. En fin, otra nota lo acusaba de haber perdido la diputación obtenida en 1906 por "mera fatuidad" (no haber querido prestar el juramento correspondiente), y remachaba: "Los individuos traidores de su causa y de sus hermanos, no merecen ser recordados ni siquiera en sus buenas obras, porque parece que estas desaparecieran con solo el primer paso de retroceso de su andar"[355].

No queriendo quedarse corto en sus respuestas, Recabarren acusó a "los borrachos y degenerados que en Taltal y Tocopilla dirigen el llamado Partido Demócrata" de sumarse a la campaña en su contra "porque no encuentran otro modo de combatir el socialismo que avanza hermosamente reuniendo lo más sano de la clase proletaria de esta región del salitre". Recordando su acción pasada en esas localidades, afirmaba que "mi labor activa dio a los demócratas de Tocopilla una mayoría municipal para que sirviera los intereses del pueblo trabajador, pero esa mayoría se corrompió también y lo único que ha hecho es lucrar como todos los partidos burgueses"[356]. Proyectando estas críticas a un plano más general, en un artículo titulado "¿Qué labor ha hecho el Partido Demócrata?"

---

[353]   *El Proletario*, Tocopilla, 21 de julio, 1914.

[354]   *El Proletario*, Tocopilla, 23 de julio, 1914.

[355]   *El Proletario*, Tocopilla, 25 de julio, 1914.

[356]   *El Despertar de los Trabajadores*, Iquique, 12 de mayo, 1914.

denunciaba su incapacidad para mantener un órgano de prensa permanente o para instruir al pueblo mediante conferencias periódicas, lo que era atribuible a los vicios que "no dejan tiempo a los demócratas para formar su propia cultura". Junto con ello, y pulsando una cuerda clasista, señalaba que "los antagonismos de clases y costumbres, sus intereses opuestos, como obreros unos y pequeños industriales y comerciantes otros, no han podido ser nunca conciliados ni encauzados a un propósito elevado". Y concluía, desafiante: "¿Para qué sirve una colectividad así? ¡Para nada, para nada!"[357].

Razonablemente impactado por esta seguidilla de conflictos y acusaciones, hacia mediados de 1914 Recabarren comenzaba a dar claras muestras de desaliento respecto de su misión tarapaqueña. Escribiendo a *La Vanguardia* de Buenos Aires a comienzos de ese año, confesaba que sus esfuerzos naufragaban en medio de "un pueblo, de un ambiente y de una atmósfera, que si ustedes estuvieran aquí una semana considerarían un verdadero martirio". La mayoría de los trabajadores, continuaba, "me considera un explotador y un vividor. *El Despertar* es para explotarlos; las organizaciones para vivir de las cuotas, y así por el estilo. Dicen que yo solo estoy acumulando dinero para irme". Y concluía: "Hay momentos en que quisiera huir de aquí, abrasado por la debilidad de los amigos y por la infamia de los enemigos, unido a un clima atroz, donde no se ve sino pampas desiertas o pueblos sin árboles"[358].

La clase obrera tarapaqueña, se lamentaba algunos meses después, se entregaba mansamente a un verdadero "suicidio moral". Habiendo en Iquique más de cinco mil proletarios, precisaba, "no hay más organización de lucha que el Partido Obrero Socialista y, en nuestro sentir, no es bastante, puesto que en sus filas no hay un centenar de personas". El resto, agregaba, se entregaba mansamente a la explotación y a la brutalidad de sus condiciones de vida y trabajo, alejándose "de toda acción educadora, de toda unión, de fraternizar con los demás pobres", prestando en cambio oídos a las mentiras y calumnias sembradas por "el enemigo del bienestar obrero". Si efectivamente actuaban en su seno oportunistas, como sus enemigos lo calificaban a él, "comprobadlo con calma y conciencia, y separadlos de vuestro lado como a un leproso". Pero en ningún caso debían dejarse hundir en un estado de inacción, abandonando los medios de lucha que solo los socialistas habían sido capaces de promover: "Organizad de nuevo vuestros gremios; haced resurgir nuevamente la idea de mejorarnos por medio de las cooperativas y prepararnos para conquistar el Municipio que con todo eso principiará la era de bienestar"[359].

---

[357]   *El Despertar de los Trabajadores*, Iquique, 16 de mayo, 1914.

[358]   *El Despertar de los Trabajadores*, Iquique, 27 de enero, 1914.

[359]   *El Despertar de los Trabajadores*, Iquique, 9 de abril, 1914.

En medio de este enrarecido clima, Recabarren se enfrascó en una nueva polémica, revestida en todo caso de una mayor trascendencia y proyección doctrinaria. Durante los festejos del 1º de mayo de 1914, el vapuleado líder socialista fue interpelado por el director del diario *El Nacional* por su prédica supuestamente antipatriótica (según lo reporteó *El Mercurio* de Santiago, sus palabras "insultaban al Ejército y a la Patria"[360]), cargo que, como se ha visto, lo perseguía desde los lejanos días de la Liga de 1911. Como lo recuerda Lafferte en sus memorias, "desde una esquina de la plaza, un provocador gritaba, de vez en cuando, interrumpiendo a los oradores". Al subir Recabarren al estrado, el "provocador" lo llenó de insultos "como mentiroso, calumniador y antipatriota, calificativo que en aquella época se usaba mucho para señalar a todo el que no fuera un chovinista recalcitrante". El incidente derivó en un debate formal en el Teatro Variedades, donde ambos polemistas tuvieron ocasión de desarrollar sus argumentos con mayor detenimiento.

Para Recabarren, el "amor verdadero por la patria" no consistía en glorificar la guerra o las banderas nacionales, símbolo estas últimas del holocausto de las clases obreras conducidas ciegamente a la muerte. El verdadero patriotismo era el profesado por los amantes de la paz y del progreso de la Humanidad, como lo eran los socialistas. Así lo comprobaba diariamente su labor de educación y dignificación de las grandes mayorías nacionales y su prédica del amor entre las naciones, única forma de evitarle a la propia los horrores de la destrucción y la guerra. A diferencia de las banderas nacionales, concluía, la bandera roja del socialismo no guiaba ejércitos, sino que "guiaba a la familia hacia la paz, hacia el amor, hacia la fraternidad universal de los pueblos". Frente a dichos argumentos, y siguiendo nuevamente a Lafferte, el director de *El Nacional* se habría limitado a "citar a O'Higgins, Carrera, Manuel Rodríguez, las batallas de Chacabuco, Maipú y Rancagua, haciendo, en fin, un recuento de las glorias militares chilenas", lo que habría suscitado un sarcástico "¡no queremos que nos vengai a hacer clases" de parte de la concurrencia obrera. El debate habría concluido, siempre según Lafferte, en un triunfo inapelable y apoteósico de Recabarren, quien habría sido sacado en andas por sus partidarios, aunque cabe consignar que en la versión de *El Mercurio* el aclamado y paseado triunfalmente por las calles habría sido su contendor[361]. En todo caso, con el nombre de "Patria y patriotismo", la intervención de Recabarren fue posteriormente publicada por *El Despertar* y otros órganos de la prensa obrera nacional, pasando a formar parte del acervo doctrinario asociado a su figura[362].

---

[360]   *El Mercurio*, Santiago, 3 de mayo, 1914.

[361]   *El Mercurio*, Santiago, 12 de mayo, 1914.

[362]   Ver, por ejemplo, Cruzat y Devés (eds.), *El pensamiento de Luis Emilio Recabarren*, tomo I, 207-218; y también, como testimonio de su impacto en el momento mismo de los hechos, bajo el título "Grandioso triunfo del Socialismo", *La Defensa Obrera*, Valparaíso, 6 y 20 de junio, 4 de julio, 1914. La descripción de Lafferte en *Vida de un comunista*, 91-95.

Aunque el nacionalismo exacerbado formaba parte del clima ideológico de la época, no deja de ser irónico que la polémica recién descrita haya precedido solo en un par de meses al estallido de la Primera Guerra Mundial, verdadero paroxismo de las pasiones fustigadas por Recabarren en su discurso. A diferencia de muchos socialistas europeos, recuerda orgullosamente Lafferte, la posición del socialismo iquiqueño frente a esa coyuntura fue meridianamente clara: "*Guerra a la guerra*, fue la consigna que lanzaba a diario *El Despertar*, y que desarrollaban nuestros oradores en los mitines"[363]. Recabarren, por su parte, ironizaba amargamente a pocos días del inicio del conflicto sobre la imagen de Europa como "el foco de la más elegante civilización, de la más finísima cultura, del más fervoroso patriotismo, del ingenio y de la inteligencia, etc.". El naufragio de esa civilización en los campos de matanza, "donde los dirigentes de los pueblos llevan por centenares de miles a los hombres, a los obreros, para sacrificarlos en homenaje a sus estúpidas ambiciones", no era sino la prueba más fehaciente del fracaso de la burguesía capitalista como clase dirigente: "tan inmenso debemos considerar el crimen presente, que debemos predisponernos a trabajar para que termine la era del dominio de la burguesía". En esas circunstancias, concluía, era el proletariado el llamado a tomar a su cargo los destinos de los pueblos, pues "solo el socialismo puede imponer la paz al mundo, y estamos seguros que tras esta guerra los pueblos acompañarán al socialismo en sus ideas de paz y de amor"[364].

Más cerca de casa, la guerra significó también un fuerte contratiempo para los planes inmediatos del socialismo tarapaqueño, embarcado desde mediados de 1914 en una nueva campaña propagandística focalizada en las elecciones parlamentarias y municipales de marzo siguiente. Duramente golpeada por el bloqueo de sus mercados en la Europa continental, y por la perturbación del comercio marítimo, la industria salitrera se hundió en una crisis como pocas en su historia, con el cierre de numerosas oficinas (91 sobre un total de 134 entre julio y diciembre) y la consiguiente cesantía unos ocho mil trabajadores[365]. "Durante los meses de noviembre y diciembre del 14", recuerda Lafferte, "estuvieron bajando trabajadores de la pampa con sus familias. Este éxodo recordaba un poco la llegada, siete años antes, de los pampinos en huelga. Pero entonces eran hombres orgullosos que bajaban a luchar por su pan. En cambio

---

[363]   Ibíd., 102.

[364]   *El Despertar de los Trabajadores*, Iquique, 30 de agosto, 1914.

[365]   La cifra de desocupados es la informada por la Intendencia de Tarapacá a la Oficina del Trabajo, según documento titulado "Desocupación de obreros en la zona salitrera" en Archivo Oficina del Trabajo, vol. 30, 1914-1915. El número de oficinas paralizadas en Juan Ricardo Couyoumdjian, *Chile y Gran Bretaña durante la Primera Guerra Mundial y la Postguerra, 1914-1921* (Santiago: Andrés Bello/ PUC, 1986), 77; en este estudio hay un buen resumen del impacto del estallido de la guerra sobre la industria salitrera, 75-80.

ahora eran gentes que llevaban sobre sí el peso de la cesantía, de la incertidumbre y del hambre"[366].

En un registro similar, y escribiendo desde Taltal, Recabarren aseguraba nunca haber visto "cuadros más miserables" que los provocados por "la criminal guerra con que la civilizada Europa arruina al mundo entero". Precisando el juicio, proseguía: "He visitado los sitios donde está albergada la gente sin trabajo y que no tiene familia, ni conocidos, ni recursos posibles de evitarles tan dolorosa situación. Son cuadros repugnantes de abyecta desgracia. Es la cruel expresión de la miseria". El Gobierno, denunciaba, se había limitado a brindarles "una mala e insignificante ayuda", consistente en darles por alojamiento "un cuartel viejo, donde el patio quedó lleno de gente que no ha tenido otro sitio para dormir, noches de terribles fríos, sin que ese gobierno que goza de la fortuna producida por los trabajadores, haya aportado medios en mejores condiciones, y la acción de la clase capitalista ha sido cruelmente mala, porque no ha contribuido con nada". Tampoco salía mejor parado el "llamado Partido del pueblo, el fracasado Partido Demócrata", el que habría demostrado una vez más su incapacidad total: "Ni ideas ni concurso de ninguna especie ha prestado ante la desgracia presente". Ojalá, concluía, que la clase trabajadora supiese aprovechar la lección, constatando que "tanto gobierno como capitalistas y todos los partidos burgueses desde el demócrata hasta el conservador, no se preocupan de otra cosa que explotar al pueblo en todos los momentos de su vida"[367]. Y aunque el éxodo obrero naturalmente también afectaba las perspectivas del Partido Obrero Socialista, la acción de propaganda no debía flaquear, pues "aunque sean pocos los trabajadores que quedan, pueden ellos aprovechar la prédica socialista, moralizadora y libre pensadora"[368].

En esas menguadas circunstancias el POS se aprestó para enfrentar las tan esperadas elecciones de 1915, las primeras en que lo haría como partido autónomo. "El Partido Socialista", escribía Recabarren a comienzos de diciembre, "no es una agrupación exclusivamente política, pero al aproximarse la lucha electoral debe preocuparse de la participación que le corresponde tomar para los serios intereses colectivos del proletariado". Especialmente en las provincias salitreras, continuaba, "donde tan hondas raíces va echando el socialismo, y donde tan justas simpatías va conquistando entre las gentes honestas, aquí es dónde, con mejor empeño, debemos todos de preparar nuestros ánimos para alcanzar la victoria que legítimamente nos corresponda por el esfuerzo que realicemos"[369]. Haciendo un balance animoso pese a todas las adversidades sufridas, *El Despertar de los Trabajadores* señalaba al despuntar el año decisivo:

---

[366]   Lafferte, *Vida de un comunista*, 102-103.

[367]   *El Despertar de los Trabajadores*, Iquique, 2 de septiembre, 1914.

[368]   *El Despertar de los Trabajadores*, Iquique, 26 de agosto, 1914.

[369]   *El Despertar de los Trabajadores*, Iquique, 19 de diciembre, 1914.

"Siempre se dijo que el Partido Socialista lo componían una decena de hombres, pero a pesar de eso, ha sido el único partido que durante tres años consecutivos ha hecho labor cívica permanente y movido la opinión pública"[370].

En prueba de ello, y gracias a un extraordinario esfuerzo propagandístico conducido personalmente por Recabarren, en solo dos meses se realizaron 167 conferencias, se movilizaron 50 oradores y se distribuyeron 200 mil proclamas, todo amenizado por desfiles diarios con banderas, estandartes y bandas de música. "Nuestra campaña", consigna Lafferte, "era valiente, impetuosa, audaz. Los oradores, subidos en cualquier cajón o en una ventana, arengaban en plena calle al pueblo"[371]. Fue esa la misma campaña en que un todavía no muy conocido Arturo Alessandri Palma, recién ungido "El León de Tarapacá", enfrentó por el cupo senatorial de la provincia al antiguo y poderoso caudillo balmacedista Arturo del Río, iniciando un periplo que cinco años después lo llevaría a la Presidencia de la República[372]. Para los socialistas, sin embargo, no existía mayor diferencia entre el futuro líder populista y el archiconocido y vilipendiado jerarca regional: "Pueblo, si queréis menos opresión, tu deber es combatir, pero combatir firmemente a esos dos clericales de levita, a esos dos patrones explotadores sin conciencia que quieren ser gobernantes para oprimir más al pueblo"[373].

"¿Ignora el pueblo", preguntaba retóricamente poco después el periódico socialista en referencia a Alessandri, "que en las salitreras de este flamante candidato a senador, se explota a los trabajadores tan despiadadamente como lo hace cualquier otro industrial del salitre?"[374]. Y como para subrayar la profunda brecha que separaba a los candidatos burgueses de sus contendores socialistas, José Zuzulich se preguntaba ya en vísperas de la elección "quiénes son los verdaderos patriotas, los verdaderos regeneradores, los verdaderos defensores o amigos del pueblo: aquéllos que lo esquilman miserablemente prestando su apoyo para la creación de nuevos impuestos, que miran con indiferencia la abyección e ignorancia en que están sumidos los obreros y que aplauden las masacres, o aquéllos que enseñan públicamente a las masas inculcándoles el modo de defenderse de la opresión, aquéllos que sin sentir fatigas cruzan los desiertos y los mares para ir a predicar el amor y la fraternidad; aquéllos que despreciando la cárcel y las amenazas de los poderosos, proclaman la libertad de conciencia y el ejercicio del libre derecho de los ciudadanos". La disyuntiva, en suma, era clara: o independizarse para siempre

---

[370]   *El Despertar de los Trabajadores*, Iquique, 9 de enero, 1915.

[371]   Lafferte, *Vida de un comunista*, 110.

[372]   Ver Verónica Valdivia, "Yo, el León de Tarapacá. Arturo Alessandri Palma, 1915-1932", *Historia*, núm. 32, PUC (1999): 489-506.

[373]   *El Despertar de los Trabajadores*, Iquique, 12 de enero, 1915.

[374]   *El Despertar de los Trabajadores*, Iquique, 27 de enero, 1915.

del "yugo despótico y opresor" o seguir "abyectos esclavos del capital y de los zánganos del gobierno"[375].

Pese a la supuesta claridad de la encrucijada, las candidaturas socialistas para diputado (Recabarren) y senador (el médico y filántropo pampino Isidoro Urzúa) ni siquiera alcanzaron a convocar 350 votantes[376]. Más exitosa fue la postulación de Pedro J. Sandoval, quien en los comicios municipales celebrados algunas semanas después logró ser elegido regidor socialista por Iquique, al tiempo que dos de sus correligionarios, el mecánico de la oficina Aurora Lorenzo Crossley y el pescador Serapio Vega, conseguían lo propio en el puerto de Pisagua. En términos de votos concretos, sin embargo, la situación de las candidaturas municipales no fue mucho más halagüeña: tomando en cuenta solo las cifras para Iquique, los votantes socialistas habían disminuido en alrededor de cuarenta en relación con las parlamentarias del mes anterior[377]. Comparando la desproporción entre tan magros resultados y el enorme esfuerzo desplegado, un desalentado Recabarren expresaba:

> El hecho es, pues, que no éramos los 285 socialistas que nos figuramos en marzo *(recuérdese que esta cifra solo contempla el Departamento de Iquique, y por tanto no incluye los votos obtenidos en el de Pisagua)*; éramos aún menos [...] Tenemos la convicción que individuos que creíamos compañeros, que les vimos escribir con sus firmas la propaganda socialista, en nuestro diario, que les vimos subir a las tribunas a predicar nuestro ideal, que les dimos el corazón y la confianza como compañeros, que nos entregamos a ellos, y que les fuimos fieles dándoles nosotros, tan pobres y hambriados [sic] como ellos, el ejemplo de nuestra fuerza de voluntad y de convicciones para repudiar por dignidad y delicadeza el cohecho y ellos en cambio, en vez de corresponder con igual heroísmo y abnegación nos dan el vergonzoso ejemplo de ir a las urnas marcados como carneros de feria, con el rufián al lado, volviendo a la caja de la feria a recibir la paga[378].

Considerando que a su llegada a Tarapacá Recabarren había logrado congregar 485 afiliados al Partido Demócrata en unos pocos meses, y que en las parlamentarias de tres años antes había obtenido 839 preferencias, ciertamente que los 350 votantes de marzo de 1915 no representaban una cifra muy alentadora. El flagelo de la crisis salitrera, y la "repatriación" de numerosos cesantes hacia las provincias del sur, claramente habían hecho mella. Así y todo, y como una suerte de amargo premio de consuelo, el

---

[375]   *El Despertar de los Trabajadores*, Iquique, 7 de febrero, 1915.

[376]   Las primeras informaciones publicadas por *El Despertar* (9 de marzo de 1915) hablaban de 366 electores, pero ese mismo medio los disminuyó pocos días después (11 de marzo), al publicar los cómputos de las juntas escrutadoras, a 346.

[377]   Los votantes socialistas para las parlamentarias en el departamento de Tarapacá (capital Iquique) fueron 285, en las municipales solo 246; ver *El Despertar de los Trabajadores*, Iquique, 11 de marzo de 1915; intendente a director general de Estadística, 17 de abril de 1915, AIT vol. 1, 1915.

[378]   *El Despertar de los Trabajadores*, Iquique, 16 de abril de 1915.

desempeño de los demócratas en las elecciones municipales, a las que se presentaron sin el apoyo de la Alianza Liberal, fue aún menos auspicioso que el del POS: apenas obtuvieron el favor de 62 votantes, contra los 246 que se inclinaron por el socialismo[379].

En todo caso, seguramente desanimado por una respuesta tan alejada de las expectativas cifradas y los esfuerzos desplegados, Recabarren comenzó a pensar seriamente en abandonar la provincia a la que había consagrado sus cuatro últimos años. El motivo específico lo brindaría la celebración del primer congreso nacional del Partido Obrero Socialista, programado en Santiago para el 1º de mayo de 1915. "Diversas causas", explicaba en un artículo preparatorio, "especialmente de orden económico, para las secciones del norte, imposibilitaron hasta el presente, la realización de este Congreso, que ha de dar mucho mayor consistencia a las fuerzas organizadas y desparramadas a lo largo de este país". Lo que hasta el momento habían sido solo "secciones aisladas en lucha", precisaba, debían ahora formar un partido verdaderamente nacional, "que responda en mayor proporción al objetivo perseguido"[380].

Exactamente un mes después de estos anuncios, en su edición del 21 de abril de 1915, *El Despertar de los Trabajadores* publicaba un artículo de despedida firmado conjuntamente por Recabarren y Teresa Flores. "Nos alejamos de esta región", decían con algún grado de inconsistencia, "donde cuatro años de actividades han dado para el socialismo motivos de justos regocijos". Pese a las numerosas frustraciones cosechadas, el balance final –al menos en su expresión pública– no parecía tan pesimista: "El socialismo ha surgido en el norte, va echando ya sus hondas raíces, y será en breve, árbol hermoso que dé sus primeros frutos". En esas circunstancias, agregaban, el deber militante los empujaba a "cumplir primero con la obligación de cooperar a la unidad del Partido", representando a Tarapacá en el Congreso Socialista, "y después de sembrar por los campos nuestros amados y bellísimos ideales". Para ese efecto viajarían a los pueblos del sur, "a hablarle a los pobladores la nueva idea, a hacerles sentir las convicciones de una esperanza bien justificada, más digna que todas las que han sentido". Esa era la tarea a la cual habían resuelto consagrar la próxima etapa de sus vidas, "y nuestra palabra vibrará sonora y candente, llena de verdad, como ha repercutido en todos estos desiertos". El largo interludio tarapaqueño llegaba así a un no muy lamentado fin. Quedaban, sin embargo, como legado concreto de dicha obra, tanto el Partido Obrero Socialista como *El Despertar de los Trabajadores*, además de una experiencia de organización y lucha que lograría sobrevivir, en brazos de una reducida pero abnegada militancia local, a la partida de su inspirador.

---

[379]   Intendente a director general de Estadística, 17 de abril de 1915, Archivo Intendencia de Tarapacá, vol. 1, 1915.

[380]   *El Despertar de los Trabajadores*, Iquique, 21 de marzo, 1915.

El 1º de mayo de 1915, casi tres años después de su fundación en la lejana oficina Cholita, el Partido Obrero Socialista inauguró en Santiago su primer congreso nacional[381]. De las dieciocho secciones con las que contaba el partido por esa fecha entre Pisagua y Punta Arenas, heredera esta última del "Partido Socialista chileno" fundado allí en 1912, solo enviaron delegados directos las de Iquique (el propio Recabarren), Sierra Gorda, la oficina Delaware, Viña del Mar y Santiago, en tanto que otras tres (Calama, Concepción y Punta Arenas) "acreditaron" delegados indirectos[382]. Durante seis días de sesiones los congresales aprobaron una declaración de principios, un programa mínimo y un reglamento general, todo ello encaminado a afirmar una unidad nacional que hasta ese momento había sido más nominal que efectiva, prevaleciendo en la práctica la autonomía de cada agrupación regional. Se eligió para garantizar dicho espíritu unitario un Comité Ejecutivo Nacional de cinco integrantes, presidido por el zapatero y delegado viñamarino Ramón Sepúlveda Leal, a quien esperaba una larga trayectoria como líder de la izquierda chilena[383]. Recabarren, abandonando sus prácticas anteriores, y posiblemente a manera de antídoto frente a posibles maledicencias como las que había debido afrontar en Iquique, optó por no integrar este cuerpo directivo, en el que ha sido erróneamente situado por autores como Alejandro Witker y Julio César Jobet. Como se verá en las páginas que siguen, dicha fórmula "abstencionista" se repetiría con frecuencia en situaciones análogas posteriores.

---

[381]   Varios autores, entre ellos yo mismo en un trabajo anterior en coautoría con Verónica Valdivia, *¿Revolución proletaria o "Querida Chusma"? Socialismo y alessandrismo en la pugna por la politización popular pampina (1911-1932)*, situamos equivocadamente este congreso en la ciudad de Valparaíso. Como bien lo ha hecho notar Sergio Grez, los propios artículos de Recabarren demuestran que esto se verificó en la capital; ver su *Historia del comunismo en Chile. La era de Recabarren (1912-1924)*, 47, nota 115. También Hernán Ramírez Necochea, en su *Origen y formación del Partido Comunista de Chile*, edición definitiva (Moscú: Editorial Progreso, 1984), 101, da cuenta de este dato.

[382]   *El Despertar de los Trabajadores*, Iquique, 26 de mayo, 1915. Es interesante consignar que el delegado "indirecto" de Concepción fue también Recabarren, y según Sergio Grez lo propio habría acontecido con la sección de Tocopilla, cuya acreditación ante el congreso sin embargo no es mencionada por Recabarren en el artículo recién citado.

[383]   Entre otras cosas, como fundador del Partido Socialista de Chile en 1933.

Posiblemente en consideración al domicilio de su secretario general, pero también a las divisiones que por entonces aquejaban a los socialistas de la capital (otra materia en la cual debió intervenir el Primer Congreso, con resultados solo parcialmente exitosos), la sede del comité ejecutivo se fijó en Valparaíso por lo menos hasta septiembre del año siguiente. Allí también se fundaría un periódico que oficiase de órgano oficial de la dirección nacional, decisión celebrada por Recabarren como "el hecho que presentará al socialismo chileno en toda su magnífica cohesión". Como era previsible, a la cabeza de dicha publicación, que eventualmente recibiría el nombre de *El Socialista*, quedó el propio Recabarren, veterano en las lides del periodismo obrero. Con tal motivo, también él fijaría su residencia durante algún tiempo en el puerto, como ya lo había hecho antes de su primer viaje a la zona salitrera[384].

Para evaluar la verdadera influencia de Recabarren en estos primeros balbuceos del socialismo a nivel nacional, sobre todo considerando su ausencia del comité ejecutivo, es interesante analizar el contenido de la declaración de principios y del programa mínimo aprobados por el Primer Congreso. En el caso de la primera, una confrontación entre lo aprobado en 1915 y lo escrito en su folleto *El Socialismo* de 1912 revela párrafos completos transcritos casi de manera textual, incluyendo la división de la sociedad en clases antagónicas, la expropiación a los trabajadores de la mayor parte del valor producido mediante su esfuerzo, y el origen consiguientemente violento de la división social que de allí resultaba. Prácticamente idéntico era también el llamado al pueblo trabajador a unirse a un partido orientado a "convertir a todos los hombres en una sola clase de trabajadores inteligentes, iguales y libres", implantando un régimen "en que la producción sea un factor común y común también el goce de los productos: esto es, la transformación de la propiedad individual, en propiedad colectiva o común". Se repetía, por último, la desagregación de la estrategia partidaria en tres grandes líneas: una propiamente "política", encarnada en la elección de representantes obreros ante el Parlamento y la conquista del poder municipal; otra de creación de fábricas y almacenes cooperativos, destinados a abaratar la vida, y una última de acción sindical, orientada a reunir a "todos los trabajadores de todos los gremios y oficios" en organismos encargados de la lucha económica contra el capital[385].

---

[384] Aparte de la síntesis realizada por el propio Recabarren en el artículo citado en la nota anterior, la reconstrucción de las deliberaciones y acuerdos del Primer Congreso Socialista se ha estructurado a partir de otro de sus despachos al *Despertar de los Trabajadores* de Iquique, publicado en la edición de 19 de mayo, 1915; y también de la obra de Sergio Grez recién citada, *Historia del comunismo en Chile*, 47-49.

[385] La "Declaración de Principios y Programa Mínimo de Mejoramiento Social" aprobados por el Congreso de 1915 fueron publicados en *El Socialista*, Valparaíso, 11 de agosto, 1915; y también reproducidos como anexo en Fernando Ortiz Letelier, *El movimiento obrero en Chile, 1891-1919*, 303-308. Para un análisis de sus principales planteamientos, ver Sergio Grez, *Historia del comunismo en Chile*, capítulo IV.

Al margen de todas estas coincidencias, la Declaración de Principios de 1915 sí se diferenciaba de su antecesora en su párrafo inicial, reemplazando una definición del socialismo como una doctrina "que cifra el desenvolvimiento de la Humanidad en que todos los hombres puedan disponer de los medios de producción" por la anterior que aludía a la transformación de la sociedad actual "por otra más justa e igualitaria". Se agregaba también una referencia explícita a la lucha de clases, una enumeración más o menos pormenorizada de los factores que demostraban la existencia en Chile de "un problema social en forma aguda", la identificación del Partido Obrero Socialista como un "partido de clase", y un pronunciamiento abierto por el laicismo como principio de identidad partidista y nacional. Desaparecía, en cambio, la apelación a la "emancipación total de la Humanidad" como aspiración primordial del partido, y se reemplazaba la denominación original de los órganos de acción gremial ("federaciones de defensa") por la de "sociedades de resistencia", posiblemente más legitimada ante el discurso obrero nacional. En lo fundamental, sin embargo, la coincidencia entre uno y otro documento resultaba apabullante.

De igual forma, el programa mínimo de 1915 se estructuraba, como el de 1912, en sendos apartados destinados al mejoramiento político, económico y de la enseñanza, amén de una sección especial para "los trabajadores de las faenas salitreras y mineras", que evocaba nítidamente el origen nortino del documento anterior. Las reiteraciones son nuevamente mayoritarias, radicando las principales diferencias en una mayor extensión de las medidas de mejoramiento económico, entre las que se agregaba ahora explícitamente y en primer lugar la abolición de la propiedad privada, y el agregado de algunas demandas políticas tales como la elección directa del presidente de la república (en lugar de su sustitución por "una comisión ejecutiva elegida directamente por el pueblo"), la "socialización de los ferrocarriles, minas y de las caídas de agua propias para fuentes de energía eléctrica", y la "incompatibilidad absoluta para desempeñar los cargos de Ministro de Estado, senador o diputado a los abogados representantes o gestores de sindicatos o firmas capitalistas". Desaparecía en cambio el llamado a abolir la Cámara de Senadores y el Consejo de Estado, y también, en un gesto que difícilmente pudo haber contado con la anuencia de Recabarren, la moción de reformar el Código Civil "reconociendo la igualdad de los sexos". Con todo, y tal como se vio para la declaración de principios, la impronta del precedente iquiqueño sobre el primer programa nacional del Partido Obrero Socialista no podía ser más patente, reflejando un grado probablemente sustantivo de intervención del mencionado dirigente en su autoría. Así, y pese a no haber integrado su cuerpo directivo, su influencia propiamente política sobre el naciente referente nacional resultaba indesmentible.

Así lo ratifica también la intensa labor periodística y educativa a la que se consagró, como antes lo había hecho en Iquique, desde que se instaló en el principal puerto de la república, aplicando, según escribía a Carlos Alberto Martínez en alusión a la guerra europea aún en curso, "tácticas alemanas": "Concentro fuegos. Es decir, prefiero reunir en un solo sitio el mayor número de educadores y propagandistas, porque así produce efectos más rápidos y seguros la acción socialista"[386]. "Gracias al espíritu de iniciativa, desprendimiento y actividad del infatigable compañero Luis E. Recabarren S.", reconocía su correligionario Mariano Rivas al cumplirse un año desde la fundación de *El Socialista,* el Partido Obrero Socialista de Valparaíso había contado con un órgano capacitado para actuar "como arma de combate y como portavoz de los intereses colectivos de las clases productoras"[387]. También le había cabido un papel primordial en la realización de las ciento cuarenta "veladas educativas" que el partido había implementado, "en forma culta y con prescindencia absoluta de bebidas alcohólicas", durante el año que se conmemoraba, estrenándose en ellas además una obra dramática de su autoría titulada "Desdicha obrera".

Promovió y participó igualmente en múltiples conferencias públicas ante las puertas de las fábricas de Valparaíso y Viña del Mar ("4 a 6 por semana", según informaba a Carlos Alberto Martínez en una carta fechada el 21 de agosto de 1915), las que según Rivas "dieron en los primeros momentos excelentes resultados, consiguiendo que algunos gremios se organizaran en sociedades de resistencia". En una de ellas, pronunciada ante el personal femenino de la fábrica de tabacos, exhortaba a sus auditoras, en su doble condición de obreras y de madres, a "preservar su vida, juventud y belleza" asociándose a la recientemente creada "Sociedad de Defensa del Trabajo y de la Vida", seguramente bajo la conducción de Teresa Flores[388]. Por último, intervino en un original ciclo de siete "controversias científicas" sobre la existencia de Dios, refutando al "inteligente espiritualista" Alfredo E. Suárez, del cual emanaría su famoso escrito *La materia eterna e inteligente,* según se verá más adelante.

En el plano de su producción periodística porteña, y corroborando la prioridad otorgada en el programa socialista a la línea de acción gremial, destaca particularmente una serie de doce artículos publicados entre agosto y octubre de 1915 bajo el título de "Organización obrera"[389]. "Es de tal manera nula la situación", diagnosticaba sombríamente la primera entrega de la serie, "que podemos decir que en Valparaíso no hay organización obrera para el mejoramiento social, económico y moral del pueblo". Para construir dicha organización, continuaba, debía atenderse simultáneamente a dos principios indispensables: el mejoramiento moral, "que aumente la inteligencia en forma siempre progresiva como medio de conquistar todos los medios de felicidad",

---

[386]   Cartas de Recabarren a Carlos Alberto Martínez, 10 de diciembre, 1915, en Wilfredo Mayorga (ed.), *42 cartas de Luis Emilio Recabarren.*

[387]   "Un año de labor: Desarrollo de nuestra obra", en *El Socialista,* Valparaíso, 12 de agosto, 1916.

[388]   *El Socialista,* Valparaíso, 21 de agosto, 1915.

[389]   Los artículos no llevan firma, pero tanto por su estilo como por sus contenidos indican una muy probable autoría de Recabarren.

y el mejoramiento material, "hasta llegar a un sistema perfecto de organización industrial, que suprimiendo la explotación y la opresión proporcione todos los medios del bienestar social universal". Ejemplos concretos en tal sentido, concluía ese primer artículo, los brindaba "la reciente organización del personal de una gran fábrica de tabacos de Valparaíso", así como la fundación de la "Sección de Oficios Varios del Partido Obrero Socialista", otra remembranza iquiqueña que hacía su estreno en el nuevo hogar de Recabarren[390].

Los siguientes artículos se dedicaban a desarrollar el tema del "mejoramiento moral", no por casualidad abordado con precedencia al mejoramiento material. "A ninguna forma de bienestar material podrá llegar la clase obrera", puntualizaba Recabarren con nitidez, "si primeramente no recurre a moralizarse y hacerse inteligente". Esta lucha por lo que en otro número se denominaba "perfección individual" contemplaba seis grandes principios: "La eliminación de toda clase de vicios; la perfección de su cultura y educación; el desarrollo de la inteligencia para el análisis de todos los problemas que se presentan a la consideración humana; el amor a la higiene para que las personas desechen las habitaciones inadecuadas; crear un perfecto concepto de la dignidad personal, para conquistarse el buen trato de sus semejantes; y desarrollar el concepto del derecho personal y social". Solo una vez alcanzadas estas "conquistas morales" podía una organización obrera acometer con posibilidades de éxito la lucha por salarios más justos, por la reducción de la jornada de trabajo, por el seguro contra accidentes, la desocupación y la vejez, y otras demandas materiales de similar naturaleza. Por eso era necesario organizar "veladas, conferencias, torneos intelectuales y artísticos, paseos recreativos e instructivos, etc."[391].

La ausencia en Chile de una organización proletaria capaz de desarrollar un programa como el expuesto, continuaba la serie, explicaba por qué la clase "no ha podido formar ni su unidad, ni su conciencia como clase pobre y explotada, apenas si ha tenido el instinto de la opresión y de la explotación, pero sin darse cuenta cabal de la posición que se le deparaba". En lo fundamental, aseguraba Recabarren, las agitaciones sociales se habían focalizado en el aumento del salario y la disminución de las horas de trabajo, lo que a la postre no había redundado en una disminución efectiva de la miseria. "Cualquiera que piense", precisaba, "comprenderá que decimos una gran verdad: la conquista de mayor salario encarece la vida y esto lo sufre el mismo proletariado que lucha por el mejor salario". De esta forma, el verdadero objetivo para cualquier organización obrera debía ser "la terminación del sistema del salario, reemplazado por una organización industrial que garantice a todos un completo bienestar", tarea que solo el Partido Obrero Socialista había sabido establecer y

---

390   *El Socialista*, Valparaíso, 7 de agosto, 1915.
391   *El Socialista*, Valparaíso, 14 y 21 de agosto, 1915.

asumir con claridad. Únicamente ese partido había comprendido que lo correcto era "encaminarse a la abolición del presente sistema industrial, que lleva en sí la esclavitud del salario". Abolido el industrialismo capitalista, concluía retomando otra de sus antiguas obsesiones, la clase obrera podría poner en práctica el sistema más justo y humano que vendría a reemplazarlo, "el sistema cooperativo"[392].

El resto de la serie se dedicaba a exponer las ventajas y virtudes de la acción cooperativa, tantas veces exaltada por Recabarren como instrumento de redención obrera, pero que alcanzaba ahora un estatuto verdaderamente programático: "Todos los que ignoran completamente lo que es una cooperativa y aun los que no se dan cuenta de la fuerza revolucionaria que en sí misma lleva, no pueden comprender su misión y su acción transformadora en el sistema industrial y comercial en que vive la humanidad actualmente". La cooperativa socialista, aseguraba, "es una fuerza indestructible, que se hace cada vez más poderosa y que se desarrolla dentro del régimen actual de la sociedad, sin que sus leyes puedan dificultarla". Surgidas originalmente como un mero mecanismo para combatir la carestía, las cooperativas de consumo habían ido dando pie a las cooperativas de producción, una "fuerza transformadora de mayor potencia", destinada nada menos que a reemplazar a "las viejas fábricas de la gran burguesía", y por tanto eventualmente a "transformar el sistema industrial en forma tranquila y sin acciones bruscas que quiten la nobleza a la acción socialista". Retornando así a su antigua aspiración de transitar hacia el socialismo sin efusión de sangre, Recabarren cerraba la serie invitando a sus correligionarios porteños a fundar cooperativas socialistas, expresión máxima de la organización obrera, para "hacerlas progresar y servir su maravillosa misión"[393].

Como ya le había ocurrido antes, ni las exhortaciones periodísticas ni el despliegue de energías organizativas garantizaron resultados a la altura de sus expectativas. Transcurridos cuatro meses desde la decisión de radicar el Comité Ejecutivo Nacional en Valparaíso, Recabarren se lamentaba del incumplimiento por parte de las demás secciones regionales de su compromiso de aportar al sostenimiento de *El Socialista*, ya fuese a través del envío de cuotas o del reclutamiento de lectores[394]. "Da pena saber la monumental flojera de los que allí se hacían llamar socialistas", denunciaba en carta personal a su compañero Carlos Alberto Martínez. "Vamos a enterar tres meses de lucha aquí, por hacer surgir un periódico y en tres meses no conseguimos ningún lector [en la capital] para *El Socialista*, a pesar de haber hecho empeños por varios conductos". Cuatro meses más tarde, en carta a su antiguo periódico *El Despertar*, fustigaba a "los socialistas del salitre" por seguir indiferentes ante su obligación de

---

392   *El Socialista*, Valparaíso, 28 de agosto, 4, 11 y 17 de septiembre, 1915.

393   *El Socialista*, Valparaíso, 25 de septiembre, 2, 16, 23 y 30 de octubre, 1915.

394   *El Socialista*, Valparaíso, 28 de agosto, 1915.

contribuir a sustentar "un partido pequeño pero bien organizado y capaz de cumplir su misión uniformemente en beneficio de la humanidad". De no rectificarse esa desidia, concluía, "nada habremos ganado ni ganaremos en beneficio de la causa socialista"[395].

Un balance levantado por él mismo al concluir el año 1915 demostraba que de los 600 ejemplares que normalmente se imprimían de *El Socialista,* 250 permanecían en Valparaíso y Viña del Mar, mientras que otros 150, desmintiendo sus quejas de cuatro meses antes, se remitían a Santiago. Los 200 restantes circulaban en diversas localidades del país, desde Arica hasta Concepción, pero sin que para su financiamiento se recibiera aporte alguno de las ciudades beneficiadas. Ni siquiera los militantes de Valparaíso, se lamentaba, hacían "los esfuerzos que deben para extender la circulación del periódico a la altura que necesita nuestra propaganda". En tales circunstancias, que calificaba abiertamente como "situación miserable", la continuidad de la labor comprometida se hacía obviamente insostenible. "Queda entregado al mejor criterio de los socialistas y amigos", remachaba, "trabajar para que el único periódico obrero que aparece en la región central del país pueda ampliar su radio de acción"[396].

Tampoco parece haber sido más afortunada su prédica en favor de la organización obrera. "Cuanta obra para el bienestar general de los obreros se quiera acometer", acusaba desde las columnas de *El Socialista,* "son los mismos obreros los que le ponen mil obstáculos, poniendo por condición solo tonterías que para nada sirven, y todo, o para estorbar el progreso de una obra, o para matarla en sus primeros pasos". Entre las "tonterías" denunciadas figuraban cuestiones como la obsesión por la estructura directiva de las asociaciones ("que una sociedad tenga presidente"), la exigencia de realizar "funerales suntuosos", la obtención de personería jurídica o el pago de "cuotas bajísimas" para obtener "grandes beneficios"[397]. En otro artículo, titulado "Encadenándose y encadenando", fustigaba a la Federación en Resistencia de Carpinteros del puerto por propiciar la creación de una asamblea obrera vinculada al Partido Radical, calificado derechamente como una entidad compuesta por "burgueses, oligarcas, hacendados e industriales, explotadores todos del pueblo obrero". A través de esa iniciativa, por tanto, los carpinteros, "considerando pocas las esclavitudes que tienen, buscan nuevas esclavitudes, para encadenarse ellos mismos al servicio de las clases opresoras, y arrastrar a sus propios compañeros a vivir siempre en la eterna esclavitud moral, económica y política"[398].

---

[395] *El Despertar de los Trabajadores,* Iquique, 29 de febrero, 1916; también publicado en *La Aurora* de Taltal, 10 de marzo, 1916.

[396] *El Socialista,* Valparaíso, 31 de diciembre, 1915.

[397] *El Socialista,* Valparaíso, 23 de octubre, 1915.

[398] *El Socialista,* Valparaíso, 30 de octubre, 1915.

"¿Por qué no te haces socialista?", interrogaba otra crónica del periódico partidista, enumerando las múltiples razones que un obrero tenía para adscribirse a esa doctrina. "Tú que a la edad de diez u once años", emplazaba, "ya comienzas a ser explotado en el taller, en la fábrica o en otro sitio de trabajo, siempre escarnecido por aquéllos a quienes mantienes, sufriendo los improperios, y las amenazas del régimen presente: ¿crees que este mal no tiene remedio?". A cambio de innumerables privaciones, sufrimientos e injusticias, continuaba, "te encuentras en el último día del año tan pobre o quizá más que el primero y con tus energías morales y físicas malgastadas". Su explotador, en cambio, cerraba el mismo año "con sus arcas repletas de capital no sudado", pese a no haber trabajado un solo día. ¿Cómo corregir esa iniquidad?: "He aquí, hermano del trabajo y sufrimiento, la necesidad de que te hagas socialista", pues solo "bajo la Roja Bandera del Socialismo es cómo se encontrará el remedio a estas injusticias presentes"[399].

Meses después, Mariano Rivas se lamentaba de que el ingente esfuerzo desplegado por Recabarren a través de sus conferencias y escritos de prensa solo hubiese redundado en resultados efímeros: "La rutina de unos y la indiferencia de los otros", consignaba, hicieron que las agrupaciones formadas no prosperaran, "disolviéndose algunas de ellas al nacer". Pese a ello, debía perseverarse en tales iniciativas, "porque entendemos que se hace imprescindible esa actividad en las sociedades gremiales de resistencia, que hoy están estancas en su acción unas y maleadas o desorientadas otras"[400]. Coincidía al respecto el propio Recabarren: "Si el obrero no quiere comprender dónde está su bienestar, seamos más abnegados para hacerlo comprender. Si el obrero es caprichoso para combatir su propia unión, seamos nosotros más caprichosos aún, hasta conseguir que el obrero se resuelva a hacer su unión". En suma, y contra viento y marea si fuese necesario, "si lo que nosotros buscamos es el bien del obrero, no abandonemos nuestra hermosa misión de ser incansables e invencibles"[401].

Como para marcar un contraste con sus dificultades para afianzar la acción obrera en Valparaíso y Viña del Mar, Recabarren llamó a aprovechar las enseñanzas dejadas por la gran huelga ferroviaria desarrollada en marzo de 1916. Aunque dicho movimiento no había logrado sus objetivos, ni siquiera con la presencia en el ministerio respectivo del demócrata Ángel Guarello —inconsistencia que Recabarren no dejó de capitalizar[402]— la participación en él de más de quince mil personas demostraba a su

---

[399]   *El Socialista*, Valparaíso, 6 de noviembre, 1915.

[400]   *El Socialista*, Valparaíso, 12 de agosto, 1916.

[401]   *El Socialista*, Valparaíso, 23 de octubre, 1915.

[402]   "El señor Guarello va al gobierno a compartir de todos los actos benéficos a las clases capitalistas y opresoras, y perjudicial al pueblo. Lo que no ha hecho en 21 años de parlamentario y ciudadano influyente de la llamada democracia, no lo hará ahora en el breve período que va a ser ministro", *El Socialista*, Valparaíso, 15 de enero, 1916.

juicio los beneficios de una "buena organización obrera". Es interesante consignar que la organización aludida era nada menos que la Gran FOCH, tan estigmatizada anteriormente por él mismo como una instancia sometida al oscurantismo clerical y perniciosa para el elemento trabajador. Ahora, sin embargo, y rompiendo con su tradición meramente mutualista, la Gran FOCH había iniciado una huelga de alcance nacional que simultáneamente refrendaba las ventajas de la asociación y dejaba en evidencia la hipocresía del Partido Demócrata, representado en este caso por el ministro Guarello. Poniendo esta experiencia en sintonía con su propia prédica, Recabarren apuntaba: "Nuestra misión es repetir incesantemente a los obreros de ambos sexos, que el único medio de defensa que tienen contra los infinitos abusos y tiranías de la clase capitalista y gobernantes, es la organización, y el único medio de librarse de las calumnias que le hace esa misma clase rica, es tener prensa propia de la clase obrera colocada en superiores condiciones que la prensa de nuestros explotadores"[403]. Se asoman aquí, evidentemente, los primeros atisbos de un giro táctico que lo llevaría poco después a visualizar a la antes vilipendiada FOCH como un instrumento idóneo para avanzar hacia la unificación nacional del movimiento sindical[404].

En lo inmediato, sin embargo, la situación del socialismo porteño, y del POS en general, se mantenía sumida en una preocupante precariedad. Como lo ha consignado Sergio Grez, la reticencia del Comité Ejecutivo Nacional a sancionar efectivamente las conductas "personalistas" del dirigente santiaguino Manuel Hidalgo, quien se habría arrogado de manera inconsulta la representación partidaria ante una instancia obrera latinoamericana[405], había puesto bajo sospecha su autoridad y su entereza doctrinaria. Particularmente severo en su crítica fue el delegado en Santiago de la sección puntarenense, Luis Perujo, quien además sometió a censura la actuación del propio Recabarren, acusado de tibieza ante Hidalgo y de no haber dado cuenta ante la sección iquiqueña de su gestión como delegado ante el Primer Congreso. Perujo, retrucaba públicamente Recabarren, no era "sino un chiflado que durante 5 años más o menos que vivió en Santiago, no hizo otra cosa que chismografiar y arruinar la propaganda socialista", en tanto que en carta privada a Carlos Alberto Martínez aseguraba ser "de los que prefieren ocupar la mayor parte de mi tiempo en construir nuestra obra. Por eso no puedo dedicar tiempo a la diatriba. Que Perujo ladre y babosee

---

[403] *El Socialista*, Valparaíso, 11 de marzo, 1916. Ver también las ediciones de 25 de marzo y 1 de abril, donde invita a aprovechar las enseñanzas de la huelga ferroviaria para hacer de *El Socialista*, un gran diario obrero de alcance nacional.

[404] Así lo propone explícitamente Francisca Durán en su estudio "La Federación Obrera de Chile, 1909-1921", en el que además se entrega un recuento y análisis detallado de la huelga ferroviaria de 1916 (58-66). Hay también una cobertura más resumida de la misma en Peter de Shazo, *Trabajadores urbanos y sindicatos en Chile, 1902-1927*, 139-141 de la edición original inglesa.

[405] Sergio Grez, *Historia del comunismo en Chile*, 50.

mientras yo trabajo"[406]. Fruto de tales desencuentros, en abril de 1916 la agrupación socialista de Punta Arenas resolvió desligarse del Comité Ejecutivo Nacional, en virtud, principalmente, de su incapacidad o falta de voluntad para "sanear el Partido de elementos perniciosos como Hidalgo y sus secuaces"[407].

Curiosamente, en el preciso instante en que el socialismo puntarenense rompía con la orgánica partidista central, Recabarren recibía una invitación de la Federación Obrera de Magallanes, entidad sindical independiente del POS, para trasladarse a esa ciudad, la que seguramente aceptó para limar asperezas con esa poderosa y precursora agrupación. Al despedirlo de Valparaíso, y pese a todos los sinsabores allí experimentados, su colaborador Mariano Rivas le agradecía un liderazgo que, basado en "su entusiasmo, práctica, voluntad y decisión", había permitido "ensanchar los horizontes de nuestra propaganda con la publicación de nuestro diario", amén de "habilitar un local para conferencias y representaciones teatrales, en el cual hoy se dan hasta tres conferencias semanales y se mantiene una biblioteca que progresa día a día". Así, "abandonando gratos vínculos y dejándonos la risueña expectativa de ver pronto convertido en diario nuestro semanario, acudió presuroso al llamado de los camaradas de Punta Arenas, donde su acción se hará sentir también poderosa y eficaz para el desarrollo de nuestros ideales en ese apartado centro"[408]. Más allá de esas alentadoras palabras, lo cierto era que Recabarren había permanecido menos de un año en Valparaíso, demostrando con sus actos que las halagüeñas expectativas cifradas al venirse de Iquique no se habían cumplido. Ya no volvería a radicarse en el centro del país hasta su postulación a la Cámara de Diputados, casi cinco años después.

En Punta Arenas, donde permaneció entre mayo y agosto de 1916 junto con Teresa Flores, se encontró con un movimiento obrero fuertemente organizado y con una importante cuota de logros sociales a su haber, lo que seguramente le resultó gratificante tras años de arduos y por lo general mal retribuidos esfuerzos en esa misma tarea. La Federación Obrera de Magallanes, calificada por él como "la organización más poderosa de Sud América", ostentaba ya cinco años de provechosa existencia, lo que la convertía en una de las más antiguas y consolidadas a nivel nacional. Contaba por ese tiempo con unos 2500 socios con sus cuotas al día, lo que en una población regional de 25000 constituía una cifra verdaderamente notable, tanto como los cien mil pesos de patrimonio que a ojo de buen cubero le atribuía. Más importante que esos números, sin embargo, eran sus conquistas en materia organizativa y salarial: "Ninguna

---

[406]   *El Socialista*, Valparaíso, 8 de abril, 1916; y Cartas de Recabarren a Carlos Alberto Martínez, 10 de diciembre, 1915, en Wilfredo Mayorga (ed.), *42 cartas de Luis Emilio Recabarren*.

[407]   *El Socialista*, Punta Arenas, 20 de abril, 1916, citado en Sergio Grez, *Historia del comunismo en Chile*, 52. Todo este episodio de pugnas internas ha sido descrito en esta misma obra, 49-56.

[408]   *El Socialista*, Valparaíso, 22 de abril, 1916.

organización de trabajadores ha conseguido que el derecho de asociación sea respetado, y que los salarios sean pagados en oro para evitar el despojo que sufre el salario con el sistema de papel moneda en Chile", precisamente la demanda que había motivado la reciente y elogiada huelga ferroviaria. En suma, "la clase obrera de las grandes ciudades blasona y hace alarde de tener en su seno obreros inteligentes, pero esa inteligencia no ha producido un hecho evidente como es la Federación Obrera de Magallanes"[409].

Durante su breve estadía en Punta Arenas, Recabarren y Teresa Flores se contrajeron a dictar conferencias sobre sus ya tradicionales temas, tales como la organización obrera, el derecho a huelga, la incorporación de la mujer a las luchas sociales, la gran guerra europea o la formación de cajas de resistencia. La puntual y favorable cobertura de estas actividades por el periódico local *El Socialista* sugiere que su labor pacificadora con la agrupación magallánica había surtido efectos, como también lo consigna Sergio Grez[410]. Recabarren publicó allí igualmente su artículo "La materia eterna jamás ha sido creada", fruto, como se dijo, de sus "controversias científicas" con el espiritualista Alfredo Suárez y anuncio de la versión más extensa que aparecería, en forma de folleto, al año siguiente en Buenos Aires.

Emprendiendo una no muy frecuente divagación filosófica, Recabarren hacía gala en ese escrito del racionalismo a ultranza que una y otra vez había invocado en contra de las creencias religiosas, las que a su juicio obnubilaban el juicio obrero y lo mantenían atado y resignado a su servidumbre. "Sentimos hambre", decía para justificar su inusual producción, "de encontrar la verdad que necesitamos para nuestra felicidad social, y es por eso que todo queremos examinarlo". Ningún cerebro juicioso ni sensato, argumentaba, podía suponer que el "incomparable e infinito Universo" hubiese surgido de la nada, por lo que solo cabía inferir que la materia que lo conforma ha existido siempre, sin necesidad de invocar un fantasmagórico creador cuya existencia nadie estaba en condiciones de demostrar. "Admitirla creada de la nada por un CREADOR", señalaba, "es volver al pasado y a la ignorancia cuando las gentes aceptaban que la Tierra era plana y que el Sol giraba a su alrededor". Y concluía: "A la pregunta que se hace de: con qué reemplazamos al dios que negamos, podemos responder fácilmente: con nada, porque no es necesario reemplazarlo". Así, "la materia eterna, única realidad

---

[409] *La Aurora*, Taltal, 24 de junio, 1916; sobre el movimiento obrero magallánico durante la segunda década del siglo XX, ver Alberto Harambour Ross, "El movimiento obrero y la violencia política en el Territorio de Magallanes", tesis de licenciatura, Pontificia Universidad Católica de Chile, 2000.

[410] Sergio Grez, *Historia del comunismo en Chile*, 56-57, donde también aparece una relación pormenorizada de las conferencias y actividades reportadas por *El Socialista* de Punta Arenas (ver nota 139). Otro tanto hace Carlos Vega Delgado, basado en este caso en la cobertura del periódico *El Magallanes*, en su obra *La masacre en la Federación Obrera de Magallanes. El movimiento obrero patagónico-fueguino hasta 1920* (Punta Arenas: autoedición, 1996), cuyo capítulo IV se destina por completo a la estadía de Recabarren en esa ciudad.

viviente, continuará su marcha inteligente y creadora dando a los seres humanos los medios de esclarecer todo lo que hoy aún aparezca misterioso a nuestra ignorancia"[411].

En relación con estas mismas inquietudes, el dirigente comunista Salvador Ocampo recordaría años más tarde una improvisada conferencia científica que le escuchó a Recabarren en una noche de la pampa antofagastina, al cruzarse ante ellos una estrella fugaz. Haciendo gala de conocimientos astronómicos supuestamente recogidos de autores como Copérnico o Galileo, el orador había embelesado a su público obrero (incluyendo los carabineros destacados allí para su vigilancia) con diversas enseñanzas sobre las estrellas, los planetas y el sol. "Él pensaba", relata Ocampo, "que todo viene de la naturaleza y todo va hacia la naturaleza, que nuestro mundo no es el único que existe en el infinito, sino que hay millares de mundos, algunos con seres vivos y tal vez, decía, algunos más avanzados que los humanos, quizás más inteligentes". Y como rindiendo un homenaje a la erudición de quien a final de cuentas no era sino un obrero como ellos, básicamente autodidacta, rememoraba el "silencio inmenso" con que, en medio de la pampa, todos habían escuchado "al Maestro hablar sobre la naturaleza". "Así hablaba", concluía[412].

El 23 de agosto de 1916, y por razones que no se han podido establecer nítidamente, Recabarren se embarcó con Teresa Flores rumbo a Buenos Aires, donde permanecería hasta comienzos de 1918[413]. El periódico socialista de esa capital, *La Vanguardia*, del cual había sido colaborador durante su estadía anterior, se congratulaba en su edición del 25 del mismo mes ante la próxima llegada de "nuestro estimado compañero, miembro del Partido Socialista de Chile, ciudadano Luis Recabarren", quien según las noticias recibidas "vuelve entre nosotros a disfrutar, seguramente, de algún descanso". En su edición del 6 de septiembre, y habiendo recibido ya una visita personal del "estimado compañero", podía precisar que "pensaba permanecer y trabajar en su oficio de tipógrafo durante dos años, y al propio tiempo informarse del grado de desarrollo a que ha llegado nuestro movimiento socialista".

Cinco días después aparecía en ese mismo medio una extensa entrevista titulada "Hablando con el obrero gráfico Luis E. Recabarren—El movimiento obrero y socialista en Chile". Daba cuenta allí el entrevistado, cuya trayectoria durante los ocho años transcurridos desde su última visita era recordada muy elogiosamente, del estado actual de dicho movimiento, enfatizando que la "importancia apreciable" que había

---

[411]   *El Socialista*, Punta Arenas, 27 de julio, 1916; reproducido en *El Socialista* de Valparaíso, 12 de agosto, 1916, y *El Despertar de los Trabajadores*, Iquique, 7 de septiembre, 1916; mayúsculas en el original.

[412]   José Miguel Varas, *Los tenaces*, 16-17.

[413]   Sobre esta segunda estadía de Recabarren en Buenos Aires, ver Manuel Loyola, "Recabarren en Buenos Aires, 1916-1918: una estadía teórica decisiva", en Olga Ulianova (ed.), *Redes políticas y militancias. La historia política está de vuelta* (Santiago: Ariadna/Usach, 2012).

adquirido en el último tiempo obedecía exclusivamente a la acción socialista. Destacaba especialmente en ese contexto el rol pionero de las regiones extremas del país, Tarapacá y Magallanes, donde la "iniciativa socialista" había despuntado de manera simultánea y donde a la sazón se exhibían los mayores índices de volumen y diversidad organizativa (prensa, cooperativas, asociaciones gremiales y culturales, etc.). Informaba también sobre la presencia socialista en Antofagasta, originada según él por la circulación de *El Despertar de los Trabajadores* y por "algunas giras de conferencias que pude realizar en 1913 en unión de mi compañera, para animar el espíritu de iniciativa y robustecer la conciencia socialista". Menor cobertura merecían los núcleos partidarios del centro-sur del país, especialmente el de la capital, cuya "estancación" atribuía a "pequeños defectos de táctica desarrollados por el grupo y a la maldad de unos cuantos enemigos del socialismo que llegaron a sus filas".

La entrevista se ocupaba también largamente de la organización gremial chilena, afirmando que su expresión más difundida eran las sociedades de resistencia, creadas para "el mejoramiento económico y material de la clase obrera". Se destacaba especialmente en medio de este universo la Federación Obrera de Magallanes, pero sobre todo la FOCH, a la que ahora Recabarren calificaba como "la única organización gremial digna de mención". Justificando un viraje que ya se había anunciado con motivo de la huelga ferroviaria, aclaraba que "solo en el último año, debido a la acción de los socialistas", este organismo había ido modificando sus rumbos "para cimentar los verdaderos principios emancipadores", los que apuntaban hacia la "desaparición del régimen del salario y de la propiedad privada, y su reemplazo por un sistema cooperativo socialista". Este concepto, sin embargo, seguía siendo de difícil comprensión para el proletariado chileno, "muy desviado todavía por tradiciones, atavismos, ignorancia, y sobre todo por el gran fardo de los vicios y groserías que le dominan, los que las clases burguesas, politiqueros y el clero, se encargan de reanimar para demorar su redención". Pese a ello, los socialistas no desmayaban en su afán por hacerles comprender "que es posible variar la estructura social".

Recabarren concluía impugnando fuertemente la acción anarquista, a la que desestimaba tanto por su supuestamente corto alcance numérico como sobre todo por actuar "como en todas partes aliada a la clase capitalista, en el sentido de ayudar a impedir la organización debida del proletariado". Distorsionando fuertemente la realidad, afirmaba que "con muy señaladas excepciones, los anarquistas de Chile son unos cuantos borrachos y vividores", pero se congratulaba al constatar que "la clase obrera no ha puesto atención en esa clase de propaganda en forma que valga tomarla en serio", juicio que tampoco se condecía con el resurgimiento que esa corriente ideológica ya comenzaba a experimentar en el país, especialmente en las ciudades céntricas, que tan reacias se mostraban a la consolidación del POS[414]. En fin, pese a todas estas

---

[414] Ver sobre esto Peter de Shazo, *Urban Workers and Labor Unions in Chile, 1902-1927*, capítulos 5 y 6.

dificultades, y pese también a los estragos causados en la economía por el estallido de la guerra europea, el balance para el socialismo criollo no era del todo desalentador: había logrado celebrar su primer congreso nacional, había superado parcialmente la dispersión de los centros regionales, y había fundado cuatro semanarios en menos de un año. Era claramente bastante más de lo que había podido consignar "cuando hace diez años vine por primera vez a Buenos Aires"[415].

Durante los meses siguientes, Recabarren se sumergió en su acostumbrado frenesí activista, impartiendo conferencias y escribiendo artículos para *La Vanguardia*. Así por ejemplo, el 24 de septiembre ya lo encontramos participando como orador en un mitin organizado por la Sociedad de Empleados de Comercio y Anexos para exigir el pronto despacho de sendos proyectos de ley sobre jornada de ocho horas y "sábado inglés" (medio día laboral). Señalaba allí entre otras cosas que "clase trabajadora que no lucha y protesta está condenada a ser manejable instrumento de los capitalistas", siendo su intervención acogida "con una espontánea salva de aplausos"[416]. Pocas semanas más tarde se congratulaba sobre el progreso experimentado durante los últimos años por el almacén cooperativo "El Hogar Obrero", que a la fecha contaba con más de tres mil socios. Sin embargo, y considerando que el Partido Socialista convocaba por ese entonces sobre cuarenta mil electores, exhortaba a sus correligionarios argentinos a desplegar todavía mayores esfuerzos, "determinando factores que sean capaces de sustituir a la burguesía en todas sus funciones"[417].

Tampoco descuidó Recabarren a sus compañeros chilenos, a quienes dirigía periódicas correspondencias sobre su nueva estadía bonaerense, instándolos a imitar los buenos ejemplos del socialismo transandino. Así por ejemplo, en noviembre de 1916 *El Despertar de los Trabajadores* publicaba un artículo sobre la necesidad de organizarse simultáneamente en sindicatos, cooperativas y centros políticos, en tanto que algunas semanas después *El Socialista* de Valparaíso informaba sobre la exitosa adopción por parte de la Federación Gráfica Bonaerense de un sistema organizativo de "base múltiple" (es decir, combinando funciones mutuales y de resistencia), mediante el cual el empleo de las cuotas sociales para pagar subsidios de desempleo había multiplicado el número de asociados. "El momento actual es para Buenos Aires", aseguraba, "de plena actividad en materia de organización gremial, pues cada día se comprende mejor que la más perfecta organización gremial en la clase obrera será el modo de organizar la fuerza obrera que ha de concluir con el régimen capitalista, aboliendo la esclavitud

---

[415]   *La Vanguardia*, Buenos Aires, 11 de septiembre, 1916; reproducido también en *El Socialista*, Valparaíso, 23 y 30 de septiembre, 1916 y *El Despertar de los Trabajadores*, Iquique, 6 y 7 de octubre, 1916.

[416]   *La Vanguardia*, Buenos Aires, 25 de septiembre, 1916.

[417]   *La Vanguardia*, Buenos Aires, 31 de octubre, 1916.

del salario"[418]. Terminando ya ese año 1916, el mismo periódico hacía un balance de la actividad de Recabarren en Buenos Aires, saliendo al paso de un artículo "estúpido y calumnioso" publicado por su congénere anarquista *La Batalla*, del mismo puerto. Se aseguraba allí que lejos de haber ido a pasear a Buenos Aires, el dirigente chileno se había dedicado a desarrollar una intensa agenda proselitista, digna de quien "hace más por la clase obrera que todos los charlatanes del anarquismo juntos"[419].

Más allá de las conferencias y los artículos de coyuntura, Recabarren aprovechó su alejamiento de Chile para sistematizar algunas reflexiones doctrinarias que cristalizaron en tres nuevas obras de mayor aliento, dos de ellas publicadas primeramente por entregas en *La Vanguardia* y luego como folletos independientes[420]. La primera se tituló "La vida ciudadana y la acción municipal", y apareció en ese órgano durante octubre de 1916, imprimiéndose su versión definitiva con el título de "Lo que puede hacer la Municipalidad en manos del pueblo inteligente". Llamaba allí su autor al "pueblo pobre" a aprovechar su condición de mayoría electoral para apoderarse de los gobiernos municipales, valiéndose para ello de la legislación ya vigente en la provincia de Buenos Aires. Caerían así bajo su control una multitud de actividades con incidencia directa sobre las condiciones de vida popular, tales como la higiene, la instrucción, la alimentación, la seguridad y la recreación. Tratándose además de materias de interés general, sería más fácil involucrar en ellas tanto a hombres como a mujeres, habituando a unos y otras a deliberar y participar en la conducción de sus propios destinos.

"La realización de todas las medidas enumeradas", señalaba, "no terminará con los defectos de la organización social, que para ello se necesita de una labor mucho más extensa, pero producirán beneficios eficaces que servirían de medios y de bases para avanzar más en nuestra vasta labor de perfeccionamiento social". Más aún: "La labor socialista tendrá muchos obstáculos en la acción legislativa, en la fiscalización de la administración pública, en la acción gremial y cooperativa, pero el campo de acción inmediatamente benéfico de la municipalidad se nos presenta con menos obstáculos para realizar una parte de nuestro programa y con ello probar que es posible y hacer mucho bien". Se avanzaría así, como en el caso de la creación de cooperativas, hacia el desarrollo de "una fuerza 'pasiva', cuya virtud consiste en que sin violencias visibles reemplaza un sistema por otro, sin producir luchas peligrosas", afirmando "nuestro

---

[418]   *El Despertar de los Trabajadores*, Iquique, 9 de noviembre, 1916; *El Socialista*, Valparaíso, 30 de diciembre, 1916.

[419]   *El Socialista*, Valparaíso, 16 de diciembre, 1916.

[420]   Según el artículo de Manuel Loyola citado en la nota 413, "Recabarren en Buenos Aires, 1916-1918", el principal motivo de su viaje a la capital argentina habría sido precisamente el de afinar "su propia elaboración teórica sobre el socialismo" (24).

ideal fundamentalmente colectivista en las costumbres de una vida ciudadana cada vez más inteligente, que equivale a iniciar un modo de vivir socialista"[421].

El 9 de noviembre de 1916, con el título "Proyecciones de la acción sindical", *La Vanguardia* inició la publicación de un escrito mucho más extenso de "nuestro camarada Luis E. Recabarren S.", con el propósito de, según su propio anuncio editorial, "contribuir a reforzar la mentalidad obrera en su acción permanente para la organización y perfeccionamiento de los sindicatos". Concebido inicialmente en dieciocho entregas, su edición definitiva como folleto totalizó veinticuatro apartados y una "Recomendación final", abarcando además de los temas propiamente sindicales otros de índole religiosa, política, económica y aun de "táctica revolucionaria". Comenzaba Recabarren argumentando a favor del necesario fortalecimiento de los sindicatos, para lo cual proponía recurrir al otorgamiento de servicios tales como la protección por enfermedad, vejez e invalidez, el apoyo frente a la desocupación y la recaudación de fondos para huelgas. A través de esos beneficios "inmediatos y fáciles", aseguraba, se lograría inculcar en una masa proletaria todavía temerosa y poco consciente una mayor apreciación "del valor de la asociación para fines de mejoramiento", así como una mayor solidaridad de clase.

La acción del sindicato, sin embargo, no debía detenerse en esas conquistas más inmediatas, sino avanzar desde allí hacia la abolición definitiva del régimen salarial: "No queremos ni el mejoramiento ni la elevación del salario como medidas 'definitivas' de perfeccionamiento social, porque siempre significará esclavitud, dependencia y sumisión hacia quien otorga el salario. Queremos su abolición y su desaparición definitiva, como definitivamente desapareció el régimen monárquico en los espíritus verdaderamente republicanos y democráticos". Vista desde esa perspectiva, la organización sindical asumía para Recabarren un perfil explícitamente revolucionario, constituyéndose en una suerte de "escuela elemental donde debemos aprender a construir al margen del mundo presente, nuestro mundo futuro". Anticipando una propuesta que él mismo impulsaría en la famosa Convención de 1919 de la FOCH, el folleto exhortaba al "sindicato o federación de sindicatos" a patentizar esa vocación asumiendo la organización general de la producción social, así como su distribución hacia los consumidores. Llegado a ese punto, reconocía, el accionar sindical se confundía con el de esa otra instancia recurrente en su prédica doctrinaria, la cooperativa: "Cuando el sindicato haya realizado la 'socialización' y tome a su cargo la administración y dirección de la producción y del reparto de ella para el consumo, de hecho se habrá transformado en cooperativa de producción y de consumo a la vez".

---

[421] *La Vanguardia*, Buenos Aires, 6, 9, 10, 16 y 20 de octubre, 1916; la versión definitiva y completa del folleto en Cruzat y Devés (eds.), *El pensamiento de Luis Emilio Recabarren* (Santiago: Austral, 1971), tomo II, 425-463. Una reflexión atingente al tema en Gabriel Salazar, "Luis Emilio Recabarren y el municipio en Chile (1900-1925)", *Revista de Sociología*, núm. 9, Universidad de Chile (1994).

Pero eso ya situaba a ambas organizaciones en un plano ineludiblemente político, pues "toda la vida económica, así el salario, el costo de la vida económica, impuestos, resultan establecidos por las fuerzas políticas, al sabor de la clase patronal". En consecuencia, "no puede ser la cuestión política un asunto indiferente para el sindicato".

Se internaba aquí Recabarren en una materia que a la sazón motivaba fuertes discusiones en el movimiento obrero argentino, hegemonizado desde 1915 por una corriente sindicalista "pura", encarnada en la Federación Obrera Regional Argentina del IX Congreso (o FORA IX, como se la denominaba en la jerga obrera contingente), que se declaraba intransigentemente "apolítica" y consagrada de manera exclusiva a la lucha en el lugar de trabajo, al punto incluso de sostener tratativas con el gobierno reformista de Hipólito Irigoyen y su Unión Cívica Radical[422]. Frente a esta postura, Recabarren se manifestaba en absoluto desacuerdo: "La permanente declaración de los sindicatos para no preocuparse de asuntos políticos, la que declara que al sindicato deben venir los obreros a defender sus intereses económicos, sin diferencia de ideas políticas, quiere decir claramente que cada obrero, conservando sus afecciones políticas a los partidos de la clase burguesa y capitalista o sin rumbos al respecto, se refugia en el sindicato solo para 'mejorar' sus condiciones económicas".

Esto, sentenciaba, "es el más grave de los errores", pues dejaba al proletariado totalmente inerme frente al poder político de la burguesía, preservándole su "libertad de acción para aprovecharse de situaciones privilegiadas que le permiten enriquecerse rápida y grandemente, a costa de la inicua, de la infamemente imponderable rapaz explotación del trabajo, por medio de las muchas leyes protectoras que en su beneficio se dicta". La lucha política, en otras palabras, a través de la conquista del poder parlamentario y municipal, como ya había argumentado en su folleto anterior, permitiría a los trabajadores "desarmar a la clase capitalista, por la vía de la ley, de todas las armas con que hoy consuma la explotación y opresión de la humanidad". En suma, y retomando la proyección revolucionaria que a su juicio distinguía al sindicalismo "correcto", Recabarren sostenía que "el único tipo de sindicato capaz de 'socializar' los instrumentos de trabajo y la sociedad toda" era "el sindicato político y cooperativo".

Habiendo de esta forma transformado al sindicato en una instancia preparatoria y formadora de "un mundo superior de vida", Recabarren se internaba expresamente en consideraciones de estrategia revolucionaria. "Nuestro mundo *colectivo* o *comunista*", señalaba, "debemos **construirlo al margen** del mundo capitalista, para demostrar

---

[422]   El copamiento de la FORA IX por la tendencia sindicalista y su conducta frente al gobierno de Irigoyen son tratados sumariamente en Richard J. Walter, *The Socialist Party of Argentina, 1890-1930*, 149-157; ver también sobre el tema general de las organizaciones obreras en Argentina durante esta coyuntura, Mirta Zaida Lobato, "Los trabajadores en la era del 'progreso'", en Mirta Zaida Lobato (ed.) *Nueva Historia Argentina*, tomo V, "El progreso, la modernización y sus límites (1880-1916)" (Buenos Aires: Sudamericana, 2000).

sus ventajas y atraer a nuestro lado a los convencidos de su superioridad, sin perder tiempo en querer destruir primero ese mundo para construir sobre sus despojos el nuestro" (énfasis en el original). La asociación obrera, en otras palabras, se constituía en una instancia facultada a través de su propio accionar para levantar un orden social paralelo y superior al capitalismo, obviando una confrontación violenta que arriesgaba destruir más de lo que creaba.

"La violencia", afirmaba, "aplasta pero no convence, y el vencido espera la ocasión para vengarse. Los sindicatos no deben cifrar ningún triunfo conquistado por medio de la violencia, porque dejará subsistente el encono". Y se explayaba: "La gran fuerza que deseamos construir con la organización obrera, no la queremos ver empleando su tiempo, muy precioso, en destruir nada; **la queremos ver verificando la 'construcción' de la sociedad nueva**: el sindicato, deteniendo al capitalismo en sus ansias de expoliación; creando su fuerza cooperativa, agigantándola con el sufragio; y esta construcción, así justa, moral, natural e inteligente motivará no la 'destrucción' de la sociedad actual, sino la 'transición' de un estado a otro; el paso del error a la verdad; el paso de la era de la desgracia a la era de la tranquilidad feliz, de la seguridad que ha terminado el régimen de la incertidumbre" (énfasis en el original). "Esta", remachaba, "es nuestra revolución".

El giro francamente utópico que iba adquiriendo el escrito de Recabarren suscitó un evidente desasosiego en la redacción de *La Vanguardia*, anticipatorio de desacuerdos más profundos. Así, al publicar en su edición del 25 de enero de 1917 el capítulo titulado "Organización y distribución de la producción por el sindicato", los editores agregaron una muy sugerente nota crítica: "El ciudadano Recabarren es un soñador. No debe extrañar, pues, que en este artículo establezca un plan de 'sociedad futura' tan curioso". Tocado en su orgullo doctrinario, el cuestionado "soñador" invocó en su defensa aquellos párrafos del programa socialista argentino que llamaban a la clase obrera a levantarse "para defender desde ya sus intereses inmediatos, y preparar su emancipación del yugo capitalista", así como a "formar los elementos materiales y las ideas necesarias para sustituir al actual régimen capitalista con una sociedad en que la propiedad de los medios de producción sea colectiva o social". Se interrogaba al respecto Recabarren: "¿Cómo es que hay redactores de diarios socialistas que califican de sueños la formación de esas ideas?". Y concluía, reprobatoriamente: "¡Cuánto falta para perfeccionar nuestra mentalidad!". "Hay socialistas", agregaba más adelante, que "como cualquier conservador, se han atrevido a calificar de **sueños** las proposiciones que en estos artículos se están haciendo", en circunstancias que "ninguna realidad existe hoy sin haber sido primero una ilusión de soñadores" (énfasis en el original).

Como era previsible, estas últimas exhortaciones ya no aparecieron en las columnas de *La Vanguardia*, la que suspendió la publicación del folleto a partir del momento en que estalló la polémica, faltando aún la mitad de sus veinticuatro capítulos[423]. Otro tanto ocurrió con el siguiente escrito de Recabarren, *La materia eterna e inteligente*, que si bien fue publicitado a través de ese medio periodístico ya no encontró acogida entre sus páginas, decisión editorial posiblemente reforzada por su extensión, o por la complejidad de su temática, una profundización de las disquisiciones filosóficas sobre la insostenibilidad de las concepciones religiosas sobre la vida y el universo que iniciara en Valparaíso en las polémicas sostenidas en 1916[424]. Sea como fuere, es un hecho que las relaciones entre Recabarren y la dirección del Partido Socialista argentino comenzaron por aquellos meses a experimentar un visible enfriamiento, el que fue agudizado por un conflicto estallado al interior de esa colectividad a propósito de la neutralidad argentina frente a la Primera Guerra Mundial.

En efecto, los ataques que desde inicios de 1917 venían perpetrando los submarinos alemanes contra buques mercantes que comerciaban con Europa suscitaron fuertes críticas entre la clase política transandina, incluyendo en ella a connotados dirigentes socialistas. En ese contexto, el 18 de abril *La Vanguardia* publicaba una declaración del grupo parlamentario del Partido Socialista deplorando los efectos de esos actos sobre los intereses nacionales, y exhortando al Gobierno a "adoptar todas las medidas necesarias de orden portuario y empleo de la marina de guerra, para hacer efectivo tan ampliamente como sea posible el comercio argentino en buques de cualquier bandera". Por su parte, el comité ejecutivo del partido llamaba a "la defensa de la efectividad de nuestro comercio internacional, sin el cual se paralizaría la vida económica del país, de la libertad de los mares y de los ideales políticos que persigue la democracia socialista".

Este evidente abandono de la política de neutralidad estricta sostenido hasta entonces por el Partido Socialista argentino provocó una ola de protestas entre la militancia, precipitando la inmediata convocatoria del III Congreso de la colectividad. En dicha ocasión, y por una holgada mayoría de 4210 votos contra 3557, se impuso una resolución que revertía lo declarado por las instancias directivas máximas, y obligaba al partido y a su periódico a "orientar su acción en sentido resueltamente contrario a toda intervención del país en la guerra". Esto no impidió, sin embargo, que tanto el grupo parlamentario como el comité ejecutivo insistieran en su posición "intervencionista", llegando incluso algunos meses después a apoyar abiertamente la

---

[423]   El cuestionado folleto fue impreso en su versión completa con el mismo título *Proyecciones de la acción sindical*, en los talleres gráficos de *La Vanguardia*, 1917, pero el periódico socialista se desentendió completamente de su difusión. La versión completa ha sido publicada en Cruzat y Devés (eds.), *El pensamiento de Luis Emilio Recabarren*, tomo II, 7-129.

[424]   *La Vanguardia* del 29 de mayo de 1917 publicaba el siguiente aviso: "La materia eterna e inteligente. Este es un librito por Luis Emilio Recabarren, que contiene razonamientos irrefutables que prueban los absurdos religiosos. Pedidos al autor".

ruptura de relaciones diplomáticas con Alemania. Hacia fines de 1917, el cisma en las filas socialistas era cada vez más inminente[425].

La alineación de Recabarren en este debate fue desde un comienzo favorable al bando "pacifista". Escribiendo hacia fines de mayo para *El Despertar de los Trabajadores* de Iquique, suscribía calurosamente la opinión de la mayoría partidaria en el sentido de que en "el asunto internacional no había ningún motivo concreto y real que justificara la alarma de los dirigentes", dando con su voto reprobatorio "un elocuente ejemplo de capacidad para defender los intereses del pueblo y de nuestra doctrina". "He ahí", añadía, "lecciones hermosas que no debemos olvidar"[426]. Durante algún tiempo las tensiones se mantuvieron bajo control, al punto que entre agosto y septiembre *La Vanguardia* todavía cubría sin problemas la participación de Recabarren en diversos actos públicos promovidos por el partido[427].

Con el desencadenamiento de la revolución bolchevique, sin embargo, las cosas tomaron otro cariz. Para *La Vanguardia,* el giro "maximalista" significaba nada menos que una traición a la causa de una guerra en la que "estaba en juego la suerte de la democracia", sin mencionar su efecto de provocar "el desquicio más completo en la administración del país" (Rusia), preludio ineludible del hambre, la guerra civil y la claudicación objetiva frente al despotismo representado por los imperios centrales. Desde su óptica, el socialismo ruso encontraba sus verdaderos defensores en Kerensky y los mencheviques, en ningún caso en los seguidores de Lenin y Trotsky, quienes "con una lamentable falta de las posibilidades reales del momento, creyeron posible la aplicación inmediata de su programa total". "Lenin y sus adictos", se afirmaba más adelante, "creerán servir la causa de la paz duradera con su irrisorio ofrecimiento de armisticio a los beligerantes; pero los aliados: Inglaterra, Francia, Norteamérica e Italia son los que crearán esa paz luchando sin tregua y aumentando sus sacrificios para soportar el peso que correspondía a Rusia"[428].

Recabarren, por cierto, veía las cosas de manera muy diferente. En una serie de cuatro entregas escrita en diciembre de 1917 y publicada en el periódico *Adelante* de Talcahuano, bajo el muy significativo título "La Rusia Revolucionaria librando al mundo de la guerra", aplaudía incondicionalmente no solo la perspectiva de paz inmediata que auguraba la instalación del régimen "maximalista", sino también su programa de abolición de la propiedad, "entregando las tierras a la explotación común". Saliendo al paso de aquellos que, como *La Vanguardia,* hablaban "con desprecio, con repugnancia y con grosería del 'caos ruso', de la 'traición maximalista', vendidos al

---

[425]   Richard J. Walter, *The Socialist Party of Argentina,* 143-145.

[426]   *El Despertar de los Trabajadores,* Iquique, 30 de mayo, 1917.

[427]   *La Vanguardia,* Buenos Aires, 18 y 31 de agosto, 20 de septiembre, 1917.

[428]   *La Vanguardia,* Buenos Aires, 9 y 23 de noviembre, 1917.

oro alemán", reivindicaba en cambio "la acción sublime, noble y valiente de la Rusia obrera y revolucionaria, salvando al mundo de las garras de la guerra y convirtiéndose en el más formidable baluarte de la verdadera democracia".

Escribiendo a poco más de un mes de la instalación del nuevo gobierno, Recabarren no vacilaba en afirmar que en ese lapso ínfimo la historia había avanzado más de un siglo, aboliendo de hecho el militarismo, los privilegios y las iglesias que él había consagrado toda su vida a combatir. Más aún: "La paz significará para Rusia, bajo el régimen maximalista, aprovechar la primera y la más certera oportunidad para la abolición del sistema capitalista y el comienzo de un régimen socialista". Recordando seguramente las descalificaciones recibidas poco tiempo antes de parte de la redacción de *La Vanguardia*, proclamaba que "el sueño, la utopía de esos locos llamados socialistas pasa a ser hoy no solo una realidad, sino que la fuente de todo progreso y felicidad humana". En suma, ofrecía "sin vacilar, mi voto de adhesión a los maximalistas rusos que inician el camino de la paz y de la abolición del régimen burgués, capitalista y bárbaro". "Quien no apoye esta causa", advertía, "sostendrá el régimen capitalista con todos sus horrores", para concluir que "Rusia maximalista es hoy la antorcha del mundo. Salud a esa Rusia"[429].

En plena sintonía con tales apreciaciones, en noviembre de 1917 se formó en Buenos Aires el "Comité de Defensa de la Resolución del Tercer Congreso Socialista", destinado a congregar a toda la militancia desconforme con los "rumbos chauvinistas y guerreros" que el Comité Ejecutivo Nacional insistía en imprimirle al partido. Decidido a romper con dicha dirigencia, el comité disidente emitió un manifiesto en el que la acusaba de "aprobar la guerra capitalista" y dar abiertamente la espalda a quienes "en medio de los horrores de la conflagración, trabajan infatigablemente en toda Europa y en Estados Unidos por la instauración de la paz y del socialismo".

Cuando una agrupación llamada socialista, continuaba, "condena a un pueblo que se propone firmemente concertar la paz mundial, derrocar a la burguesía e implantar el tan anhelado reinado del proletariado socialista, y cuando expulsa de su propio seno a los defensores del socialismo y de la paz, ¿puede honradamente seguir ostentando el rótulo de 'socialista'?". Convencidos de lo contrario, resolvían por consiguiente fundar un nuevo "Partido Socialista Internacional" que recogiese las banderas traicionadas, reivindicando con ese gesto al vilipendiado maximalismo ruso: "Un ardiente e impetuoso soplo revolucionario parece cruzar triunfante por el planeta. Ha comenzado en Rusia y se extiende hacia todos los rincones del mundo. Su móvil: la instauración del socialismo. Con la mirada elevada en tan alto ideal queremos ser en esta sección de América, los agentes eficientes, activos, de esta hondísima

---

[429]   *Adelante*, Talcahuano, 5, 6, 7 y 13 de febrero, 1918; reproducido en Cruzat y Devés, *Recabarren. Escritos de prensa*, tomo 3, 142-147.

transformación revolucionaria"[430]. Nacía así, durante los primeros días de enero de 1918, el Partido Socialista Internacional, destinado a convertirse dos años después en Partido Comunista argentino. Entre los firmantes de su acta fundacional figuraba, naturalmente, Luis Emilio Recabarren[431].

La fundación del Partido Socialista Internacional fue, al parecer, la última actuación de relevancia de Recabarren en la capital transandina, aunque algunas versiones lo sitúan por esos mismos días en Montevideo, fundando una colectividad política de igual nombre destinada a convertirse en Partido Comunista del Uruguay. "Recabarren ha sido entonces", afirma al respecto Julio César Jobet, "uno de los fundadores de los partidos comunistas de Argentina y Uruguay"[432]. Es curioso que, siendo así, haya optado por regresar a Chile pocas semanas después de embarcarse en tan ambiciosas empresas. Sea como fuere, y tal vez desanimado por las pugnas doctrinarias en las que se había visto envuelto durante gran parte del año, hacia comienzos de marzo de 1918 ya estaba de vuelta en Santiago, donde según informaba *El Socialista* de Valparaíso permanecería algunos días "dando conferencias sobre las huelgas ferroviarias argentinas, la Revolución rusa y otros temas de sumo interés para las clases trabajadoras". Posteriormente viajaría a ese puerto con igual objeto, para seguir luego rumbo a Antofagasta, donde el POS local lo había nombrado candidato a diputado para las elecciones parlamentarias recién celebradas (y en las que nuevamente no resultó electo)[433]. Así, tras un año y medio de ausencia, y con nuevos bríos inspirados por la gesta maximalista rusa, Recabarren volvía al ruedo político nacional.

El país que encontró a su regreso no era el mismo que había dejado atrás. La recesión ocasionada por el estallido de la guerra europea ya se había disipado, recuperándose notoriamente durante 1917 los índices de exportaciones y producción interna. Fruto de ello, el paralizante desempleo de los años anteriores se había atenuado transitoriamente, alimentando un ciclo de recuperación sindical que, reforzado por la inflación (casi un 37% entre 1913 y 1917, según el acucioso estudio de Mario Matus[434]) y la inestabilidad económica de la postguerra, alcanzaría entre 1917 y 1920 cuotas inéditas de conflictividad y movilización. Solo a modo de ejemplo, durante 1917

---

[430]   Transcrito en *Adelante*, Talcahuano, 12 de marzo, 1918; en Cruzat y Devés, ibíd., 148-149.

[431]   Richard J. Walter, *The Socialist Party of Argentina*, 145-146; ver también Hernán Ramírez Necochea, *Origen y formación del Partido Comunista de Chile*, 119; y Jaime Massardo, *La formación del imaginario político de Luis Emilio Recabarren*, 254.

[432]   Julio César Jobet, *Recabarren y los orígenes del movimiento obrero y el socialismo chilenos*, 65 y nota 1; ver también Alejandro Witker Velázquez, *Los trabajos y los días de Recabarren*, 84.

[433]   *El Socialista*, Valparaíso, 16 de marzo, 1918; sobre su candidatura antofagastina *in absentia*, *El Socialista*, Antofagasta, 9, 16, 19 y 23 de febrero, 2 de marzo, 1918.

[434]   Mario Matus González, *Crecimiento sin desarrollo. Precios y salarios reales durante el Ciclo Salitrero en Chile (1880-1930)* (Santiago: Universitaria, 2012), 124.

Santiago presenció un ciclo huelguístico de larga duración y alentadores resultados entre los obreros y obreras del cuero y el calzado, en tanto que en julio y agosto del mismo año los principales puertos de la república fueron teatro de una paralización que en Iquique alcanzó ribetes inusitados de violencia antigubernamental, resultando en un conscripto muerto y varios heridos a consecuencia de un atentado dinamitero. En este último caso, el conflicto se había originado por la decisión oficial de fotografiar a los trabajadores del sector, medida que los afectados consideraron, en tanto implicaba una mayor vigilancia y control, abiertamente "afrentosa para nuestra dignidad de hombres civilizados"[435].

En un registro similar, la Federación Obrera de Chile verificaba durante aquellos meses un giro hacia posiciones más clasistas y confrontacionales, incluyendo la apertura hacia sectores obreros no ferroviarios y la adopción de un criterio organizacional de "base múltiple" (coincidentemente recomendado por Recabarren en un artículo enviado desde Buenos Aires en diciembre de 1916[436]), en el que, como se dijo antes, a las antiguas prácticas mutualistas se unía ahora la acción propiamente sindical o "de resistencia". Estos cambios quedaron formalmente consagrados en la II Convención Nacional de la entidad, celebrada en Valparaíso entre los días 17 y 19 de septiembre de 1917, en la que tuvieron marcado protagonismo militantes socialistas tan cercanos a Recabarren como Carlos Alberto Martínez y Luis Alberto González[437]. En tales circunstancias, el regreso del "apóstol" también pudo haber sido precipitado por una evaluación más optimista de las perspectivas que enfrentaba el movimiento obrero chileno, inserto ahora en un contexto internacional tan favorable como parecía serlo el inaugurado por la Revolución bolchevique[438].

De ese modo, entre marzo y junio de 1918 Recabarren se dedicó a recorrer diversas localidades del país dictando conferencias y reuniéndose con organizaciones obreras[439].

---

[435] Gobernador marítimo de Tarapacá a intendente de la provincia, 1 de agosto, 1917, Archivo Intendencia de Tarapacá, vol. 13, 1917; esta huelga ha sido analizada en mi texto *Desgarros y utopías en la pampa salitrera*, capítulo 4. Sobre la coyuntura de activación obrera en general, ver Peter de Shazo, *Urban Workers and Labor Unions in Chile, 1902-1927*, capítulo 6.

[436] *El Socialista*, Valparaíso, 30 de diciembre, 1916.

[437] Francisca Durán, "La Federación Obrera de Chile, 1909-1921", 68-76; también Sergio Grez, *Historia del comunismo en Chile*, 77-81.

[438] La recepción de la Revolución rusa en Chile, en la que Recabarren tuvo un papel obviamente protagónico, ha sido exhaustivamente historiada por Santiago Aránguiz Pinto en su tesis doctoral , "Rusia Roja de los Soviets. Recepciones de la Revolución Rusa, del bolchevismo y de la cultura política soviética en el mundo obrero revolucionario chileno (1917-1927)", Pontificia Universidad Católica de Chile, 2012.

[439] *El Socialista*, Antofagasta, 6 de abril y 25 de mayo, 1918. Tanto Cruzat y Devés como Sergio Grez afirman que entre mayo y agosto Recabarren habría regresado a Punta Arenas, "recogiendo impresiones y experiencias sobre la forma de organización implantada por la Federación Obrera de Magallanes". Sin embargo, las fuentes consultadas para esta biografía no corroboran este dato, siendo los artícu-

El 1º de mayo publicaba un artículo recordando el profundo significado de esa fecha, en la cual "el proletariado ya consciente, lanza al rostro de la burguesía toda la degradación que produce la sociedad capitalista, para empujar a la Humanidad a perfeccionar la organización social, cuyos defectos producen el inmenso daño que contemplamos". Y aunque no aludía expresamente a la reciente Revolución bolchevique, su presencia se adivinaba con facilidad detrás de la afirmación de que "la manifestación del 1º de mayo es la expresión de la capacidad proletaria, ostentándose internacionalmente, sobre el Mundo, y advirtiendo que esa fuerza ordenada por la justicia que la anima, marcha en pos del bien, para modificar todo lo añejo y podrido, y renovarlo por elementos sanos"[440]. A comienzos de junio se hallaba con Teresa Flores en Iquique, donde anunció que había resuelto volver a la región del salitre "a continuar la lucha emprendida años atrás, en pro de nuestros propósitos de emancipación obrera". El anuncio se acompañaba sin embargo de una advertencia: "Si queréis que mi nueva participación en el movimiento obrero sea fructífera, es vuestro deber cooperar de verdad al conjunto de la acción"[441].

En consonancia con tales palabras, a comienzos de julio convocaba a obreros y empleados iquiqueños a reunirse para hacer "una nueva tentativa de organización obrera que sirva de fuerza y poder para adquirir las mejoras que nos hacen falta al bienestar de todos", resucitando así lo intentado por la Mancomunal de la década anterior o por sus propias tentativas de organización gremial de 1912 y 1913. Aunque esos precedentes no habían logrado mantenerse en el tiempo, ello no daba a su juicio motivo para desmayar: "Si la miseria subsiste, si los abusos se repiten a diario, si los capitalistas se enriquecen cada vez más, con el trabajo de obreros y empleados, hay de sobra razones y motivos para volver con nuevos bríos a organizar las fuerzas proletarias y colocarlas en pie de lucha y de acción". El momento que se vivía, en que "la clase capitalista se enriquece y hoy está en magnífica situación económica, habiendo afirmado sus condiciones industriales", se prestaba especialmente para una iniciativa como la propuesta, máxime cuando "en este puerto y en la provincia hay bastantes obreros competentes para la orientación de una buena organización obrera". "Los obreros que falten mañana", concluía, "serán aquéllos que viven contentos entre la miseria y la ignorancia, esclavos de la explotación"[442]. La reunión efectivamente tuvo lugar, surgiendo de ella una sección local de la FOCH, entidad que Recabarren,

---

los publicados por estas fechas sobre la FOM reproducciones casi textuales del que ya había escrito durante su paso por Punta Arenas en 1916, lo que sugiere que más bien rescató antiguos apuntes para insertarlos en su nueva campaña de potenciamiento de la FOCH, según se verá en los párrafos siguientes.

[440] *El Socialista*, Antofagasta, 1 de mayo, 1918.

[441] *El Despertar de los Trabajadores*, Iquique, 11 de junio, 1918.

[442] *El Despertar de los Trabajadores*, Iquique, 2 de julio, 1918.

cada vez más convencido de sus bondades, se había empeñado en propagar hacia las provincias nortinas, hasta la fecha poco sensibles al llamado ecuménico de esa renovada instancia federativa.

Como era ya habitual en su discurso, el impulso a la organización gremial se acompañó casi simultáneamente de una exhortación política, claramente alusiva a los acontecimientos recientes en Rusia. Apelando como tantas otras veces a las leyes "evidentes y concretas" del progreso, Recabarren afirmaba en un escrito titulado "Vivid de ilusiones" que el socialismo constituía "el más completo concepto de la civilización", destinado inevitablemente a vencer todos los obstáculos levantados por los enemigos del perfeccionamiento social. "Como triunfaron los principios de la revolución francesa", advertía, "con el mundo entero en su contra, así, óiganlo bien, reaccionarios e ignorantes, así están triunfando hoy en plena guerra, los supremos principios del socialismo, y continuará la revolución social del mundo, afirmando sus principios y sepultando con la lápida del pasado todos los errores". Incluso en un rincón tan apartado como Chile, aseguraba, "el supuesto patriotismo se extingue" y la moral socialista "va siendo aceptada cada día por mayor número de personas". Su labor durante esta nueva estadía nortina, por consiguiente, también se proponía reforzar la convicción de que "esta realidad avanza incontrariable"[443].

Esta vez Recabarren decidió fijar su residencia no en Iquique, del cual posiblemente guardara recuerdos ambivalentes, sino en Antofagasta, que se alzaba cada vez más como el principal puerto salitrero del país[444]. Sin disimular su complacencia, *El Socialista* de esta ciudad celebraba el arribo del renombrado dirigente –pese a encontrarlo "un tanto encanecido"– como un signo de "nuevas fuerzas" que ayudarían a revitalizar ("casi podría decirse a dar vida") el alicaído movimiento obrero y socialista de la provincia[445]. Compartiendo hasta cierto punto ese abatido diagnóstico, Recabarren se lamentaba en un escrito aparecido por esos mismos días de que mientras el mundo, e incluso la propia burguesía chilena, presentían el triunfo cercano del socialismo, "la clase obrera del norte parece dormir esperando el bocado en la boca"[446]. Precisamente para conjurar esa desidia, se abocó de inmediato a recorrer puerto y pampa para dar a conocer los pormenores e implicancias de la Revolución rusa, repitiendo lo que ya venía haciendo en otras partes del país desde su regreso de Buenos Aires[447]. Hacia mediados de noviembre, en un artículo titulado "El gobierno de obreros y soldados–La hora del

---

443   *El Despertar de los Trabajadores*, Iquique, 3 de julio, 1918.

444   En 1917, Antofagasta exportó productos por un valor de $133.296.605, en tanto que por Iquique la cifra solo alcanzó $124.156.015; cf. Ministerio del Interior, Chile, *El problema social-económico del Norte* (Santiago: Imprenta Nacional, 1919), 17-18.

445   *El Socialista*, Antofagasta, 23 de julio, 1918.

446   *El Despertar de los Trabajadores*, Iquique, 6 de agosto, 1918.

447   *El Socialista*, Antofagasta, 10 de agosto, 8 y 15 de octubre, 1918.

Socialismo", celebraba alborozado la propagación del contagio maximalista hacia los imperios derrotados en la guerra recién finalizada, Alemania y Austria-Hungría. "Cuando las naciones tan importantes como Rusia y Alemania son regidas por el programa socialista", se solazaba en anticipación de una consolidación del sovietismo germano que en definitiva no ocurrió, "las horas del mundo burgués están contadas"[448].

Fue por estos días que el varias veces citado Salvador Ocampo conoció personalmente a Recabarren, a quien describió como "un hombre no muy alto, rechoncho, fornido, con una cara casi cuadrada, los ojos muy capotudos y una mirada irónica". Pese a no haberle producido al comienzo una impresión muy agradable, agregaba, "cuando uno empezaba a oírlo cambiaba totalmente la idea que se había formado de él. Cambiaba su aspecto. Era un conversador muy conciso, pero a la vez de una atracción enorme. Era de un magnetismo personal que, francamente, yo no he encontrado en ningún otro ser". Especial admiración le causaba su paciencia para discutir, así como su capacidad infinita para escuchar a los demás, "porque de cualquiera de estas personas que nos hablan", decía, "algo aprendemos". Cautivado por ese carisma, el joven Ocampo se dedicó a acompañarlo cuando salía a hablar por calles y plazas, portando al hombro una "tribuna portátil" sobre la que "el Maestro" se subía y discurseaba. Conminado ocasionalmente a abrir los fuegos hablando sobre temas contingentes como el fútbol, los que solían provocar reacciones encontradas entre un público cuyas lealtades deportivas solían estar divididas, Ocampo recordaba que para calmar los ánimos bastaba con la frase: "No, compañeros, no se peleen, si el objeto de esto era para que ustedes se acercaran y escucharan a Recabarren", lo que invariablemente suscitaba la respuesta "¡Ah, bueno! ¡Esa es otra cosa!"[449].

En este ambiente, las dotes organizativas de Recabarren se pusieron prioritariamente al servicio de la formación de la FOCH antofagastina, tanto en el puerto como en diversas localidades del interior. Para ese efecto comenzó invitando a la clase obrera local "a no quedarse sumida en la indiferencia y en la inacción que le hace víctima indefensa de un mal salario, de una vida carísima y de una situación indigna", aportando en cambio a la formación de "una fuerza obrera que pueda servirnos útilmente para luchar por el mejoramiento de las condiciones de vida a que tenemos derecho"[450]. A manera de modelo a imitar invocaba expresamente a la FOCH, la que con sus diversas secciones a lo largo del país, incluyendo la que él mismo acababa de fundar en Iquique, anunciaba "el nacimiento de una fuerza obrera que sería inteligente saber orientar y robustecer".

Reforzando esa misma línea, durante los últimos días de agosto publicó en *El Socialista* de Antofagasta una serie de cuatro artículos consagrados precisamente a

---

[448]   *El Socialista*, Antofagasta, 14 de noviembre, 1918.

[449]   José Miguel Varas, *Los tenaces*, 14-16.

[450]   *El Socialista*, Antofagasta, 17 de agosto, 1918.

la necesidad de formar una sección provincial de esa organización, resaltando sus potencialidades y proponiéndola como la base de un "poder obrero" que, aportando "los elementos necesarios para mantener satisfecha nuestra vida y para apreciar y gozar nuestra libertad necesaria para el goce de la vida", pudiese hacer de contrapeso al poder burgués predominante. En su opinión, muchos de los fracasos anteriores se habían debido a la dispersión de las asociaciones obreras en una multitud de gremios desconectados entre sí, lo que solo podría contrarrestarse a través de una entidad federativa "en la que estén incorporados los trabajadores y empleados de ambos sexos y de todos los oficios y faenas a que se dediquen". Ejemplos de que ello era posible y benéfico los brindaba no solo la FOCH, que efectivamente se había organizado en tales términos a partir de su convención de 1917, sino también la por él muy admirada Federación Obrera de Magallanes, cuyo "sistema centralizado" había formado un poder obrero al que "con justicia temen los burgueses". En consecuencia, era preciso "pensar y accionar" para pronto ver surgir "altiva y poderosa, la Federación Obrera en Antofagasta, para ingresar con su contingente de fuerza a las demás Federaciones del país"[451].

Los esfuerzos así desplegados fructificaron en la creación, el 12 de septiembre de 1918, de la sección antofagastina de la FOCH, siendo Recabarren elegido secretario general[452]. Desde esa posición iniciaría una campaña de fortalecimiento regional que hacia mediados de octubre ya ostentaba filiales en el cantón salitrero de Aguas Blancas y en Calama, con otra próxima a nacer en el emergente mineral cuprífero de Chuquicamata. Exhortando a otras localidades de la provincia a sumarse a la iniciativa, argumentaba: "Vivimos, los obreros, explotados y oprimidos por capitalistas insaciables, por gobernantes ineptos y por autoridades groseras, de tal manera que si nosotros no construimos la fuerza que nos libre de ser devorados por la fuerza capitalista, si nosotros no hacemos eso, nadie lo hará"[453].

Muy satisfecho de su labor, por esa misma fecha aseguraba a su corresponsal santiaguino Carlos Alberto Martínez que "dentro de poco, nuestra sección será la más importante del país, y es posible que parta de aquí la invitación para realizar un Congreso General, siempre que se acepten puntos de vista igualmente generales"[454]. De hecho, hacia fines de año el número de secciones provinciales había aumentado a ocho, habiéndose agregado las de Placilla, Punta de Rieles, Baquedano, Mejillones y Pampa Unión, lo que lo indujo a convocar para el 12 de enero de 1919 al Primer Congreso Regional de la FOCH antofagastina, destinado a "estudiar un programa

---

451   *El Socialista*, Antofagasta, 20, 22, 24 y 29 de agosto, 1918.

452   *El Socialista*, Antofagasta, 10 y 12 de septiembre, 1918.

453   *El Socialista*, Antofagasta, 26 de octubre, 1918.

454   Cartas de Recabarren a Carlos Alberto Martínez, 13 de octubre, 1918, en Wilfredo Mayorga (ed.), *42 cartas de Luis Emilio Recabarren*.

común de acción, de trabajo, de administración y de desarrollo de nuestras actividades". "Trabajadores", exhortaba, "poca cosa cuesta hacer la fuerza; poca cosa cuesta unirse de veras; poca cosa cuesta tener firme voluntad y paciencia para ir reuniendo nuestras fuerzas dispersas"[455]. Esa necesidad de reunirse, cabría añadir, se veía adicionalmente reforzada por una nueva recesión salitrera que ya despuntaba en el horizonte, con su habitual cortejo de cesantía, desarraigo y miseria.

El Primer Congreso Regional efectivamente sesionó en la fecha indicada en la localidad de Pampa Unión, bajo la presidencia del dirigente local Floridor Ortiz y con Recabarren en su acostumbrada condición de secretario. Emanó de allí un "convenio de solidaridad" que establecía un comité central de administración encargado de centralizar el trabajo federativo, amén de diversos acuerdos y resoluciones. Destacaban entre estos reivindicaciones ya históricas del proletariado salitrero, como la supresión del trabajo a destajo, el libre comercio en las oficinas, la "abolición absoluta" del pago en fichas o vales y el cumplimiento estricto de la ley de accidentes del trabajo, la que según una comisión gubernamental enviada a la zona poco tiempo después era universalmente ignorada por los empleadores[456]. Se pronunciaban también los delegados sobre la difícil situación por la que pasaban nuevamente las relaciones diplomáticas con el Perú, reviviéndose el clima belicista ya conocido anteriormente por Recabarren, con su secuela de ligas patrióticas y expulsión masiva de trabajadores peruanos[457]. Haciendo suya una declaración aprobada por un congreso extraordinario del POS celebrado en Valparaíso pocas semanas antes, la FOCH antofagastina llamaba "a los pueblos de Chile y del Perú" a tomar conciencia de que "un conflicto guerrero, como una paz armada, retarda el progreso industrial y político, produciendo por lo tanto, la ruina económica, que para la clase trabajadora significa hambre, miseria y dolores". Por consiguiente, los socialistas chilenos, y con ellos los federados antofagastinos, se comprometían a "apelar a todos los medios inteligentes a su alcance para mantener la paz".

Esta no muy sorprendente coincidencia doctrinaria entre la FOCH regional y el Partido Obrero Socialista no se detenía en las exhortaciones en favor de la paz, sino que se hacía extensiva al reconocimiento de *El Socialista* de Antofagasta, a la sazón dirigido por Recabarren, como "publicación oficial de la organización en cuanto represente los intereses genuinos de los trabajadores". También se acordaba obrar conjuntamente "para el movimiento de oradores que requiera la actividad educacional", y se confería al mencionado partido la representación de la FOCH antofagastina ante el Congreso

---

[455]   *El Socialista*, Antofagasta, 12 y 14 de diciembre, 1918.

[456]   Ministerio del Interior, Chile, *El problema social-económico del Norte*, capítulo IV.

[457]   Este nuevo brote xenofóbico ha sido resumido para el caso tarapaqueño en mi libro *Desgarros y utopías en la pampa salitrera*, 173-176; ver también Sergio González, Carlos Maldonado y Sandra McGee Deutsch, "Las Ligas Patrióticas: Un caso de nacionalismo, xenofobia y lucha social en Chile"; y Verónica Valdivia, "Las Ligas Patrióticas de Tarapacá: ¿Comunidad imaginada, xenofobia o fascismo?".

Socialista y Obrero Americano que se reuniría próximamente en Buenos Aires[458]. Como bien lo ha señalado Sergio Grez, la difuminación de fronteras entre la acción gremial y política se fue constituyendo en una impronta cada vez más notoria de la actuación de Recabarren desde su radicación en Antofagasta, delineando una estrategia que culminaría a fines de ese mismo año 1919 en la III Convención Nacional de la FOCH, según se verá más adelante. En palabras del historiador citado, la imbricación entre federación y partido llegaría a ser tan estrecha que para muchos, "incluyendo numerosos militantes obreros, los términos 'fochista' y 'socialista', primero, y 'fochista' y 'comunista', después, llegarían a ser virtuales sinónimos, como también lo serían en la percepción de los representantes de la burguesía y del Estado"[459]. Impulsado tal vez por la idea de que una entidad esencialmente sindical podía congregar más adherentes que una expresamente ligada a un ideario político, como lo era el POS, Recabarren focalizó cada vez más su accionar en la federación, en aparente o transitorio detrimento del partido.

En esa misma línea de ensanchamiento táctico, el Primer Congreso Regional de la FOCH resolvió también adherir a la campaña de denuncias contra el encarecimiento de la vida que venía promoviendo desde algún tiempo su contraparte nacional, y que había culminado en noviembre de 1918 con la formación de la célebre Asamblea Obrera de Alimentación Nacional (AOAN), sindicada como uno de los primeros "frentes de masas" en la historia nacional[460]. De hecho, el nacimiento de la FOCH regional se había verificado precisamente en el marco de un "mitin del hambre" que antecedió en dos meses a la primera concentración masiva organizada por esa entidad en la capital, a la cual habrían concurrido entre sesenta y cien mil personas. Sesionando prácticamente de manera simultánea con un segundo acto masivo celebrado por la AOAN en Valparaíso, los federados antofagastinos constataban "la vieja verdad de que la oligarquía que gobierna en Chile, vive y derrocha por la explotación y extorsión a que somete, por la fuerza, al proletariado productor", constituyéndose por tanto en un deber "enviar nuestro voto de entera adhesión a la Asamblea Obrera de Alimentación organizada en Santiago". En tal virtud, concluían que "la clase trabajadora del salitre y de las minas, por encima de todo temor a las venganzas patronales, debe realizar

---

[458]   Los acuerdos del Primer Congreso Regional de la FOCH antofagastina fueron publicados en *El Socialista*, Antofagasta, 16 de enero, 1919.

[459]   Sergio Grez, *Historia del comunismo en Chile*, 81-86. La cita es de la página 84.

[460]   La historia de la AOAN ha sido resumida por Peter de Shazo en *Urban Workers and Labor Unions*, 159-164; y Sergio Grez, *Historia del comunismo en Chile*, 89-104. Para una versión más detallada ver Ignacio Rodríguez, "Protesta y soberanía popular: las marchas del hambre en Santiago de Chile, 1918-1919", tesis de licenciatura, Pontificia Universidad Católica de Chile, 2001; y también Patricio de Diego, Luis Peña y Claudio Peralta, *La Asamblea Obrera de Alimentación Nacional. Un hito en la historia de Chile* (Santiago: Sociedad Chilena de Sociología/Universidad Academia de Humanismo Cristiano, 2002).

una manifestación en día de trabajo, para señalar de una manera eficiente e indudable la magnitud del sentir de la clase trabajadora, de modo que el eco de nuestra honda queja llegue a todo el país". Aunque la fecha exacta quedaba entregada al criterio de la dirigencia local, un llamado análogo formulado por la dirección nacional permitía inferir que el acto antofagastino podría verificarse el 7 de febrero, como supuestamente ocurriría en todo el país.

Al aludir a presuntas "venganzas patronales", los delegados al Primer Congreso Regional no incurrían en una mera figura retórica. La capacidad de convocatoria y movilización masiva exhibida por la AOAN efectivamente había alarmado al mundo empresarial y a las autoridades de gobierno, agudizando un discurso "antisubversivo" que venía cobrando fuerzas a lo menos desde las huelgas de 1917. Un ejemplo concreto de esta disposición anímica fue la promulgación, el 12 de diciembre de 1918, de una ley de residencia sometida a la consideración parlamentaria por el diputado liberal Armando Jaramillo, de donde le vino el mote popular de "ley Jaramillo". Se prohibía allí el ingreso al país de "extranjeros que practiquen o enseñen la alteración del orden social por medio de la violencia", como también de aquellos que "de cualquier modo propaguen doctrinas incompatibles con la unidad o individualidad de la Nación"[461].

Como quedaba de alguna manera insinuado por esta última frase, el prurito punitivo se asoció rápidamente al clima antiperuano que recrudeció durante esas mismas semanas, y que como volvería a suceder un par de años después con la conocida "guerra de Don Ladislao", justificó diversas medidas persecutorias contra organizaciones obreras calificadas de "antipatriotas". Así ocurrió con *El Despertar de los Trabajadores* de Iquique, asaltado y destruido el 19 de enero de 1919 por un grupo que su entonces administrador Elías Lafferte sindicó como militares vestidos de civil, aunque en el momento se los vinculó a las ligas patrióticas. Y así ocurrió también en Santiago con el secretario del POS, Casimiro Barrios, de nacionalidad española, a quien se le aplicó sumariamente la "ley Jaramillo", aunque su expulsión debió ser anulada "ante la avalancha de pruebas irrefutables de su honradez"[462].

En ese clima, era solo cuestión de tiempo para que el socialismo antofagastino y su principal animador se hicieran acreedores del rótulo de subversivos. En efecto, en una entrevista publicada por *El Mercurio* de esa ciudad, el intendente Alberto Cabero advertía que "hay en la pampa de 30 a 40 mil obreros, y en Antofagasta se hace propaganda maximalista pronunciada y tenaz por medio de agitadores, cuyo portavoz

---

[461] Reproducido en Brian Loveman y Elizabeth Lira (eds.), *Arquitectura política y seguridad interior del Estado: 1811-1990* (Santiago: Universidad Alberto Hurtado/DIBAM, 2002), 82.

[462] El asalto a *El Despertar* está relatado en Elías Lafferte, *Vida de un comunista*, 135-141; la aplicación de la ley de residencia a Casimiro Barrios fue denunciada por Recabarren en *El Socialista*, Antofagasta, 18 de enero, 1919.

es el periódico *El Socialista,* que difunde ideas subversivas"[463]. En un artículo titulado
"¿Qué es subversión?", el director del periódico impugnado salía al paso de estas
acusaciones asegurando que "desde que existe movimiento obrero en Chile, tenemos
a cada instante, dicho por la prensa burguesa, por los patrones y las autoridades,
la palabra 'subversión' o 'subversivos', para calificar así todo movimiento obrero
encaminado a mejorar su situación". Los obreros, clarificaba, "que vivimos sometidos
a una insufrible esclavitud moral, política y económica, aspiramos a suprimir todas
las causas de esa esclavitud", pero este solo propósito, enfatizaba, "mientras sea una
aspiración a establecerlo por medio de la ley", como lo planteaban los socialistas
chilenos, no constituía subversión. Por lo demás, lo único que se había hecho hasta el
momento era difundir tales aspiraciones por medio de la propaganda oral y escrita, lo
que en un país donde la libertad de expresión estaba constitucionalmente consagrada
tampoco constituía un acto subversivo. "No es subversión", concluía, "propagar estas
ideas. Es un derecho que toda autoridad está obligada a amparar y a enseñar, a respetar
con una conducta discreta y culta"[464].

Las circunstancias, sin embargo, no eran las más propicias para acoger llamados a la
tolerancia ideológica o a la pacificación de los espíritus. Luego de ocurrido el asalto a la
imprenta de *El Despertar de los Trabajadores,* Recabarren decretaba a Chile en "estado
de barbarie", expresado fundamentalmente en la falta de respeto hacia las ideas ajenas
y en la vulneración de "la inviolabilidad del derecho de pensar". "¡Pobre clase obrera!",
exclamaba, "tuvistes [sic] la suerte de construir, con las cuotas de la miseria, algunas
imprentas para hacer oír tu voz. Y las fuerzas llamadas por la constitución a garantizar
tus derechos, son las fuerzas que, en las sombras de la noche, como viles criminales,
llegan y destruyen los libros y las máquinas de imprenta, por donde brotaban escritos
tus pensamientos". Así las cosas, pronosticaba, *El Socialista* de Antofagasta solo
esperaba que le llegase su turno[465]. Reflexionando días después sobre el sentido de hacer
abierta profesión de fe socialista, se preguntaba: "¿Somos socialistas para nosotros
y para conversar entre socialistas las grandezas del socialismo?". "Esconder el ideal
dentro de nosotros mismos", se respondía, "temer propagarlo en los sitios de nuestras
labores, temer propagarlo aun en el propio hogar, eso no es ser socialista". "Un ideal
que no se practica", sentenciaba, "es un ideal muerto"[466].

Mientras Recabarren se preparaba para lo inevitable, y a medida que se aproximaba
la fecha fijada por la AOAN para sus próximos comicios (incluyendo por cierto a la

---

[463]   Reproducido en un artículo de Recabarren titulado "Teoría y práctica. Pensamiento y acción del radicalismo chileno" (en alusión a la militancia radical del Intendente Cabero), *El Socialista*, Antofagasta, 18 de enero, 1919.

[464]   *El Socialista*, Antofagasta, 21 de enero, 1919.

[465]   *El Socialista*, Antofagasta, 25 de enero, 1919.

[466]   *El Socialista*, Antofagasta, 30 de enero, 1919.

provincia de Antofagasta), el ministro del Interior Armando Quezada Acharán solicitó y obtuvo del Congreso la autorización para decretar el estado de sitio por sesenta días en aquellas localidades donde el orden público se encontrase visiblemente amenazado. "Tanto en el norte como en el sur", aseguraba el ministro, "se han venido produciendo hechos que revelan la existencia de elementos peligrosos, de elementos subversivos que constituyen una amenaza seria para la tranquilidad social". Específicamente en el norte, continuaba, había "un plan de ciertos agitadores para provocar, a mano armada, a la fuerza pública, incendiar los depósitos de petróleo, asaltar las propiedades y subvertir en toda forma el orden público, alterando el régimen constitucional"[467]. Antofagasta fue así declarada en estado de sitio, *El Socialista* fue allanado y clausurado (antes incluso del inicio oficial del estado de excepción), y su director fue encarcelado en compañía de su colaborador Mariano Rivas, así como del dirigente demócrata Óscar Chanks y de Arturo Siempsen. Pocos días después, los cuatro eran relegados a la sureña localidad de Lautaro, donde Recabarren permanecería hasta fines de abril.

Entrevistado a su paso por Santiago sobre los cargos que se le hacían de "sedicioso" y "maximalista", Recabarren respondió que ello obedecía a que "no saben lo que hablan, o simplemente porque han querido intimidarme". "Soy un hombre pacífico", agregaba, "convencido que las reformas deben efectuarse sin derramar sangre". Y se cuidaba particularmente de especificar, con algún grado de incongruencia, que "todos los que me conocen por allá, saben que soy un ciudadano respetuoso de las leyes y sensible de mis privilegios de ciudadano chileno"[468]. Escribiendo ya desde su lugar de relegación, al que en todo caso calificaba de ser "uno de los pueblos más pintorescos de la frontera", engalanado por su "verde esplendor, sus mujeres bellísimas y amigos sinceros y buenos", nuevamente aseguraba que los cargos levantados en su contra no eran más que "una burda calumnia, con lo que pretenden dejar impunes los abusos autoritarios de Antofagasta y del Gobierno".

Reiterando que en la nortina localidad no había ocurrido ni "el más leve incidente de donde pudieran sacar un motivo para dar base a los abusos cometidos", no habiéndose siquiera tomado acuerdos concretos sobre el mitin del hambre proyectado para el 7 de febrero, la represión sufrida solo podía explicarse como un intento de "dar un golpe mortal a la Federación Obrera y a los partidos obreros socialista y demócrata"[469]. "Queramos o no", reflexionaba en otra parte, "tenemos que aceptar el título de 'peligrosos' o de 'subversivos' con que siempre nos obsequian los talentosos escritores de la prensa 'seria' de Chile. Toda persona que se dedique a instruir al pueblo, a quitarle

---

[467]   Intervención del ministro del Interior en la sesión del Senado de 3 de febrero de 1919, citada en Hernán Ramírez Necochea, *Origen y formación del Partido Comunista de Chile*, 123-124.

[468]   *El Socialista*, Antofagasta, 5 de abril, 1919.

[469]   *Adelante*, Talcahuano, 11 de marzo, 1919.

sus vicios, a elevarle su cultura, a organizarlo, puesto que la organización es el principio fundamental de la vida y de las sociedades, tendrá que soportar como un anatema el calificativo de peligroso o subversivo". Ello, sin embargo, no surtiría mayor efecto, toda vez que "la clase obrera, a la fecha, está en posesión de una regular conciencia y se da cuenta de su misión histórica en el momento actual de inevitable reorganización del mundo". "Inútil y contraproducente", concluía, "será toda la persecución que se haga contra determinados elementos de la clase trabajadora"[470].

Curiosamente, en este juicio Recabarren coincidía con la mismísima autoridad que había ordenado su relegación, el intendente antofagastino Alberto Cabero, quien por esos mismos días aseguraba a sus superiores que una vez levantado el estado de sitio "la reacción de los elementos perturbadores será más poderosa, porque con las medidas tomadas ha aumentado el odio de éstos a los gobernantes y a las clases dirigentes y ha crecido la popularidad de los agitadores"[471]. De hecho, el 25 de marzo de 1919 el presidente de la república decretaba la creación de una nueva "comisión consultiva", entre cuyos integrantes figuraban el director de la Oficina del Trabajo y el economista Daniel Martner, encargado de visitar las provincias salitreras y estudiar "las condiciones de vida y especialmente de la alimentación", proponiendo al Gobierno "las medidas administrativas que podrían adoptarse para mejorar aquellas condiciones"[472].

La comisión desarrolló su cometido entre los meses de abril y julio, levantando un pormenorizado y bastante crítico informe que en lo esencial corroboraba las denuncias levantadas por las organizaciones obreras, dejando la conducta del empresariado salitrero significativamente cuestionada. Anticipando las propuestas que un par de años más tarde recogería la candidatura presidencial de Arturo Alessandri, sus integrantes recomendaban al ministro del Interior "la adopción de un plan completo y sistemático de legislación económico-social", capacitado para "señalar nuevos caminos que deban seguir las relaciones del capital y del trabajo, que han de moverse en un ambiente de conciliación, de mutua confianza y de conocimiento amplio y suficiente de la extensión de sus respectivos derechos y obligaciones, para que no sobrevengan dificultades por razón de la opresión que pueda ejercer el uno sobre el otro". "Hemos querido presentar la cuestión social", concluían, "con las características de una verdad desnuda de todo prejuicio, porque creemos que solo tal procedimiento puede conducir a investigaciones científico-sociales que puedan servir de fundamento de una política nacional conveniente, salvadora de los peligros que, en falta de acción,

---

[470]   *Numen*, Valparaíso, 21 de marzo, 1919.

[471]   Intendente de Antofagasta a ministro del Interior, 11 de marzo, 1919, citado en Sergio Grez *Historia del comunismo en Chile*, 99.

[472]   Decreto Nº 1129, de nombramiento de la comisión encargada de estudiar las condiciones de vida en las provincias de Tarapacá y Antofagasta, 25 de marzo, 1919.

pueden amenazar a nuestro país"[473]. De esta forma, y como ya había ocurrido en 1904 y en 1913, la actuación de Recabarren y sus asociados en el norte salitrero, y de las organizaciones obreras en general, había incitado no solo medidas represivas, sino también gestos gubernamentales que apuntaban a una intervención más "constructiva" en la problemática social que sacudía al país.

Hacia fines de abril de 1919, mientras la comisión de gobierno visitaba la provincia, Recabarren regresó triunfalmente de su relegación sureña, declarándose muy satisfecho de volver a ocupar su puesto de combate. "El descanso de cerca de tres meses a que me obligaron las inteligentes autoridades", ironizaba, "ha terminado, y si no se repite una nueva canallada que vuelva a interrumpir esta labor, es de esperar que la actividad apresure la llegada del triunfo de nuestros ideales"[474]. Durante los meses siguientes retomó sus labores de organización y propaganda, puntualizadas por el recrudecimiento de la crisis salitrera y el resurgimiento de la AOAN a nivel regional y nacional. Hacia fines de julio, en su calidad de secretario general de la FOCH antofagastina, invocaba la solidaridad de las "sociedades hermanas de la república" para ayudar a sostener un albergue que habían organizado en la ciudad para recibir a los socios sin trabajo, "arrojados de las oficinas por sostener el derecho de asociación". "Como la crisis aumenta en vez de disminuir", denunciaba, "aumenta por las nuevas alzas en los artículos de consumo, aumenta porque la crisis se prolonga, aumenta porque cada día quedan más obreros sin trabajo, nuestra situación se hace cada vez más difícil"[475].

Ello no obstante, un par de semanas después se solazaba ante los avances experimentados por la organización obrera regional, materializada en veintiún sindicatos profesionales, seis seccionales de la FOCH y tres organizaciones femeninas, todas ellas "reunidas y fraternizadas bajo el nombre de Asamblea Obrera de Alimentación de Antofagasta, salvo tres o cuatro gremios que todavía no se incorporan". "Aunque parezca ocioso insistir", puntualizaba, "es forzoso repetir que el último estado de sitio, de febrero pasado, tuvo la virtud de advertir a la clase proletaria que era indispensable su unión organizada, para defenderse solamente de la agresión realizada por medio de la explotación vergonzosa que realiza en el salario y en el precio de la vida la clase capitalista que nos explota y que nos arruina". El repunte organizativo, concluía, graficaba el crecimiento de una fuerza obrera que, al adquirir la madurez necesaria, "sus frutos nos darán el triunfo y bienestar que todos queremos"[476].

---

[473]   Ministerio del Interior, Chile, *El problema social-económico del Norte.*

[474]   *El Socialista*, Antofagasta, 1 de mayo, 1919.

[475]   *El Socialista*, Antofagasta, 30 de julio, 1919.

[476]   *El Socialista*, Antofagasta, 17 de agosto, 1919.

Este proceso de maduración debía encontrar su principal vehículo en la Federación Obrera de Chile, la que según los cálculos de Recabarren ya contaba con cerca de setenta sociedades adherentes en todo el país. Para tal efecto, y de cara a la próxima Convención Nacional programada para los últimos meses del año, durante agosto inició una campaña orientada a reforzar doctrinariamente dicha instancia mediante una actualización de sus estatutos y declaración de principios, los que a su parecer "no representan ningún valor moral, ni filosófico, ni sociológico, circunstancia indispensable para los que queremos que el proletariado sea sincero en decir para qué se organiza y qué piensa hacer con la organización"[477]. El trabajo preparatorio, reforzado durante los meses siguientes con una seguidilla de conferencias, culminó con su nombramiento como delegado de la FOCH regional ante el encuentro nacional que en definitiva sesionó entre los días 25 y 30 de diciembre en la ciudad de Concepción, con la participación de noventa delegados representantes de sesenta y ocho consejos federales. Considerando la importancia que le atribuyó al evento, no sorprende que Recabarren haya resultado electo presidente de su mesa directiva, en la cual también figuraban sus correligionarios Carlos Alberto Martínez y Ramón Sepúlveda Leal. La perspectiva de consolidar una instancia asociativa de alcance nacional lo había llevado esta vez a asumir una figuración oficial que, como se ha visto en páginas anteriores, no le había sido muy habitual desde su regreso de Iquique cuatro años antes[478].

El evento así inaugurado fue la famosa III Convención Nacional Ordinaria de la FOCH, calificada por Recabarren como un "inmenso acontecimiento en la historia proletaria de este país, tanto por la calidad de los elementos proletarios que la compusieron, como por las fuerzas numéricas que estaban representadas", a su entender más de veinte mil obreros organizados[479]. Tal como lo venía preconizando desde un comienzo, las deliberaciones del congreso se abocaron de preferencia a la modificación de los estatutos y a la emisión de una nueva declaración de principios, en la que por primera vez se asumía frontalmente el objetivo de abolir el sistema capitalista. Así, en una cláusula muchas veces citada, la nueva FOCH se comprometía a "conquistar la libertad efectiva económica y moral, política y social de la clase trabajadora (obreros y empleados de ambos sexos) aboliendo el régimen capitalista con su inaceptable sistema de organización industrial y comercial, que reduce a la esclavitud a la mayoría de la población". Recogiendo una idea que Recabarren ya había expresado en su folleto bonaerense "Proyecciones de la acción sindical", la declaración de principios manifestaba que "abolido el sistema capitalista, será reemplazado por la Federación Obrera, que se hará cargo de la administración de la producción industrial y sus consecuencias". Se perfilaba aquí una postura políticamente "sindicalista" muy

---

[477]   *El Socialista*, Antofagasta, 15 de agosto, 1919.

[478]   *El Socialista*, Antofagasta, 20 y 28 de diciembre, 1919.

[479]   *El Socialista*, Antofagasta, 13 de enero, 1920.

comentada (y a menudo criticada) por analistas posteriores del pensamiento de Recabarren, que parecía relegar a un segundo plano el papel del Partido Socialista frente a un cuerpo que seguía siendo eminentemente sindical. En todo caso, para Recabarren lo esencial era el alineamiento definitivo de la FOCH con una postura clasista y al menos discursivamente revolucionaria, muy lejana de los orígenes mutualistas que en su momento él tanto denostara[480].

Su complacencia frente al giro doctrinario se hizo explícita en una entrevista concedida al periódico conservador santiaguino *El Diario Ilustrado*, al que manifestó que "el programa y estatutos que se ha dado a la Federación Obrera en esta Convención significa el paso más progresista en el sentido que esta Federación será el más formidable organismo de proletarios chilenos, que trabajará por la grandeza del país al trabajar por conquistar la mayor suma de bienestar y cultura para el pueblo trabajador organizado en marcha tras las reivindicaciones". Haciendo alusión a las connotaciones políticas implícitas en la declaración de principios, añadía que "esta formidable unión de organismos, sellada desde Tacna a Magallanes, constituye hoy la fuerza de la opinión pública nacional, fuerza reivindicadora de derechos y fuerza electoral capaz de influir en los destinos administrativos del país en muy pocos años más de acción"[481].

Escribiendo al mismo tiempo para su propio periódico antofagastino, reiteraba su convicción de que el nuevo manifiesto programático confería a la federación "un carácter perfecto de clase, pues la organización obrera se ha dado cuenta que necesita tener como meta la socialización de los medios de producción y de cambio, ya que, de otra manera, la acción por el mejoramiento y perfeccionamiento de las condiciones de vida resultaría una labor eterna y estéril". Fruto de esta suscripción casi explícita del ideario socialista, "podríamos decir que la Federación obrera entraba a la Convención como adentro de un crisol de donde ha salido completamente nueva, y harto distinta por la voluntad casi unánime de los elementos que la componían", entre los cuales, no está de más recordarlo, abundaban los de filiación demócrata, anarquista y mutualista[482].

La trascendencia de estos hechos no pasó desapercibida para las clases dirigentes, ya bastante conmocionadas por el avance de las ideas "maximalistas" y de la efervescencia obrera. En un artículo titulado precisamente "El avance maximalista", el diario conservador *La Unión* de Valparaíso daba cuenta de los acuerdos "franca y ostensiblemente maximalistas" adoptados por la convención penquista, agregando

---

[480]   Las deliberaciones de la III Convención Nacional de la FOCH han sido cubiertas con bastante detalle por Francisca Durán en su tesis citada "La Federación Obrera de Chile, 1909-1921", 82-98, y de manera más sintética en Sergio Grez, *Historia del comunismo en Chile*, 86-88. La nueva declaración de principios es reproducida en *El Socialista*, Antofagasta, 6 de enero, 1920.

[481]   La entrevista está reproducida en *El Socialista*, Antofagasta, 8 de enero, 1920.

[482]   *El Socialista*, Antofagasta, 13 de enero, 1920.

que la tantas veces mencionada declaración de principios era "del más puro corte ruso". Según su autor, que se firmaba "Pedro Sánchez", el encuentro recién finalizado demostraba más allá de toda duda que "nuestra clase obrera ha tomado rumbo resuelto al maximalismo", siendo por lo tanto "urgente e indispensable desviarla de ese camino, si no queremos que se reproduzcan en Chile las escenas luctuosas que han tenido por teatro otros países de Europa y América". Como "campeón y orador" del maximalismo criollo identificaba explícitamente a Luis Emilio Recabarren, "conocido por sus doctrinas y por sus actos de una rebeldía irreconciliable". Haciendo paralelos expresos entre dicho dirigente y figuras como Robespierre, Lenin o Trotsky, "Pedro Sánchez" dibujaba una semblanza que, por la similitud con la antes recordada de Salvador Ocampo, vale la pena reproducir *in extenso:*

> El señor Recabarren tiene, a no dudarlo, grandes facilidades de orador. Su figura física no es agradable. Sus ojos sumidos, sus párpados "capotudos" no predisponen en el primer momento a la simpatía. Pero se le oye, y desde las primeras palabras va cautivando nuestra atención. Su oratoria es, como decía más arriba, dulce, suntuosa, insinuante, casi mística. Nada de declamaciones, de palabras huecas, de frases altisonantes, a que son tan aficionados nuestros oradores incultos. En él la palabra no es destello fugitivo que apenas hiere la imaginación de los oyentes, sin dejar rastros; es marca de fuego que penetra hondamente, que hiere la inteligencia tanto como el corazón, y ahí se queda haciendo su efecto seguro. De sus labios no brota el odio, sino más bien una especie de compasión hacia los burgueses, hacia los capitalistas; pero una compasión calculada para convertirse en odio, para depositarse como un sedimento de rabia en el alma de sus oyentes.

"Tal es el hombre", concluía, "bajo cuya dirección se ha celebrado la asamblea a que me vengo refiriendo. El lector encontrará ahora que los principios, los acuerdos, las resoluciones de esa asamblea están perfectamente de acuerdo con las doctrinas y con las ideas del que sin hipérbole podemos llamar jefe nato del maximalismo chileno"[483].

Fue con esas credenciales, reproducidas con entusiasmo por otros órganos de la opinión oficial y burguesa, que Recabarren retornó a Antofagasta para implementar el nuevo programa fochista. Haciéndose eco de la campaña desatada en su contra, advertía a sus confederados de la región salitrera que "nuestra burguesía nacional o extranjera parece no avergonzarse de reducirnos a la esclavitud y entrabar nuestra acción de cultura y reivindicación social, cuando recurre a la mentira y a la calumnia, para enmudecer la voz de los que luchan e inutilizar los esfuerzos de los que se ocupan en combatir y corregir los vicios y defectos sociales"[484]. Agregaba más adelante, en

---

[483]   Reproducido en *El Socialista*, Antofagasta, 23 de enero, 1920.

[484]   *El Socialista*, Antofagasta, 26 de enero, 1920.

un artículo titulado "El día que no haya agitadores", que mientras el pueblo no logró despertar debió vivir sometido a una "horrible abyección, víctima de esclavitudes que ya han narrado con horror los mismos historiadores burgueses y conservadores". De esa "horrible abyección" solo había logrado rescatarlo la "acción de los agitadores", precisamente la que ahora tanto se vilipendiaba. En consecuencia, "cuando la prensa burguesa y los capitalistas industriales que gobiernan, trabajan por la extirpación de los agitadores, lo hacen para volver sobre el pueblo obrero y productor todos los vicios y condiciones de la vieja esclavitud a fin de amontonar millones, amasados vergonzosamente con el despojo de la felicidad de las multitudes obreras". Los capitalistas y su prensa, sentenciaba finalmente, "son incapaces de concebir una clase obrera elevada y digna, participando en la administración industrial. Solo admite una multitud harapienta y degradada, trabajando para enriquecer bribones"[485].

Reforzada por ese tipo de declaraciones, la campaña de hostigamiento siguió arreciando hasta culminar el 3 de abril de 1920 con un nuevo allanamiento de *El Socialista* y la prisión de Recabarren, esta vez por disposición del juzgado de letras de Tocopilla. La orden de detención, basada en cargos de sedición y estafa, se había originado en una conferencia dictada en esa localidad por el dirigente de la Federación de Artes Mecánicas Hernán Cortés–acompañante de Recabarren a la Convención Nacional de la FOCH–, la que al parecer había desatado las iras del director del periódico demócrata *El Proletario,* fundado muchos años antes por el propio Recabarren. La fragilidad de los cargos condujo a un rápido sobreseimiento, estimulado además posiblemente por la determinación de las organizaciones obreras provinciales de llamar a un paro general solidario[486].

Sin embargo, el verdadero móvil de estos hechos, parte de una nueva escalada "antisubversiva" a nivel nacional, se comenzó a traslucir a través de una curiosa odisea policial que condujo a Recabarren primeramente a Iquique, donde no se le permitió desembarcar, luego a Caleta Buena y finalmente a Santiago, donde tras pasar dieciséis días incomunicado se le envió de regreso a Tocopilla para comparecer ante un ministro designado especialmente para procesarlo por "propagar ideas subversivas". Según informaba el inculpado en carta privada a Carlos Alberto Martínez, el comandante de la fragata de guerra "Condell" le habría confesado "que mi prisión la insinuó y pidió el intendente de la provincia, quien al verse burlado por el juez titular se dirige al presidente Sanfuentes pidiéndole que las Cortes nombren algún ministro que venga a meterme a la prisión"[487].

---

[485]   *El Socialista*, Antofagasta, 31 de enero, 1920.

[486]   *El Socialista*, Antofagasta, 8 de abril, 1920.

[487]   Cartas de Recabarren a Carlos Alberto Martínez, 13 de julio, 1920, en Wilfredo Mayorga (ed.), *42 cartas de Luis Emilio Recabarren.*

Verdadera o falsa esta versión, el ministro en visita Gustavo Sepúlveda encausó a Recabarren el 7 de mayo por los delitos de "sedición", "participación en sociedades ilícitas" (en este caso la FOCH), y nuevamente "estafa", por los fondos que dicha entidad le había encargado administrar como director de *El Socialista*[488]. La fragilidad de los cargos lo condujo rápidamente a circunscribir su pesquisa a un "discurso subversivo", con invocación a la Rusia revolucionaria incluida, que Recabarren habría pronunciado al desembarcar en Tocopilla al momento de su primera prisión, curiosamente estando ya bajo custodia policial. De comprobarse tal delito, el acusado podía ser expulsado del país hasta por un lapso de diez años, lo que este rápidamente interpretó como el verdadero móvil de su prisión: "¡Qué contentos estaban los enemigos de los obreros organizados!", exclamaba en un escrito de denuncia, asegurando que el discurso que se le imputaba jamás había existido.

Asesorado por su correligionario Ramón Sepúlveda Leal y por un abogado, enviados ambos expresamente desde Valparaíso por el POS en apoyo a su predicamento, Recabarren logró demostrar que los únicos testigos que avalaban los hechos denunciados eran agentes declarados o encubiertos de la policía de Tocopilla, puesto que nadie más había concurrido al muelle en el día señalado. Así y todo, el juez Sepúlveda se dio maña para mantenerlo en prisión "preventiva" durante más de cinco meses, dilatando una y otra vez las solicitudes de excarcelación elevadas por su defensa. Recién el 22 de octubre de 1920, y sin que hubiese mediado ninguna circunstancia que explicase tal cambio de actitud, Recabarren pudo salir en libertad provisoria bajo fianza de mil pesos[489].

Precisamente durante aquellos meses, y otorgando tal vez un contexto explicativo para tan insólita prisión, se llevó a cabo la elección presidencial de 1920, una de las más estudiadas y emblemáticas de todo el siglo xx chileno. En ella, a los acordes del "Cielito lindo" y premunido de un discurso populista que hacía generoso caudal del malestar obrero prevaleciente, Arturo Alessandri cambió para siempre la dinámica electoral del país, inaugurando lo que podría denominarse nuestra "política de masas"[490]. Recluido en el cuartel de policía de Tocopilla, el propio Recabarren reconocía que "por primera

---

488   *El Socialista*, Antofagasta, 18 de abril, 8 y 19 de mayo, 25 de julio, 1920; *El Mercurio*, Santiago, 15 de abril, 1920.

489   Los entretelones de esta investigación sumaria y los argumentos de Recabarren en su defensa han sido extraídos de *El Socialista*, Antofagasta, 19, 20, 23, 24, 25, 29 y 30 de julio, 1920.

490   La bibliografía sobre la elección del año 20 es reconocidamente voluminosa; solo a modo de ejemplo, pueden nombrarse: René Millar Carvacho, *La elección presidencial de 1920* (Santiago: Universitaria, 1981); Gonzalo Vial Correa, *Historia de Chile (1891-1973)*, vol. II (Santiago: Santillana, 1983); Claudio Orrego et al., *7 ensayos sobre Arturo Alessandri Palma* (Santiago: ICHEH, 1979); Ricardo Donoso, *Alessandri: agitador y demoledor*, 2 vols. (México y Buenos Aires: FCE, 1952); Verónica Valdivia, "Yo, el León de Tarapacá. Arturo Alessandri Palma, 1915-1932"; Julio Pinto y Verónica Valdivia, *¿Revolución proletaria o querida chusma?*.

vez en Chile un candidato a la presidencia de la República, el Sr. Arturo Alessandri, nos presenta un programa que es el más grande conjunto de aspiraciones a renovar fundamentalmente las instituciones", sin que ello le hubiera significado, como le estaba ocurriendo a él, acusaciones de subversivo "por exponer un programa igual que lo hacemos nosotros, declarando que lo realizará si alcanza el triunfo"[491].

Para sus correligionarios fuera de prisión, sin embargo, la candidatura alessandrista suscitaba un verdadero dilema, precisamente por las analogías que podían trazarse con sus propias propuestas. Como lo ha confesado en un muy citado pasaje el entonces joven militante socialista Juan Chacón Corona, "también fui alessandrista el año 20, como gran parte de la clase obrera. Nos emborrachábamos con la ilusión y el 'Cielito Lindo', por muy fochistas, socialistas y revolucionarios que fuéramos muchos. Salíamos todos los días a desfilar. Jurábamos ir a la huelga general para apoyar a Alessandri, si la oligarquía no reconocía su triunfo. El hombre sabía hablar. Tomaba los problemas más sentidos. Hablaba de iguales derechos para pobres y ricos. Juraba que los precios iban a bajar, que iba a aumentar la producción, que íbamos a gozar de la mayor abundancia para todos"[492].

Alarmado ante los efectos que podía propiciar la fiebre alessandrista, y en el afán de denunciar también los actos represivos que afectaban no solo a Recabarren sino a varios otros militantes regionales (por esos mismos días había ocho recluidos en la prisión local), el socialismo antofagastino resolvió levantar la candidatura presidencial de su camarada injustamente encarcelado. En tal virtud, en sesión de 15 de mayo de 1920, la sección Antofagasta del POS acordó "ir a la lucha presidencial y llevar candidatos propios a electores en la actual contienda", esto último en referencia al carácter indirecto que aún tenían las elecciones presidenciales[493]. Para otorgar mayor alcance geográfico a este acuerdo, se convocó simultáneamente a una convención partidaria nacional que sesionaría en la propia urbe salitrera, lo que en definitiva se verificó los días 1 y 2 de junio, con asistencia de delegados de Viña del Mar, Valparaíso, Santiago, Concepción, Calama, Mejillones, Tocopilla y Antofagasta. Bajo la presidencia del dirigente capitalino Manuel Hidalgo, se ratificó allí la propuesta de la sección local, proclamando formalmente a Recabarren como candidato socialista a la presidencia de la república[494].

En el manifiesto mediante el cual esta resolución se dio a la publicidad, la selección del candidato se presentaba como un acto prácticamente obvio: "Su obra perseverante

---

[491]   *El Socialista*, Antofagasta, 19 de mayo, 1920.

[492]   José Miguel Varas, Chacón (Santiago: LOM Ediciones, 1998), 45; la edición original es de la Sociedad Impresora Horizonte Ltda., 1968.

[493]   *El Socialista*, Antofagasta, 16 de mayo, 1920.

[494]   La gestación y desarrollo de la candidatura presidencial de Recabarren ha sido analizada por René Millar, *La elección presidencial de 1920*, 148-151; y Sergio Grez, *Historia del comunismo en Chile*, 113-121.

y tesonera en favor de la organización de la clase trabajadora durante más de 20 años es conocida por propios y extraños y no necesita una recomendación o alabanza de nuestra parte, ya que es largamente conocida por todo el proletariado organizado en el país". Más difícil podía ser justificar la pertinencia de una candidatura que desde un comienzo se reconocía como estrictamente simbólica, o como lo reconoció posteriormente Elías Lafferte en sus memorias, como un mero "saludo a la bandera"[495]. Sin embargo, argumentaba el manifiesto, los intentos de "engañar al pueblo con programas de una falsa lucha social" requerían de "una clara explicación por parte del Partido Obrero Socialista", por cuanto "no podía la clase trabajadora consciente y organizada entrar a participar en una campaña, en la que antes que los sagrados derechos de la clase desposeída del país se han de defender los intereses de la clase capitalista". Refiriéndose más específicamente a la candidatura alessandrista, verdadero origen de los desvelos socialistas, se afirmaba taxativamente que ella "no es como se ha pretendido hacer creer al pueblo, la encarnación de una nueva tendencia política, que ha de encarar desde el gobierno los problemas que agitan a nuestro país en la forma científica y racional con que en el mundo todo se resuelven los problemas sociales". Muy por el contrario, ella no era sino la "ascensión al poder de una nueva oligarquía que alucinando al pueblo trabajador con falsas promesas de un mentido EVOLUCIONISMO [sic], pretende por este medio conseguir el apoyo de las clases trabajadoras para convertirse mañana en el amo de estas"[496].

Durante los pocos días que faltaban para los comicios, programados para el 25 de junio, el POS antofagastino se contrajo febrilmente a otorgarle el mayor impacto y visibilidad posibles a su confesadamente improvisada campaña. Así, el 8 de junio realizó un acto de proclamación, con una concurrencia calculada en "no menos de mil personas", seguido por un desfile por las calles céntricas de Antofagasta en el cual "junto a la multitud obrera" figuraban también "numerosos empleados –que también son obreros por cierto– y muchas compañeras en cuyos sonrientes rostros prevalecía un entusiasmo singular"[497]. Con todo, llegado el momento de los cómputos resultó que solo 458 votantes antofagastinos se habían pronunciado formalmente por el candidato socialista, los que sumados a 131 iquiqueños, 58 calameños, 69 pisagüinos y 33 tocopillanos totalizaron los 681 votos que obtuvo a nivel nacional. Dicho de otra forma, la postulación de Recabarren solo logró despertar algún eco en las provincias salitreras, particularmente en la que lo había proclamado, donde se concentró el 77% de su votación total. No había recibido, en cambio, ningún apoyo en lugares como Valparaíso, Santiago y Concepción, en los cuales tanto el POS como la FOCH tenían

---

[495]   Elías Lafferte, *Vida de un comunista*, 148.

[496]   *El Socialista*, Antofagasta, 7 de junio, 1920.

[497]   *El Socialista*, Antofagasta, 10 de junio, 1920.

una presencia no desdeñable[498]. Entre la premura con que se la había levantado y el arrastre de la verba alessandrista, su primera (y única) candidatura presidencial llegó así rápidamente a su fin.

Sumido en su reclusión tocopillana, no parece que esta derrota haya despertado en Recabarren una inquietud demasiado profunda. En la única referencia más o menos explícita a su candidatura, en un escrito publicado el mismo día de la elección bajo el título "El valor moral del esfuerzo presente", el encarcelado celebraba la "digna altivez" con que el proletariado de Antofagasta y "los socialistas de toda la república" habían resuelto afrontar la campaña "para demostrar la firmeza de sus convicciones y como una protesta contra la indignidad reinante". Ratificando el carácter eminentemente simbólico de dicho gesto, y aprovechando de reiterar su permanente denuncia de la debilidad popular frente al cohecho ("ir a votar y dejarse robar el voto será convertirse en un ridículo"), señalaba que el verdadero valor de esta acción "será nuestra protesta contra la persecución y los procesos, será un voto a favor de la libertad de nuestros presos, y por eso el esfuerzo y el sacrificio que debemos hacer debe realizarse con heroísmo y abnegación"[499].

Pocos días después, ya en pleno conocimiento de los resultados de la votación, Recabarren hacía su propio balance y proyecciones en una carta dirigida a "los federados, federadas y todos los Consejos de la FOCH". "Todos esperan", decía allí en un registro extrañamente conciliatorio, "que en el nuevo período presidencial la situación de los habitantes del país habrá de mejorar", pero se cuidaba de agregar que "para garantizar todo el bienestar que se entrevé en el programa ofrecido por el señor Alessandri, debemos convencernos que eso no se realizará solo, porque los adversarios de esa presidencia le opondrán toda clase de obstáculos". En ese contexto, vaticinaba, "a nosotros nos corresponde asegurarnos el cumplimiento de ese programa, tomando por nuestra cuenta la parte de ejecución que nos corresponda, y que el señor Alessandri tendrá que apoyar".

Para ello se requería que la FOCH (y no el POS, sugerentemente) lograse elegir "a lo menos 3 o 4 diputados siquiera" en las parlamentarias programadas para marzo del año siguiente, las que se realizarían bajo la tutela del ahora mandatario electo. Sería esa la ocasión más propicia, concluía, corroborando de paso su visión respecto del efecto que la campaña recién finalizada había tenido sobre las huestes federadas, "para que la Federación pruebe y exija el respeto que sus derechos merecen, con mayor razón ahora que la Federación aportó en el país un concurso inapreciable al nuevo presidente". Quedaba así trazada la táctica de cooperación electoral con el bando alessandrista

---

[498]   Los cómputos oficiales de la elección están reproducidos en detalle en René Millar, *La elección presidencial de 1920*, apéndice I.

[499]   *El Socialista*, Antofagasta, 25 de junio, 1920.

que se desarrollaría durante los meses venideros, la que en todo caso no impidió a Recabarren darse el gusto de firmar su escrito como "preso por orden de un ministro aliancista", en alusión a la militancia radical del juez que aún lo mantenía en la cárcel[500].

Más allá de esos cubileteos de política contingente, Recabarren aprovechó sus meses de forzada inmovilidad, como ya lo había hecho en ocasiones anteriores, para organizar sus pensamientos de manera más profunda y sistemática. Se destaca entre estos nuevos "cuadernos de cárcel" una serie de artículos consagrados a las glorias de la Revolución rusa en desarrollo, fuente de entusiasmo permanente para el que muchos ya comenzaban a llamar "el Lenin chileno". Así, en uno titulado "Cálculos alegres para matar el tiempo" aludía con optimismo al contagio que ese proceso comenzaba a ocasionar en otros países, pese al afán de los "Estados Burgueses" por denostarlo y ocultar su verdadera naturaleza: "La explicación detallada de la verdad, pura y sencilla, de lo que ha realizado el esfuerzo del pueblo ruso, desde marzo de 1917, será la acción más eficaz que impulsará a todos los pueblos del mundo a seguir, lo más rápido posible, el ejemplo de la Rusia socialista"[501].

En otro, titulado "Los supremos bienes de la guerra", se congratulaba de la inesperada herencia legada por "la brutal hecatombe que desde 1914 a 1918 sacudió al mundo entero, por obra de los ridículos y degenerados magnates de la tierra", y que él tanto había hecho por condenar. "El nacimiento de las primeras repúblicas socialistas comunistas en Rusia", explicaba, "que a la vez derrumbaron la vergonzosa tiranía de los zares y grandes duques [...] constituye el más fundamental esfuerzo del socialismo hacia la realización concreta del ideal"[502]. "He explicado en conferencias", respondía en un tercer escrito a un periodista radical que lo acusaba de aconsejar la implantación en Chile del maximalismo ruso, "lo que es la revolución rusa y el maximalismo [...] obra bellamente creadora de la más alta civilización que se verifica con el concurso DE TODA LA NACIÓN, con excepción de unos pocos cientos de reaccionarios"[503]. Pulsando incluso su ocasional cuerda lírica, dedicó por estos días un himno "A la Rusia de los Soviets", una de cuyas estrofas proclamaba: "¡Salve! ¡Oh, Rusia! Faro gigante/ que a las conciencias distes la Luz/ y Vida Nueva gozas amante:/ ¡dadle a los pueblos Fuerza pujante/ para que tronchen su esclavitud!"[504].

Trasladando este ímpetu revolucionario a su entorno más inmediato, Recabarren redactó también un folleto de carácter doctrinario titulado "¿Qué es lo que queremos

---

[500]   *El Socialista*, Antofagasta, 7 de julio, 1920.

[501]   *El Socialista*, Antofagasta, 8 de junio, 1920.

[502]   *El Socialista*, Antofagasta, 10 de junio, 1920.

[503]   *El Socialista*, Antofagasta, 16 de septiembre, 1920; énfasis en el original.

[504]   *El Socialista*, Antofagasta, 7 de junio, 1920.

federados y socialistas?", publicado por entregas en el periódico *El Socialista*[505]. Comenzaba allí afirmando que "nosotros sabemos que los pobres somos la mayoría del mundo, la mayoría de cada pueblo y sabemos que tenemos derecho a disponer, a ordenar, a organizar el mundo en cada pueblo, como sea nuestro deseo para vivir mejor la vida". Este noble objetivo se veía sin embargo entrabado por "la organización industrial capitalista", de modo que solo aboliendo ese régimen "de esclavitud, de explotación y de opresión" podría alcanzarse una más moderna organización social, que permitiese a todos "gozar en perpetuo bienestar y tranquilidad la felicidad que a cada cual le permita gozar su propia inteligencia". Ello implicaba, en primer lugar, abolir la propiedad privada sobre los bienes sociales (no así "los útiles y enseres de uso privado de cada persona o familia", los que se respetarían escrupulosamente), declarando propiedad nacional "todo lo que hay dentro del territorio: tierras, fábricas, talleres, comercios, minas, salitre, industrias, medios de transportes, habitaciones, etc.".

La administración de esta propiedad y la distribución de sus frutos sería entregada a "asambleas industriales" de base, las que a su vez enviarían delegados a un poder municipal que reglaría todos "los asuntos generales que interesen al bienestar de los habitantes de su respectivo territorio". A su vez, el conjunto de municipalidades daría origen a una "Asamblea Nacional" que asumiría la conducción central del país, pero respetando estrictamente la soberanía de los poderes locales expresados a través de asambleas industriales y municipios. Quedaría así configurada una "República Federal Socialista de Chile", cuyo proyecto de constitución, desglosado en ochenta y cuatro artículos y veintidós disposiciones transitorias, formaba parte integrante del escrito. Planteaba en suma Recabarren lo que Gabriel Salazar ha denominado un "principio federativo del poder popular", precursor de una verdadera "democracia directa" que, al mismo tiempo que reivindicaba el poder constituyente del pueblo, establecía un fuerte contraste con los pruritos "estatalistas" y centralistas que a juicio del nombrado historiador se apoderarían posteriormente del movimiento obrero nacional −y ya se habían apoderado, cabría añadir, del proceso bolchevique que por otra parte Recabarren tanto se empeñaba en ensalzar[506].

El folleto también abordaba, aunque de forma considerablemente más somera, los medios que a juicio de su autor permitirían "socializar el estado burgués". Se

---

[505]   *El Socialista*, Antofagasta, 11, 19 y 20 de junio, 1920; reproducido también en Cruzat y Devés (eds.), *El pensamiento de Luis Emilio Recabarren*, tomo I, 134-162.

[506]   Gabriel Salazar, "Luis Emilio Recabarren y el municipio popular en Chile"; y "Luis Emilio Recabarren. Pensador político, educador social, tejedor de soberanía popular", en Simon Collier et al., *Patriotas y ciudadanos* (Santiago: Centro de Estudios para el Desarrollo, 2003). Ver también del mismo autor, *Del poder constituyente de asalariados e intelectuales (Chile, siglos xx y xxi)* (Santiago: LOM Ediciones, 2009); y de Augusto Varas, "Ideal socialista y teoría marxista en Chile: Recabarren y el Komintern", en Augusto Varas (ed.), *El Partido Comunista en Chile*.

enumeraban a ese efecto, retóricamente, varias alternativas posibles, las que exhibían evidentes conexiones con la coyuntura política y social que por entonces se vivía: "¿Presionar a la burguesía para que ella legisle en ese sentido? ¿Agitar la huelga general? ¿Preparar un movimiento revolucionario? ¿Esperar que se cumplan las promesas burguesas?". Y se respondía a sí mismo: "En nada de eso debemos confiar", pues solo "la mejor organización que nos capacite para la huelga general triunfante" y "la mayoría parlamentaria para hacer la ley", ambas al unísono ("la huelga y la ley"), "pueden darnos la moderna organización social que a la ligera hemos bosquejado en estas líneas". Como ya lo había hecho en múltiples oportunidades, Recabarren no se jugaba por una línea única de construcción política, sino que invitaba a combinar flexiblemente la acción directa y el juego institucional. "Nuestra revolución", matizaba en un artículo levemente posterior, "se acercará al triunfo más pronto por el camino de la huelga que por el camino electoral, o posiblemente por los dos medios a un tiempo"[507].

Lo que en todo caso no se transaba bajo ningún concepto era la autonomía radical del mundo obrero en el manejo de su accionar, autonomía que por entonces Recabarren identificaba con particular nitidez en la FOCH, bastante más presente que el POS en todos sus pronunciamientos sobre la coyuntura. Así, haciéndose eco de la declaración de principios aprobada por esa entidad en su convención de fines del año anterior, el escrito finalizaba afirmando que "la Federación Obrera de Chile tendrá dentro de poco, en sus manos, el poder de reunir los elementos necesarios para organizar a Chile, en la forma que lo propone este proyecto que hemos presentado a los lectores". Como lo ha afirmado Jaime Massardo en polémica con Hernán Ramírez Necochea, parece ser que hacia 1920 era para el fundador del POS "la Federación obrera y no un partido o una combinación de partidos, la que estaba destinada a reemplazar el sistema capitalista en Chile"[508].

Este presunto giro estratégico, sin embargo, no obedecía necesariamente a una postura intrínsecamente antipartidos, por lo demás bastante extraña en quien llevaba más de veinte años luchando por organizar políticamente a los obreros e inducirlos a emplear con mayor eficiencia su derecho a voto. "La existencia de la Federación", puntualizaba Recabarren en otro artículo escrito desde la cárcel, "ha puesto en nuestras manos una fuerza poderosa moral y material a la vez", la que en poco tiempo había producido buenos resultados en materia de conquistas laborales. Sin embargo, estas serían siempre precarias mientras la clase patronal, "hoy dueña del gobierno, debido al voto venal e inconsciente del pueblo, disponga de todas las fuerzas del Estado: gobierno, ejército, jueces, actos ilegales, prisiones, etc., para combatir nuestros derechos y nuestras fuerzas organizadas". Reflexionando sobre esta según él "verdad axiomática",

---

507   *El Socialista*, Antofagasta, 1 de julio, 1920.

508   Jaime Massardo, *La formación del imaginario político de Luis Emilio Recabarren*, 258.

reforzada por el mero recuento de la fuerza electoral que espontáneamente se había congregado en la FOCH ("por lo menos el SESENTA POR CIENTO de los electores de Chile"), la conclusión resultaba obvia: "Si el gobierno de la nación se constituye por el sufragio popular y el sufragio popular puede llegar a estar en mayoría entre los federados, ¿por qué no elegimos el gobierno nosotros de entre nosotros? ¿Quién lo puede impedir?"[509].

En consecuencia, si era la Federación y no el POS la llamada a encauzar dicha acción, ello era simplemente porque los electores populares se encontraban "hoy divididos entre todos los partidos políticos de Chile", y no porque un partido estuviese irremediablemente inhabilitado para asumir tal función. "De hoy en adelante", exhortaba al respecto Recabarren, "el obrero federado tiene el deber de resolver dónde está su más grande interés: si conquistar CON LA UNIÓN Y CON EL VOTO el triunfo completo de la Federación o el del partido político a que pertenece". Y añadía como colofón: "La razón es la que debe triunfar, no el capricho o el deseo de mantener ideas viejas"[510].

Retornando así desde la reflexión utópica a la política más contingente, Recabarren afinaba el curso de acción al que se entregaría una vez que saliera de la cárcel: poner la fuerza numérica y social de la FOCH al servicio de las próximas elecciones parlamentarias. "La elección presidencial", escribía a mediados de julio invocando de soslayo el fenómeno alessandrista, "ha corrido el telón y ha dejado ver lo que todavía muchos proletarios no quieren ver: QUE SOMOS UNA FUERZA IMPORTANTE, capaz de influir en la dirección de la administración nacional para servir los verdaderos intereses nacionales, que son los de la masa popular". En consecuencia, "si orientamos la fuerza política del proletariado organizado, de inmediato, participando con un candidato a diputado por provincia siquiera, en los centros donde las federaciones son ya una fuerza, en las próximas elecciones de marzo de 1921, a modo de ensayo y de prueba, DEMOS POR SEGURO que en 1924, nuestra capacidad política llegará a ser un factor decisivo en los destinos de este pobre pueblo esquilmado por una burguesía feroz"[511]. En suma, el deslizamiento de la FOCH hacia la condición de partido político asumía un rango más instrumental que programático, y no podría interpretarse automáticamente como una suerte de alejamiento del POS o de la postura partidista en sí misma, como lo confirmaría la campaña que ya se iniciaba con miras a las parlamentarias de 1921[512].

---

[509]   *El Socialista*, Antofagasta, 12 de junio y 11 de julio, 1920; énfasis en el original.

[510]   *El Socialista*, Antofagasta, 12 de junio, 1920; énfasis en el original.

[511]   *El Socialista*, Antofagasta, 13 de julio, 1920; énfasis en el original.

[512]   Algo similar insinúa Sergio Grez al comentar la hipótesis de Massardo sobre la presunta "sindicalización" del pensamiento de Recabarren durante esta coyuntura; ver su *Historia del comunismo en Chile*, 156-159.

Fue pues con esta agenda en mente que a fines de octubre Recabarren finalmente recuperó su libertad. Acogido y acompañado triunfalmente por sus partidarios a través de un muy reporteado periplo entre Tocopilla y Antofagasta, se afianzó allí una candidatura a diputado ya prácticamente predeterminada, y que se fortaleció adicionalmente con un pacto de apoyo mutuo (que en Tarapacá fue más explícito) con la Alianza Liberal liderada por Arturo Alessandri[513]. Capitalizando una imagen de "apóstol y mártir" que los meses de prisión no habían hecho sino acentuar, su recibimiento en la capital provincial se convirtió en una verdadera apoteosis. Según editorializaba *El Socialista* al anunciar su liberación, "Recabarren ha sido el instrumento que forjó en la mente de las multitudes el ideal sacro de sus libertades. El que formó pacientemente en el criterio del proletario chileno la concepción de una moral superior y de una aspiración hacia lo que siempre fue misterio para la ignorancia del pueblo: una aspiración hacia la JUSTICIA SOCIAL"[514].

Acogido supuestamente por más de cinco mil personas poseídas de un "entusiasmo indescriptible", el "apóstol del socialismo", con voz enronquecida "por efectos del excesivo ejercicio de oratoria impuesto por la ruda jornada de conferencias que tuvo que enfrentar al salir de la prisión", se dirigió a la multitud invocando "la vieja sentencia filosófica de que las prisiones no logran matar el espíritu de los que batallan por un ideal de justicia social", manifestando de paso su decisión de "luchar firmemente con igual perseverancia que antes y no cejar hasta vencer, como dijo Alessandri, pese a quien pese". Tras describir un desfile callejero ornamentado por flores arrojadas por "gentiles y simpáticas señoritas" (entre ellas incluso un "gentil grupo de burguesitas" residentes en un sector más aristocrático de la ciudad), y concluido en una velada que resultó "grandiosa y conmovedora", el periódico socialista emitía su evaluación global de todo el episodio: "Las últimas arbitrariedades e injusticias cometidas por las autoridades y burgueses de Chile contra Recabarren y los trabajadores, han hecho más propaganda en seis meses y días que duró la prisión de este, y en unos cuantos meses que duró la prisión de los otros, que la que habrían hecho en seis años de perseverante y tenaz acción socialista Recabarren y los demás presos puestos en libertad". De esta forma, remataba, "ellas, las autoridades, abren el paso al socialismo"[515].

En efecto, durante los días y semanas siguientes Recabarren se dedicó a recorrer febrilmente la provincia en preparación de su inminente candidatura. Tanto en Mejillones como en Calama llamaron favorablemente su atención las "escuelas libres" organizadas por los consejos locales de la FOCH, en las que se formaba "la gran falange

---

513   Ver Sergio Grez, *Historia del comunismo en Chile*, 121-125; y Julio Pinto y Verónica Valdivia, *¿Revolución proletaria o "querida chusma"?*, 67-70.

514   *El Socialista*, Antofagasta, 26 de octubre, 1920; mayúsculas en el original.

515   *El Socialista*, Antofagasta, 2 de noviembre, 1920.

del futuro, los hombres que continuarán en el porvenir la obra de la emancipación proletaria"[516]. Aplausos le merecieron también las cooperativas de pan que los consejos mencionados mantenían en sus respectivas localidades, así como los proyectos de establecer una cooperativa de consumos y un "biógrafo", los que a su juicio "debían de imitar todas las organizaciones del país".

Al visitar el pueblo de Punta de Rieles, cercano a Chuquicamata, tuvo duras palabras para la empresa norteamericana que explotaba dicho mineral: "El gran verdugo, el yankee, que domina desde Chuquicamata, ese poblacho siniestro que se alza en la altura como una araña venenosa en perpetuo acecho de una presa". Casualmente le tocó coincidir allí con el presidente electo Arturo Alessandri, quien también recorría las provincias del norte salitrero para agradecer el apoyo brindado y motivar una adhesión similar hacia su coalición en las próximas parlamentarias. Según relatara Recabarren a *El Socialista,* "al ver la obra realizada por los federados y visitar su casa, el señor Alessandri se quedó admiradísimo. Tuvo palabras de alto elogio para los obreros que en un rincón apartado y relajante [sic] , como es ése, donde no impera más que el alcohol y la prostitución, habían realizado una obra tan bella y humana". Con ese aval, propio de la "luna de miel" que se había abierto tras las presidenciales de junio, Recabarren daba rienda suelta a su optimismo: "Pese a quien pese, como dijo don Arturo, la organización seguirá en esa región su marcha triunfal"[517].

Al concluir la gira provincial, Pablo Alsan, un federado santiaguino que acompañó a Recabarren durante todo el trayecto, la calificó como un éxito "estupendo, notable". Haciendo explícita su admiración, señalaba: "Esto no se ve por el sur todavía, ni se tienen noticias cabales de ello. Qué tumultos más colosales, verdaderas marejadas de almas, hombres, mujeres, niños, sí, niños sobre todo, incontables". Y concluía exhortando a sus compañeros antofagastinos a "no desmayar nunca", pues "la semilla está fructificando al ciento por ciento"[518]. Con la satisfacción de ver su obra así reconocida y revalidada, Recabarren se trasladó a continuación a Santiago para participar en una convención nacional extraordinaria de la FOCH convocada para los días 5 al 7 de diciembre.

Presidida nuevamente por él, la convención se abocó a discutir las diversas propuestas de acción política que se habían venido levantando durante el año, en particular la emanada de su secretario general, Enrique Díaz Vera, en el sentido de transformar a la Federación en un "Partido Laborista" que la fusionara orgánicamente con el POS, el Partido Demócrata y otras instancias populares con el propósito de "encauzar las fuerzas políticas que nos pertenecen y que hasta hace poco se agitaban

---

516   *El Socialista,* Antofagasta, 15 de noviembre, 1920.

517   *El Socialista,* Antofagasta, 23 de noviembre, 1920.

518   *El Socialista,* Antofagasta, 25 de noviembre, 1920.

dispersas y desorientadas"[519]. Demostrando los límites que enfrentaba la "partidización" de la FOCH, y ante las reticencias expresas tanto de demócratas como de socialistas, la moción fue derrotada, quedando los consejos regionales en libertad de acción para enfrentar las próximas elecciones.

Curiosamente, sin embargo, los delegados sí acordaron estudiar la conveniencia de adherirse a la Tercera Internacional de Moscú, puesto que "se sabe que la dirección del régimen proletario de Rusia es un hecho cuya excelencia la humanidad ha empezado a sentir y es una obra hermosa de construcción del nuevo régimen social, basado sobre la verdadera justicia y la paz humana". En esta fórmula, tras la cual se adivina sin mucha dificultad la influencia de Recabarren, se aprecian las complejidades que atravesaba la política obrera a fines del agitado año 20: correspondía aprovechar una coyuntura electoral promisoria sin amenazar las lealtades partidarias existentes, pero tampoco renunciando a la proyección utópica puesta a la orden del día por la Revolución bolchevique[520].

Terminada la convención fochista, Recabarren inauguró el año 1921 recorriendo algunas localidades del sur, entre ellas, y por primera vez, la zona carbonífera del golfo de Arauco[521]. Mientras tanto, sus correligionarios de Antofagasta cumplían con el ritual de su nominación formal como candidato a diputado por la FOCH y el POS, fijándose su proclamación oficial para el 3 de febrero. La llegada del nuevo año, sin embargo, coincidía con el desencadenamiento de una nueva crisis salitrera (la tercera desde el estallido de la Primera Guerra Mundial), que durante el mes de enero, y según las cifras de la propia Asociación de Productores de Salitre, había dejado sin trabajo a casi ocho mil obreros, sumando las provincias de Tarapacá y Antofagasta[522]. Enfrentados a esa difícil coyuntura, simultánea con el inicio oficial de la campaña electoral, la FOCH y el POS regionales llamaron a los obreros a no abandonar las oficinas, exigiendo incluso la nacionalización de la industria, al menos mientras durase la crisis. "Los salitreros, los capitalistas", exhortaba el periódico del partido, "secundados por los sirvientes que tienen bajo el apodo de Partidos Políticos Históricos, lo que necesitan es que vosotros que sois ciudadanos electores con derecho a voto en Marzo 1921 no os encontréis en estas regiones para estas fechas". "Quieren que no podáis", aseguraba,

---

[519]   *El Socialista*, Antofagasta, 28 de noviembre, 1920.

[520]   Los acuerdos de la Convención Extraordinaria en *El Socialista*, Antofagasta, 10 de diciembre, 1920; ver también *El Mercurio*, Santiago, 10 de diciembre, 1920. La frustrada iniciativa de fundación de un Partido Laborista ha sido analizada por Sergio Grez, *Historia del comunismo en Chile*, 159-167; y Francisca Durán, "La Federación Obrera de Chile", 107-116.

[521]   *El Socialista*, Antofagasta, 24 de enero, 1921; *La Jornada*, Schwager, 14 de noviembre, 1920.

[522]   La cifra exacta era de 7791 trabajadores desocupados, y corresponde a un telegrama fechado el 18 de enero de 1921; Archivo Oficina del Trabajo, vol. 67, Asociación de Productores de Salitre a jefe Oficina del Trabajo. La profunda crisis salitrera de 1921-1922 ha sido descrita y analizada en mi libro *Desgarros y utopías en la pampa salitrera*, capítulo 5.

"tomar parte en la elección de vuestro ciudadano diputado obrero y entonces os lanzan a la calle". Así, en tanto centenares de cesantes y sus familias tomaban el camino de Antofagasta y de los ya tradicionales "albergues" fiscales, presagio más que probable de su posterior traslado al sur, los obreros más militantes permanecieron en sus lugares de trabajo, reclamando a lo menos el pago de un desahucio antes de tomar el camino de la "repatriación". De esa forma respondían al llamado partidista a "pegarse como piedra en las oficinas, compañeros"[523].

En tan complejas circunstancias, Recabarren regresó de su rápido viaje por el sur. Interceptado por los federados del cantón salitrero de Aguas Blancas en la estación del ferrocarril longitudinal, se le solicitó permanecer por lo menos algunas horas en el sector. Acogiendo la invitación, el candidato socialista visitó algunas oficinas, entre ellas la de San Gregorio, donde arengó a los obreros que se resistían a bajar a Antofagasta. Según la declaración judicial posterior de un testigo presencial, allí habría manifestado que "nosotros no somos pelota de fútbol, para que hoy día nos den una patada para el Sur y otra para el Norte". "Compañeros", habría terminado exhortando, "no hay que moverse de la Oficina aunque cueste la vida a uno de los nuestros. Nosotros somos muchos y ellos son unos cuantos pichiruches"[524]. El día 3 de febrero, cuando Recabarren ya había abandonado la localidad, un destacamento militar enviado para desalojar a los elementos "recalcitrantes" se encontró con que allí se había concentrado una multitud de a lo menos dos mil personas, engrosada por obreros y cesantes llegados desde los establecimientos aledaños, todos bajo la conducción de la FOCH de Aguas Blancas. El explosivo encuentro desencadenó una nueva matanza, la tristemente célebre "San Gregorio", con un saldo de entre cuarenta y cien obreros muertos (como de costumbre, las cifras resultan sumamente imprecisas), además del oficial a cargo del pelotón, un suboficial del mismo, y el administrador de la oficina[525].

La previsible represión posterior se desencadenó con furia sobre la FOCH de Antofagasta, derivando en numerosas detenciones y en la declaración de estado de sitio, con la consiguiente censura sobre la prensa socialista. Puso también abiertamente en peligro la candidatura de Recabarren, cuyo discurso en la víspera de la masacre fue identificado por la prensa burguesa como el detonante de los luctuosos hechos ("se comprende lo que predicaría el agitador", decía sibilinamente *El Mercurio* de Santiago en su edición del 8 de febrero). "Después que los obreros sufren setenta muertos y cien heridos por la agresión de los militares", retrucaba este en su defensa, "aparte de la peregrinación hambrienta, serán sometidos a proceso los directores

---

[523]   *El Socialista*, Antofagasta, 3 de enero, 1921.

[524]   Declaración transcrita en Floreal Recabarren, *La matanza de San Gregorio. 1921: crisis y tragedia*, segunda edición (Santiago: LOM Ediciones, 2003), 103-104.

[525]   La descripción y análisis más completos de la matanza de San Gregorio, aunque con una mirada bastante crítica hacia Recabarren y la FOCH, es la de Floreal Recabarren, *La matanza de San Gregorio*.

del Consejo Federal de San Gregorio y los afiliados acusados de rebelión y muerte de los militares". Y agregaba, desmintiendo los afanes violentistas que se le achacaban: "Repito que entre los obreros no hubo nunca otro propósito que el de exigir garantías y respeto a sus derechos. Los supuestos discursos del infrascrito y de otros, incitando a los obreros, son falsos; solo ha tratádose de conferencias juiciosas"[526]. Asimismo, en una reunión sostenida con las autoridades provinciales, Recabarren reiteró que "como siempre no propiciaba ni propiciaría el desorden ni la revuelta entre los trabajadores que solo aspiraban a conseguir la suficiente libertad para poder hacer la propaganda de sus ideas". "En todo lo demás", aseguraba, "el gobierno y los poderes públicos encontrarían su mayor cooperación"[527]. Claramente no resultaba fácil desmarcarse de las repercusiones políticas y sociales de la masacre.

Frente a las alarmantes señales, el comité electoral de la FOCH antofagastina salió en defensa de su candidato advirtiendo que "la hiena burguesa aún no ha apagado su sed de sangre", e interpretando la campaña en su contra como una maniobra destinada expresamente a impedir su elección. "Los que quieren tener al pueblo sumido en los vicios y en la ignorancia", argumentaba, "pretenden impedir que Recabarren llegue al Congreso en brazos de la majestuosa aureola popular"[528]. Por su parte, y tal vez bajándole un poco el perfil a la elección, Recabarren publicaba al día siguiente un artículo titulado "¿A qué iré a la Cámara de Diputados?", en el que descartaba cualquier posibilidad de aprovechar esa "corporación burguesa capitalista" en beneficio de la clase trabajadora. "Las condiciones de organización del estado burgués", explicaba, "no podrán producir jamás el bienestar del pueblo. Es inútil esperar de una mala organización un buen producto". Solo la "reconstrucción total" de la organización del Estado, continuaba, podía garantizar la felicidad obrera, y esto solo podía lograrlo el pueblo con sus propias fuerzas. En conclusión, su eventual llegada al Congreso solo se justificaba en cuanto sirviese para "señalar, claramente, al pueblo, desde la tribuna parlamentaria, toda la inaudita corrupción capitalista, toda la incapacidad burguesa, toda la inutilidad de las leyes burguesas, para que el pueblo vea la verdad, por sus ojos, y entonces tome las medidas necesarias a organizar el bienestar social"[529].

Sin perjuicio de todas las acusaciones y descargos, la campaña continuó su curso. Como se ha constatado a lo largo de esta biografía, Recabarren siempre impulsó el empleo de los espacios institucionales para promover sus objetivos, y esta no fue la excepción. De hecho, era esta su cuarta candidatura a diputado (sin contar la de 1918, promovida sin su anuencia por sus compañeros antofagastinos), y gozaba ahora de la

---

[526]   *La Comuna*, Viña del Mar, 12 de febrero, 1921; en Cruzat y Devés, *Recabarren. Escritos de prensa*, tomo IV, 130-131.

[527]   Palabras transcritas en *El Mercurio*, Santiago, 12 de febrero, 1921.

[528]   *El Socialista*, Antofagasta, 22 de febrero, 1921.

[529]   *El Socialista*, Antofagasta, 23 de febrero, 1921.

ventaja adicional de una alianza tácita con el bloque alessandrista. Esta se vio incluso paradójicamente favorecida por la tragedia de San Gregorio, ofreciéndose el dirigente de ese sector Héctor Arancibia Lazo a interceder en favor de los detenidos y evitar una inhabilitación de la candidatura de Recabarren, a cambio de los votos socialistas para su propia candidatura a senador. Esta sugerencia provocó la indignación de una militancia todavía impactada por la masacre, especialmente entre sus huestes juveniles. Recabarren, sin embargo, arriesgando incluso las iras partidarias, recomendó acoger una alianza meramente táctica que "termina en el momento en que nosotros entregamos el voto", y que permitiría "aprovechar el voto como un arma de combate para sacar a nuestros compañeros, para que nuestro diario tenga libertad, para que nuestro ideal se abra camino", y también para "asegurar el triunfo de nuestro candidato".

Salvador Ocampo, uno de los conductores de la disidencia juvenil, interpeló pública y duramente a Recabarren: "¿Compañero, no será que usted quiere ser diputado a toda costa?", lo que suscitó una indignada respuesta: "¿Que yo quiero ser diputado? ¡Son ustedes los que necesitan un diputado! ¡Es el pueblo el que necesita un vocero! ¡Son ustedes, incluso los ignorantes, los que necesitan un diputado!". Habiendo convencido a la asamblea de la corrección de su tesis, Recabarren posteriormente explicaría a Ocampo, en tono mucho más conciliador: "Si yo fuera joven como ustedes, si yo no tuviera la experiencia de todas estas luchas, estaría pensando como ustedes". Sin embargo, "en este momento histórico que estamos viviendo, este momento en que aparezco en este país como el cabecilla, aunque yo no quiera serlo, de un gran movimiento de emancipación nacional, tenemos que usar todas las armas para avanzar en este camino tan incierto para mucha gente, tan claro para nosotros, pero tan lleno de dudas y dificultades"[530].

Así las cosas, el todavía censurado *Socialista* llamaba en vísperas de los comicios a los "hermanos electores" a ganar un puesto en la Cámara de Diputados "para hacer oír su voz, para defenderse y para abrir paso a los ideales revolucionarios"[531]. Y en efecto, el 6 de marzo de 1921 Recabarren obtenía la segunda mayoría provincial, precisamente detrás de su aliado alessandrista Arancibia Lazo, con 2855 votos. Se convertía así, junto con su correligionario tarapaqueño y antiguo obrero salitrero Luis Víctor Cruz, en el primer socialista en alcanzar esa simbólica meta, puesto que en 1906 había sido electo como militante demócrata[532]. En las enfervorizadas palabras de otro de sus correligionarios, el "apóstol del bien", "el redentor", "el mártir", "el luchador social cuyo nombre pasará a la historia de la nueva humanidad", iba por fin al Congreso para ser "la pesadilla de los enemigos del pueblo obrero; para quitar el sueño a los que

---

530   El incidente es relatado por el propio Ocampo en José Miguel Varas, *Los tenaces*, 18-21.

531   *El Socialista*, Antofagasta, 4 de marzo, 1921.

532   *El Mercurio*, Santiago, 7 de marzo, 1921.

hasta hoy, duermen tranquilos y satisfechos, sordos e insensibles a los desgarradores lamentos de sus víctimas"[533]. En una curiosa ironía de la Historia, en su momento de mayor fervor revolucionario, Recabarren llegaba nuevamente a la Cámara de Diputados, esta vez para quedarse.

[533]   *El Socialista*, Antofagasta, 6 de marzo, 1921.

El triunfo electoral del 6 de marzo de 1921 marcó el fin de la última residencia nortina de Recabarren, puesto que el desempeño de su cargo parlamentario imponía su traslado más o menos definitivo a la capital. En esas circunstancias, y tal vez a modo de despedida, entre marzo y mayo se dedicó a recorrer las provincias salitreras pronunciando conferencias y apoyando las candidaturas socialistas a las municipales que debían efectuarse el 10 de abril. Concluidas estas, en un artículo titulado "En marcha, siempre adelante", hacía un balance básicamente positivo de la jornada: "Hemos ganado ventajosa situación en las campañas pasadas. En el Congreso y en algunos municipios tendremos una nueva fuerza: la que representa nuestro espíritu renovador". Sin embargo, y retomando la disposición más bien "instrumental" que había exhibido en la víspera del proceso, insistía en minimizar el valor de lo conseguido en las urnas frente a la acción estrictamente social: "La Federación Obrera, pasada ya la interrupción que le produce una campaña electoral, vuelve a recobrar su itinerario de marcha en pro del mejoramiento de la vida". "Saben todos los trabajadores organizados", remarcaba, "que su bienestar solo depende de sus fuerzas organizadas, y que su representación en el Congreso y en las municipalidades burguesas solo tiene un carácter de crítica y control que muy poco beneficio reporta al proletariado"[534].

La elección de los dos diputados socialistas, en efecto, y más allá del innegable entusiasmo que había despertado entre sus adherentes, no modificaba en nada el sombrío panorama dibujado por la crisis salitrera, la que se prolongaría por lo menos durante dos años más. Según una memoria elaborada por la Oficina del Trabajo, en 1921 un total de cincuenta y cinco mil trabajadores salitreros fue directamente golpeado por la cesantía, lo que sumado a otros sectores productivos elevó la desocupación total del país a cifras superiores a las setenta mil personas[535]. De este modo, junto con Recabarren y Cruz comenzaron a desplazarse hacia el centro y sur del país miles de familias obreras en busca de subsistencia, muchas de ellas destinadas a languidecer en precarísimos

---

534   *El Socialista*, Antofagasta, 13 de abril, 1921.

535   Archivo Oficina del Trabajo, vol. 82, jefe Oficina del Trabajo a ministro de Industria y Obras Públicas, 21 de marzo de 1922 (memoria correspondiente a 1921).

albergues fiscales que solo en la ciudad de Santiago congregaban hacia fines de agosto, según informaba por esa fecha el ministro del Interior, una cifra cercana a las veinte mil personas[536]. En ese enrarecido clima, el mismo que había incubado el malestar detonado en San Gregorio, debía inaugurarse la acción parlamentaria socialista. Como para recordar –y subrayar– dicha conexión, al mismo tiempo que Recabarren hacía su recorrido triunfal por la cada vez más despoblada pampa salitrera, la Corte de Apelaciones de Iquique solicitaba su desafuero por su implicancia en los luctuosos sucesos. "La mano de la oligarquía chilena", denunciaba indignado *El Socialista*, "pretende cerrarle el paso al diputado socialista por Antofagasta"[537].

Fue en esas circunstancias que el aludido dirigente recaló momentáneamente en Iquique, cuna del Partido Obrero Socialista. En esa ciudad, los recientes comicios municipales habían servido de escenario para un curioso fenómeno político: el antiguamente todopoderoso balmacedismo local, derrotado en todas las últimas elecciones por el bloque alessandrista, había levantado una fórmula denominada "Concentración Obrera", expresamente creada para disputarle el electorado popular a socialistas y radicales. Se trataba, recordaría posteriormente el testigo presencial Elías Lafferte, de "un movimiento surgido para contrarrestar el ímpetu del movimiento popular que encabezaban los socialistas"[538]. La estrategia, y seguramente también el cohecho y las demás prácticas electorales características de la época, surtió el efecto deseado, logrando una mayoría absoluta de los cargos en disputa. Recibido calurosamente a pocas semanas de esos acontecimientos, el "apóstol de la idea" convocó a un acto público para denunciar la usurpación de la identidad "obrerista" por un partido que en la región se había hecho tristemente célebre por sus actos de autoritarismo y corrupción. La manifestación derivó en un tumulto en el que los partidarios de la recién electa mayoría municipal, encabezados por el estibador y conocido matón balmacedista Miguel Cofré, alias el "Cara de Carnero", dispararon armas de fuego en contra de Recabarren, quien en una de esas frecuentes ironías de la Historia debió ser puesto a salvo por la policía[539].

El incidente iquiqueño repercutió hasta los salones del Senado de la república, donde el prestigioso líder conservador y antiguo promotor de la legislación social en Chile, Juan Enrique Concha Subercaseaux, asumió la defensa de los atacantes, a quienes calificó de "elementos obreros conscientes que se han organizado y declarado abiertamente en contra de los elementos socialistas y subversivos". Interpretando el acto convocado por Recabarren como una tentativa de bloquear la llegada de los candidatos

---

536   Cámara de Senadores, sesión ordinaria de 24 de agosto de 1921.

537   *El Socialista*, Antofagasta, 5 de abril, 1921. Ver también las ediciones de 6 y 10 de abril.

538   Elías Lafferte, *Vida de un comunista*, 153.

539   *El Socialista*, Antofagasta, 19 de mayo, 1921.

"obreros" al Municipio, Concha no hacía misterio de la opinión que le merecía el futuro diputado socialista: "Esta situación puede producir graves consecuencias en una región como aquélla, en que el elemento trabajador se encuentra en constante agitación, y que en la actualidad recibe las prédicas disolventes del agitador Recabarren, que pretende nada menos, como lo ha dicho repetidas veces en sus discursos, que llegar hasta la separación de la región norte del resto del país proclamándola independiente, y que propaga constantemente ideas subversivas y revolucionarias". Llamaba por tanto al Gobierno a "tomar medidas de previsión a fin de evitar peligros mayores", actitud particularmente imperativa considerando que sus informantes iquiqueños (el propio "Cara de Carnero", en telegrama leído ante el Senado), insinuaban que el presidente Alessandri había recomendado expresamente a la Intendencia Provincial, "posiblemente en clave", brindar protección policial a Recabarren[540].

La insinuación del prócer conservador, que su informante se cuidaba de calificar como un simple "rumor calumnioso", introduce un elemento adicional de complejidad en la situación que precedió la llegada de Recabarren al Congreso Nacional. Como se dijo en el capítulo anterior, la elección de los diputados socialistas había sido facilitada (algunos incluso dirían "posibilitada") por un pacto político celebrado con la Alianza Liberal alessandrista, dispuesta a un gesto aperturista a cambio de garantizar los votos pampinos para sus propios candidatos al Senado y a la Cámara. Una carta enviada a Recabarren en vísperas de las elecciones por el ya nombrado Héctor Arancibia Lazo, uno de los principales operadores políticos de Alessandri y jefe de su primer gabinete ministerial, había solicitado explícitamente su apoyo en tres votaciones que tendrían lugar poco después de constituirse la nueva legislatura (para la mesa de la Cámara, para consejero de Estado, y para un consejero de la Caja de Crédito Hipotecario), de cuyo resultado supuestamente dependía "el que se pueda cumplir con el programa que le sirvió a la Alianza Liberal de plataforma electoral, y que viene directamente a beneficiar a las clases trabajadoras".

Ya producidas las elecciones, Recabarren respondía a un telegrama congratulatorio de Alessandri diciéndole "que me cuente entre los que cooperan a realizar todo su programa de progreso que signifique verdadera moral y justicia social", lo que el aludido agradecía manifestando que con "absoluta seguridad haremos gran obra de justicia social y de mejoramiento en bien e interés del proletariado chileno sobre la base del orden y el respeto a todos los derechos"[541]. Aún se vivía, evidentemente, bajo los efectos del "Cielito lindo" y la "luna de miel" alessandrista, la que sin embargo resultaría muy difícil sostener ante los embates de la crisis salitrera y la guerra social

---

[540]   Cámara de Senadores, sesión extraordinaria de 10 de mayo de 1921.

[541]   Tanto la carta de Arancibia Lazo como los telegramas intercambiados con Alessandri (a través de su secretario personal, Arturo Olavarría Bravo), figuran entre las cartas de Recabarren a Carlos Alberto Martínez, profusamente citadas a lo largo de esta biografía.

que rápidamente desató entre empresarios y obreros, calificada por Peter de Shazo como una "contraofensiva patronal" encaminada a revertir las conquistas obreras del ciclo 1917-1920[542]. En ese contexto, la alusión del "presidente del amor", como lo denominaban irónicamente sus detractores, al "orden y al respeto a todos los derechos", encubría una bomba de tiempo que no tardaría mucho en detonar.

Así quedó en evidencia prácticamente desde las primeras intervenciones de Recabarren en la Cámara de Diputados, o antes incluso, en los discursos que pronunció ante la multitud de supuestamente diez mil personas, la mayoría "federados" y cesantes, que salió a recibirlo a la estación de ferrocarriles de Santiago. Aludió en esa ocasión expresamente a los sucesos de San Gregorio, a los juicios que se estaban llevando en torno a ellos, y a los intentos de impedir su ingreso a la Cámara, claramente recordatorios de lo ocurrido quince años antes, cuando su primera, y a la postre frustrada, elección a dicha corporación[543]. En esta ocasión, sin embargo, la historia tuvo un final distinto, y el líder socialista fue formalmente recibido en la Cámara en su sesión de 6 de junio, en la que según *El Socialista* de Antofagasta fue ovacionado, al igual que su correligionario Luis Víctor Cruz, por los trabajadores que repletaban las galerías[544]. Como para remarcar el simbolismo de esos hechos, su primera intervención, verificada en la sesión de 18 de junio, fue precisamente para salir en defensa del régimen soviético, según él la mejor expresión de democracia que había en el mundo[545]. Durante las próximas semanas, y como para patentizar la novedad de la situación, la labor parlamentaria absorbería el grueso de sus energías y sus horas.

En ese contexto, Recabarren sometió a la consideración de la Cámara de Diputados un proyecto de creación de Cámaras del Trabajo o Tribunales de Conciliación, plenamente consistente, según expresaba en su presentación, con la promesa alessandrista de "afrontar francamente los problemas sociales, para resolverlos con el más elevado espíritu de justicia y moral, de acuerdo con el progreso evolutivo de la actual época". Tras un siglo de inacción, argumentaba, el Parlamento chileno tenía la preciosa oportunidad de legislar sobre "el problema más grave de la época: la cuestión social y las relaciones entre el capital y el trabajo". Al hacerlo, agregaba, se aliviaría al Gobierno de "la inmensa labor que hoy tiene sobre sí con el advenimiento social obrero que se desarrolla a través de la República y que adquirirá, cada nuevo día, mayor desarrollo e importancia, pues el movimiento obrero no es solo una agitación para disminuir la

---

[542]   Peter de Shazo, *Urban Workers and Labor Unions*, capítulo 7; ver también Sergio Grez, *Historia del Comunismo en Chile*, capítulo VIII.

[543]   *El Socialista*, Antofagasta, 8 y 16 de junio, 1921.

[544]   *El Socialista*, Antofagasta, 16 de junio, 1921.

[545]   Cámara de Diputados, sesión ordinaria de 18 de junio de 1921.

miseria material, sino también una agitación para alcanzar el perfeccionamiento de su civilización". No hacerlo, en cambio, forzaría a dicho movimiento, ante el bloqueo de la vía institucional, a recurrir a "procedimientos ilegales".

Seguía luego la exposición del proyecto mismo, que consistía básicamente en la creación en cada provincia, bajo supervisión estatal, de tribunales paritarios de obreros y empleadores, facultados para normar diversas cuestiones relacionadas con las condiciones de trabajo, salarios, jornada laboral, fijación de precios y porcentajes de utilidad, e incluso con la eventual creación de cooperativas. De esta forma, concluía, se entregaba a obreros y patrones "el derecho de legislar sobre sus respectivos intereses para solucionar bajo un espíritu estricto de justicia las dificultades que crea el derecho social del presente"[546].

La cuestión social, en sus diversas facetas, conmocionaba por aquellos días intensamente los salones de la Cámara de Diputados. Poco antes de la presentación del proyecto de ley sobre tribunales del trabajo, Luis Víctor Cruz se había extendido largamente sobre una serie de huelgas y manifestaciones que se desarrollaban en Valparaíso, con el resultado de un obrero muerto en un choque con la policía. "Cuando se generan estos movimientos obreros", denunciaba Cruz, "las autoridades, en vez de procurar resolverlos en forma de armonía entre capitalistas y trabajadores, solo se preocupan de dar toda clase de garantías a los capitalistas, olvidándose que el mismo deber tienen para con los obreros". Interpelado respecto de su propia participación en esos actos, Cruz aclaraba: "Nosotros, los llamados subversivos, los agitadores, queremos que la multitud proletaria salga de la desgracia en que vive; queremos conquistar un mundo nuevo". Eso, agregaba, era lo que debía entenderse por "revolución social", y no una incitación irracional a la violencia que los socialistas, "pacifistas por excelencia", eran los últimos en desear. "Por eso queremos prevenirle al Gobierno", concluía, "que mientras no se proceda con violencia, con impiedad hacia el pueblo, este seguirá su marcha tranquilamente, evolucionando, en forma pacífica, conquistando todo el bien que desea"[547].

Durante las sesiones siguientes, la intervención del diputado Cruz dio lugar a una serie de reacciones por parte de sus colegas más conservadores, entre ellas la de que sus ideas eran importadas o copiadas de la Rusia soviética, reinstalando así la tantas veces reiterada atribución de la efervescencia social criolla a la obra de agitadores foráneos. Saliendo en defensa de su compañero de partido, Recabarren pronunció uno de sus discursos parlamentarios más famosos, en el que con el propósito de demostrar que

---

[546]   El proyecto fue presentado a la Sala de Comisiones de la Cámara con fecha 11 de julio de 1921; su texto aparece reproducido en *El Socialista*, Antofagasta, 25, 26, 27 y 28 de julio, 1921.

[547]   Cámara de Diputados, sesión ordinaria de 8 de julio de 1921 (la intervención de Cruz se había iniciado en sesiones de los días anteriores).

"los agitadores que hay en este país somos chilenos auténticos, somos trabajadores manuales y no trabajadores intelectuales", procedió a pasar revista a los veinte últimos años del movimiento obrero nacional.

Citando diversos escritos o discursos de origen obrero que habían circulado por el país desde 1903, por lo tanto desde mucho antes del estallido de la Revolución rusa, concluía que "aquí se ha predicado el socialismo en una forma científica; no como se ha pretendido decir en ciertos órganos de la prensa, en una forma de socialismo de barricada". Fruto de ello, "el trabajador ha ido asimilándose estas ideas hasta el punto de que hay un setenta o un ochenta por ciento de los trabajadores que viven anhelando el régimen socialista. Y esto se ha conseguido, no porque estemos copiando los regímenes extranjeros, sino porque se ha luchado por estas ideas desde hace diecisiete años". Por último, haciendo una suerte de balance de lo que él mismo había presenciado y protagonizado durante su vida activa, Recabarren, que al momento de pronunciar este discurso acababa de cumplir los cuarenta y cinco años, desarrolló ante la Cámara una verdadera disertación histórica sobre los movimientos sociales en Chile, cuya existencia la "sociedad capitalista" había ignorado hasta que, como estaba ocurriendo por aquellos días, estos habían "tomado más desarrollo, adquirido prensa, tenido muchos oradores que desparramaron su doctrina por muchas partes"[548].

Entre medio de su balance histórico, Recabarren se refirió a los cargos de agitadores que majaderamente se les formulaban a él y a Cruz: "La prensa ha estado motejándonos en estos últimos tiempos, especialmente, con ocasión de haber hablado el honorable señor Cruz, que nosotros habíamos trasplantado a la Cámara los tabladillos para hacer discursos de choclón". Ante eso, y escandalizando visiblemente a sus colegas parlamentarios, se dio el gusto de afirmar que "sentía más respeto cuando hablo frente a un tabladillo que cuando hablo frente a la Cámara". Interpelado por el diputado conservador Rafael Luis Gumucio por ofender de esa forma a la "representación de la soberanía nacional", su respuesta fue que mientras prevaleciera en Chile un régimen electoral plagado de vicios y corruptelas, no podía sostenerse que el Parlamento encarnara genuinamente ninguna soberanía nacional. "Desafío a que se diga", fulminó, "que a este Parlamento llegan genuinos representantes del pueblo de Chile". Era por eso, concluía, que "siempre he hablado con más respeto frente al pueblo, frente a la muchedumbre, porque esa majestad es la que representa al pueblo".

Sin ocultar su indignación, el conservador *Diario Ilustrado* manifestaba dos días después que no le causaba extrañeza que "los diputados comunistas, que han declarado con franqueza que están en la Cámara únicamente con el objeto de aprovechar

---

[548] Cámara de Diputados, sesiones ordinarias de 15 y 19 de julio de 1921. El discurso también está reproducido, con el título "Primeros pasos: los albores de la revolución social en Chile", en Cruzat y Devés (eds.), *El pensamiento de Luis Emilio Recabarren*, tomo I, 97-131.

la resonancia de la tribuna parlamentaria para predicar la revolución social y la destrucción del organismo constitucional y del orden establecido", se abocaran a "realizar su designio y cumplir bien con su programa". Sí le extrañaba, en cambio, que la mayoría del cuerpo así ofendido, incluyendo a su propio presidente, hubiese "recibido el reto sedicioso y ultrajante en resignado, abatido y cobarde silencio, sin levantar ni siquiera una protesta para defender la dignidad lastimada y la autoridad desconocida". Esa mayoría silenciosa, concluía en evidente alusión a la coalición alessandrista, representaba a un "gobierno gobernado por el miedo", que no se atrevía a contrariar a los agitadores "por temor a aparecer en contra del movimiento revolucionario"[549].

Como era de suponerse, ni la irritación conservadora ni las ofensas a la investidura parlamentaria ayudaron a aplacar la virulencia con que el Congreso venía debatiendo la cuestión social. Así, en la sesión de 21 de julio, el ministro del Interior Pedro Aguirre Cerda, futuro presidente de Chile bajo el gobierno del Frente Popular, debió responder una interpelación del propio Recabarren sobre la intervención de la fuerza pública, en calidad de rompe-huelgas, en un conflicto entre la empresa de tranvías eléctricos de Santiago y sus operarios, debate que culminó con una propuesta del diputado interpelante y dos de sus colegas demócratas de estatizar el transporte público de la capital[550]. De igual forma, en la sesión del 3 de agosto el diputado Jorge Hormann, empresario viñamarino y militante nacional o "montt-varista", se refirió duramente a las intervenciones "doctrinarias" de Recabarren y Cruz sobre "el pretendido socialismo en Chile", el que a su juicio equivalía lisa y llanamente a la exigencia comunista de "la repartición monstruosa de los bienes y de la propiedad por iguales partes". Era ese tipo de exhortaciones, afirmaba, el que llevaba a los pueblos "al anarquismo, a la ruina, al descalabro, a la miseria", como ocurría a la sazón en la Rusia sometida a los "desgraciados gobiernos de bolcheviquismo y comunismo".

Por tal razón, continuaba, la Cámara debía rechazar sin mayor discusión el proyecto de cámaras del trabajo presentado por Recabarren, cuya aplicación provocaría inevitablemente la muerte de la iniciativa particular y la fuga inmediata de todos los capitales. "La doctrina del comunismo", concluía, "está basada en la abolición del derecho de propiedad, es decir, relajación y destrucción de lo más sagrado e inviolable que existe en las naciones", lo que significaba "matar de una plumada el entusiasmo, la vida misma de la juventud, que en sus horizontes sueña con el bienestar que acarrea el trabajo constante y esforzado; sería producir la decadencia, el colapso de todo un pueblo; acaso sería matar el amor patrio". El comunismo, en fin, "no nace más que de la cobardía, y solo lo conciben cerebros enfermizos que no tienen la hombría suficiente

---

[549]   *El Diario Ilustrado*, Santiago, 21 de julio, 1921; reproducido en *El Socialista*, Antofagasta, 3 de agosto, 1921.

[550]   Cámara de Diputados, sesión ordinaria de 21 de julio de 1921.

para luchar con su propio trabajo, para el sustento de la familia, desde que su base principal consiste en hacernos ver que unos debemos trabajar para los otros, es decir, que los más esforzados debemos alimentar a los ociosos y vagabundos"[551].

En pleno fragor del combate, y como simbolizando el fin de una era en la política nacional, por esos mismos días falleció el patriarca demócrata Malaquías Concha, con quien Recabarren había librado tantas y tan duras batallas desde sus primeros años de militancia. Sobreponiéndose a esos recuerdos, en los discursos de homenaje pronunciados en la Cámara se permitió manifestar que "el que habla debe a Concha, de esto hace ya 25 años, las primeras nociones de esta ciencia social que nosotros venimos ahora a desarrollar en este recinto". Posteriormente fue nombrado para integrar la comisión que la corporación envió para representarla oficialmente en los funerales[552]. La aparente reconciliación se había iniciado algún tiempo antes, cuando con motivo de la campaña parlamentaria de 1920, y en el marco del pacto electoral entre el POS y la Alianza Liberal, Concha había escrito una carta pública en la que exoneraba a su antiguo contradictor de los cargos de "subversivo" y "antipatriota". Pese a su "vehemencia y energía", había asegurado allí el ahora fenecido caudillo, Recabarren era "una persona correcta" e "incapaz de atentar a la paz y orden social", juicios ciertamente muy diferentes a los que se han visto desfilar por los capítulos anteriores de esta obra[553]. Tal vez se había tratado de una mera operación táctica verificada por uno de los políticos más avezados de la época, pero al momento de producirse su deceso, Recabarren había vuelto a tomar visible distancia del Partido Demócrata, por lo que no existía mayor necesidad de seguir manteniendo las apariencias. En ese contexto, su homenaje al "patriarca" parece haber obedecido a un impulso más bien genuino, propio de quien pasaba revista a una militancia que efectivamente ya se extendía por un cuarto de siglo[554].

Volviendo a la "orden del día", y en el marco de una serie de denuncias sobre la conducta arbitraria e inmoral de diversos funcionarios públicos, Recabarren trajo ante la Cámara la situación de los albergados, los que tras haber cooperado "a la producción enorme del salitre durante tantos años, produciendo miles de millones de pesos, se hallan peor que los animales, ¡se encuentran allí peor que en un chiquero de chanchos!"[555]. Saliendo al paso de tales acusaciones, en la sesión siguiente el

---

[551] Cámara de Diputados, sesión ordinaria de 3 de agosto de 1921.

[552] Cámara de Diputados, sesión ordinaria de 6 de agosto de 1921.

[553] Reproducida en *El Socialista*, Antofagasta, 22 de octubre, 1920.

[554] Relatando estos hechos, el historiador demócrata De Petris Giesen enrostra a Recabarren la incongruencia de homenajear a Concha al mismo tiempo que estigmatizaba al partido como "colaborador de los partidos opresores que explotan a las clases trabajadoras", *Historia del Partido Democrático*, 63.

[555] Cámara de Diputados, sesión ordinaria de 12 de agosto de 1921.

diputado demócrata Óscar Chanks, con quien Recabarren compartiera una pena de relegación apenas dos años antes, se hizo portavoz de unos albergados que denunciaban encontrarse bajo un régimen de "tiranía proletaria" establecido por socialistas y federados, quienes los habrían golpeado por el solo pecado de participar en desfiles patrióticos. Enrostrando a su colega por Antofagasta una participación directa en la gestación de ese clima, Chanks denunciaba la "prédica de ideas absurdas" con que se engañaba a los trabajadores, asegurando que era perfectamente factible "hacer la grandeza de este país sin necesidad de predicar ideas de violencias, que conducirán al desorden y a la desorganización a todo el país"[556].

Como si se tratase de una operación concertada, por esos mismos días el senador Gonzalo Bulnes, hijo del presidente portaliano Manuel Bulnes y connotado historiador de la Guerra del Pacífico, denunciaba ante su propia cámara los "focos antisociales y antimorales" en que se habían convertido los albergues de la capital. Sin nombrar directamente a Recabarren o a Cruz, Bulnes invocaba también el testimonio de algunos albergados supuestamente hastiados de la prédica subversiva que se realizaba entre ellos, ante la absoluta pasividad de las autoridades encargadas de su custodia. "Estos comunistas", le habrían dicho sus informantes, pese a su reducido número, "son elementos muy activos y han constituido guardias rojas en los diferentes albergues de la ciudad, obligando a todos los demás a seguirlos en sus manifestaciones subversivas y apaleando a los que no se someten a sus dictámenes". "Y lo más grave de todo esto", agregaban, "es que ellos son los distribuidores de los alimentos: se los dan a sus con-militantes y se los niegan a los que abrigan ideas moderadas". En suma, "quieren hacer de los albergues un centro o choclón político para sembrar el odio", y todo ello bajo la pasiva tolerancia del "régimen del amor" encabezado por Arturo Alessandri"[557].

Como se sabe, la situación de los albergues y su presunta condición de caja de resonancia para la prédica subversiva seguiría dando que hablar por mucho tiempo a los numerosos detractores del contagio comunista que comenzaba a propagarse por el país. Para ellos, no se trataba solo de la agitación política que se llevaba a cabo dentro de esos recintos, sino también, y tal vez más gravemente, del efecto desmoralizador que tenía sobre sus ocupantes el acostumbrarse a vivir sin trabajar, mantenidos gratuitamente por un gobierno demasiado condescendiente. Incluso cuando se les ofrecía trabajo, ya fuese en las obras públicas o en las faenas agrícolas, sus malos hábitos afloraban rápidamente bajo la forma de exigencias salariales desmedidas o de faltas permanentes a la disciplina. "En los campos hay trabajo", aseguraba un senador al ministro del Interior convocado para dar cuenta de la conducta del gobierno

---

[556]   Cámara de Diputados, sesión ordinaria de 17 de agosto de 1921. El tema de los albergues como factor de agitación social ha sido trabajado más pormenorizadamente en el capítulo 5 de mi libro *Desgarros y utopías en la pampa salitrera*.

[557]   Cámara de Senadores, sesión ordinaria de 23 de agosto de 1921.

sobre el particular, "pero lo único que consiguen los dueños de fundos que llevan a sus labores a hombres de los albergues, es que éstos perturben las faenas agrícolas, inculcándoles a los campesinos ideas malsanas"[558]. Concurriendo en tales denuncias, *El Mercurio* de Santiago alertaba contra la "inquietante acción" desarrollada en el campo por los agitadores, fruto de la cual "han sido numerosísimos desórdenes que en varias propiedades agrícolas han tenido lugar en los últimos meses, algunos de ellos con caracteres de torpeza que acusan un propósito revolucionario que no se puede tolerar"[559].

Casi como corroborando deliberadamente esas acusaciones, en la sesión de 19 de agosto de la Cámara de Diputados, Recabarren había dado lectura a una nota enviada por el consejo fochista de Llai-Llai, en la cual se denunciaban diferentes actos persecutorios de terratenientes contra obreros agrícolas federados, calificados por él como "atentados al derecho que tienen los trabajadores de federarse para defender sus pobres intereses, sus raciones de hambre tan limitadas, como se encuentran en las actuales circunstancias". Y ante la afirmación de un diputado por Talca de que los albergados no servían para los trabajos públicos o agrícolas porque "no dan el rendimiento que los contratistas querrían que dieran", el representante socialista apenas podía contener su indignación: "¡Los trabajadores del norte, los que trabajan en la ruda y brutal labor del salitre, son incapaces, son flojos y trabajan poco en la región del sur!". Lo que ocurría, aclaraba, era que esos trabajadores no estaban dispuestos a aceptar cualquier salario o condición laboral: "Los trabajadores del norte, en su mayoría, han aprendido a no ser bestias de trabajo, quieren trabajar como seres humanos y por eso su trabajo no produce lo que los contratistas quisieran exigir". Y como para poner un colofón a lo que sería su última intervención en su primera legislatura ordinaria, tan fecunda en exposiciones y debates referidos a la cuestión social, sentenciaba: "debemos sentirnos orgullosos de esto"[560].

En paralelo al desarrollo de su labor parlamentaria, y como parte de su incesante trabajo político, Recabarren sentó las bases para cumplir una de sus más antiguas aspiraciones: fundar un diario obrero en la capital. Esto no ocurría, al menos no bajo su administración directa, desde los ya lejanos días de *La Reforma*, el famoso periódico demócrata de 1906-1908. El nuevo diario socialista, titulado *La Federación Obrera*, salió a la luz el sábado 20 de agosto de 1921, justo a tiempo para dar cobertura a la última intervención de su director-administrador en la sesión recién recordada. "El discurso del camarada Recabarren", editorializaba el flamante medio "federado", "deja en claro

---

[558]   Cámara de Senadores, sesión ordinaria de 24 de agosto de 1921.

[559]   *El Mercurio*, Santiago, 23 de agosto, 1921.

[560]   Cámara de Diputados, sesión ordinaria de 19 de agosto de 1921.

muchos abusos capitalistas y sintetiza doctrinas que los honorables diputados no quieren aprender, ni mucho menos darse el trabajo de pensarlas". "Siempre ha sido amarga la verdad", concluía, "y en este caso la verdad es una sanción, un azote en carne viva"[561]. También celebraba la labor de denuncia efectuada en el Congreso en torno a los abusos e injusticias cometidas en los albergues, donde la vida de los cesantes se hacía "realmente insoportable: fuera de lo que se les roba en alimentación, se les insulta y fiscaliza jesuíticamente y arroja a la calle el día que al oficial correspondiente se le antoje"[562].

A poco andar, *La Federación Obrera* debió salir mucho más vigorosamente en defensa de su director ante una operación de desprestigio emanada de círculos presuntamente obreros, y que buscaba trasladar a la calle las acusaciones que se le venían prodigando al interior de la Cámara de Diputados. Los fuegos se abrieron esta vez con una proclama en la que se invitaba a lo que *La Federación Obrera* calificaba como "pueblo inconsciente" a manifestarse públicamente para pedir el desafuero "del diputado sin patria" Luis Emilio Recabarren, así como la censura de Luis Víctor Cruz y Santiago Labarca (este último de militancia radical pero también identificado como "federado"), por su condición de "anti-patriotas y promotores de huelgas".

Según el diario socialista, la convocatoria emanaba de "unos cuantos desgraciados, andrajosos y miserables" que, traicionando su condición de clase, "se lanzan enarbolando la bandera de reacción a defender no sus intereses, sino el poder del capitalismo". Detrás de ellos, afirmaba, se adivinaban sin dificultad los temores de la oligarquía nacional que, sin escatimar "ni recursos ni armas para herir al pueblo que despierta, en sus delirios histéricos cree que anulando a Recabarren, a Cruz y a Labarca, toda la ola de rebelión que se agita en el país entero va a desaparecer". Quienes así pensaban, concluía, cometían un grave error: "Si en su demencia la burguesía, desafiando a todo el proletariado del país, hiciera desaparecer a Recabarren, se alzarían cien mil o más hombres que lo reemplazarían en su propaganda revolucionaria, porque ya no es un hombre, son muchos, los que desafiando las persecuciones, la cárcel y la muerte, se han lanzado a la conquista de una nueva Humanidad"[563].

La polémica convocatoria, que al parecer circuló por todo el país en miles de ejemplares impresos, había sido emitida por la junta ejecutiva de una "Gran Federación Obrera de Chile" que, reivindicando el nombre originario de la entidad sindical ganada por el socialismo en 1919, invitaba al "proletariado patriota" a "desenmascarar de una vez por todas a estos falsos apóstoles socialistas" asistiendo a un acto público al pie de la estatua de Bernardo O'Higgins, el "padre de la patria". Allí se pediría el desafuero de Recabarren, "único responsable de los sucesos de San Gregorio", además de la

---

561   *La Federación Obrera*, Santiago, 22 de agosto, 1921.

562   *La Federación Obrera*, Santiago, 26 de agosto, 1921.

563   *La Federación Obrera*, Santiago, 15 de septiembre, 1921.

censura de "los diputados anti-patriotas Luis Cruz y Santiago Labarca, únicos cerebros que incuban las huelgas y alientan a los 'sin patria' y únicos culpables de nuestra ruina actual". Los políticos acusados, se aseguraba, pretendían borrar del corazón de los chilenos "lo más sagrado que tiene un pueblo: su amor a la Patria", para lo cual supuestamente incitaban a devolver todos los territorios anexados tras la Guerra del Pacífico. Se insistía además en los cargos a Recabarren por su presunto papel en el motín de San Gregorio, aprovechando la sentencia de muerte recientemente recaída sobre tres de los procesados por tales hechos. "¡Qué mueran Recabarren y sus secuaces, por anti-patriotas y revolucionarios!", decía uno de los manifiestos circulantes, y no "unos desgraciados a quienes buscó el que es hoy vil parlamentario y que ahora ríe, mientras lloran estos infelices que piden justicia para ellos y castigo para los cobardes y villanos que los empujaron al crimen"[564].

A la convocatoria del "proletariado patriota" se sumó expresamente el diputado demócrata Óscar Chanks, elegido en marzo, al igual que Recabarren, Cruz y Labarca, con el apoyo de esa misma FOCH que ahora se tildaba de "usurpada" por el socialismo. Como se recordará, Chanks ya había denunciado en la Cámara la "tiranía proletaria" ejercida en los albergues por los correligionarios de Recabarren. Manteniendo la misma tónica, en esta oportunidad llamaba a "todos los elementos de orden y trabajo, sin distinción de colores políticos ni religiosos", a seguir apoyando "la gran obra empezada por mí en el Parlamento, contra los agitadores y los sin patria", para lo cual debían acudir en masa a pedir "el castigo que se merecen Recabarren, Labarca, Domingo Durán [otro diputado radical] y Cruz, representantes réprobos del pueblo, que solo predican la revolución y el desmembramiento de nuestro territorio".

En definitiva, el acto "patriótico" tuvo lugar el sábado 1º de octubre con la asistencia, según sus organizadores, de unos seis mil manifestantes. Sus conclusiones fueron llevadas directamente a Alessandri, solicitándole la destitución inmediata de Recabarren de su cargo parlamentario, "obtenido por los votos de ciudadanos chilenos que fueron sorprendidos por las falsas doctrinas de este peligroso revolucionario, procesado en la actualidad en distintos juzgados de la República". Se pedía también el desafuero de Cruz, sindicado como "individuo de origen peruano" por haber nacido en Tacna y vivido allí hasta los diez años, lo que hacía muy verosímil que fuese "un espía de nuestros cobardes y mal agradecidos enemigos del norte". Se insistía asimismo en la censura a Labarca y Durán por "propagandistas de ideas anti-patrióticas y sediciosas", y se llamaba al Gobierno a aplicar la ley de residencia contra "los extranjeros socialistas y revolucionarios" Daniel Schweitzer y Pedro Gandulfo, antiguos dirigentes de la

---

[564] Los panfletos que convocaban a este acto fueron leídos personalmente por Recabarren en la sesión de 27 de octubre de 1921 de la Cámara de Diputados.

Federación de Estudiantes de Chile (y ambos nacidos en el país), por haberse hecho "odiosos e imposibles en Chile", al igual que los diputados impugnados[565].

Irritado por la campaña desatada en su contra, al reanudarse las sesiones del Congreso, Recabarren se quejó formalmente ante la Cámara por los "insultos e injurias demasiado groseros" que afectaban a cuatro integrantes de dicha corporación, reproducidos además por "casi todos los periódicos de la República". Tras dar lectura a las proclamas difamatorias, y suponiendo que las acusaciones de antipatriotismo aludían al siempre recurrente diferendo sobre la devolución al Perú de la provincia de Tacna, aclaraba que el único pronunciamiento a ese respecto, no suyo sino del Partido Obrero Socialista, había sido un llamado a dar estricto cumplimiento a lo estipulado en el Tratado de Ancón –vale decir, someter la materia a plebiscito–. Se descargaba también de las ya majaderas denuncias a su actuación política pasada, desde el supuesto robo de los fondos de la Mancomunal de Tocopilla hasta la matanza de San Gregorio, pasando por el juicio por subversión que lo había mantenido privado de libertad durante gran parte del año 20, ninguna de las cuales había sido comprobada judicialmente. Y finalmente, volviendo a su supuesta falta de amor patrio, se permitió leer ante la Cámara algunos párrafos de su folleto de 1914 "Patria y patriotismo", en los que identificaba a este sentimiento con la moralización de los obreros y la denuncia a la guerra. Concluía invitando a sus colegas parlamentarios a juzgar "si los socialistas hacemos o no hacemos obra de amor y cariño por lo que conceptuamos la patria".

Al llegar a ese punto de su exposición, Recabarren fue interrumpido por el diputado conservador Pablo Marín Pinuer, fundador y "padrino" de la antigua Gran Federación Obrera de Chile durante toda su etapa mutualista. Habiendo acusado al diputado socialista de cometer "la más infame traición" al llamar al pueblo a evitar la guerra, Marín fue a su vez descalificado por estar actuando como presidente honorario de la entidad que había organizado la campaña difamatoria, y que además intentaba sembrar la confusión arrogándose el nombre de "Gran Federación Obrera de Chile". Esa sociedad, retrucó el interpelado, "que anhelaba la verdadera prosperidad para el país y para todos sus habitantes, la ha destruido Su Señoría [Recabarren] y ha llevado a sus miembros por los malos caminos desde el año 1919". Y como para hacer más patente la diferencia entre el antiguo y el nuevo sindicalismo, concluía sentenciando: "En los tiempos en que yo fui presidente de esa Federación de Obreros de Chile, durante diez años, una sola reclamación hubo, y fue justa y aceptada; pero jamás se perturbó el orden social, ni se atentó contra la tranquilidad de las familias, ni contra el capital que debe ser hermano del trabajo e igualmente respetado para la armonía y felicidad sociales". Dicho más simplemente, "no se hizo flamear el trapo rojo sino los colores del pabellón nacional"[566].

La contraofensiva socialista, en todo caso, no se circunscribió solo a los salones del Congreso. Así como la "Gran Federación Obrera de Chile" aseguraba haber sacado a seis mil "proletarios patriotas" a la calle, diez días después un "Comité de Obreros Cesantes" de clara inspiración fochista hizo desfilar (según cálculos del diario federado) a veinte mil obreros hacia el Palacio de La Moneda, con el objeto de depositar en las manos del presidente Alessandri su propio petitorio, en el que demandaban la aplicación de acciones de colonización de tierras fiscales y construcción de obras públicas para paliar la cesantía. Hablando como era su costumbre desde el balcón presidencial, el primer mandatario empatizó con los manifestantes, pero argumentó no disponer de autorización parlamentaria para desembolsar los fondos necesarios: "Yo he cumplido con mi deber, presentando los proyectos que puedan favoreceros. A vosotros os corresponde acudir ante los señores senadores y diputados y pedirles en forma respetuosa el despacho de esos proyectos"[567].

Ni cortos ni perezosos, al día siguiente los obreros cesantes, cuyo número ahora habría alcanzado los cuarenta mil, siempre según *La Federación Obrera*, se dirigieron "con sus rojos estandartes a la cabeza" al edificio del Congreso, donde tras ser arengados por sus propios dirigentes y por un ovacionado diputado Cruz, dejaron sus demandas en las secretarías respectivas. Mientras hablaba Cruz, un asustado Óscar Chanks solicitaba al prefecto de Policía el resguardo que le correspondía como diputado, pues temía ser asesinado por los manifestantes. "¡Qué tal!", editorializaba *La Federación Obrera,* "esta actitud es una prueba de que el señor Chanks se reconoce traidor y teme que el pueblo le de su merecido, pero el pueblo que es humano, no se venga de los traidores, los desprecia"[568].

Al día siguiente los cesantes salieron nuevamente a la calle a pedir respuestas del Congreso, pero esta vez la manifestación terminó en disturbios. El senador liberal Enrique Zañartu Prieto, sintiéndose vejado por los manifestantes, habría disparado su revólver contra la multitud, la que posteriormente fue dispersada a sablazos por la fuerza policial. Estos hechos no hicieron más que enardecer los ánimos, desencadenando una nueva manifestación, "superior a cuarenta mil personas, con más de un centenar de estandartes de la Federación Obrera de Chile", que desfiló por el centro de la ciudad "en perfecto orden y formación, atronando el espacio con cantos revolucionarios y vivas a la Federación Obrera de Chile, al Partido Socialista y a los

---

566   Ibíd.

567   *La Federación Obrera*, Santiago, 12 de octubre, 1921.

568   *La Federación Obrera*, Santiago, 13 de octubre, 1921.

diputados federados, Luis E. Recabarren, Luis V. Cruz, Santiago Labarca y Domingo Durán", precisamente los impugnados en el desfile "patriótico" del 1º de octubre.

La marcha terminó nuevamente en el Palacio de La Moneda, donde Alessandri debió recibir a una comisión obrera asegurando que "ya se había abierto una severa investigación para establecer la verdad de los hechos, y que sería el primero en exigir el castigo de los policiales si se constataba la arbitrariedad". Los manifestantes se dirigieron luego a la imprenta del periódico federado, donde solicitaron al "viejo luchador" Recabarren hacer uso de la palabra. A pesar de estar afectado de la garganta "por el exceso de trabajo en su última gira que acaba de realizar a las provincias del sur", el requerido "hizo una magnífica y candente arenga de saludo a los trabajadores del norte, que con su actitud decidida y entusiasta, a pesar de sus miserias y de la dolorosa situación que arrastraban, servían de ejemplo, no solo para los trabajadores santiaguinos sino para los del país entero, que veían en ellos a formidables luchadores por un futuro grandioso"[569].

Pero el ciclo agitativo no daba tregua. Un par de semanas después, Recabarren aparecía convocando y participando en una serie de actos públicos destinados a celebrar el cuarto aniversario de la Revolución bolchevique. Ocupando la tribuna principal ubicada frente al Cerro Santa Lucía, aprovechó la ocasión para tomar decidida distancia de la administración Alessandri, la que en los pocos meses transcurridos había demostrado su incapacidad para cumplir sus promesas electorales y desmentir su carácter de clase, ratificando la antigua convicción socialista de que la liberación obrera solo podría conseguirse merced a los esfuerzos propios. Aludió también Recabarren al candente debate en torno al patriotismo, reiterando su rechazo a cualquier expresión de "militarismo", y repudió la reciente condena en Estados Unidos de los militantes anarquistas Sacco y Vanzetti[570].

El descubrimiento por esos mismos días de un fraude en el aprovisionamiento de los albergues corroboró ante la opinión socialista la bancarrota definitiva de la "luna de miel" alessandrista. Según una indagación iniciada sorpresivamente por el ministro del Interior Ismael Tocornal, la colusión entre los proveedores y los agentes de policía a cuyo cargo corría la administración de esos establecimientos había inflado imaginariamente la cifra de bocas a alimentar de diecisiete a veintiún mil, lo que daba lugar a una suculenta diferencia monetaria a ser repartida. El escándalo resultante arrastró consigo a numerosos oficiales de policía e incluso al prefecto de Santiago, el mayor de Ejército y antiguo colaborador de Alessandri Bernardo Gómez Solar. Durante

---

[569]   *La Federación Obrera*, Santiago, 15 de octubre, 1921.

[570]   *La Federación Obrera*, Santiago, 8 de noviembre, 1921. Ver también una meticulosa descripción de los actos en conmemoración de la Revolución rusa en Sergio Grez, *Historia del comunismo en Chile*, 143-146.

varias semanas *La Federación Obrera* se dedicó a denunciar sistemáticamente las múltiples e intrincadas complicidades policiales en el turbio negociado, focalizando la atención en el prefecto Gómez Solar, al que por lo demás acusó de instigador de las manifestaciones "patrióticas" en contra de los diputados federados. Las acusaciones alcanzaron también a sus superiores jerárquicos, entre ellos los anteriores ministros del Interior Pedro Aguirre Cerda y Héctor Arancibia Lazo, igualmente ligados a Alessandri por estrechos lazos políticos[571].

La campaña de denuncias no tardó mucho en golpear la propia puerta presidencial, impugnando primero la "inconcebible lenidad" con que el Gobierno había enfrentado la situación, atacando luego las "debilidades del Presidente de la República", quien supuestamente habría llegado a solicitar un retiro temporal por su "incapacidad para afrontar las responsabilidades de la hora actual", y terminando por acusarlo derechamente de encubridor de estas y otras corruptelas, fruto de compromisos supuestamente adquiridos durante la campaña presidencial[572]. "Desde la organización de la República", fulminaba la edición del 20 de noviembre, "jamás había pasado el país por momentos más difíciles y sombríos que los que estamos viviendo en la hora actual". "Cuando el país esperaba confiado que las promesas del candidato de ayer y actual Presidente fueran cumplidas", agregaba, "ha visto con asombro que los meses que van corridos de la actual Administración, no solo seguirá aumentando la postración económica y moral de la República, sino que llegaba a límites que jamás habían llegado en las Administraciones anteriores". Por su parte, Recabarren expresaba en la Cámara de Diputados su escepticismo ante las seguridades brindadas por el ministro del Interior en el sentido de que el Gobierno no permitiría que los responsables del fraude salieran impunes, no porque no creyese en su buena voluntad, sino por la magnitud de los intereses que se estaban viendo afectados[573].

En medio del escándalo de los albergues, un nuevo choque entre los obreros cesantes y la policía vino a hacer de la ruptura un hecho irreversible. La ocasión la brindó una manifestación nocturna en solidaridad con unos inquilinos en huelga de un fundo de propiedad del connotado político liberal Eliodoro Yáñez (según *La Federación Obrera*, "uno de los más acaudalados feudalistas del país"), situado en la comuna de San Bernardo. Al intentar la policía cortarles el paso, los manifestantes se trenzaron en una escaramuza que dejó por saldo un obrero muerto y varios heridos, entre obreros y guardianes. El parte policial denunció que los albergados habían iniciado las hostilidades disparando "tiros de revólver y piedras", pero el allanamiento posterior

---

[571]   La serie, titulada "El escandaloso negociado de los albergues", se desarrolló entre los días 17 y 26 de noviembre, 1921.

[572]   *La Federación Obrera*, Santiago, 18, 19 y 25 de noviembre, 1921.

[573]   Cámara de Diputados, sesión extraordinaria de 17 de noviembre de 1921.

solo dio por resultado la incautación de "cinco tontos de fierro, un estoque, dos dagas, una pistola, tres revólvers ordinarios, 30 balas de revólver, 32 cuchillos y 10 palos"[574].

En su edición del día siguiente, *La Federación Obrera* aseguraba que "en los pocos días del gobierno del Sr. Alessandri se han hecho más víctimas que durante los cinco años de Sanfuentes", interpretando sarcásticamente la ya bautizada "Masacre de la Calle Santa Rosa" como una "prueba inequívoca de amor fecundo a la Querida Chusma". En todo caso, agregaba, "nosotros nos regocijamos de que el señor Alessandri se haya dado a conocer tan pronto, pues eran necesarios todos los desaciertos que este hombre ha cometido, para que el pueblo comprenda de una vez por todas que la burguesía es una misma y que nada debe de esperar de los mercaderes que comercian con la ignorancia de la clase explotada"[575].

Recabarren, al parecer, no se pronunció directamente sobre estos hechos, ni participó en el acto político organizado por la FOCH para acompañar los funerales del obrero muerto en la "masacre de Santa Rosa", Luis Reveco[576]. Sin embargo, la situación de los albergados siguió siendo objeto de su interés preferente. Así, en la sesión de 9 de diciembre interpeló personalmente al nuevo ministro del Interior (tercero en menos de un año), Ismael Tocornal, a propósito de una orden presuntamente emanada de la autoridad que obligaba a todos los solteros a hacer abandono inmediato de dichos establecimientos, con el objeto de que se esmerasen más en buscar trabajo. El ministro desmintió la información, proporcionada según Recabarren por los propios afectados, aunque reconoció que "desgraciadamente, los agricultores del sur tienen miedo a esta gente por la prédica subversiva que han recibido en los albergues, y por eso no les dan trabajo, aunque lo tengan"[577]. Sin perjuicio de ello, el diputado denunciante fue invitado especialmente por el ministro a recorrer los albergues, puestos bajo la administración del Cuerpo de Carabineros (que a la sazón todavía pertenecía al Ejército), tras el desprestigio en que habían quedado sus anteriores encargados. En compañía del comandante de esa repartición castrense, Recabarren comprobó la veracidad de sus acusaciones, recibiendo de paso "tiernas y delicadas manifestaciones de cariño de parte de todo ese mundo que sufre hoy a causa del crimen de los salitreros, pero que conserva muy grande un amor por una nueva vida, mejor y más humana"[578].

---

[574]   Archivo Ministerio del Interior, vol. 5756, documento núm. 2612, prefecto de Policía a intendente de la provincia, 23 de noviembre, 1921.

[575]   *La Federación Obrera*, Santiago, 24 de noviembre, 1921.

[576]   No es mencionado en la cobertura que dio a ese acto *La Federación Obrera* del 26 de noviembre, 1921; ni tampoco en la reconstrucción hecha por Sergio Grez, en base a los informes policiales, en *Historia del comunismo en Chile*, 149-150.

[577]   Cámara de Diputados, sesión extraordinaria de 9 de diciembre de 1921.

[578]   *La Federación Obrera*, Santiago, 12 de diciembre, 1921.

Ello, no obstante, pocos días después debía denunciar un nuevo atropello sufrido por los albergados, esta vez un grupo según él "particularmente pacífico y respetuoso", que pese a "haber sido separado especialmente para que no se estuvieran contagiando con los otros que son más exaltados y revolucionarios", había sido igualmente reprimido por protestar de la mala calidad de la comida que se les proporcionaba, dejando un saldo de doce albergados (él habló de cincuenta) y doce policías heridos. "Yo quisiera que los hombres que me han tildado de no sentir verdadero patriotismo", argumentaba el parlamentario socialista, "evitaran estas cosas; yo creo que en el deber de la Cámara y de los hombres de Gobierno está el evitar estos hechos bochornosos".

Alarmado tal vez por la virulencia que venían adquiriendo los enfrentamientos entre obreros y policías, evocaba a manera de contraste la experiencia que había vivido personalmente en la ciudad de Antofagasta, donde las huelgas y los conflictos sociales no eran precisamente desconocidos. Así y todo, "jamás en Antofagasta, a pesar del enorme movimiento obrero que había en este pueblo, ha habido desórdenes de la naturaleza de los ocurridos últimamente aquí en Santiago, no solo porque el pueblo es culto, sino principalmente porque la policía, a pesar de no tener un buen jefe, nunca llega a chocar con el pueblo en ninguna de las manifestaciones populares". Y condimentando una vez más su reiterado "pacifismo" con una suerte de amenaza velada, concluía advirtiendo que el mal comportamiento policial podía desembocar en que "los obreros van a quedar convencidos de que cada vez que hacen un reclamo y tienen en él razón, nunca han de esperar justicia, nunca han de ser bien tratados"[579].

En paralelo a esta labor de denuncia, Recabarren sometió ante la Cámara de Diputados un nuevo proyecto de ley, segundo que emanaba de su iniciativa después del de las Cámaras del Trabajo o Tribunales de Conciliación, y que esta vez también suscribía su correligionario Luis Víctor Cruz. Se trataba de una reforma al estatuto administrativo de la Empresa de Ferrocarriles del Estado, la que según los autores del proyecto adolecía de ineficiencias crónicas tanto en los servicios que brindaba a sus usuarios, como en las condiciones en que se desenvolvía su personal. Con el objeto de contribuir a subsanar dichos males, y de paso democratizar la gestión de un servicio público fundamental, se proponía incorporar al Consejo de Administración de la empresa a dos representantes del estamento obrero o empleado, los que se sumarían a los tres designados por el presidente de la república y a los dos que nombraba cada una de las cámaras legislativas. "En un país que se precia de democrático", señalaba Recabarren en defensa de su propuesta, "que blasona tanto de sus tendencias democráticas y que quiere llevar estas ideas al extremo, no se deje esta palabra escrita solamente en el papel o pronunciada en discursos que halagan los oídos de las multitudes". Lo que correspondía era llevarla efectivamente a la práctica, "y

---

579   Cámara de Diputados, sesión extraordinaria de 12 de diciembre de 1921.

así procurando hacer una especie de ensayo, se empiece en la Administración de los Ferrocarriles por llevar al seno de su Consejo de Administración a los obreros y empleados ferroviarios".

Pocos días después de la presentación de este nuevo proyecto, la labor parlamentaria de Recabarren fue puesta en entredicho por el diputado radical Francisco Jorquera, quien aludió a sus reiteradas inasistencias a la Comisión de Legislación Social, a la cual se había integrado de manera casi natural junto con su ingreso a la Cámara. En su defensa, Recabarren preguntó qué sentido tenía asistir a la mencionada comisión, en circunstancias que sus opiniones no eran tomadas en cuenta. Otro integrante de la comisión, el liberal Ismael Edwards Matte, retrucó que dicha declaración "no estaba de acuerdo con el carácter de apóstol y luchador que tiene el Honorable Señor Recabarren, que aprovecha todas las tribunas para hacer propaganda de sus ideas". Reconoció además el diputado Edwards Matte, en tono levemente socarrón, que en aquellas pocas sesiones a las que sí había asistido, el representante por Antofagasta había tenido ocasión de exponer "algunas ideas atinadísimas y francamente dignas de aplauso", las que según él serían tomadas muy en cuenta para la redacción definitiva del Código del Trabajo encomendada a la comisión.

Insistiendo en su posición, el interpelado Recabarren señaló que "a pesar de las palabras magníficas y de buena crianza que se vertieron en las primeras sesiones que celebró esta Comisión, el hecho es que me echaron por la baranda, como se dice, y no tomaron en cuenta para nada las ideas que yo había propuesto". Fue en esas circunstancias, agregó, que se atrevió a presentar su ya recordado proyecto sobre tribunales de conciliación, el que según su parecer había caído en el más absoluto vacío. Discrepando una vez más, Edwards Matte argumentó que "la idea general de comenzar por la formación de los Tribunales de Conciliación y Arbitraje" sí se había acogido, no así la propuesta específica de Recabarren, que "entraba en contraposición con las disposiciones de nuestro Código Civil". Mucho menos diplomático, el radical Jorquera afirmó que el proyecto de su colega socialista "estaba en absoluto desacuerdo con la actual organización social en que vivimos", sin perjuicio de lo cual "muchas de sus ideas, sobre todo en lo que se refiere a la intervención administrativa, no judicial, en la resolución de los conflictos entre el capital y el trabajo, nos han parecido perfectamente aceptables". Pero al parecer, concluía, resultaba más satisfactorio para los representantes obreros "el usar de la palabra en la hora de los incidentes, formular muchos problemas, hacer obra de fiscalización; pero cuando llega la hora del trabajo no nos acompañan"[580].

La última intervención parlamentaria de Recabarren en ese agitado año 1921, signado por la crisis económica, el ascenso a la presidencia del "populismo" alessandrista y

---

la conmoción social, se focalizó en temas profundamente doctrinarios, relacionados con la legitimidad de la propiedad privada y el verdadero concepto de revolución. Esta exposición se originó en una interpelación del diputado Santiago Labarca al ministro del Interior por los sucesos conducentes y derivados de la "Masacre de Santa Rosa", frente a la cual el ministro interpelado, invocando su obligación de defender el orden público, encaminó el debate hacia una condena de los medios rupturistas o revolucionarios que el movimiento obrero venía empleando para propiciar el cambio social. "Ellos quieren cambiar el orden de vida", acusaba, "imponiendo por la amenaza y la violencia el cambio de fortuna, el despojo de las propiedades basadas en el legítimo derecho que da el ahorro". Terciando en el debate, Recabarren procuró desmentir a quienes, como el ministro Tocornal, afirmaban que "nosotros fomentamos una revolución social de aspecto catastrófico, sangriento y perturbador, que amenaza arrasar con todos los seres humanos". Los causantes de la violencia social en Chile, insistía, no eran los trabajadores, sino los agentes del Estado.

Como una forma de refutar tales dichos, el diputado conservador Rafael Luis Gumucio hizo alusión a los ya bastante trajinados sucesos de San Gregorio, deslizando de paso nuevas insinuaciones sobre la responsabilidad que allí le habría cabido a su colega socialista. En medio de reiteradas interrupciones, que incluyeron referencias a la supuesta invalidez de su elección y a la solicitud de desafuero que tenía pendiente, Recabarren clarificó que su impugnación al régimen de propiedad privada no implicaba el despojo violento de nadie, sino que "los bienes excesivos, los superfluos", acumulados a costa de la explotación de los trabajadores, "vuelvan a ser patrimonio social, y entonces los administre la sociedad, en conjunto, y por sociedad entendemos todo el conjunto de habitantes de una Nación". Y en cuanto a su concepto de revolución social, insistió que este "no era el que muchos de los Honorables Diputados y gran parte del público tenían", sino más bien "todo aquello que tiende a perfeccionar las costumbres individuales y sociales, todo aquello que tienda a perfeccionar la vida humana". "Como pueden haberse convencido los honorables Diputados", concluía, "según el concepto que los diputados Comunistas [sic] tenemos de la revolución social, esta solo puede realizarse a base de cultura popular, cuando exista verdadera civilización"[581].

Es sugerente que al cierre de este prolongado debate, que ocupó tres sesiones de la Cámara de Diputados, Recabarren se haya referido a sí mismo y a Cruz como "diputados comunistas", apelación que intercaló en varias de sus intervenciones sin preocuparse demasiado por justificarla o corregirla. Se trataba tal vez de un anticipo de la misión a la que se abocaría inmediatamente después, cual era la de inducir a la Convención Nacional de la FOCH que tendría lugar en Rancagua entre el 25 y el 31 de

---

581   Cámara de Diputados, sesiones extraordinarias de 21, 22 y 23 de diciembre de 1921.

diciembre a pronunciarse en favor de la incorporación definitiva de esa entidad a la Tercera Internacional, moción ya recomendada, como se dijo en su momento, al término de la convención anual anterior. Como lo han establecido las y los diversos analistas de este acontecimiento, se trataba de una propuesta particularmente polémica, que tensionaba al límite el pacto de colaboración entre demócratas, socialistas, anarquistas y sindicalistas que venía sosteniendo a la FOCH desde los días ya lejanos de la Asamblea Obrera de Alimentación Nacional. Por esa misma razón, Recabarren debió emplearse a fondo para persuadir a los convencionales de las bondades del giro internacionalista, pues "todo movimiento obrero de clase que se inspira en una acción revolucionaria debe caminar estrechamente unido con el proletariado internacional organizado", aunque su adopción provocase, como de hecho ocurrió, el abandono de la mayoría de los delegados demócratas, e incluso del hasta ese momento secretario general de la Federación, el socialista Enrique Díaz Vera. Casi como un eco de lo que había expresado poco antes en la Cámara de Diputados, tras ocho días de arduo debate, la Convención aprobó una nueva declaración de principios que recogía lo esencial de sus planteamientos: "La Federación Obrera de Chile adherida a la Internacional Roja de los Sindicatos, tiene por finalidad la supresión total de la explotación del hombre por el hombre, aboliendo la causa fundamental que la genera, es decir, la propiedad privada". Tras ese acuerdo, y bajo los sones de la Internacional, la Convención Obrera de Rancagua se dio por clausurada[582].

El mismo día de la clausura, y en la misma ciudad de Rancagua, un grupo de doce delegados del Partido Obrero Socialista encabezados por Recabarren y acompañados por el dirigente comunista argentino Juan Greco inauguró el Tercer Congreso Nacional de ese partido, cuyo principal objetivo fue imitar a la FOCH en su adhesión a la Tercera Internacional. Esta vez sin grandes debates, y tras solo unas pocas horas de deliberación, los representantes del POS acordaron reconstituirse como Partido Comunista de Chile, aceptando expresamente las 21 condiciones de la Internacional Comunista y comprometiéndose a luchar "por el triunfo de su causa, que es la causa de la clase proletaria". Con la misma facilidad se eligió un nuevo consejo ejecutivo nacional, presidido como en 1915, siempre con el título de secretario general, por Ramón Sepúlveda Leal, y se fijó como sede la ciudad de Viña del Mar. Recabarren, tal vez volviendo a su "prescindencia" en materia de cargos directivos, o tal vez en virtud de su condición de diputado de la república, no formó parte de dicho cuerpo.

---

[582] Los entretelones del debate han sido expuestos y analizados por Francisca Durán, "La Federación Obrera de Chile", 122-125; Sergio Grez, *Historia del comunismo en Chile*, 168-170; Jaime Massardo, *La formación del imaginario político de Luis Emilio Recabarren*, 261-263. La transcripción textual de los acuerdos y debates en *La Federación Obrera*, Santiago, 28 y 30 de diciembre, 1921, 5 de enero, 1922; también *El Socialista*, Antofagasta, 28 de diciembre, 1921.

Más allá de la renovada declaración de principios, el naciente comunismo chileno conservaba tanto los estatutos como la estructura orgánica del antiguo POS, subrayando la continuidad fundamental entre una y otra entidad. De esta forma, como bien lo ha destacado Sergio Grez, la transición de socialismo a comunismo se verificó en Chile sin las rupturas ni los traumas que acompañaron a dicho proceso en otros países, tensionando a su militancia entre la lealtad a la Segunda y la Tercera Internacional[583]. Y aunque otro connotado especialista del pensamiento de Recabarren, Jaime Massardo, ha insinuado ciertas dudas sobre el entusiasmo con que el fundador del POS habría adherido a estas mutaciones, su presencia y participación en ambas convenciones, sin mencionar el tenor de sus últimos planteamientos doctrinarios ante la Cámara de Diputados, indican que estuvo lejos de experimentar en este asunto mayores vacilaciones[584]. De hecho, el discurso pronunciado ante esa corporación apenas dos días antes de inaugurarse la convención de la FOCH había concluido celebrando "la gigantesca, la majestuosa obra de progreso social" que venían construyendo en Rusia los bolcheviques, ejemplo para el mundo entero[585].

Sin interrumpir la febril actividad que venía desarrollando prácticamente desde su llegada a Santiago, apenas concluido el ahora Primer Congreso del Partido Comunista de Chile, Recabarren se trasladó a la zona del carbón, donde el 1º de enero había estallado una huelga destinada a durar casi tres meses. A consecuencia de conflictos similares en años anteriores, regía en esa industria una suerte de convenio colectivo con aval del Estado, cuya vigencia debía renovarse al inicio de cada año calendario. Al comenzar 1922, sin embargo, la contraofensiva patronal a la que ya se ha hecho referencia llevó a las empresas carboníferas a imponer condiciones que resultaban inaceptables para los sindicatos, entre ellas el despido de numerosos obreros federados, la alteración de las condiciones salariales y la creación de sindicatos "apatronados".

Así las cosas, al previsible estallido de la huelga le siguió de manera inmediata un *lock-out* patronal cuya finalidad última era la destrucción de la organización obrera en la zona, lo que impulsó a la FOCH y al PC a destinar sus mejores recursos humanos y organizativos a apoyarla, incluyendo la declaración de un paro nacional entre el 10 y el 12 de febrero. Con todo, tras ochenta días de paralización la FOCH debió someterse a las condiciones de las empresas, entre ellas el despido de ciento cincuenta federados y la aceptación de su "derecho inalienable de fijar el número de operarios que necesiten

---

[583]   Sergio Grez, *Historia del comunismo en Chile*, 173-179; ver también Hernán Ramírez Necochea, *Origen y formación del Partido Comunista de Chile*, 159-163. La cobertura periodística del Congreso del POS-PC en *La Federación Obrera*, Santiago, 3 de enero, 1922, y *El Socialista*, Antofagasta, 12 de enero, 1922.

[584]   Jaime Massardo, *La formación del imaginario político de Luis Emilio Recabarren*, 259-261.

[585]   Cámara de Diputados, sesión extraordinaria de 23 de diciembre de 1921.

para sus faenas y el de establecer las condiciones o requisitos que deben cumplir"[586].
Así y todo, el conflicto fue lo suficientemente impactante como para que un informe
del "Lender-Secretariado" o Secretariado Regional de la Internacional Comunista para
América del Sur, con sede en Moscú, lo consignase expresamente como una prueba
de la combatividad del movimiento obrero chileno, lo que hacía imperativo su mayor
acercamiento a los organismos regulares de la entidad[587].

La descripción minuciosa de esta huelga por Sergio Grez hace innecesario detenerse
en sus pormenores. Para los efectos de esta biografía, lo interesante es constatar
que junto a la intensa labor de agitación que suscitó en Recabarren, debiendo a
veces pronunciar tres conferencias en un mismo día, ella parece haber marcado su
retorno a las lides de la redacción periodística. Si bien es cierto que le había tocado
desempeñar el cargo de administrador de *La Federación Obrera* desde su fundación,
el hecho es que hasta el estallido del movimiento carbonífero no se habían publicado
allí escritos firmados expresamente por él. Incluso la columna editorial revela un estilo
que evidentemente no era el suyo, sino tal vez el de Manuel Hidalgo, quien hasta la
Convención de Rancagua actuó como director del diario. Posiblemente las exigencias
de la labor parlamentaria o el activismo callejero de los meses anteriores le habían
impedido mantener su ritmo habitual de escritura, pero lo cierto es que fue la huelga
del carbón la que marcó su reaparición como columnista de opinión.

Así, durante esa coyuntura publicó a lo menos diez reportajes en los que daba cuenta
del curso del conflicto, agregando impresiones personales sobre la vida en la zona y
sobre la naciente conflictividad del campesinado colindante, posiblemente asociada
a los contratos de temporada a que recurrieron muchos huelguistas para mantenerse
durante su obligada inactividad. De igual forma, al término del movimiento escribió
una suerte de balance en el que intentó suavizar los efectos de la derrota aludiendo
a las ganancias políticas o morales obtenidas: "Los obreros vuelven al trabajo mucho
más unidos y fraternizados que antes. El sufrimiento sobrellevado durante 80 días
ha sido un lazo de cariño que los ha estrechado aun más que lo que estaban antes del
conflicto". "La gran ganancia de los obreros", reiteraba, "consiste en haber robustecido
la moral individual y colectiva, que es la virtud más valiosa que permite el progreso de
las organizaciones obreras"[588].

---

[586]   Sergio Grez, *Historia del comunismo en Chile*, 181-189.

[587]   "Informe de la Comisión (del Lender-Secretariado de Países Latinos) sobre América del Sur, fecha
posterior a marzo de 1922", reproducido en Olga Ulianova y Alfredo Riquelme (eds.), *Chile en los
archivos soviéticos 1922-1991*, tomo 1: "Komintern y Chile 1922-1931" (Santiago: LOM Ediciones/
USACH/DIBAM, 2005), 114-116.

[588]   *La Federación Obrera*, Santiago, 24 de marzo, 1922.

De vuelta a su rutina parlamentaria, Recabarren debió salir al paso de críticas procedentes del seno mismo de la FOCH sobre la inconveniencia de mezclar la actividad sindical con la participación política, particularmente en instituciones burguesas como el Congreso o las elecciones. "El objeto que nos lleva al Parlamento", puntualizaba en su calidad de diputado comunista, "es única y exclusivamente conquistar una posición más para nuestra propaganda revolucionaria, anti-parlamentaria, anticapitalista, y de ataque directo al estado burgués y a sus instituciones decrépitas". Y fundamentaba: "El Partido Comunista tiene desde hace un año dos representantes. Inútil afirmar que su 'política', para usar la palabra preferida de los que tratan, ¡en vano!, de desprestigiarnos, no ha dañado los intereses proletarios, ni disminuido el entusiasmo revolucionario, ni debilitado la fe en un mañana mejor". Por el contrario, aseguraba, "los intereses de los trabajadores han sido defendidos con calor; el entusiasmo revolucionario se levanta hasta en los ranchos de paja y de terrón de nuestros trabajadores rurales, hasta donde ha llegado la palabra de nuestros diputados comunistas; y la fe en días mejores se enciende en los cerebros de todos los que sufren, de todos los que padecen, de todos los que penan, como la promesa de una vida nueva"[589].

Las críticas "sindicalistas" habían surgido a propósito de unas elecciones complementarias por Santiago que debían verificarse a comienzos de junio, a las que el Partido Comunista presentó a Manuel Hidalgo como candidato a senador y a Ramón Sepúlveda Leal para diputado. Elementos que permanecían en la FOCH calificados por Recabarren como "anarquistas" habían repudiado la intervención del organismo gremial en dichos comicios, así como el uso de su periódico como plataforma para las postulaciones comunistas. Ese error "sindicalista", opinaba el líder histórico clarificando una vez más su postura respecto de la necesaria combinación entre acción social y acción política, no era sino fruto de la ignorancia popular, la que ayudaba a perpetuar el sistema capitalista. "El sindicalismo revolucionario", precisaba, "comprende que las pequeñas mejorías que dan los patrones son puras ilusiones destinadas a mantener engañados a los explotados, y por lo tanto ataca el mal en su propia causa, enseñando a los obreros y empleados de ambos sexos a libertarse definitivamente de la esclavitud capitalista".

Recordando los acuerdos de la convención fochista de 1919, "perfeccionados con la adhesión a la Internacional Sindical Roja de tendencia comunista", Recabarren señalaba a sus contradictores que la finalidad última de esa organización era "la abolición del sistema patronal capitalista", a la cual no se podría llegar mediante la sola acción de la FOCH. En ese contexto, "si figuran proclamados por el Partido Comunista, que es una fuerza obrera revolucionaria, dos de los federados de indiscutibles méritos, ¿qué razón habría para que nuestro diario por lo menos, no dijera a todos lo que vale en el

---

[589]   *La Federación Obrera*, Santiago, 7 de abril, 1922.

momento presente esta elección?". En suma, "llevar al Parlamento dos hombres más […] es llevar dos poderosas voces más, para seguir reforzando el poder de la Federación Obrera de Chile, que algún día no lejano, habrá de tomar en sus manos la dirección de la producción para libertar definitivamente del yugo de la explotación a toda la masa productora del país"[590].

Predicando con su propio ejemplo, Recabarren destinó ingentes energías en las sesiones parlamentarias en curso a impugnar una ley sobre impuesto a la renta que a su juicio, y en una postura que desde la óptica actual resulta bastante paradojal, constituía "una formidable sangría al estómago del pueblo"[591]. Se dedicó asimismo a defender largamente el derecho de los obreros salitreros a condicionar su regreso al trabajo, en el supuesto y anunciado caso de reapertura de las oficinas, al cumplimiento de una serie de demandas de orden salarial y laboral promovidas por la FOCH regional, iniciativa que a esa organización ya le había acarreado medidas represivas de parte de la autoridad. Denunciando lo que conceptuaba una nueva tentativa patronal para deprimir las condiciones del trabajo, tal como ya había ocurrido en el carbón, exhortaba al gobierno a "fijar las bases practicables para que los obreros puedan volver al trabajo, porque no es posible que ellos se resuelvan a volver a sus labores en las condiciones económicas y de trabajo que los patrones desean". De producirse esto último, vaticinaba, "no va a ocurrir sino una permanente agitación, un permanente reclamo por el maltrato a que me he venido refiriendo, y porque entonces aquellas promesas hechas por el Gobierno de mirar por que se trate a los obreros en condiciones más humanas, van a ser pura música celestial lanzada a los cuatro vientos de este país para que los pájaros se diviertan, pero no para que los trabajadores las aprovechen"[592].

Tampoco estuvo ausente de este nuevo período parlamentario el inmanejable drama de los albergados, cuyo activismo político se estaba ahora tratando de inhibir por la vía de reforzar las medidas restrictivas y disciplinarias. "En los albergues de Santiago", manifestaba Recabarren, "se continúa sosteniendo la teoría de que son especies de presidios, donde el personal de albergados está sujeto al capricho de la autoridad. Quieren que en la noche el personal de los albergues no salga a la calle, ni aun con motivos tan justificados como el de ir a participar en alguna conferencia". Saliendo al paso de quienes persistían en estigmatizar dichos recintos como focos de desmoralización y desorden, se preguntaba retóricamente: "¿Quiénes son los autores de los albergues? ¿quiénes son los causantes de que en ellos sufran y vegeten miles de nuestros trabajadores?". Y se respondía: "¡son los cómplices de Gibbs y Cía., son los cómplices del Pool Salitrero, de esa banda de especuladores que arruinó la economía

---

[590]   La Federación Obrera, Santiago, 4, 10 y 18 de junio, 1922.
[591]   Cámara de Diputados, sesiones extraordinarias de 16 y 22 de mayo de 1922.
[592]   Cámara de Diputados, sesiones extraordinarias de 21 y 25 de abril de 1922.

de nuestro país!". El Gobierno, sin embargo, lejos de preocuparse de castigar a los verdaderos criminales, "se quiere desquitar con las pobres víctimas que no tienen en esto participación ninguna"[593].

Llegaba por esos días a radicarse en Santiago Elías Lafferte, quien desde 1918 había permanecido dedicado a diversas labores políticas y periodísticas en Iquique. Llamado por Recabarren a integrarse al personal de *La Federación Obrera*, pudo constatar el prestigio que este había adquirido entre los albergados, a quienes el gobierno de Alessandri mantenía, según él, "en pésimas condiciones de vida y de salubridad". "Estuvimos en tres albergues", recordaba, "donde encontré a algunos viejos compañeros de mis días de pampino. En todos ellos acogían a Recabarren con grandes demostraciones de cariño y respeto". Su antiguo maestro, opinaba, había adquirido un liderazgo verdaderamente nacional: "¡Cuánto había aprendido en esa década, en sus viajes, en los libros y al calor mismo de la lucha! El Partido y la FOCH, bajo su dirección, eran entidades grandes y respetables, que cada día conquistaban a nuevos sectores de la clase obrera". No por ello se había envanecido. Al contrario, "seguía siendo tan modesto como antes, tan afable en su trato con los compañeros, tan sereno en sus relaciones con los políticos de otros bandos, como lo había conocido en Iquique"[594].

El liderazgo observado por Lafferte se pondría claramente en evidencia hacia fines de ese año de 1922, con motivo de celebrarse en Moscú el Cuarto Congreso de la Internacional Comunista, que fue también el segundo de la Internacional Sindical Roja. Ya en su informe de comienzos de año, el antes nombrado "Lender-Secretariado de Países Latinos" de esa entidad había recomendado "comunicarse oficialmente con el Partido Comunista de Chile", con el cual hasta la fecha, y no obstante los acuerdos adoptados en las convenciones de Rancagua, no se habían establecido lazos concretos. A tal efecto, se "insistía especialmente en que este partido envíe sus representantes al Cuarto Congreso Mundial", invitación en definitiva formalizada en mensaje enviado a la FOCH con fecha 18 de mayo. En una primera instancia, e invocando "las dificultades que se nos presentan para el envío de delegados directos", el entonces secretario general Carlos Alberto Martínez propuso hacerse representar "indirectamente" por el dirigente argentino Juan Greco, quien como se recordará había asistido a las convenciones de Rancagua[595]. Más adelante, sin embargo, prevaleció la idea de enviar una representación

---

[593]   Cámara de Diputados, sesión extraordinaria de 25 de abril de 1922.

[594]   Elías Lafferte, *Vida de un comunista*, 155-156.

[595]   Olga Ulianova y Alfredo Riquelme (eds.), *Chile en los archivos soviéticos*, 99-100, 115-116. Para un análisis más pormenorizado de estos primeros contactos entre el Partido Comunista chileno y la Tercera Internacional ver el segundo estudio introductorio de Olga Ulianova a ese mismo volumen, titulado "Primeros contactos entre el Partido Comunista de Chile y Komintern: 1922-1927". Ver tam-

propia[596]. No muy sorpresivamente, el elegido para tan relevante misión, tanto por la FOCH como por el Partido Comunista, fue Luis Emilio Recabarren. Como editorializaría posteriormente *La Federación Obrera*, "su inmenso amor por el pueblo, su vida de sacrificios, su talento y su preparación lo señalaban como el único"[597].

En una primera instancia, la reacción del "representante electo" no parece haber sido todo lo entusiasta que hubiese sido de esperar, pese a la aseveración del periódico federado de que "tan pronto tuvo conocimiento de esta resolución, sin siquiera meditar en las dificultades de hacer un viaje sin recursos, pues solo se le entregaron para este viaje dos mil pesos, como se trataba de un mandato de los trabajadores se puso inmediatamente a las órdenes de la Junta Ejecutiva"[598]. En aparente desmentido de tales juicios, una nota enviada por él a los federados de Tocopilla, con quienes había comprometido una visita en los mismos meses en que tendrían lugar los encuentros moscovitas, suena más apologética que complacida: "La Junta Ejecutiva Federal, presionada por una enorme y entusiasta fuerza obrera, mientras yo viajaba por el sur, resolvió enviarme a Rusia, como delegado al Segundo Congreso de la Internacional Sindical Roja, resolución que yo me he visto obligado a aceptar ante la necesidad que Chile-obrero esté representado"[599].

Un par de semanas más tarde, navegando rumbo a Europa en el vapor alemán "Baden", su disposición se había tornado visiblemente más festiva, permitiéndose incluso relatar algunas "frivolidades" sobre el servicio a bordo que no aparecen con mucha frecuencia en sus escritos: "Las noches en el comedor, se pasan como se oye decir de los grandes cafées de Buenos Aires. Tal es el aire de alegría y bienestar que se respira"[600]. De igual forma, una vez llegado a Berlín informaba a sus lectores chilenos con apenas velada expectación sobre la posibilidad (en definitiva frustrada) de trasladarse a Moscú en "aeroplano", así como de su visita a "uno de los más grandes almacenes" de esa capital, donde adquirió "dos camisas de muy buena clase a tres pesos chilenos cada una; cuellos a cincuenta centavos chilenos; calcetines largos de lana, ricamente tejidos, a sesenta y cinco centavos chilenos. Un sobretodo vale entre veinte y cuarenta pesos chilenos; un terno entre quince y veinte pesos chilenos"[601]. Sin anunciarlo, adquiriría también en esa urbe una pistola automática con la que, apenas dos años después, pondría fin a sus días.

---

bién Sergio Grez, *Historia del comunismo en Chile*, 249-257, y *La Federación Obrera*, Santiago, 18 de julio, 1922.

[596]   *La Federación Obrera*, Santiago, 30 de septiembre, 1922.

[597]   *La Federación Obrera*, Santiago, 20 de febrero, 1923.

[598]   Ibíd.

[599]   Citado en Sergio Grez, *Historia del comunismo en Chile*, 254.

[600]   *La Federación Obrera*, Santiago, 26 de noviembre, 1922.

[601]   *La Federación Obrera*, Santiago, 6 de enero, 1923.

Ya instalado en Moscú en compañía de otros compañeros latinoamericanos como los argentinos Juan Greco y José Penelón y el uruguayo Francisco Pintos, la vorágine de los dos congresos en que debió simultáneamente participar lo devolvió a un ánimo más convencionalmente "militante", pero sin que ello le impidiese expresar su admiración por el Kremlin. "El palacio donde sesiona el Congreso de la Internacional Comunista", comentaba, "es uno del conjunto de edificios que hay en el Kremlin, y quizás el más hermoso y artístico. Puertas y ventanas bronceados, inmensas galerías y pasadizos, pinturas y decoraciones, arcos y columnas y en resumen un grandioso esplendor es lo que por todas partes se admira". Sensaciones igualmente admirativas le merecieron las calles nevadas de la ciudad[602]. Asimismo, en "las pocas horas que dejan disponibles las sesiones de los dos Congresos Internacionales", se dedicó a visitar diversas instalaciones de la nueva Rusia revolucionaria. Destacó especialmente entre ellas a la Federación del Libro, uno de los más grandes talleres de imprenta de Moscú, que en su calidad de tipógrafo le provocó un comprensible interés; la "Universidad Oriental", donde le tocó asistir a un "escogido programa de números musicales, de cantos, de bailes o danzas orientales"; o la Conferencia Internacional de los Mineros, a la que "por las condiciones de Chile" le pareció más pertinente concurrir que a otras reuniones análogas de obreros de imprenta, ferroviarios o de la construcción[603].

En un registro visiblemente más analítico, una comunicación fechada el 29 de noviembre de 1922 señalaba que "en los quince días que llevo vividos en esta capital, visitando muchas fábricas, conversando con distintos obreros, en muchos casos, por medio de intérpretes, he podido recibir la impresión perfecta de que la mayoría de los obreros ha cesado de ser una fuerza bruta para convertirse en un pensamiento creador, que desarrolla su inteligencia, que quiere contribuir al perfeccionamiento de las condiciones en que trabaja para obtener un alivio personal, del que disfrutarán los demás, y para gozarse en la satisfacción de haber contribuido a aumentar el bienestar social, a simplificar el sistema de trabajo, a elevar los conceptos de la vida". "Hemos venido a Rusia", decía en otra parte, "como quien viene a visitar un laboratorio de experiencias, y la mirada ávida de todos, desconfiada y pesimista de algunos, optimista de otros, procura penetrar hasta lo más hondo de esta nueva alma nacional, para descubrirlo todo, para analizarlo y para comprenderlo". Por su parte, y habiendo transcurrido apenas cinco años desde el inicio de la revolución, reconocía que aún se estaba lejos de alcanzar la utopía comunista. Sin embargo, las enormes novedades creadas por el bolchevismo se hacían evidentes "en el funcionamiento del nuevo mecanismo del estado ruso. En su sistema de Gobierno y de legislación; en el sistema de la producción industrial, en el desarrollo del comercio, en la creación de los nuevos

---

602 *El Comunista*, Antofagasta, 20 de marzo, 1923; "Rusia obrera y campesina", en Cruzat y Devés (eds.), *El pensamiento de Luis Emilio Recabarren*, tomo II, 137.

603 *La Federación Obrera*, Santiago, 3, 21 y 26 de febrero, 1923.

órganos sociales (los soviets), y más que todo, en el alma, o mejor dicho, en el nuevo modo de sentir, de pensar y de razonar del pueblo ruso"[604].

Una de las áreas en que el "alma nueva" de la Rusia bolchevique se le hizo más evidente fue la condición de la mujer, tema al que, como se ha dicho repetidamente, le había dedicado largas jornadas de activismo y reflexión. Procurando desvirtuar los "límites ridículos y grotescos" con que la crítica capitalista había cubierto esta delicada materia, llegando a sostener que "la mujer ha sido nacionalizada en Rusia y convertida, como los instrumentos necesarios al hombre, en propiedad común", redactó un breve escrito titulado "La condición actual de la mujer en Rusia y sus expectativas para el porvenir"[605]. Reconocía allí, en un gesto conservador que ya se le conocía, que "es indiscutible que la Naturaleza ha dado a la mujer una misión procreadora y maternal". Sin embargo, la sociedad actual, sobre todo en su expresión capitalista, "ha obligado a la mujer a buscarse medios de vida, violando las leyes naturales, apartándola de la misión que la Naturaleza le ha dado".

En ese contexto, no le cabía duda que la revolución había tenido para ella un efecto positivamente liberador: "La Revolución Rusa declaró a la mujer igual al hombre en cuanto a los derechos de que quisiera disfrutar, y con acceso a todos los sitios donde ella quiera y sea capaz de llegar. Puso en sus manos delicadas, las armas necesarias para que continúe abriéndose camino, pues la Revolución reconocía el fracaso de los programas sentimentales, que solo daban a la mujer derechos teóricos. La Revolución Rusa se los daba prácticos y reales". Era por eso, insistía, que la Revolución rusa no solo había modificado los órganos de gobierno y la "economía social", sino que había calado más hondo: "Ha penetrado en el alma de toda la nación, ha modificado los sentimientos, los pensamientos, las costumbres, la idiosincrasia, la sicología personal".

Pero Recabarren no había viajado a Moscú solo en calidad de observador, sino también para dar cuenta del estado del movimiento obrero chileno ante el Segundo Congreso de la Internacional Sindical, información que dicha instancia venía solicitando con insistencia prácticamente desde que la FOCH había decidido solicitar su afiliación. "Chile es una pequeña República burguesa", comenzaba el informe, "antigua colonia de España, con una población de 4 millones de habitantes". Pese a ello, continuaba, "para las necesidades de la población, las industrias están relativamente desarrolladas", advirtiendo sí que sus sectores más relevantes estaban en un 80% bajo propiedad o control extranjero. Su gobierno "se llama democrático y es electivo en sufragio popular, lleno de vicios y trampas". En virtud de ello "es un gobierno feudal

---

[604] Estas impresiones, publicadas en Chile por el diario *La Nación*, están recogidas en la primera parte de su folleto "Rusia obrera y campesina". Las citas específicas son de las páginas 141, 153 y 139 de Cruzat y Devés (eds.), *El pensamiento de Luis Emilio Recabarren*, tomo II.

[605] Reproducido en "Rusia obrera y campesina", 172-177.

y militarista que mantiene en Sud-América uno de los más poderosos ejércitos, para defender los intereses creados de los capitales extranjeros que están perfectamente garantidos, sin existir ninguna garantía para los obreros".

Pasaba luego a dar cuenta del movimiento obrero propiamente tal, cuya historia hacía remontar hasta 1848, "con pequeñas manifestaciones de la independencia de espíritu, manifestaciones que fueron ahogadas por el gobierno de aquella época". Pasando luego rápidamente por sobre las primeras mutuales, llegaba a la fundación en 1887 del Partido Demócrata, "primera manifestación orgánica de clase", cuidándose en todo caso de agregar que se manifestaba "un tanto incoherente en sus actos". Dicho partido representaba en el momento del informe "la tendencia reformista colaboracionista de los social-patriotas de los otros países", pero albergaba en su seno "una izquierda bien acentuada que se inclina hacia el comunismo", amén de contar entre sus filas "muchos obreros que están en la Federación Obrera y en los sindicatos autónomos".

Se focalizaba posteriormente en la FOCH, describiendo su estructura y afirmando que en sus mejores tiempos había llegado a reunir unos 60 mil asociados, cifra que sin embargo había mermado "a consecuencia de la gran desocupación, de las listas negras y de toda la persecución burguesa, a unos 30 mil en la actualidad". Por último, y como complemento al desarrollo de la acción sindical, daba cuenta del Partido Comunista, el cual contaba con 30 secciones y tres periódicos (todos los cuales, aunque no se decía en el informe, fundados por él). "En todas las poblaciones", aseguraba orgulloso, "el Partido Comunista despierta grandes y entusiastas simpatías y podríamos decir que es un partido que ha sabido atraerse a las masas", conduciéndolas a la revolución de una manera segura. Así, "con estos procedimientos el Partido Comunista predica entre las masas la necesidad de la dictadura proletaria, como medida indispensable para vedar [sic] y desarraigar las instituciones burguesas y hacer comprender que el asalto al poder político y las socializaciones no podrán realizarse sino con una disciplina de acero"[606].

Según el antes citado historiador soviético Vassily Yermolaiev, en esta oportunidad Recabarren habría vuelto a departir con Lenin, y también con el Secretario General de la Internacional Sindical Roja, Salomón Lozovsky. Según le habría testimoniado personalmente este último, su idea había sido incluso proponerlo para integrar la "Mesa del Presidium" del congreso sindical, iniciativa que a la postre aparentemente no prosperó[607]. El propio Recabarren no hace referencias en sus escritos a tales encuentros o nominaciones, que en el caso de Lenin difícilmente habría podido ocurrir, considerando que por esos mismos días sufrió el segundo de los tres infartos que pocos

---

[606]   El informe está reproducido íntegramente en Olga Ulianova y Alfredo Riquelme (eds.), *Chile en los archivos soviéticos*, tomo 1, 116-122.

[607]   Entrevista publicada en *El Siglo*, Santiago, 2 de enero, 1972.

meses más tarde lo postrarían de manera definitiva. En todo caso, seguramente sí presenció el discurso de Trotsky ante la Internacional, el que posteriormente publicaría, junto con un informe enviado por Lenin, en los escritos en que daba cuenta de su viaje. No obstante su reconocida modestia, es poco probable que un evento de tanta trascendencia como una reunión personal con el líder máximo de la Revolución no hubiese sido recogido expresamente en sus pronunciamientos políticos o particulares.

El 5 de diciembre de 1922 concluyeron los congresos moscovitas, y Recabarren inició su lento regreso a la patria, donde fue recibido triunfalmente por sus correligionarios hacia fines de febrero del año siguiente. En un improvisado discurso pronunciado en la Plaza de Armas de Santiago, a modo de balance preliminar de su experiencia, señaló que "en Rusia no existe el salario, en Rusia no existe la burguesía gobernante, en Rusia no existe el capitalismo explotador, en Rusia las fábricas, los campos, la producción están en poder de sus poseedores, de los trabajadores". "Os dirán", puntualizó, "que en Rusia el pueblo se muere de hambre, pero yo os puedo decir que Rusia tiene el ejército más poderoso del mundo y una nación que puede mantener un ejército tan poderoso no se está muriendo de hambre". Por su parte, y recuperando el verdadero sentido del viaje, *La Federación Obrera* editorializaba en ese mismo número: "el diputado comunista–no dudamos–traerá de la Gran República Proletaria interesantes y nuevas orientaciones sociales y la clase trabajadora de este país podrá al fin escuchar una voz autorizada que nos hable sinceramente de ese país que ha sido tan escarnecido por la prensa capitalista mundial"[608].

Haciéndose cargo de tal cometido, Recabarren inició prácticamente de inmediato un ciclo de conferencias informativas sobre su viaje, ilustrando a su público sobre materias como el Partido Comunista Ruso, los sindicatos obreros, las huelgas, los comités de fábrica, las condiciones laborales, la habitación, la educación y la salud en la Rusia soviética, además de aclarar el sentido de un concepto hasta ese momento poco conocido en Chile, como lo era el de "dictadura proletaria": "la fuerza inteligente que garantiza a los trabajadores la muerte definitiva del sistema de tiranía y de explotación capitalista"[609]. Se dedicó también a reunir sus escritos e impresiones de viaje en un folleto titulado "Rusia obrera y campesina", en el que además incluía otros materiales como los ya mencionados informes de Lenin y Trotsky a los congresos en que le había tocado participar.

Explicaba en la presentación de dicha obra los motivos que, más allá de su natural disciplina militante, lo habían impulsado a emprender el viaje: "fui a Rusia llevando en mi convicción que los comunistas no habían podido construir todavía la sociedad comunista en Rusia", pero que igualmente, "con el poder político y económico en sus

---

[608]   *La Federación Obrera*, Santiago, 20 de febrero, 1923.

[609]   Hay una suerte de compendio de esas conferencias en "Rusia obrera y campesina", 178-193.

manos se ocupaban desde el 7 de noviembre de 1917, en acumular los elementos para la construcción de la sociedad comunista que tenemos trazada en nuestros programas y aspiraciones”. Más específicamente:

> “Fui a ver si la clase trabajadora tenía en sus manos efectivamente el poder político, con el cual garantice la conservación en sus manos del poder económico;

> “Fui a ver si la clase trabajadora tenía en sus manos la dirección del poder económico, con el cual irá construyendo su bienestar;

> “Fui a ver si la clase trabajadora había abolido ya definitivamente todo el estado de explotación capitalista y de tiranía;

> “Fui a ver si la expropiación de los explotadores estaba ya completamente consumada en Rusia;

> “Fui a ver si habría posibilidad de restauración del sistema capitalista”[610].

Afortunadamente para sus expectativas, tras una estadía de 43 días en ese país, aunque no hubiese podido recoger “menudencias ni detalles”, sí pudo convencerse “que no me había engañado anteriormente, cuando he predicado en este país que el proletariado de Rusia tiene en sus manos todo el poder para realizar su felicidad futura y va reuniendo los elementos para construir la sociedad comunista, como verdadero reinado de justicia social”. De esa forma, concluía en su folleto, junto con poner el resultado de esas observaciones y constataciones al servicio del pueblo chileno, salía al paso de “cuanto antojadiza y malévolamente ha dicho alguna prensa y propagandistas oficiosos de que yo estuviera convencido de un fracaso del comunismo en Rusia”. Muy por el contrario, “he vuelto de Rusia más convencido que antes que urge apresurar la Revolución Social que ponga en manos del pueblo todos los poderes para la construcción de la sociedad comunista”[611].

A modo de balance, puede insinuarse que el viaje de Recabarren a la Unión Soviética no solo tuvo el efecto de ponerlo en contacto con una expresión concreta de los ideales que había venido predicando desde hacía tanto tiempo, sino que le confirió a él mismo un aura “superior” en tanto predicador consecuente e infatigable de dicha propuesta. Aunque procedente de una fuente reconocidamente poco imparcial, un editorial publicado poco después de su regreso por *La Federación Obrera*, bajo el sugerente título de “¡La voz de Recabarren!”, sirve de testimonio sobre este particular. “Hace más de un cuarto de siglo”, comenzaba diciendo su autor, “que vibra en el ambiente de la

---

[610] “Rusia obrera y campesina”, 134-135.

[611] “Rusia obrera y campesina”, 248-249.

República la voz de Luis Recabarren". Esa voz, continuaba el artículo, "ha resonado con acentos pavorosos en las almenas de la Moneda y en los oídos de la clase capitalista; ha sido el desasosiego eterno de las autoridades civiles y militares de todo el territorio; el terror de los explotadores del hombre de trabajo". Más aun: "ha creado–ése es el término–una conciencia de clase; ha constituido un organismo obrero propiamente tal, consciente y altivo, pleno de sus facultades y derechos, celoso de su dignidad, amante de sus prerrogativas libertarias". Tras su regreso de Moscú, concluía, la voz de Recabarren "será mucho más poderosa que durante el transcurso de un cuatro de siglo que ha vibrado en el ambiente nacional", pues ahora tendría aun mayor autoridad para predicarle al proletariado chileno, "con la obra y con el ejemplo, el nuevo Catecismo de su propia y humana dignidad"[612].

La divulgación de la "buena nueva", por mantener el tono evangélico del editorial recién citado, debe haber ayudado a Recabarren a dosificar su regreso a la rutina política y parlamentaria. Reincorporado a la Cámara de Diputados hacia comienzos de marzo, no tuvo en este período de sesiones el despliegue doctrinario y de denuncia social que tan fuertemente había marcado las legislaturas anteriores. Solo en torno a la conmemoración del 1º de mayo lo encontramos trenzado en un debate con sus colegas demócratas en relación a una solicitud de suspender la sesión para conmemorar tan simbólica fecha. Calificando de incongruente dicha voluntad celebratoria de parte de un partido que colaboraba activamente con el gobierno alessandrista, y que él mismo había calificado en Moscú de "reformista colaboracionista", manifestó que la fiesta en cuestión concernía exclusivamente a la clase trabajadora. Y adicionó: "dentro del recinto de esta Honorable Cámara hay Diputados que se hallan colocados en el polo opuesto a los sentimientos de los trabajadores, de modo que yo considero incongruente que estos Diputados se hagan partícipes hoy día de la conmemoración de la fiesta del trabajo".

Por su parte, los diputados así descalificados (entre ellos su antiguo colaborador fochista Juan Pradenas) le enrostraron el origen de su propia investidura parlamentaria: "a pesar de que el señor Recabarren proclama a todos los vientos su lucha a muerte con los burgueses, está en el Parlamento gracias solo a un vergonzoso pacto electoral, a un concubinato entre el señor Recabarren y el candidato a Senador de un partido burgués (Héctor Arancibia Lazo) que lo llevó en su cédula", y que para peor de males, convertido después en Ministro del Interior, se había comportado como "uno de los más grandes enemigos del pueblo". Triste intercambio, especialmente en un día como aquél, el sostenido entre dos diputados elegidos a esa corporación precisamente en representación de las clases trabajadoras[613].

---

[612]   *La Federación Obrera*, Santiago, 1 de marzo, 1923.

[613]   Cámara de Diputados, sesión extraordinaria de 1 de mayo de 1923.

Para esa fecha, en realidad, Recabarren estaba más focalizado en una gran gira política que lo llevaría durante tres meses a las provincias salitreras, y que después del regreso de la Unión Soviética se constituyó en el hito más relevante de su quehacer político durante el año 1923. De hecho, ya durante la travesía por el Atlántico había anunciado a sus compañeros de Antofagasta sus deseos "de estar cuanto antes entre ustedes para comunicarles, personalmente, mis impresiones sobre mi visita a la Rusia de los Trabajadores y Campesinos que tuvieron la suerte de librarse del yugo de la explotación capitalista"[614]. Así, el 2 de junio tomaba el tren al norte, llegando el día 5 a Antofagasta, donde el periódico *El Liberal* brindó elogiosa cobertura al arribo del "leader obrero más popular y prestigioso, acaso, de este país". "La noticia de la llegada del parlamentario obrero", informaba ese medio "burgués", había despertado "enorme entusiasmo entre las clases obreras de la localidad, que miran en él a su defensor más leal y el más ardiente luchador de la causa proletaria".

Esa misma noche, y ante una "enorme concurrencia" que repletaba el Teatro Nacional, Recabarren habló más de dos horas y media, "con palabra clara, sencilla, al alcance de todos, con datos verídicos y concretos", sobre "los progresos, las reformas implantadas en Rusia, por el régimen comunista y societal [sic] ". Luego de responder preguntas y asistir a una representación de la obra "Hijo del pueblo", montada por el Conjunto Obrero "Germinal", volvió a hacer uso de la palabra hasta pasada la una de la madrugada, "sin que el auditorio diera muestra de cansancio, ni protestara por la hora, tan entusiasmado estaba con la palabra del conferencista"[615].

Los primeros días de la gira, que a la postre también abarcó las localidades de Tocopilla, Iquique, Mejillones y Taltal, arrojaron resultados bastante halagüeños. En un telegrama dirigido a la FOCH de Santiago, el dirigente comunista informaba desde Pampa Unión su complacencia ante las "enormes multitudes que delirantes esperaban la llegada del diputado Recabarren" (así, en tercera persona), arrebatándose entusiasmados los folletos sobre la gira "e impresiones de Recabarren en Rusia"[616]. El periódico federado, por su parte, editorializaba sobre "nuestros hermanos del norte", quienes como "los de las minas de carbón en el sur, están dando muestras de tener una justa y certera concepción de sus deberes de clase, y la exteriorizan en las manifestaciones de júbilo con que han recibido la visita de Recabarren"[617].

A poco andar, sin embargo, el ambiente se comenzó a enrarecer. Al realizarse una conferencia en Iquique, el orador y su público fueron interrumpidos por contra-manifestantes balmacedistas que posiblemente querían cobrarse el desquite por el

---

[614]   *El Comunista*, Antofagasta, 26 de febrero, 1923.

[615]   Reproducido en *La Federación Obrera*, Santiago, 13 de junio, 1923.

[616]   *La Federación Obrera*, Santiago, 13 de junio, 1923.

[617]   *La Federación Obrera*, Santiago, 23 de junio, 1923.

episodio promovido dos años antes en contra de la "Municipalidad Obrera", relatado al comienzo de este capítulo[618]. Estos incidentes motivaron un reclamo formal de su parte exigiendo garantías a las autoridades de gobierno, situación también denunciada repetidamente por su colega Luis Víctor Cruz ante la Cámara de Diputados. Conocedor como lo era de la ciudad de Iquique, Cruz aseguraba que "es imposible que cuatro o cinco tipos pagados, pudieran lanzar impunemente piedras a un orador y todavía a un orador parlamentario, denegándole el derecho y las facultades que tiene dentro de nuestra Constitución". En esa provincia, sin embargo, hechos de esa naturaleza se habían repetido desde siempre, porque "las autoridades han amparado los atropellos de que se les ha hecho víctimas a los comunistas, porque parece que los consideran proscritos del derecho que tienen dentro de nuestra Constitución de expresar sus ideales y sus doctrinas"[619].

Tampoco resultó más afortunada la iniciativa de Recabarren de invocar su fuero parlamentario para conferenciar en el interior de las oficinas salitreras, pese a una muy respetuosa solicitud elevada para tal efecto a los organismos empresariales: "El diputado suscrito saluda atentamente al señor Gerente de [...] y le ruega quiera tener la bondad de contestarle, si habría inconveniente, por parte de esa Compañía, para permitir que en el recinto de sus oficinas salitreras de la pampa pueda el diputado suscrito llevar a efecto algunas conferencias cuyo carácter no perturba la normalidad del trabajo y en cambio perfecciona la cultura de los trabajadores"[620]. Como era tal vez previsible, las juntas salitreras no acogieron favorablemente la solicitud, aludiendo efectos perturbadores sobre la armonía que debía reinar en las faenas, además de desconocimiento de las muy concretas mejoras que según ellos habían experimentado últimamente las condiciones laborales en la industria. Reforzando las palabras con hechos, a Recabarren se le impidió físicamente ingresar a las oficinas, e incluso pernoctar en pueblos cercanos, con la aquiescencia (ilegal) de las autoridades locales. En el poblado de Zapiga, por ejemplo, fue encañonado por guardianes de policía "en manifiesto estado de ebriedad", y debió pasar la noche junto a la línea férrea. "La propaganda comunista que aspira a la reorganización de la sociedad humana, para colocarla sobre una base de justicia", protestaba indignado a la Junta Salitrera de Antofagasta, "no es prohibida sino en la zona del salitre y en los fundos, y ella está incorporada en todo el país dentro del derecho público"[621].

Terció en medio de esta polémica, en nota confidencial dirigida al intendente de Tarapacá, el propio presidente Alessandri, defendiendo el derecho de los salitreros a

---

[618]   *La Federación Obrera*, Santiago, 3, 7 y 10 de julio, 1923.

[619]   *La Federación Obrera*, Santiago, 10 de julio, 1923; Cámara de Diputados, sesiones ordinarias de 3, 5 y 12 de julio, 2 de agosto de 1923.

[620]   *El Comunista*, Antofagasta, 21 de julio, 1923.

[621]   *La Federación Obrera*, Santiago, 10 de julio, 1923; *El Comunista*, Antofagasta, 22 de julio, 1923.

actuar como lo estaban haciendo. El tono de este documento, que demostraba hasta dónde había llegado el alejamiento entre ambos personeros, amerita su reproducción *in extenso:*

> Tienen el perfecto derecho los salitreros de no permitir a Recabarren que dé conferencias dentro de sus oficinas ni dentro de sus pertenencias, como puede cualquier habitante del país arrojarlo a puntapiés si contra su voluntad pretende introducirse por cualquier motivo a su casa particular. El derecho de reunión se ejercita siempre que no pugne o destruya otros derechos y, en ningún punto la Constitución Política del Estado, establece que el derecho de reunión pueda ejercitarse en propiedad particular ajena y contra la voluntad de su dueño. La solución propuesta por US. parece la mejor anticipándole que hay conveniencia en evitar por todos los medios posibles que Recabarren dé conferencias. Sería muy conveniente que de acuerdo con los salitreros y como lo ahuyentamos de aquí, buscaran otros oradores y grupos de obreros para que lo combaten [sic] y hostilicen. No es difícil porque los demócratas lo odian mucho. Es indispensable que el comandante de Policía o el Jefe de Carabineros en forma privada y de una manera que él comprenda que se le dice la verdad, le haga presente que se le hace responsable personalmente a él de cualquier desorden o hecatombe análoga a la que ocurrió en San Gregorio que pueda producirse. Recabarren es el tipo más cobarde y malo que yo jamás haya conocido. Agita a los obreros y se esconde como ocurrió en San Gregorio, en Santa Rosa y al pie de la estatua de O'Higgins. A mí mismo me dijo que deseaba que los obreros sufrieran y que no se les mejorara su condición para preparar y provocar la revolución social en que ni siquiera cree y lo hace solo por lucrar con los obreros. El máximun de la maldad está en lo que pretende en estos momentos porque producir agitaciones y dificultades entre los obreros en estas circunstancias es un verdadero crimen contra el país, contra los proletarios, que son los más directamente perjudicados. No tenga consideración de ningún género con Recabarren, trátelo con especial y efectivo rigor y cuente con mi apoyo incondicional. Es mi última palabra sobre el particular[622].

No obstante toda esta animadversión empresarial y gubernamental, Recabarren logró concluir su gira de manera más o menos satisfactoria. Cuando ya viajaba de vuelta a Santiago, un editorial de *La Federación Obrera* titulado "Los frutos de una jornada" hacía un balance básicamente favorable de lo realizado durante los tres meses de su duración. Pese a la pretensión de "la prensa capitalista" de "echar sobre él el fango de su malevolencia y de su inquina", señalaba, y pese también al visible aletargamiento producido en el movimiento obrero nortino por "la crisis, el desbande y los albergues", Recabarren y sus acompañantes "supieron atraer oyentes por millares, pudieron dejar solas las oficinas por algunas horas, pudieron ver los teatros desbordantes y oír los cánticos revolucionarios al unísono de la queja del obrero y de la maldición mujeril de los explotadores". Más allá de las vacilaciones o el desánimo causado por los reveses

---

[622]   Archivo Intendencia de Tarapacá, vol. 2, 1920/1923, presidente de la república a intendente, 28 de junio, 1923.

sufridos desde "los hermosos movimientos de opinión de 1920 y 1921", aseguraba, "la idea, el propósito de la renovación subsiste y está intacta en la mente de los obreros. El revolucionario está en cada corazón de obrero del desierto; el reivindicador de los fueros de la clase trabajadora, está donde quiera que haya un obrero, donde quiera que haya un explotador". Y no podía ser de otra forma, pues "la guerra pacífica, silenciosa y sin ostentación entre explotadores y explotados sigue su curso invariable e inconmovible. Los dos colosos procuran devorarse mutuamente"[623].

Como era habitual en el Chile parlamentario, los últimos meses del año estuvieron crecientemente absorbidos por las elecciones legislativas que tendrían lugar en marzo de 1924. No obstante su visible distanciamiento de la Cámara, y no obstante sus expresiones explícitas respecto de la esterilidad de la labor que allí se desarrollaba, Recabarren igualmente resolvió volver a postularse. "El Parlamento", había manifestado poco antes, "no tiene gran labor que realizar de utilidad pública o nacional, no se puede esperar de él cosas de utilidad para la Nación, la cual se compone en su mayoría de elementos proletarios, sean éstos", aclaraba en una definición bastante amplia del concepto "proletario", "obreros, empleados, pequeños propietarios o pequeños comerciantes"[624]. Así y todo, y procurando tal vez capitalizar la mayor presencia nacional adquirida durante los tres años anteriores, se embarcó en una campaña para ganar nada menos que una diputación por Santiago. Por su propia cuenta, los obreros del carbón también levantaron su candidatura por esa zona, la que eventualmente atraería además el apoyo de demócratas y radicales[625].

Lo cierto era que sin perjuicio del creciente escepticismo que le había ido generando su experiencia como diputado, Recabarren seguía pensando que ese era un espacio de agitación política que no debía desaprovecharse. Como lo ha dicho Lafferte en sus memorias: "Él creía que los socialistas debían aprovechar cualquier resquicio que dejara el edificio montado por el capitalismo para meter una cuña". De esa forma, "a través de su período parlamentario, había dicho en la Cámara, con su habitual valentía, todo lo que tenía que decir: había manifestado su asco por la corruptela que cada día se develaba en mayores y más sucios escándalos; había expresado el pensamiento de los obreros frente a los traficantes, los abogados de las compañías extranjeras y los profitadores; y había llevado también la voz de los trabajadores que pedían justicia contra los abusos capitalistas". Por eso, concluía, "cuando Recabarren iba a hablar, en la Cámara se producía expectación. Nosotros íbamos a la galería a escucharlo y aplaudirlo"[626].

---

[623]   *La Federación Obrera*, Santiago, 29 de agosto, 1923.

[624]   Cámara de Diputados, sesión extraordinaria de 7 de noviembre de 1923.

[625]   *La Federación Obrera*, Santiago, 29 de septiembre, 1923.

[626]   Elías Lafferte, *Vida de un comunista*, 162-163.

De acuerdo a su calendario normal, durante los últimos días de diciembre y primeros de enero de 1924 sesionaron los congresos ordinarios de la FOCH y el PC, esta vez en la ciudad de Chillán. Allí Recabarren dio cuenta oficial de su desempeño en la Cámara de Diputados, enfatizando la "correcta cultura" con la cual se había desenvuelto en ese recinto, sin que ello atenuara sin embargo su ímpetu revolucionario. Así lo había demostrado predicando allí la doctrina del partido, "exponiendo ideas en general", "juzgando la conducta burguesa", "criticando el presupuesto" y "exhibiendo los abusos de autoridades y capitalistas contra los obreros". De esa forma, por mucho que los diputados comunistas no hubiesen tenido logros propiamente legislativos, cosa imposible en vista de su muy reducido número, su acción de todas maneras habría derivado en visibilizar al partido y atraer nuevos militantes[627]. Como prueba de ello, en la sesión de 5 de febrero de 1924, Recabarren se dio el gusto de rendir en ese cónclave burgués un homenaje al recientemente fallecido Lenin, "una de las figuras más grandes de la historia contemporánea", obteniendo inesperadamente la aprobación, con cinco votos en contra y siete abstenciones, del envío de una nota de condolencias al gobierno soviético[628].

Se llegó así a las tan esperadas elecciones de marzo de 1924, en las que el gobierno de Alessandri había resuelto jugarse el todo por el todo con tal de obtener las mayorías necesarias para desbloquear su programa legislativo, saboteado durante tres años por "los viejos del Senado". En vísperas de la votación, Recabarren instruía a sus compañeros que cuidaran todos los detalles, trabajando "sin descansar con disciplina y actividad". "La lucha contra el cohecho", precisaba, "no debe hacerse como otros años garrote en mano el mismo día de la elección, porque eso no da buenos resultados. La lucha contra el cohecho debe hacerse hasta la víspera de la elección con razonamientos cultos". El triunfo de las candidaturas comunistas, aseguraba, traería "mejores días de bienestar para el porvenir"[629]. Por su parte, su propaganda electoral destacaba sus "treinta años de constante lucha a favor del pueblo, treinta años de sacrificios, persecuciones e injusticias que jamás han conseguido doblegar su energía y su convicción". En el Parlamento, se afirmaba, había sabido "ponerse siempre por encima de las cotidianas incidencias y afrontar con entereza los problemas de interés popular". Por todo ello merecía sobradamente "el título de apóstol de las libertades obreras del país con que le distinguen más de un millón de camaradas suyos", y por lo mismo "su banca en la Cámara de Diputados debe volver a ocuparla"[630].

---

[627] *La Federación Obrera*, Santiago, 4 de enero, 1924.

[628] Elías Lafferte afirma en sus memorias que la indicación habría sido rechazada, pero el acta de la sesión (Cámara de Diputados, sesión extraordinaria de 5 de febrero de 1924) demuestra que se aprobó por 26 votos a favor, con los votos de abstención y rechazo indicados en el texto.

[629] *La Federación Obrera*, Santiago, 20 de febrero, 1924.

[630] *La Federación Obrera*, Santiago, 2 de marzo, 1924.

Pero ello no ocurrió así. Pese a los 5134 votos obtenidos en Santiago, equivalentes a un 18,9% del total de esa circunscripción, y los 500 en Arauco, 22,9 % de su propio total, Recabarren no resultó electo[631]. "A pesar del fervor que su nombre y su palabra despertaban en los medios proletarios", explica Lafferte, "la cuestión electoral en Santiago era muy difícil, pues todos los vicios electorales que existían (y aún subsisten), en la capital se acentuaban aun más"[632]. Como se sabe, en esos comicios se produjo una intervención escandalosa incluso para los no muy edificantes cánones de la época, desplegándose una fuerza militar que aseguró a como diese lugar las mayorías que el Gobierno tan desesperadamente necesitaba. Fruto de ello, y también de no haber fraguado esta vez ningún pacto electoral, ni el "apóstol", quien en todo caso aportó el 41,9% del total de votos comunistas a nivel nacional, ni los otros catorce candidatos a diputados y dos a senadores presentados por el partido, lograron llegar a puerto. En estricto rigor, el intervencionismo descarado del gobierno impide determinar si esta derrota reflejó genuinamente el veredicto de las urnas, el que en el caso específico de Recabarren tal vez pudo arrojar un resultado diferente. En términos prácticos, sin embargo, la última legislatura del primer gobierno alessandrista no albergaría en su seno ningún parlamentario comunista[633].

En lo que restaba de la legislatura saliente, Recabarren tuvo la satisfacción de ver rechazada, por parte de la propia Cámara que estaba a punto de dejar, la solicitud de desafuero presentada en su contra por la Corte de Apelaciones de Iquique con motivo de los sucesos de San Gregorio. Al no haber resultado reelecto, tal vez ya no tenía mayor sentido tratar de excluirlo de ese foro por la vía judicial. Sea como fuere, igualmente agradeció un gesto que calificó como "uno de los muy pocos actos de justicia que se hacen en este país, y tal vez en todo el mundo, para con la clase trabajadora", y expresó sus deseos de que la Corte Suprema adoptase igual predicamento respecto de "los demás compañeros que en la cárcel de Antofagasta expían todavía una falta no cometida".

Aportando a ese clima de postrera armonía, el diputado radical Domingo Durán reconoció que la mejoría experimentada durante esos últimos años en las condiciones laborales, sobre todo en las tierras del salitre, se debían también a la acción de los "agitadores" como Recabarren, "permanentemente señalados solo por el lado odioso

---

[631]   *La Federación Obrera*, Santiago, 4, 5 y 7 de marzo, 1924; Luis Durán "Visión cuantitativa de la trayectoria electoral del Partido Comunista de Chile: 1903-1973", en Augusto Varas (comp.), *El Partido Comunista en Chile*, 346. Hay una discrepancia en las cifras entregadas para Santiago por las dos fuentes citadas, haciendo la segunda subir la votación de Recabarren en Santiago a 5351 votos, lo que según la legislación de la época correspondía a 412 votantes. Sin embargo, por elegir solo un diputado, en el caso del departamento de Lautaro (zona del carbón), cada voto obtenido equivale a un votante, siendo así el número de los que marcaron su preferencia por Recabarren en esa zona (500) superior a Santiago.

[632]   Elías Lafferte, *Vida de un comunista*, 162.

[633]   Los pormenores de esta elección están analizados en Sergio Grez, *Historia del comunismo en Chile*, 280-283.

que tiene la violencia con que han dado a veces manifestación a sus aspiraciones". Junto con agradecer esas palabras, y en una suerte de discurso de despedida, el aludido aprovechó "los últimos momentos de representación comunista en esta Cámara" para aclarar que "no somos destructores de todo; somos destructores de lo que daña, de lo que hiere los sentimientos humanos; de todo lo que imposibilita la felicidad y armonía social de los pueblos; y contribuiremos a todo lo que sea bueno para la humanidad, aunque ello sea de origen burgués"[634].

Tras su salida del Congreso, y contrariamente a lo que había sido su costumbre, la actividad política de Recabarren bajó sensiblemente de ritmo. Según lo informado por *La Federación Obrera,* que en agosto pasaría a llamarse *Justicia,* ya no participó en giras de conferencias por las provincias. Su último escrito doctrinario de estos meses apareció en el periódico partidista para la conmemoración del 1º de mayo, vale decir, antes del término de su período parlamentario. Mantenía allí aparentemente su optimismo habitual, llegando a esa fecha "con el corazón rebosante de entusiasmo, empeñados en nuestra tarea de la construcción de una nueva y más perfecta civilización, que nos permita vivir en una Sociedad superior donde la humanidad, en eterna renovación –como el reino vegetal con sus primaveras incomparables, olorosas, pletóricas de vida y alegría– legue a cimentarse en un modo de vivir cada vez mejor, cada vez superior, cada vez más perfecto, sin detenerse nunca en la elaboración de un bienestar o felicidad sin límites hacia el porvenir"[635].

Pero su praxis concreta decía otra cosa. Tal vez por el cansancio acumulado, tal vez por la reciente derrota electoral, o tal vez por una "enfermedad de cuidado" que según los recuerdos de Juan Chacón había comenzado a aquejarlo ("sufría unos dolores de cabeza terribles, según contaba gente que lo conocía de más cerca"[636]), el caso es que Recabarren ya no parecía el mismo. Solo para marcar el contraste, cuando Lafferte lo reencontró dos años antes lo había visto envejecido, pero únicamente en su aspecto exterior: "Ya no usaba los erguidos bigotes negros con que yo lo había conocido el año 11, iba afeitado y sus sienes griseaban de canas". Sin embargo, agregaba, "interiormente era el mismo hombre incansable, con capacidad para trabajar veinte horas seguidas y después [...] seguir trabajando. Sus discursos eran igualmente vibrantes y al mismo tiempo igualmente serenos"[637].

Ahora, en cambio, se reconocía desencantado y "sin voluntad para continuar buscando lo que hasta la fecha no he encontrado". Hacia fines de agosto, según se supo públicamente después de su muerte, protagonizó un intento frustrado de

---

[634]   Cámara de Diputados, sesión extraordinaria de 6 de mayo de 1924.

[635]   *La Federación Obrera*, Santiago, 1 de mayo, 1924.

[636]   José Miguel Varas, *Chacón*, 58.

[637]   Elías Lafferte, *Vida de un comunista*, 156.

suicidio del cual quedó una carta que, como lo demuestra la frase recién citada, daba cuenta explícita de su abatimiento. "El espíritu mío", decía allí, "ha tendido siempre a concepciones muy elevadas de lo que debía ser la Vida". Sin embargo, ahora que acababa de cumplir la para él "avanzada" edad de 48 años, sentía nunca haber encontrado "en el camino de mi existencia los elementos inmediatos para alcanzar la realización de este anhelo", cosechando "más dolores que anhelos realizados, más sinsabores que actos agradables"[638]. Así las cosas, solo un hecho político de proporciones podía sacudirlo, aunque fuese momentáneamente, de tan preocupante estado. Precisamente un hecho de tales características estalló el 3 de septiembre de 1924, bajo los uniformados sones del "ruido de sables", en las galerías de un Congreso Nacional ya sin Recabarren. Con él se iniciaba una nueva era en la Historia de Chile, y también los dramáticos últimos meses en la vida del "apóstol".

---

[638] Estos antecedentes fueron sacados a la luz por una comisión investigadora nombrada por el Partido Comunista y la FOCH tras el suicidio de Recabarren, cuyo informe ha sido reproducido por Miguel Silva en *Recabarren y el socialismo*, 211-215. Ver también Sergio Grez, *Historia del comunismo en Chile*, 337. Allí se transcribe un único párrafo de la carta que escribió en su primer intento, de la cual proceden las frases citadas.

El 3 de septiembre de 1924, un grupo de oficiales jóvenes hizo sonar ruidosamente sus sables en las tribunas del Congreso Nacional, manifestando así su repudio frente a la parsimonia con que dicha corporación tramitaba un proyecto de ley que incrementaba sus remuneraciones. Por encima de esa reivindicación inmediata, lo que verdaderamente se repudiaba era la inoperancia y la corrupción política que desde tiempo atrás se venían alzando como las principales características del llamado "Chile parlamentario", y que la oficialidad rebelde identificaba como el más serio obstáculo para superar la crisis en la que visiblemente se precipitaba el cuerpo social. En ese contexto, el "ruido de sables" solo fue el preludio de una rápida pero muy poco lamentada disolución del sistema político que había regido los destinos nacionales desde la guerra civil de 1891. Apenas transcurridos diez días desde el incidente inicial, el Congreso había sido disuelto, el presidente Alessandri había renunciado a su cargo y tomado el camino del autoexilio, y una Junta de Gobierno integrada por las máximas jerarquías de las Fuerzas Armadas asumía la conducción política del país. Se inauguraba así un período de inestabilidad gubernamental e intervencionismo militar que no cesaría hasta 1932, con el retorno de un muy cambiado Arturo Alessandri, bajo circunstancias políticas y sociales también muy distintas, a la presidencia de la república.

Atendido el talante aparentemente reformista con que la oficialidad joven, verdadero motor del cambio político, había procurado legitimar su transgresión del orden institucional, impulsando por ejemplo un paquete de leyes sociales que se mantenían trabadas en el Congreso desde la asunción presidencial de Alessandri, las primeras reacciones del movimiento obrero y de sus principales organizaciones políticas combinaron dosis prácticamente equivalentes de recelo y expectación[639]. Así, en un "Juicio sobre el manifiesto de la Junta Militar" publicado por el periódico *Justicia* en su edición de 13 de septiembre, Recabarren rompía su mutismo de los meses anteriores manifestando simultáneamente sus dudas sobre las buenas intenciones de una institución respecto de la cual la clase obrera tenía muy buenos y dolorosos

---

[639] Este episodio, y especialmente las posturas que frente a él adoptó el Partido Comunista, ha sido minuciosamente reconstruido por Sergio Grez en su *Historia del comunismo en Chile*, capítulo xvi.

motivos para desconfiar, y algún grado de ilusión frente a lo que parecía ser "una nueva generación de idealistas entre los militares de Chile". Expresando su "amplia aprobación" frente a las ideas expuestas en el manifiesto publicado por esa nueva generación militar, "cuya realización sería el paso más altamente revolucionario y de mayor significación verificado en la época que atravesamos", el dirigente comunista aplaudía particularmente la iniciativa de convocar a una asamblea constituyente, de la que aun cuando no cupiese esperar el surgimiento de "una República comunista ni anarquista", a lo menos serviría para preparar "los elementos con que hacerla un poco más adelante", siempre y cuando, por supuesto, el proletariado mayoritario supiera conducirse adecuadamente, vale decir, con autonomía y unidad[640].

Al día siguiente de aparecer este artículo, el Teatro O'Higgins de la capital albergó una manifestación convocada por el Partido Comunista para analizar la postura que debía adoptar la clase trabajadora frente al movimiento militar. El discurso de fondo fue pronunciado por Recabarren, quien insistió en sus expresiones de desconfianza respecto de un poder que en el pasado reciente "había hecho correr torrentes de sangre trabajadora", pero al cual tal vez correspondiese brindarle el beneficio de la duda, reiterando especialmente las posibilidades que abría la convocatoria a una asamblea constituyente[641]. En un nuevo artículo publicado pocos días después mantenía su buena disposición frente al programa de bienestar social anunciado por las autoridades militares, pero se manifestaba abiertamente escéptico respecto de su capacidad real de llevarlo a cabo. ¿Qué pasaría, se interrogaba, "si todo lo hablado por los militares se volviera pura ilusión, pura literatura y lirismo"? Aun en ese caso, reflexionaba, la coyuntura podía resultar auspiciosa, pues de ella podía rescatarse el "precioso ejemplo" brindado por la rebeldía castrense: recurrir a las vías de fuerza para imponer las urgentes transformaciones sociales que el orden institucional depuesto se había demostrado incapaz (o muy poco dispuesto) de asimilar. "Para realizar nuestro programa de justicia social", concluía, "tomemos el poder en nuestras manos, si los militares no pueden realizarlo"[642].

La campaña de "esclarecimiento" de la inédita encrucijada política prosiguió el domingo 21 de septiembre en el Teatro Esmeralda, donde en presencia de oficiales involucrados en el movimiento, Recabarren se demostró mucho más taxativo en su escepticismo visceral. Comparando las promesas "netamente revolucionarias" de la oficialidad joven con el programa alessandrista del año 20, afirmaba que tal como había ocurrido en ese anterior caso, su cumplimiento se hacía altamente improbable ante la previsible resistencia de "los intereses creados y el poder del capital extranjero",

---

[640]   *Justicia*, Santiago, 13 de septiembre, 1924.

[641]   *Justicia*, Santiago, 16 de septiembre, 1924.

[642]   *Justicia*, Santiago, 17 de septiembre, 1924.

fuerzas que inevitablemente se opondrían a "todas las aspiraciones de bienestar y a la sinceridad de los propósitos que anime a la Junta Militar".

En un plano mucho más inmediato, denunciaba, las promesas iniciales de poner en libertad a los prisioneros por "delitos sociales" tampoco se habían verificado, por un mal entendido respeto a un poder judicial "que todos sabemos está íntimamente ligado con el régimen que cayó, y por lo tanto está igualmente corrompido como los demás poderes de la Nación"[643]. Por último, al cumplirse un mes desde el inicio de la crisis política, Recabarren declaraba abiertamente que "hemos sido, somos y seremos siempre antimilitaristas, porque estamos convencidos que el militarismo es la afrenta de toda civilización, es la carga más inútil y más pesada que soportan los pueblos, y es la amenaza permanente a todos los derechos". En tal virtud, y reiterando que "el militarismo será siempre la fuerza opresora con que la clase capitalista explote al pueblo", los comunistas y obreros organizados nada bueno debían esperar del gobierno militar vigente, "por más esfuerzos que hagan en presentarse como un elemento de progreso"[644].

Precisamente en medio de este complejo escenario, una violenta y muy inoportuna crisis interna vino a distraer a Recabarren y a su partido de las urgentes tareas de evaluación y conducción política en que estaban empeñados. Al mismo tiempo que a nivel nacional se desplegaba el cambio de gobierno, el Partido Comunista celebraba en Viña del Mar un congreso extraordinario convocado anteriormente para analizar su política municipal, y sobre todo el comportamiento de la militancia frente a las cuestionadas, y para el comunismo bastante desastrosas, elecciones parlamentarias de marzo[645]. De esa instancia surgió un nuevo Comité Ejecutivo Nacional cuya composición suscitó el rechazo inmediato de Recabarren, pese a haber resultado él mismo electo para integrarlo. "Dada la responsabilidad y misión que el Estatuto confía al Comité Ejecutivo Nacional", señalaba enfáticamente en un comunicado dirigido a todas las secciones comunistas del país, "y estando la mayoría de este Comité compuesta por personas que carecen de antecedentes y competencia para afrontar las responsabilidades de este cargo, AVISO A LAS SECCIONES QUE NO ACEPTO el cargo para que me ha designado el Congreso y creo que las Secciones deben provocar un voto general para resolver esta situación creada por el Congreso"[646].

Fundamentando sus descalificatorios juicios ante sus compañeros de la sección Santiago, Recabarren afirmaba pocos días después que "he agitado las masas obreras

---

[643]   *Justicia*, Santiago, 23 de septiembre, 1924.

[644]   *Justicia*, Santiago, 5 de octubre, 1924.

[645]   Las incidencias de este Congreso Extraordinario y su impacto sobre la cohesión interna del Partido han sido analizadas en detalle por Sergio Grez, *Historia del comunismo en Chile*, capítulo XVII. Ver también Hernán Ramírez Necochea, *Origen y formación del Partido Comunista de Chile*, 304-308.

[646]   *Justicia*, Santiago, 6 de octubre, 1924; mayúsculas en el original.

de Chile durante más de 25 años, excitando a la juventud a organizarse, a estudiar y a luchar por el derrumbe del oprobioso sistema capitalista, pero jamás he aceptado que la dirección central de un organismo obrero sea puesta en manos de afiliados nuevos que carecen totalmente de experiencia, de conciencia y de seriedad". La petulantemente auto-denominada "nueva generación comunista", aseveraba, "mangoneada como está por elementos arribistas y degenerados que nada saben de organización y propaganda comunistas", no tenía nada que ofrecerle a un partido abrumado de responsabilidades políticas y enfrentado a una coyuntura que exigía de la máxima lucidez "frente al porvenir sombrío que nos ofrece la politiquería burguesa y militar". "Los comunistas de toda la República me conocen demasiado", concluía, "y saben que siempre he procedido trabajando por la grandeza de nuestra organización con toda rectitud, sin apasionamientos y con toda clase de tolerancias en cuanto a las imprudencia de nuestros afiliados más inexpertos". Sin embargo, "este incidente que me he visto obligado a provocar solo tiene por objeto defender los intereses del presente y porvenir del Partido Comunista, amenazados por la vanidad y la petulancia de afiliados novicios que ignoran el verdadero objetivo de nuestro partido"[647].

Los causantes de esta airada reacción recabarrenista eran cuatro jóvenes militantes, Ernesto González, Roberto Pinto, Juan Ramírez y Manuel Quinta, quienes auto-identificándose como "juventud soñadora" o "muchachada idealista", defendieron la validez de su nombramiento en función del "fracaso electoral de Marzo y Abril". Acusaban concretamente a su veterano detractor de creerse "súper-hombre", "amo y señor de esta colectividad" o "señor del castillo", que no vacilaba en recurrir a la difamación al ver que "se le podía escapar de las manos la dirección del Partido". "En vez de decir renuncio porque la mayoría de este Comité es compuesta por personas que carecen de antecedentes y competencia", argumentaba uno de ellos en *Justicia*, "diga renuncio porque quiero gente que me apruebe todo lo que yo hable". Reconociendo tal vez no contar con la experiencia necesaria, otro de ellos consignaba que entre los candidatos favorecidos por el grupo más cercano a Recabarren habían varios, entre ellos Teresa Flores, cuya labor pasada tampoco justificaba "atribuirles una capacidad superior". Castor Vilarín, un conflictivo militante sindicado por Recabarren como el verdadero gestor en las sombras de la rebelión (y quien además se había atrevido a calificarlo de "canalla" en una anterior asamblea partidaria), añadía por su parte que "los burócratas, los luchadores de escritorio y los que creen que 30 años de lucha conceden la infalibilidad" no estaban en condiciones de imponer su personal criterio por sobre los acuerdos soberanos de las máximas instancias partidarias, pretendiendo erigirse en "Zares del Partido Comunista Chileno"[648].

---

647   *Justicia*, Santiago, 12 y 15 de octubre, 1924.

648   *Justicia*, Santiago, 11, 12, 17, 18 y 19 de octubre, 1924.

Apelando a su reconocido prestigio y liderazgo, y reconociendo que Recabarren había cometido una "imprudencia" al sobrepasar las instancias formales para ventilar su desacuerdo, Luis Víctor Cruz terció en el debate llamando a la cordura y recordando que se vivían momentos absolutamente inoportunos para enredarse en guerrillas internas, enfrentado como estaba el país "al peligro de la dictadura militar". El Comité Ejecutivo Nacional elegido en el congreso de Viña del Mar, concordaba con Recabarren, no reunía las condiciones necesarias "para cargar seriamente con todas las responsabilidades de la propaganda y la orientación en el país, que sepan interpretar, definir y comunicar nuestra doctrina". En consecuencia, invitaba a sus integrantes a presentar su renuncia y encomendar a todas las secciones del país la elección de una nueva directiva capacitada para encabezar los destinos del Partido Comunista de Chile[649].

Atendiendo a tal llamado, una asamblea partidaria reunida el 19 de octubre acordó aceptar la renuncia del cuestionado Comité Ejecutivo Nacional e iniciar un proceso de recambio que permitiese superar la crisis, acuerdo que contó con la aprobación expresa de Recabarren[650]. La consulta partidista se verificó a fines de noviembre, surgiendo de ella un comité integrado por figuras mucho más reconocidas entre la militancia, entre ellas el propio Recabarren[651]. No reaparecía, en cambio, ninguno de los "jóvenes idealistas", quienes por el contrario fueron sancionados con suspensiones o expulsiones permanentes de la militancia, entre los últimos Ernesto González y Castor Vilarín. Quedaba así zanjada, a entera satisfacción de Recabarren, una polémica que algunos intérpretes han identificado, tal vez apresuradamente, como una de las principales motivaciones para la trágica determinación que adoptaría solo un par de meses después, "quebrantando su reciedumbre y acongojando su espíritu"[652].

Lejos de evidenciar "congoja" o "quebranto", el 9 de noviembre Recabarren pronunciaba una nueva conferencia en el Teatro Esmeralda, fustigando duramente al gobierno militar por no cumplir su promesa de convocar a una Asamblea Constituyente y por atropellar reiteradamente las libertades públicas. "Han mentido como los politiqueros", denunciaba, "han falseado igual que los traficantes de conciencias, actuado tal como los que desplazaron", por lo que "no tiene pues el pueblo nada que esperar de otra parte, sino que de su acción conjunta, de su propio esfuerzo"[653]. Acto seguido, y como en sus mejores tiempos, inició una gira que lo llevó por diez localidades del sur, pronunciando 27 conferencias en quince días sobre temas tales como "la manera delictuosa empleada para arrojar del poder el gobierno de

---

[649]   *Justicia*, Santiago, 19 de octubre, 1924.

[650]   *Justicia*, Santiago, 22 y 26 de octubre, 1924.

[651]   Hernán Ramírez Necochea, *Origen y formación del Partido Comunista de Chile*, 307-308.

[652]   Hernán Ramírez Necochea, *Origen y formación del Partido Comunista de Chile*, 304-308. Ver también Sergio Grez, *Historia del comunismo en Chile*, 326-336.

[653]   *Justicia*, Santiago, 11 de noviembre, 1924.

la Alianza Liberal; organización por la sedición del gobierno militar; las luminosas promesas del manifiesto de la Junta Militar del 11 de septiembre y la anulación total de estas promesas por los decretos-leyes del gobierno militar que así ha echado a la basura los supuestos idealismos de la juventud militar que se ha conformado con su derrota"; y las "perspectivas sombrías para el porvenir democrático de la república en presencia de la nueva ley electoral que ha resultado peor que la anterior con la exigencia de la adquisición del carnet de identificación". Haciendo un muy optimista balance de su cometido, un nuevamente energizado Recabarren aseguraba a la junta directiva de la FOCH que la agitación obrera se mostraba mucho más activa que en septiembre, "como una primavera floreciente que hace rebrotar de nuevo los bríos revolucionarios de nuestra organización y nos hace entrever un porvenir preñado de fuerzas revolucionarias vivas y palpitantes cuya acción habrá de dar excelentes frutos al proletariado de Chile"[654].

De regreso en Santiago a comienzos de diciembre, se abocó a una campaña de acercamiento a los empleados particulares que ya venía impulsando desde antes, afirmando que había "sonado la hora de estrechar sus manos y unificar su acción, entre los asalariados del mostrador y los asalariados del taller, de la fábrica, del trabajo pesado y duro"[655]. Para tal efecto, ofrecía a la Federación de Empleados Particulares, así como a los Consejos Ferroviarios y a la Federación de Estudiantes, las columnas del periódico comunista *Justicia,* el que con tales refuerzos podría fácilmente alcanzar el doble de su formato actual, es decir, aumentar su tamaño de cuatro, que era lo habitual para la esforzada prensa obrera, a ocho páginas. "Estas cuatro grandes corporaciones", aseveraba, "multiplicarían de tal manera su potencia, con un diario en estas condiciones, que se convertirían, unidas, en un poderoso instrumento capaz de realizar todo el programa de aspiraciones que se han trazado"[656].

Con ese mismo propósito participó luego en la preparación del Congreso Nacional de Empleados Particulares que se llevó a cabo durante los primeros días de diciembre en Valparaíso, donde según el recuerdo de Elías Lafferte, pronunciaría su última conferencia pública[657]. Señala también Lafferte que el 17 de diciembre Recabarren le solicitó preparar un informe con el estado de las cotizaciones de todas las secciones y consejos regionales de la FOCH. Así las cosas, nada parecía presagiar lo que ocurriría solo dos días después. En la madrugada del 19 de diciembre de 1924, mientras Teresa Flores preparaba el desayuno, Luis Emilio Recabarren se quitó la vida con cinco tiros

---

[654]   *Justicia,* Santiago, 3 de diciembre, 1924.

[655]   *Justicia,* Santiago, 11 de noviembre, 1924.

[656]   *Justicia,* Santiago, 15 de noviembre, 1924.

[657]   Elías Lafferte, *Vida de un comunista,* 163-164; Hernán Ramírez Necochea, *Origen y formación del Partido Comunista de Chile,* 308.

de la pistola automática que había adquirido a su paso por Alemania. Como se recordó en el capítulo anterior, hacía pocos meses había cumplido 48 años de edad.

La primera reacción ante tan inesperado suceso fue de estupefacción y descrédito. Citando nuevamente a Lafferte: "¡Cómo no iba a resultar increíble que ese hombre hubiera muerto por su propia mano, él, a quien el enemigo ni en sus peores momentos conseguía hacer caer en la desesperación!". Y agregaba: "¡Era tan sereno, tan tranquilo, tomaba las cosas siempre con una calma tan envidiable, que resultaba absurdo pensar que hubiera podido quitarse la vida!"[658]. "Nadie creyó que se hubiera suicidado", concuerda en sus memorias Juan Chacón; "todo el mundo pensó que lo había asesinado la policía". Tanto así que "si la FOCH y el partido hubieran llamado a un paro general, no se habrían movido ni las moscas"[659].

"La fatal noticia ha sorprendido a todos", consignaba por su parte *Justicia* en el instante mismo de los hechos; "nadie ha dado crédito en los primeros momentos y hasta se han llegado a hacer falsas suposiciones acerca del trágico suceso"[660]. Telegrafiando desde Iquique, el antiguo correligionario (y alguna vez también detractor) Salvador Barra Woll afirmaba que "dudamos de la efectividad del anuncio sobre el suicidio de Recabarren", exhortando a "que confirmen o desmientan tan gravísima noticia, enviando detalles amplios"[661]. Para ilustrar la profundidad de este sentimiento, Lafferte incluso recuerda que la directiva del partido fue visitada por "personeros del Partido Radical" para proponer que se culpara oficialmente de la muerte a "agentes del gobierno", aprovechando la indignación reinante "para que un fuerte movimiento popular derribara al gobierno de los generales". "Nosotros", aclara el memorialista, "que sabíamos que esto era falso, nos negamos a aceptar semejante determinación"[662].

Subsistía en todo caso la tremenda interrogante, recogida descarnadamente en el título de una columna de opinión publicada días después en *Justicia*: "¿Por qué se mató?". Ante la falta de notas explicativas o testimonios inequívocos, "sin una letra que pueda ser el punto inicial para orientación alguna", según decía otra nota editorial[663], la primera reacción de ese mismo órgano oficial fue atribuir la trágica decisión a "un arranque nervioso", o "una afección violenta al cerebro"[664]. En una entrevista concedida al diario *La Nación*, su antiguo compañero de luchas Luis Víctor Cruz recordó que pocos días antes le había confesado "sentir cierto cansancio, cierto agotamiento cerebral,

---

[658]   Elías Lafferte, *Vida de un comunista*, 165.

[659]   José Miguel Varas, *Chacón*, 58-59.

[660]   *Justicia*, Santiago, 20 de diciembre, 1924.

[661]   *Justicia*, Santiago, 23 de diciembre, 1924.

[662]   Elías Lafferte, *Vida de un comunista*, 166.

[663]   W. Martínez Saavedra, en *Justicia*, Santiago, 21 de diciembre, 1924.

[664]   *Justicia*, Santiago, 20 de diciembre, 1924.

que temía un ataque o una congestión", añadiendo: "Cuando me sienta trastornado, cuando vea mi potencia intelectual de caída, me pego un tiro"[665].

Como ya se recordó, según los antecedentes recogidos por una comisión investigadora nombrada por el partido y la FOCH, días antes del ruido de sables ya había habido una primera tentativa de suicidio. El informe elaborado por la comisión también daba cuenta de una carta escrita desde Lota menos de un mes antes de su muerte, en la cual Recabarren afirmaba "andar con sueño, y mal del cerebro"[666]. En esas circunstancias, cobra fuerza la hipótesis de un profundo estado depresivo insinuada hacia el final del capítulo anterior, y evocada por los "dolores de cabeza terribles" que recuerda en sus memorias Juan Chacón. Así también lo estimó la comisión investigadora de su muerte, la cual consignó que "el compañero Recabarren se encontraba fatigado y enfermo, con fuertes dolores en los ojos y en el cerebro, habiendo rechazado siempre la insinuación de que descansara y se medicinara".

Ha circulado en la memoria oral, y también en algunas alusiones elípticas de ciertas versiones escritas, que ese estado depresivo se habría visto adicionalmente profundizado (¿o tal vez precipitado?) por problemas conyugales con Teresa Flores, más específicamente por el supuesto descubrimiento de una infidelidad. Así, Juan Chacón menciona entre las causas de la "desesperación" de Recabarren "un problema muy grave con su compañera", en tanto que Hernán Ramírez Necochea señala muy sutilmente que "por esos mismos días debió preocuparse de un delicado asunto de índole personal"[667]. Salvador Ocampo, por su parte, explica el suicidio en función de razones "personales y políticas"[668]. Todos los nombrados, no está de más recordarlo, fueron militantes del Partido Comunista, y su testimonio podría consiguientemente interpretarse como representativo de un cierto "saber interno" a dicha militancia.

Sin embargo, los testimonios registrados en el momento mismo de los hechos no hacen alusión alguna a dicha circunstancia, y una opinión emitida diez años después por su antiguo compañero Carlos Alberto Martínez la desmiente categóricamente como posible causal de suicidio: "Recabarren era el hombre menos propenso a semejantes disparates. Juzgarle un suicidio amoroso, como un muchacho de 10 años, es desconocer absolutamente su carácter y la sinceridad heroica con que consagró su vida al movimiento proletario"[669]. Como se sabe, Teresa Flores estaba con él el día de su

---

[665]   *La Nación*, Santiago, 21 de diciembre, 1924.

[666]   El informe de la comisión investigadora, en el cual se transcribe un párrafo de la carta escrita "en vísperas del suicidio frustrado en agosto de este año", ha sido reproducido por Miguel Silva en *Recabarren y el socialismo*, 211-215. Ver también Sergio Grez, *Historia del comunismo en Chile*, 337.

[667]   José Miguel Varas, *Chacón*, 58; Hernán Ramírez Necochea, *Origen y formación del Partido Comunista de Chile*, 308.

[668]   José Miguel Varas, *Los tenaces*, 24.

[669]   Citado en Sergio Grez, *Historia del comunismo en Chile*, 338, nota 907.

muerte, lo que al menos descarta la hipótesis de una ruptura abierta y formal. Como se ha señalado en párrafos anteriores, a propósito de su postulación al Comité Ejecutivo Nacional durante el congreso partidista de septiembre, tampoco su militancia estaba suspendida. Así las cosas, su posible contribución a la trágica decisión de Recabarren deberá permanecer en un plano irremediablemente especulativo.

Sea como fuere, la crisis desatada en el país y al interior del partido desde inicios de septiembre parece haber puesto un paréntesis a semejante estado anímico, devolviendo temporalmente al veterano luchador las energías y el deseo de vivir que siempre lo habían caracterizado. Sin embargo, esa misma coyuntura parece haber tenido a la postre efectos contraproducentes. Según lo expresó Luis Víctor Cruz en su discurso fúnebre, "nada ha podido lesionar más gravemente su espíritu de agitador y libertario que la inquietante y dolorosa perspectiva que presenta la vida nacional, a partir desde el nefasto día de la revolución reaccionaria y clerical de Septiembre".

Y no se trataba solo de la no muy descabellada perspectiva de una inminente dictadura militar, sino también, y tal vez sobre todo, de la pasividad con que esta había sido observada por el pueblo obrero: "Su palabra clamorosa convocando a los ciudadanos a defender al país de la afrenta del militarismo era oída apenas como un eco lejano y extraño", que no había logrado precipitar "la ansiada rebelión de los humildes contra la tiranía en el instante supremo en que era preciso un movimiento general y violento de salvación pública". "Ante tan desconcertante resultado", concluía el análisis de Cruz, "nuestro querido compañero ha debido seguramente pensar que la vida sin la libertad es despreciable, y como un heroico gesto de condenación, llegó a la suprema resolución de arrancarse la vida por su propia mano"[670]. Mucho más taxativo, su antiguo compañero en la Cámara de Diputados, el radical Santiago Labarca, afirmaba en esa misma ocasión: "A pesar de la simiente desparramada durante 30 años día a día y hora a hora, al ver su labor completamente estéril en el mismo campo proletario en cuyo beneficio había sido hecha, no quedó más que el pistoletazo para señalar en forma definitiva cuál era el camino que deben seguir las multitudes irredentas"[671].

Así parecen haberlo comprendido, aunque un poco tarde, las impactadas y acongojadas "multitudes irredentas". "Nunca, tal vez", opina Juan Chacón, "se produjeron condiciones mejores para producir un cambio revolucionario". Y explica: "Fue una indignación como no he visto nunca. Una conmoción terrible. La gente lloraba en las calles por ese hombre que se sentía solo"[672]. El 21 de diciembre, precisamente en el muy simbólico aniversario de la matanza de Santa María de Iquique, se verificaron en Santiago los funerales, congregando a una multitud de casi cien mil manifestantes,

---

[670]   *Justicia*, Santiago, 23 de diciembre, 1924.

[671]   *Justicia*, Santiago, 24 de diciembre, 1924.

[672]   José Miguel Varas, *Chacón*, 58.

según Lafferte la más numerosa de la que él tuviese recuerdo hasta el momento[673]. "Era una ola enorme", refrendaba el diario *Justicia,* "una gran masa de gente como en pocas ocasiones se ha visto, la que se puso en movimiento para conducir al cementerio los restos del malogrado leader comunista", testimonio confirmado visualmente por un registro cinematográfico que aún se conserva. Lo más impresionante era el silencio, solo interrumpido por los "cánticos revolucionarios" que improvisadamente surgían de la concurrencia[674].

Ya en el cementerio, más de sesenta oradores de Santiago y provincias hablaron durante horas, entre sollozos, desde seis tribunas diferentes. Manifestaciones análogas se repitieron durante los días siguientes desde Tacna hasta Punta Arenas. Tres días después de los funerales una columna editorial de *Justicia,* titulada "Hay que empezar", ofrecía un primer balance político de la jornada. "La sepultación de los restos de Recabarren", señalaba, "ha dado lugar a una demostración palmaria de lo que puede hacer el elemento obrero unido, de cuánto sería capaz esa poderosa fuerza de realizar en el momento de considerarse oportuno". "Desde las entrañas de la amorosa tierra", terminaba exhortando, "con el misterioso don de los grandes espíritus, contemple un día la realización total de su obra suprema, y sienta esa satisfacción infinita, retardada en vida, por la indiferencia, apatía y errores del asalariado mismo"[675].

Así, con esa extraña ironía que suele acompañar a los grandes gestos trágicos, la muerte del dirigente produjo, al menos por un momento, todo ese multitudinario impacto que tan mezquino se le había demostrado durante su largo "apostolado". Porque aunque el Recabarren de 1924 estaba muy distante del joven militante demócrata que en 1903 había partido a Tocopilla a fundar un periódico mancomunal, o del que en 1912 había fundado un muy precario Partido Obrero Socialista en Iquique, la revolución seguramente seguía viéndose muy lejana, y las grandes masas obreras no particularmente receptivas. Ante la incertidumbre del momento político, ante la parsimonia con que este era contemplado por dichas masas, no habría sido extraño que su cansado ánimo se sintiera desfallecer. Sin embargo, con su último e inesperado acto, Recabarren terminó marcando a fuego un legado laboriosamente construido a través de años de organización, militancia y pedagogía política, convirtiéndose en uno de los símbolos más universalmente reconocidos de un movimiento popular al que le esperaban muchas otras jornadas, épicas y trágicas, durante el "siglo xx corto" que recién despuntaba. Haciendo realidad el mote con que tantas veces había sido designado, irónicamente por algunos, admirativamente por otros, con ese acto para muchos incomprensible el veterano dirigente obrero terminaba literalmente transfigurado en "apóstol".

---

[673]   Elías Lafferte, *Vida de un comunista,* 168.

[674]   *Justicia,* Santiago, 23 de diciembre, 1924.

[675]   *Justicia,* Santiago, 24 de diciembre, 1924.

Fuentes Primarias:

Compilaciones y archivos manuscritos:

Archivo Intendencia de Tarapacá.

Archivo Oficina del Trabajo.

Boletín de sesiones del Congreso Nacional.

CRUZAT, XIMENA y EDUARDO DEVÉS (eds.). *Recabarren. Escritos de prensa*, 4 vols. Santiago: Nuestra América, 1985-1987.

___________. *El pensamiento de Luis Emilio Recabarren*, 2 tomos, Santiago: Austral, 1971.

MAYORGA, WILFREDO (ed.). *42 cartas de Luis Emilio Recabarren, maestro y profeta del pueblo.* Santiago: mimeo, 1978.

RECABARREN, LUIS EMILIO. *Obras Selectas,* compiladas por Julio César Jobet, Jorge Barría y Luis Vitale. Santiago: Quimantú, 1971.

ULIANOVA, OLGA y ALFREDO RIQUELME (eds.). *Chile en los archivos soviéticos 1922-1991,* tomo 1: "Komintern y Chile 1922-1931". Santiago: LOM/USACH/DIBAM, 2005.

Prensa:

El Despertar de los Trabajadores, Iquique.

El Ferrocarril, Santiago.

El Grito Popular, Iquique.

El Industrial, Antofagasta.

El Marítimo, Antofagasta.

El Mercurio, Valparaíso.

El Mercurio, Santiago

El Nacional, Iquique.

El Proletario, Tocopilla.

El Pueblo Obrero, Iquique.

El Socialista, Valparaíso.

El Socialista, Antofagasta.

El Trabajo, Tocopilla.

El Trabajo, Iquique.

Justicia, Santiago.

La Defensa Obrera, Valparaíso.

La Federación Obrera, Santiago.

La Ley, Santiago.

La Locomotora, Santiago.

La Reforma, Santiago.

La Vanguardia, Buenos Aires.

La Vanguardia, Antofagasta.

La Voz del Obrero, Taltal.

Otras:

LÓPEZ, OSVALDO. *Diccionario Biográfico Obrero*. Concepción: Imprenta Penquista, 1910-1912.

MINISTERIO DEL INTERIOR, CHILE. *El problema social-económico del Norte*. Santiago: Imprenta Nacional, 1919.

RECABARREN, LUIS EMILIO. *Proceso oficial contra la Sociedad Mancomunal de Tocopilla*. Santiago: Imprenta Mejía, 1905.

__________. "Mi juramento en la Cámara de Diputados en la sesión del 5 de junio de 1906". Santiago: Imprenta New York, 1910.

SALAS LAVAQUI, MANUEL (comp.). *Trabajos y antecedentes presentados al Supremo Gobierno de Chile por la Comisión Consultiva del Norte, recopilados por encargo del Ministerio del Interior*. Santiago: Imprenta Cervantes, 1908.

SAMANIEGO, AUGUSTO. "¿Quiénes crearán el instrumento socialista? Recabarren, demócratas y socialistas: dos textos (1907-1908)". *Contribuciones Científicas y Tecnológicas*, núm. 127, Área Ciencias Sociales y Humanidades, Universidad de Santiago de Chile, 2001.

Fuentes Secundarias:

ADELMAN, JEREMY. "El Partido Socialista Argentino". En *Nueva Historia Argentina*, editado por Mirta Zaida Lobato, tomo v. Buenos Aires: Sudamericana, 2000.

ALEGRÍA, FERNANDO. *Recabarren*. Santiago: Antares, 1938.

ÁLVAREZ VALLEJOS, ROLANDO. "La herencia de Recabarren en el Partido Comunista de Chile: visiones comparadas de un heredero y un camarada del 'Maestro'. Los casos de Orlando Millas y Salvador Barra Woll". En *Fragmentos de una historia. El Partido Comunista de Chile en el siglo xx. Democratización, clandestinidad, rebelión (1912-1994)*. Santiago: ICAL, 2008.

__________. *Arriba los pobres del mundo. Cultura e identidad política del Partido Comunista de Chile entre democracia y dictadura, 1965-1990*. Santiago: LOM Ediciones, 2011.

ARÁNGUIZ PINTO, SANTIAGO. "Rusia Roja de los Soviets. Recepciones de la Revolución Rusa, del bolchevismo y de la cultura política soviética en el mundo obrero revolucionario chileno (1917-1927)", tesis doctoral, Pontificia Universidad Católica de Chile, 2012.

ARIAS ESCOBEDO, OSVALDO. *La prensa obrera en Chile, 1900-1930*. Chillán: Universidad de Chile/CUT, 1970; Santiago: Ediciones Ariadna, 2009.

ARTAZA, PABLO. *Movimiento social y politización popular en Tarapacá, 1900-1912*. Concepción: Escaparate Ediciones, 2006.

ARTAZA, PABLO et al. *A 90 años de los sucesos de la Escuela Santa María de Iquique*, Santiago: DIBAM/LOM Ediciones/Universidad Arturo Prat, 1998.

ARTAZA, PABLO; SERGIO GONZÁLEZ Y SUSANA ARDILES (eds.). *A cien años de Santa María de Iquique*. Santiago: LOM Ediciones, 2009.

CASTILLO GALLARDO, PATRICIO. "La huelga de 1906 en Antofagasta. Una manifestación social de crisis del Estado oligárquico", tesis de licenciatura, Universidad de Chile, 1992.

COUYOUMDJIAN, RICARDO. *Chile y Gran Bretaña durante la Primera Guerra Mundial y la Postguerra, 1914-1921*. Santiago: Andrés Bello/PUC, 1986.

CRUZAT, XIMENA Y EDUARDO DEVÉS. *El movimiento mancomunal en el norte salitrero: 1901-1907*, 3 vols. Santiago: CLACSO, 1981.

DE DIEGO, PATRICIO; LUIS PEÑA Y CLAUDIO PERALTA. *La Asamblea Obrera de Alimentación Nacional. Un hito en la historia de Chile*. Santiago: Sociedad Chilena de Sociología/ Universidad Academia de Humanismo Cristiano, 2002.

De Petris Giesen, Héctor. *Historia del Partido Democrático*. Santiago: Dirección General de Prisiones, 1942.

De Shazo, Peter. *Urban Workers and Labor Unions in Chile, 1902-1927*. Madison: University of Wisconsin Press, 1983.

Devés, Eduardo. *La visión de mundo del Movimiento Mancomunal en el norte salitrero: 1901-1907*. Santiago: CLACSO, 1981.

__________. *Los que van a morir te saludan*. Santiago: Documentas, 1988.

__________. "La cultura obrera ilustrada chilena y algunas ideas en torno al sentido de nuestro quehacer historiográfico". *Mapocho*, núm. 30. Santiago: DIBAM, 1991.

Donoso, Ricardo. *Alessandri: agitador y demoledor*, 2 vols. México y Buenos Aires: FCE, 1952.

Durán Mateluna, Francisca. "La Federación Obrera de Chile, 1909-1921: de la organización mutual al frente común", tesis de licenciatura, Pontificia Universidad Católica de Chile, 2001.

Falcón, Ricardo. *El mundo del trabajo urbano (1890-1914)*. Buenos Aires: CEAL, 1986.

Godio, Julio. *Historia del movimiento obrero argentino: inmigrantes, asalariados y lucha de clases, 1880-1910*. Buenos Aires: Tiempo Contemporáneo, 1973.

González Miranda, Sergio, *Hombres y mujeres de la pampa. Tarapacá en el ciclo de expansión del salitre*, 2ª edición. Santiago: LOM Ediciones/DIBAM/Universidad Arturo Prat, 2002.

__________.*Ofrenda a una masacre. Claves e indicios históricos de la emancipación pampina de 1907*. Santiago: LOM Ediciones 2007.

González Miranda, Sergio; Carlos Maldonado y Sandra McGee Deutsch. "Las Ligas Patrióticas: Un caso de nacionalismo, xenofobia y lucha social en Chile". *Canadian Review of Studies in Nationalism* 21, núm. 1-2, 1994.

Grez Toso, Sergio. *De la regeneración del pueblo a la huelga general. Génesis y evolución histórica del movimiento popular en Chile, 1810-1890*. Santiago: DIBAM/RIL, 1998.

__________."Una mirada al movimiento popular desde dos asonadas callejeras (Santiago, 1888-1905)". *Cuadernos de Historia*, núm. 19. Santiago: Universidad de Chile, 1999.

__________.*Los anarquistas y el movimiento obrero. La alborada de "la Idea" en Chile, 1893-1915*. Santiago: LOM Ediciones, 2007.

__________.*Historia del comunismo en Chile. La era de Recabarren (1912-1924)*. Santiago: LOM Ediciones, 2011.

__________."Reglamentarios y doctrinarios, las alas rivales del Partido Democrático de Chile (1901-1908)". *Cuadernos de Historia* 37. Santiago: Universidad de Chile, 2012.

__________."El Partido Democrático de Chile: De la guerra civil a la Alianza Liberal (1891-1899)". *Historia,* núm. 46, vol. i, Pontificia Universidad Católica de Chile (2013).

HARAMBOUR ROSS, ALBERTO, "El movimiento obrero y la violencia política en el Territorio de Magallanes", tesis de licenciatura, Pontificia Universidad Católica de Chile, 2000.

HUTCHISON, ELIZABETH. *Labores propias de su sexo. Género, política y trabajo en Chile urbano, 1900-1930.* Santiago: LOM Ediciones, 2006.

ITURRIAGA ESPINOZA, JORGE. "La huelga de trabajadores portuarios y marítimos, Valparaíso 1903, y el surgimiento de la clase obrera organizada en Chile", tesis de licenciatura, Pontificia Universidad Católica de Chile, 1997.

IZQUIERDO FERNÁNDEZ, GONZALO. "Octubre de 1905: un episodio en la historia social chilena". *Historia,* núm. 13, Pontificia Universidad Católica de Chile (1976).

JERIA VALENZUELA, CLAUDIA. "Hombres y mujeres en conflicto. Clase y género en la familia proletaria, Santiago, 1900-1910", tesis de licenciatura, Universidad de Santiago de Chile, 2007.

JOBET, JULIO CÉSAR. *Recabarren y los orígenes del movimiento obrero y del socialismo chileno.* Santiago: Prensa Latinoamericana, 1971.

LAFFERTE, ELÍAS. *Vida de un comunista.* Santiago: Austral, 1971.

LJUBETIC V., IVÁN. *Don Reca.* Santiago: ICAL, 1992.

LOBATO, MIRTA ZAIDA. "Los trabajadores en la era del 'progreso'". En *Nueva Historia Argentina,* editado por Mirta Zaida Lobato, tomo v: "El progreso, la modernización y sus límites (1880-1916)". Buenos Aires: Sudamericana, 2000.

LOVEMAN, BRIAN Y ELIZABETH LIRA (eds.). *Arquitectura política y seguridad interior del Estado: 1811-1990.* Santiago: Universidad Alberto Hurtado/DIBAM, 2002.

LOYOLA, MANUEL. *La felicidad y la política en Luis Emilio Recabarren. Ensayo de interpretación de su pensamiento.* Santiago: Ariadna, 2007.

__________. "Recabarren en Buenos Aires, 1916-1918: una estadía teórica decisiva". En *Redes políticas y militancias. La historia política está de vuelta,* editado por Olga Ulianova. Santiago: Ariadna/Usach, 2012.

MASSARDO, JAIME. *La formación del imaginario político de Luis Emilio Recabarren.* Santiago: LOM Ediciones, 2008.

__________. *Luis Emilio Recabarren.* Santiago: Editorial USACH, 2009.

MATUS GONZÁLEZ, MARIO. *Crecimiento sin desarrollo. Precios y salarios reales durante el Ciclo Salitrero en Chile (1880-1930).* Santiago: Universitaria, 2012.

MERCADO, JAVIER. "Caliche, pampa y puerto: Sociabilidad popular, identidad salitrera y movimiento social mancomunal en Antofagasta, 1900-1908", tesis de licenciatura, Universidad de Chile, 2006.

Millar Carvacho, René. *La elección presidencial de 1920.* Santiago: Universitaria, 1981.

Oddone, Jacinto. *Historia del socialismo argentino,* 2 vols. Buenos Aires: La Vanguardia, 1934.

Orrego, Claudio et al. *7 ensayos sobre Arturo Alessandri Palma.* Santiago: ICHEH, 1979.

Ortiz Letelier, Fernando. *El movimiento obrero en Chile, 1891-1919.* Madrid: Ediciones Michay, 1985; Santiago: LOM Ediciones, 2005.

Oved, Iaacov. *El anarquismo y el movimiento obrero en Argentina.* México D.F.: Siglo XXI, 1981.

Pinto Vallejos, Julio. *Trabajos y rebeldías en la pampa salitrera.* Santiago: USACH, 1998.

__________.*Desgarros y utopías en la pampa salitrera.* Santiago: LOM Ediciones, 2007.

Pinto Vallejos, Julio y Verónica Valdivia Ortiz de Zárate. *¿Revolución proletaria o "querida chusma"? Socialismo y alessandrismo en la pugna por la politización pampina (1911-1932).* Santiago: LOM Ediciones 2001.

Pizarro, Crisóstomo. *La huelga obrera en Chile, 1890-1970.* Santiago: SUR, 1986.

Ramírez Necochea, Hernán. *Origen y formación del Partido Comunista de Chile,* edición definitiva. Moscú: Editorial Progreso, 1984.

Recabarren, Floreal. *La matanza de San Gregorio. 1921: crisis y tragedia,* segunda edición. Santiago: LOM Ediciones, 2003.

Rodríguez, Ignacio. "Protesta y soberanía popular: las marchas del hambre en Santiago de Chile, 1918-1919", tesis de licenciatura, Pontificia Universidad Católica de Chile, 2001.

Salazar, Gabriel. "Luis Emilio Recabarren y el municipio en Chile (1900-1925)". *Revista de Sociología,* núm. 9, Universidad de Chile (1994).

__________. "Luis Emilio Recabarren. Pensador político, educador social, tejedor de soberanía popular". En *Patriotas y ciudadanos,* de Simon Collier et al. Santiago: Centro de Estudios para el Desarrollo, 2003.

__________.*Del poder constituyente de asalariados e intelectuales (Chile, siglos XX y XXI).* Santiago: LOM Ediciones, 2009.

Samaniego, Augusto (bajo el seudónimo de "Manuel Castro"). "Recabarren: su legado". *Araucaria de Chile,* núm. 19, Madrid (1982).

Silva, Miguel. *Recabarren y el socialismo.* Santiago: Taller Artes Gráficas Apus, 1992.

Simon, Fanny. *Recabarren and the Labor Movement of Chile:* inédito.

Suriano, Juan. *La huelga de inquilinos de 1907.* Buenos Aires: CEAL, 1983.

__________.*Anarquistas. Cultura y política libertaria en Buenos Aires, 1890-1910*. Buenos Aires: Manantial, 2001.

__________. (ed.). *La cuestión social en Argentina, 1870-1943*. Buenos Aires: La Colmena, 2000.

Ulianova, Olga; Manuel Loyola y Rolando Álvarez (eds.). *1912-2012. El siglo de los comunistas chilenos*. Santiago: IDEA/USACH, 2012.

Valdivia Ortiz de Zárate, Verónica. "Yo, el León de Tarapacá. Arturo Alessandri Palma, 1915-1932". *Historia*, núm. 32, Pontificia Universidad Católica de Chile (1999).

__________."Por los fueros de la patria: ¿Qué patria? Los trabajadores pampinos en la época del Centenario". *Si Somos Americanos*, núm. 5, Universidad Arturo Prat (2004).

Varas, Augusto. "Ideal socialista y teoría marxista en Chile: Recabarren y el Komintern". En *El Partido Comunista en Chile*, editado por Augusto Varas. Santiago: CESOC/FLACSO, 1988.

Varas, José Miguel. *Chacón*. Santiago: LOM Ediciones, 1998.

__________. *Los tenaces*. Santiago: LOM Ediciones, 2011.

Vega Delgado, Carlos. *La masacre en la Federación Obrera de Magallanes. El movimiento obrero patagónico-fueguino hasta 1920*. Punta Arenas: autoedición, 1996.

Vial Correa, Gonzalo. *Historia de Chile (1891-1973)*, vols. i-iii. Santiago: Santillana, 1981-1996.

Vitale, Luis y Julia Antivilo. *Belén de Sárraga, precursora del feminismo hispanoamericano*. Santiago: CESOC, 2000.

Walter, Richard J. *The Socialist Party of Argentina, 1890-1930*. Austin: The University of Texas Press, 1977.

Witker Velásquez, Alejandro. *Los trabajos y los días de Recabarren*. La Habana: Nuestro Tiempo, 1977.

ÍNDICE

ESTE LIBRO HA SIDO POSIBLE POR EL TRABAJO DE

COMITÉ EDITORIAL Silvia Aguilera, Mario Garcés, Luis Alberto Mansilla, Tomás Moulian, Naín Nómez, Jorge Guzmán, Julio Pinto, Paulo Slachevsky, Hernán Soto, José Leandro Urbina, Verónica Zondek, Ximena Valdés, Santiago Santa Cruz **EDICIÓN** Javiera Herrera, Matías Morales **PRODUCCIÓN EDITORIAL** Guillermo Bustamante **PROYECTOS** Ignacio Aguilera **ÁREA EDUCACIÓN** Mauricio Ahumada **DISEÑO Y DIAGRAMACIÓN EDITORIAL** Leonardo Flores, Max Salinas **CORRECCIÓN DE PRUEBAS** Raúl Cáceres **COMUNIDAD DE LECTORES** Francisco Miranda, Marcelo Reyes **VENTAS** Elba Blamey, Luis Fre, Marcelo Melo, Olga Herrera **BODEGA** Francisco Cerda, Pedro Morales, Carlos Villarroel **LIBRERÍAS** Nora Carreño, Ernesto Córdova **COMERCIAL GRÁFICA LOM** Juan Aguilera, Danilo Ramírez, Inés Altamirano, Eduardo Yáñez **SERVICIO AL CLIENTE** Elizardo Aguilera, José Lizana, Ingrid Rivas **DISEÑO Y DIAGRAMACIÓN COMPUTACIONAL** Nacor Quiñones, Luis Ugalde, Jessica Ibaceta **SECRETARIA COMERCIAL** Elioska Molina **PRODUCCIÓN IMPRENTA** Carlos Aguilera, Gabriel Muñoz **SECRETARIA IMPRENTA** Jasmín Alfaro **IMPRESIÓN DIGITAL** William Tobar **IMPRESIÓN OFFSET** Rodrigo Véliz **ENCUADERNACIÓN** Ana Escudero, Andrés Rivera, Edith Zapata, Pedro Villagra, Eduardo Tobar **DESPACHO** Matías Sepúlveda **MANTENCIÓN** Jaime Arel **ADMINISTRACIÓN** Mirtha Ávila, Alejandra Bustos, Andrea Veas, César Delgado.

LOM EDICIONES